Egon Erwin Kisch wurde 1885 in Prag geboren. Er war zunächst Lokalreporter an einer Prager Tageszeitung, dann Mitarbeiter beim *Berliner Tageblatt.* 1924 erschien sein erster Reportageband, »Der rasende Reporter«. 1937–1939 Reporter im Spanischen Bürgerkrieg auf seiten der Republikaner. 1933 von den Nazis verhaftet, auf Intervention der tschechoslowakischen Regierung freigelassen. 1940–1946 Exil in Mexiko. 1946 Rückkehr nach Prag, wo Kisch 1948 starb.

Von Egon Erwin Kisch ist außerdem als Knaur-Taschenbuch erschienen:

»Nichts ist erregender als die Wahrheit« (Band 1083)

Vollständige Taschenbuchausgabe
Droemersche Verlagsanstalt Th. Knaur Nachf. München
Lizenzausgabe mit freundlicher Genehmigung des
Verlages Kiepenheuer & Witsch, Köln

Druck und Bindung Clausen & Bosse, Leck
Printed in Germany · 1 · 8 · 184
ISBN 3-426-01088-7

1. Auflage

Egon Erwin Kisch:
Entdeckungen in Mexiko

Knaur®

Die *Entdeckungen* in Mexiko vereinigten in der 1945 in Mexiko im Verlag »El Libro Libre« erschienenen Ausgabe 24 Reportagen, die Egon Erwin Kisch für die 1947 im Aufbau Verlag, Berlin, herausgegebene Neuausgabe um vier Reportagen erweiterte. Vorlage *dieser* Ausgabe ist die um sechs weitere Reportagen aus Kischs Nachlaß vermehrte Fassung, die der Aufbau Verlag im Rahmen der »Gesammelten Werke in Einzelausgaben« vorgelegt hat. Sie wurde anhand der erwähnten Buchausgaben noch einmal durchgesehen; einige wenige Druck- und Schreibfehler wurden dabei korrigiert.

Die Fotos, nach einer Auswahl von Dr. Josef Poláček, Prag, stellte freundlicherweise das Museum für tschechische Literatur, Prag-Strahov, zur Verfügung. Sie stammen aus Egon Erwin Kischs Nachlaß – im Literarischen Archiv des Museums – und aus dem Fotoarchiv des Museums.

ISBN 3-426-01088-7 980

Inhalt

Kisch mit Begleiterin in Mexiko

Kisch in Yucatán/Mexiko, 1944

Anmerkungen

14 Five cents is fair enough – (engl.) Fünf Cent ist mehr als genug.
15 Garbanzos – (span.) Kichererbsen.
19 Bracero – (span.) Tagelöhner.
21 Idolos – (span.) Götzenbilder.
24 Casino de la Jetée – (franz.) Spielkasino.
28 Christo Milagro – (span.) Wundertätiger Christus.
30 Tu te rapelles, Rousseau . . . – (franz.) Erinnerst du dich an die aztekische Landschaft, Rousseau?
37 Sarapes – (span.) Mexikanischer Kittel.
45 objets d'art – (franz.) Kunstgegenstände.
51 Arbol de la noche triste – (span.) Baum der traurigen Nacht.
52 Nuestra Señora de los Remedios de Méjico – (span.) Etwa: Unsere Liebe Frau der Rettung von Mexiko.
54 Acción librada entre Cuauhtémoc y Hernán Cortez. Julio 7 de 1590 – (span.) Befreiungsschlacht zwischen Cuauhtémoc und Fernando Cortez. 7. Juli 1590.
55 Tesoro – (span.) Schatz.
57 raison d'être – (franz.) Daseinsgrund.
73 Tilma – (span.) Mantel, der um die Schultern geschlagen wird.
92 Cotton Belt – (engl.) Baumwollanbaugebiet der USA.
99 femme venerée – (franz.) verehrte Frau.
112 Fortune Level – (engl.) Glücksebene.
116 Preventorio para hijos de leprosos. – (span.) Heim für Kinder von Leprakranken.
119 je m'en fiche – (franz.) das ist mir egal.
122 Le Roi Lépreux – (franz.) Der leprakranke König.
129 Séjour – (franz.) Aufenthalt.
140 para las mujeres – (span.) für die Frauen.
141 Ojalá, jefecito – (span.) Wollte Gott, Chef.
Venta – (span.) Kneipe.
142 Para el agua, patrón? – (span.) Für das Wasser, Chef?
147 Basketmaker – (engl.) Korbmacher.
155 Curandera – (span.) Kurpfuscherin, Quacksalberin.
161 Reglamento par el juego de gallos – (span.) Regeln für den Hahnenkampf.
164 ab ovo und sogar ante ovo – (lat.) vom Ei an und sogar vor dem Ei.
166 indivisibiliter ac inseparabiliter – (lat.) unteilbar und untrennbar.
169 Is it allright with you? – (engl.) Sind Sie einverstanden?
174 Items – (engl.) Warenposten.

174 highly colourful – (engl.) sehr farbenfreudig.
most decorated – (engl.) sehr verziert.
183 Oye, Israel, el eterno es nuestro dios, el eterno uno es. – (span.) Höre, Israel, der Ewige ist unser Gott, der Ewige ist eins.
196 Barrio – (span.) Stadtviertel.
197 La cucaracha, la cucaracha ... – (span.) Die Küchenschabe, die Küchenschabe / kommt nicht mehr vom Fleck / weil sie nicht hat, weil ihr fehlt / Marihuana zum Rauchen.
199 Aschermittwoch – Offensichtlich eine Verwechslung von Kisch.
202 loco – (span.) verrückt.
Teyhuinti son los hongos ... – (span.) Teyhuinti sind die Pilze, die dauernden Irrsinn hervorrufen, ohne den Tod zur Folge zu haben.
210 béni soit qui mal y pense – (franz.) gesegnet sei, wer Arges darüber denkt.
211 die Navy und die Currency – (engl.) die Flotte und die Währung.
212 Pied-á-terre – (franz.) Absteigequartier.
213 Monte de Piedad – (span.) Berg der Frömmigkeit.
216 jeunesse dorée – (franz.) goldene Jugend.
jeunesse argentée (franz.) silberne Jugend.
220 Alhóndiga – (span.) Getreidespeicher.
229 The Boll-Weevil is a little bug ... – (engl.) Der Boll-Weevil ist ein kleiner Wurm / es heißt, aus Mexiko / er kam, um den Boden von Texas zu probieren / und dachte, er täte gut daran zu bleiben / und nach einem Heim zu suchen / und nach einem Heim zu suchen.
235 chartered sect – (engl.) zugelassene Sekte.
The Native American Church – (engl.) Die amerikanische Eingeborenenkirche.
vegetal incarnation of the Holy Ghost – (engl.) pflanzliche Verkörperung (Fleischwerdung) des heiligen Geistes.
El Santo Nombre de Jésus Peyote – (span.) Der heilige Name von Jesus Peyote.
265 American Defense Supply Corporation – (engl.) Amerikanische Handelsgesellschaft für die Versorgung zur Landesverteidigung.
Fomento de Yucatán – (span.) Förderungsplan von Yucatán.
269 Campamento – (span.) Lager.
272 Tiempo de vainila – tiempo de mentira – (span.) Zeit der Vanille – Zeit der Lüge.
280 his almost confiscatory tax placed on the oil products at Tampico – (engl.) seine fast konfiskatorische Steuer, mit der er die Ölproduktion in Tampico belegte.
281 Puestos de Confianza – (span.) Vertrauensstellung.
Know how – (engl.) Wissen wie.
285 Sindicato de Trabajadores Petróleros de la República Méjicana – (span.) Syndikat der Petroleumarbeiter der Republik Mexiko.

294 Timing – (engl.) Zeitpunkt.
295 Gambler – (engl.) Spieler.
300 Proles – (span.) Nachkommen.
306 scrummage – (engl.) Getümmel.
319 es verdad? – (span.) stimmt es?
333 Temblor muy fuerte – (span.) Sehr starke Erschütterung.
Temblor ruinoso – (span.) Verheerende Erschütterung.
Sismo destructor – (span.) Zerstörender Erdstoß.
Sismo muy destructor – (span.) Sehr zerstörender Erdstoß.

Kisch in Yucatán/Mexiko, 1944

Geschichten mit dem Mais

Der mexikanischen Erde verdankt die Welt den Mais, ihren großen Ernährer. (Nur der Reis ist ein noch größerer.)
Der Mais ist eines der Kroninsignien von Mexiko; Krone ist die Agave, Zepter ist der Orgelkaktus, und der golden erstrahlende Reichsapfel ist der Maiskolben.
Nirgends tritt eine Ackerfrucht in Städten so sichtbarlich in Erscheinung wie der Mais in Mexiko. Das erste, was auffällt, sind die Tortillerías, Bäckereien und Bäckerläden zugleich und doch auch keines von beiden. Schaufenster und Türen fehlen, so zwar, daß das Lokal zu einer offenen Nische der Straße wird. Ein Teil der Arbeit vollzieht sich sogar auf dem Bürgersteig: das Scheuern der steinernen Reibe »Metate«, die Reinigung des eisernen Herds und am Abend das Kneten der ausgebrannten Holzkohle zu einer Art Briketts.
Das Innere aber, wenn man bei einem so weit geöffneten Raum von einem Innern sprechen kann, ist keine Bäckerwerkstatt mit Backofenglut und schwitzenden Gesellen und schürenden Lehrlingen, mit langen Feuerzangen, sargähnlichen Trögen und vielstöckigen Brotregalen.
In den Tortillerías sind nur Frauen am Werk. Vorerst kneten sie den aus Kalk und gemahlenem Mais bestehenden Teig, die Masa. Es ist der Kalk, der die Schmackhaftigkeit und die beliebte Helle der Tortilla ausmacht und den Esser vor Rachitis schützt; auf Schritt und Tritt sieht man, daß die Tortilla den Zähnen guttut – selbst die ältesten Mexikaner fletschen ein lückenloses weißes Gebiß mitsamt rosarotem Zahnfleisch, wie es bei Brotfressern nur dann erstrahlt, wenn es vom Dentisten stammt.
Ist der Teig durchgeknetet und geschmeidig, dann nimmt die Tortillera ... Ehe wir weiterschreiben, müssen wir den Leser warnen, das Wort Tortillera etwa in Spanien so ohne weiteres anzuwenden. In Spanien macht und ißt man keine Tortillas, aber es gibt Tortilleras. So heißen nämlich dort die lesbischen Frauen. (Als ein Schiff mit spanischen Flüchtlingen in Veracruz landete und mexikanische Zeitungen an Bord kamen, starrten die Pas-

sagiere verblüfft auf die Überschrift »Streik der Tortilleras«. Welch seltsames Land, sagten die Neuankömmlinge, wo solche Frauen streiken. Verlangen sie kürzere Arbeitszeit, höhere Löhne, Kollektivvertrag?)

Aber wir sind bei den normalen mexikanischen Tortilleras, während sie von der Teigmasse einen kleinen Klumpen zwischen die Handflächen nehmen. Nun beginnt ein weithin hörbarer Arbeitsgang. Der Klumpen wird zu einer runden und dünnen Platte gepatscht, die, um noch kreisrunder und noch dünner zu werden, unzählige Male und in hohem Bogen blitzschnell aus der einen Handfläche in die andere fliegt. Die Tschinellenschläger der seligen Wiener Burgmusik werden von den Tortilleras geradezu an die Wand geklatscht – was Wunder, jonglieren doch die Mexikanerinnen schon seit Urzeiten ihr tägliches Brot auf diese Art und Weise, wie sollten sie's da nicht besser können als ein Soldat mit beschränkter Dienstzeit!

Kundinnen füllen den Laden, begleiten das Klatschen mit ihrem Klatsch, dieweil die Disken die Luft durchfliegen. Von Zeit zu Zeit taucht die Tortillera ihre Hände in warmes Wasser, um haftengebliebene Teigstückchen abzuspülen. Schließlich hat der Fladen eine fast arithmetische Kreisrundheit erreicht. Auf den Comal, die heiße Herdplatte, kommt nun ein wenig Fett, damit die Tortilla nicht klebenbleibe, wenn sie darauf gelegt wird, und sie wird darauf gelegt. Leicht angebacken, mit einem schwarzen Fleck auf gelbem Fond, frisch und warm, ist sie ein Eierkuchen ohne Ei, ohne Salz und ohne Zucker. Die Tortilla ist das Brot von Millionen und dient auch als Gabel, Löffel und Teller für jene, die zu diesem Brot noch etwas anderes zu essen haben.

Der tägliche Marktbesuch wird mit dem Einkauf der Tortillas beschlossen, und aus der Tortillería läuft die Käuferin geradenwegs nach Hause, um die Tortillas noch warm auf den Tisch zu bringen. Dort, wo das Backen im Haus geschieht, geschieht es während der Tischzeit, und ununterbrochen werden aus der Küche neue Tortillas herangetragen, auf daß sie so heiß gegessen werden, wie sie gekocht sind.

In den Dörfern regiert nicht die Tortillería das Straßenbild, sondern der Molino de Nixtamal, die Maismühle. Kein Dorf, das nicht mindestens einen Laden mit dieser Aufschrift und einer kleinen Mühle mit Gasolinmotor hat. »Nixtamal« ist ein indianisches Wort, das sich in die heutige Zeit Mexikos hinübergerettet hat. (Auch das Wort »Tlapalería« stammt von einem aztekischen Substantiv, aber da es in der Aztekenzeit kaum Farbwarengeschäfte gab, muß es erst später in Geschäftsgebrauch gekommen sein. Nixtamal wurde jedoch schon in der prähispanischen Zeit zermahlen.)

Die Frauen der Provinz bringen ihren eigenen Mais in den Molino de Nixtamal. Etwas Mais hat auf dem Lande jedermann, zumindest ein paar Stauden, die rings um die Hütte aufschießen. In den Höfen steht – Wahrzeichen des mexikanischen Dorfes – ein viereckiges, schlankes Türmchen, aus Maisstroh geflochten: der Cincolote, Speicher für Maiskolben. Ein Dach schützt ihn gegen Regen, und er steht hoch auf hölzernen Füßen, damit die Ratten nicht hinaufkriechen können.

Dem Cincolote entstammen die Körner, welche die Hausfrau im Molino de Nixtamal mit Kalk zur Masa vermahlen läßt. Zu Hause – jeder Küchenherd eine Tortillería – bäckt sie die Tortillas für ihre Familie. Oder auch für den Verkauf. Die Tortillas auf den Markt zu tragen, ist Altenteil der Urahne. Barfüßig, auf den Zehenspitzen, mit gebeugten Knien und schnellen, kurzen Schritten, den Korb auf dem Kopf balancierend, trabt sie seit tausend Jahren ihren Marktweg, oft meilenweit. Ein mitleidiges Auto will sie mitnehmen. Antwortlos, verständnislos trabt sie weiter, dem Markte zu. Dort hockt sie seit dem ersten jener tausend Jahre unbeweglich mitten im stoßenden Gewühl vor dem gleichen Korb mit den gleichen Tortillas an der gleichen Stelle. Wenn das letzte Stück seinen Käufer gefunden hat, trabt sie nach Hause, wie sie gekommen.

Die Molinos de Nixtamal in den großen Städten sind Fabriken, elektrisch betrieben, Aktien- oder Kommanditgesellschaften gehörig. Gegen sie und gegen ihre Maislieferanten richten sich die Vorwürfe der Bevölkerung, wenn der Preis der Tortilla steigt. Denn der Preis der Tortilla bestimmt das Leben der Massen.

Bei der Demonstration am Ersten Mai in Mexiko-Stadt fällt einem, der die vorige Maifeier in New York erlebt hat, zweierlei auf: die agrarische Grundhaltung der mexikanischen Industriearbeiter und die geringe Betonung des Interesses am Geldwert. Auf dem Weg zum Union Square hatten die New Yorker Kolonnen gegen die Erhöhung des Untergrundbahntarifs protestiert. »Five cents is fair enough«, sie zeigten Tabellen mit unzulänglichen Löhnen, und den gemalten Lohntüten standen gemalte Säcke mit den Millionenprofiten der Verwaltungsräte gegenüber. Der mexikanische Arbeiter, weit schlechter bezahlt, erwähnt an seinem Feiertag dergleichen nicht. Er lebt in einem Lande, wo die Revolution noch nichts Verjährtes, nichts mythisch Verfälschtes ist, sondern eine Gegenwart, der alles Ersprießliche oder halbwegs Ersprießliche entstammt. In Mexiko rühmen sich selbst Reaktionäre in rasselnden Reden mit rollendem R der riesigen Rolle, die sie in der ruhmreichen Revolution gespielt haben wollen.

An der Seite der Landarbeiter haben die Stadtarbeiter für Landaufteilung und gegen Leibeigenschaft gekämpft, und sie tragen noch immer diese agrarischen Ideale vor sich her. Das Porträt des Bauernführer Emiliano Zapata reitet über den Beamten der Pfandleihanstalt, »Land und Freiheit«, verlangen die Metallarbeiter. Und alle, ob sie Belegschaften der Petroleumzentrale oder des Elektrizitätswerks, ob sie Autobusschaffner, Lehrer, Eisenbahner, Buchdrucker, Rohrleger, Textilarbeiter, Angestellte der Stierkampfarena oder Kinooperateure sind, alle vereinigen sich in Banner und Ruf zum Protest gegen den gemeinsamen Feind: »Contra los acaparadores del maiz«, gegen die Maisspekulanten.

Übrigens bewegt sich die Maidemonstration mitten in einem ambulanten Markt von Nahrungsmitteln, und auch auf dem dominiert der Mais. In allen Formen bieten ihn die Straßenhändler an.

»Elote« heißt in Mexiko der pure Maiskolben. Gesotten oder geröstet wird er von des Straßenkochs glimmenden Holzkohlen weggekauft und auf dem Marsch geknabbert. Auch die vier Nationalspeisen, Tamales, Enchiladas, Tacos oder Quesadillas, kauft und ißt man unterwegs. Die Unterschiede zwischen diesen vier Gerichten muß man lernen, wenn man Mexiko durchwandert und unter dem wählen will, was Garküche und Markt feilhalten.

1. Tamales: außen Mais, innen Mais. Eingeschlagen in ein Maisblatt liegt die mitsamt der Schale geschrotete Maismasse; sie ist in Dampf gekocht, oft mit etwas Fleisch, und wenn man will – und man will immer –, mit Chilepfeffer darin.
2. Enchiladas: eine gerollte Tortilla, gefüllt mit etwas Truthahn- oder sonstigem Fleisch, Gemüse oder weißem Käse, gedünstet in Tomatensoße, gespickt mit Zwiebeln. Und wenn man will – und man will immer –, mit Chilepfeffer.
3. Tacos: sie sind die mexikanischen Sandwiches, knusprige Tortillas mit Frijoles (Bohnen) darin, Gemüse oder Fleisch, und wenn man will – und man will immer –, mit Chilepfeffer.
4. Quesadillas: eine Tortilla, mit Fleisch, Wurst, Käse oder Flor de Calabaza (Kürbisblüte) gefüllt, in heißem Fett gesotten. Und, ob man will oder nicht, immer mit Chilepfeffer.

Jedoch nicht nur gegessen wird der Mais, sondern auch getrunken. Der Atole ist ein Getränk, wiewohl er mehr an verdünnten Brei oder Grießsuppe erinnert; erzeugt wird er aus gequirltem Maismehl und manchmal mit Fruchtsaft vermischt. Oder Pozole, eine Suppe aus getrocknetem Mais, über einem Schweinskopf gekocht, mit rohen Zwiebeln und jenen Garbanzos reich versehen, gegen die Heines Atta Troll so heftig loszieht.

Auch zur Alkoholisierung des Volkes trägt der Mais das Seine bei, in Mexiko durch den Pulque de maiz, der dem gewöhnlichen Pulque in nichts nachsteht, und in Bolivien durch die Chicha, deren absonderliche Technologie ihrer Beliebtheit keinen Abbruch tut. Den ganzen Tag lang, während aller ihrer Beschäftigungen, kauen die bolivianischen Frauen frische Maiskörner und spucken sie von Zeit zu Zeit in einen Bottich. Kraft des Speichels löst sich der Zuckergehalt und geht in Gärung über, und am Abend können sich die Ehemänner das hinter die Binde gießen, was die Ehefrauen im Laufe des Tages fürsorglich zubereitet haben. So viel und noch mehr läßt sich aus dem Mais machen, so mannigfaltig läßt er sich genießen.

Der toltekischen Religion zufolge war Mais der Stoff, aus dem der Mensch besteht. Aus der Höhle Cincalli, dem Haus des Maises, wurden die ungeborenen Kinder auf die Mutterleiber verteilt und konnten bloß durch Genuß von Mais leben und wachsen. Aber nur Zufall oder eine Gnade der Götter war es, wenn die Indios in ihrer Nomadenzeit einer Staude von wildem Mais begegneten. Meist mußten sie hungern, und auf ihre bange Frage: Wo liegt die Höhle Cincalli? gab es nur die Antwort: Das wissen die Götter.

Jedoch nicht einmal die Götter wußten das, und gerade die hätten es besonders gern gewußt. Denn auf Erden wurde der Mais »Gras der Götter« genannt, und wenn die Menschen erfahren würden, daß die Allwissenden nicht wissen, wo ihr eigenes Gras wachse, so wäre es mit religiösem Respekt und Opferwilligkeit vorbei.

Deshalb betrauten die Götter einen der Ihren mit der Investigation. Dieser brachte verhältnismäßig rasch heraus, daß die scharlachrote Ameise im Haus des Maises verkehre, und zwar nur in der sogenannten Zwinkernden Nacht. Die Adresse dieses Hauses konnte der Götterdetektiv lange nicht eruieren. Erst nach zweiundfünfzig Jahren der Beobachtung gelang es ihm, in der Zwinkernden Nacht die scharlachrote Ameise zu ertappen, als sie aus einem Bergspalt kam mit einem ganzen Maiskorn auf der Schulter. Genauso wie es die irdischen Detektive in solchen Fällen tun, verkleidete sich der göttliche, er verkleidete sich als scharlachrote Ameise und schlüpfte durch die Spalte in die Höhle Cincalli, die von unten bis oben gefüllt war mit goldenen Körnern. So brachten die Götter den Mais zu den Menschen und bewiesen, daß sie wußten, wo er zu holen sei.

Der Mensch wurde nun ein ganzer Mensch. Er brauchte nicht mehr umherzuirren, um sein Essen zu finden, er vergrub die Körner in die Erde und wartete, bis sie auferstanden und ihm eine Mahlzeit auftischten. Solcherart seßhaft geworden, baute er sein Dach, und aus Hütte und Hütte wurde die Gemeinschaft.

Allerdings, allzu üppig ließen die Götter den Menschen nicht werden, er sollte abhängig bleiben von den Göttern. Deshalb verknappten sie den Mais, es gab Mißernten und Hunger. Die Menschen, nicht gewillt, Hungersnöte gottergeben hinzunehmen, wehrten sich. Sie legten in den fetten Jahren Kornkammern an für allfällige magere Jahre.

Nachdem die Spanier ins Land gedrungen waren, drangen sie auch in diese Speicher ein und bekamen Erektionen von Habgier angesichts des bis zum Dachboden aufgeschichteten Goldes. Um so heftiger war die Enttäuschung, als sie erkannten, daß es nur Körner einer Ackerfrucht waren. Wohl sandten sie einige Proben davon nach Spanien, aber der Hof kannte das Korn bereits, denn Columbus hatte es mitgebracht, ohne Interesse dafür zu wecken. Einige spanische Granden, die es als ein kurioses Kraut in ihren Garten pflanzten, ernteten nur das Naserümpfen ihrer Damen.

Zwanzig Jahre nach der Cortezschen Sendung schenkten die Gründer der Stadt Válladolid in Yucatán ihrer Patenstadt in Spanien einen Sack mit Mais. Die Stadtväter des spanischen Valladolid wußten die Gabe besser einzuschätzen. Sie bauten den Mais an, verbreiteten ihn über ganz Europa und gründeten eine Produktenbörse, die jahrhundertelang dem Maishandel der Welt die Kurse diktierte.

In manchen Ländern nannte man den Mais »Kukuruz«, in manchen »Corn«. Zumeist aber hieß er »türkischer Weizen«, und zwar aus dem gleichen Grunde, aus dem man in England den Truthahn »Turkey« nennt. Jene Turkey, der wir beides verdanken, liegt in Mexiko. Europa vermochte damals nicht über den Kontinent hinauszudenken und identifizierte sich selbst mit dem Weltall. Ferne, exotische Landschaften konnten nicht anderswo gelegen sein als in dem Grenzwinkel Europas: der Türkei.

Auch nach der Vertreibung der Maisgötter und der Einsetzung von Kalenderheiligen kam es in Mexiko zu Maisverknappung und Teuerung, ja es kam zu Aufständen gegen die »Acaparadores de maíz«. Von einer Maisrevolte im Juni 1692 erfährt man, wenn man sich für einen Reporter jener Zeit interessiert, für Carlos de Sigüenza y Góngora, der sich und seine Zeitschrift »Mercurio Volante« nannte.

Günstlinge des Vizekönigs hatten zu Spekulationszwecken Mais gehamstert. Vergeblich stand die Bevölkerung Schlange vor den Molinos de Nixtamal und vor den Tortillerías. Es setzte Zusammenstöße mit der Stadtwache, und dabei wurde eine Frau von Hellebarden durchbohrt. Erbittert wälzte sich die Menge zum Schloß, steckte es in Brand, und Kollege Carlos de Sigüenza y Góngora, der rasende Merkur, läßt durchblicken, daß viele Tote und sonstiges Unheil zu beklagen waren.

Spekulierende Günstlinge des Vizekönigs gibt es nicht mehr, seit es das Amt des Vizekönigs nicht mehr gibt, aber der Mais hat nicht aufgehört, Objekt der Spekulation zu sein. Keine Regierung, die nicht versucht hätte, diesem Kardinalproblem der Innenpolitik beizukommen. Maximalpreise für Mais und Tortillas wurden festgesetzt, Anbaugesetze erlassen, Zoll- und Transporttarife reguliert, Vorschüsse auf Ernten gewährt und ein Notstandsspeicher für den Distrito Federal, das hauptstädtische Gebiet, eingerichtet, worin mindestens 12 000 und höchstens 25 000 Tonnen lagern für eine dreißigtägige Versorgung.

Außerdem wird nach Mexiko, das früher Mais exportierte, Mais eingeführt. Wegen der frachtgünstigen Nähe der nordamerikanischen Maishäfen am Golf von Mexiko (Corpus, Christi, Houston-Galveston und New Orleans) verschwand schon vor Kriegsausbruch der gelbe, an Vitamin B reiche Plata-Mais Argentiniens fast ganz vom mexikanischen Markt. Statt seiner wird Whitecorn 2, ein weißer, flachkörniger Mais aus den Vereinigten Staaten, gehandelt, und das Wort »Whitecorn number two« kehrt in Erlässen und Protokollen immer wieder, ohne daß die Tortillera oder gar der Tortilla-Esser eine Ahnung hat, was das bedeutet.

Um so besser weiß man in der Calle Mesones, was Whitecorn number two bedeutet. Calle Mesones ist die Straße der Pfeffersäcke, bildlich und konkret. Säcke mit Chilepfeffer kommen hierher, liegen hier und gehen von hier ab, und Säcke mit anderen Gewürzen, mit Nahrungs- und Futtermitteln, vor allem mit Mais. Hinter Schaltern und an Telefonen spekulieren die Pfeffersäcke in Menschengestalt.

Unbefahrbar ist tagsüber die Fahrbahn der Straße, weil Frachtautos und Personenautos sie verstopfen; über kein Auto, ja nicht einmal über Schuhwerk verfügen die vom Lande herangewanderten Lastträger, die hier löschen und laden.

Was in dieser Straße nicht direkt dem Großhandel mit Nahrungsmitteln dient, dient ihm indirekt. Geschäfte mit Säcken und Seilen aus Henequén, der Faser von Yucatán, Reparaturwerkstätten mit riesigen Reifen für riesige Lastautos, Tischlereien für Kisten und – eine Spezialität, die der sonst ähnliche Straßenzug an den Pariser Markthallen nicht kennt – Waffenhandlungen mit Revolvern für Einkäufer von Mais.

Die Calle Mesones ist eine Börse, aber ihre Mitglieder sind immerhin der Ware nah. Anders als auf dem Chicagoer Board of Trade. Dort hört man zwar die Pfeife der Börsianer, sieht jedoch keinen Maiskolben. Noch weniger sieht man, wie die Maiskolben nach dieser Pfeife tanzen. (Filmoperateur, überblenden Sie von den Bewegungen der Chicagoer Kurstafel auf die von Hand zu Hand springenden Tortillas in der Tortillería!)

Zu viele Regisseure und Choreographen sind am Arrangement dieses Balletts beteiligt, und der, für den der Mais kein Divertissement, sondern Nahrung bedeutet, kommt um den Genuß. Aber die Börsenspekulation trägt nicht die Alleinschuld daran, daß der Vater unser das Gebet um das tägliche Maisbrot nicht erhören kann. Zu den vielen Schwierigkeiten ist eine neue getreten.

Die Vereinigten Staaten von Nordamerika kaufen die mexikanischen Arbeitskräfte auf. Sie bieten Tageslöhne bis zu acht Dollar und Verträge bis zu neun Monaten, also Verdienstmöglichkeiten, wie sie keinem Landarbeiter in Mexiko lächeln. Eine Massenübersiedlung über die Grenze hat eingesetzt, eine wahre Völkerwanderung. Ganze Distrikte Mexikos stehen entvölkert da, weil ihre Bewohner auf den Tomaten-, Spinat-, Broccoli- und Obstplantagen und bei Reparaturen von Eisenbahngleisen in Kalifornien und Texas beschäftigt sind.

Dem Bauern bleiben keine Arbeitskräfte. So geht er entweder als »Bracero« nach USA, oder er baut statt Mais, der ihm nur 325 Pesos per Tonne brächte, zum Beispiel Sesam an mit einem Ertragspreis von 1100 Pesos. Alle Nutzpflanzen stehen weit höher im Kurs als der Mais, ohne den das Volk verhungern müßte.

Ein Vulkan bricht aus

Ich sitze auf dem Trittbrett eines Autos, um zu skizzieren, was sich vor mir begibt. Mit grellem Hohn beleuchtet das Modell mein Papier. Für dieses Modell gibt es keinen Begriff. Es ist kein Lebewesen und lebt dennoch in unausgesetzter Bewegung. Es ist ein geologisches oder ein mineralogisches Ding, jedenfalls anorganisch, und dennoch tobt es und faucht es und grölt es und wirft Steine und Spott auf mein Papier.
Heute nachmittag kam ich zu diesem Wesen, das sich vor zwei Wochen aus dem Bauch von Mutter Erde zu gebären begonnen hat und sich mit dem losgelösten Teil des Körpers hochreckte und immer höher, hundert Meter, zweihundert Meter. Das Neugeborene schrie zum Himmel, sein Nabel war entzündet, es spritzte Blut und Galle, es fauchte die Atmosphäre voll und schüttete eine Riesenmenge Unrat aus sich.
Dieser Unrat liegt um den entstehenden Berg wie ein Mühlstein oder wie die Krempe eines Sombreros. Das Material ist Schlacke. Ihre großen, scharfzackigen Stücke drücken sich aneinander, als wären sie gewebt und geplättet zu einem überdimensionalen Sombrero, als wären sie gemeißelt zum Mühlstein für Gottes Mühlen. Dick ist der Stoff der Krempe, dick der Mühlstein, zwölf Meter dick.
Ich trat an diese zwölf Meter hohe Lavawand, aber ich konnte sie nicht berühren, sie ergriff mich mit ihrer Glut. So ging ich denn die Glut ab, Kilometer im Kreise. Es klirrte im Gemäuer, rasselte wie Eisenketten, einer oder der andere der Mauersteine löste sich und fiel herab. Nur als Ganzes und nur allmählich erweitert sich der Kreis der Lava, wie ein Wellenring, zehn Meter per Tag rückt der Rand vor, immer senkrecht bleibend. Was im Wege steht, wird mitgenommen, hohe Bäume verschwinden ohne Spur.
Ich hatte mir Lava als etwas Dickflüssiges, Glasiges vorgestellt, einen Strom. Das hier jedoch war plumpes, zackiges, dunkelgraues Geröll. Nicht einmal entfernt verwandt ist es dem Obsidian, der wie ein düsterer Halbedelstein dem Durchwanderer mexikanischer Zonen oft entgegenfunkelt; aus der zu Obsidian erkalte-

ten Lava erzeugten die Indios Waffen und Werkzeuge, Idolos und Schmuck – aus den Bestandteilen dieser Mauer ließe sich gar nichts machen. Sie sind Steine, aus dem ewigen Dunkel des Erdenschoßes dem ewigen Hell der Sonne zugeworfen. Steil fielen sie nieder, hart neben dem Krater, aus dem sie kamen. Aber schon nach einigen Sekunden, mit dem nächsten Ausbruch, langten neue Emigranten an, wollten der Heimat möglichst nahe bleiben und drängten die Erstankömmlinge zur Seite. Die rückten ab in konzentrischem Kreis, Schritt für Schritt, zehn Meter in vierundzwanzig Stunden.

Das Vorfeld des Vulkans und seines Lavakreises ist flaches Land, Maisfeld und Kuhweide, hier und da ein mit Nadelwald bestandener Hügel, dessen Fuß jetzt auf der dem Vulkan zugekehrten Seite zwölf Meter hoch mit Lavablöcken bedeckt ist.

Auf der anderen Seite eines solchen Hügels versuchte ich emporzuklettern. Die Steigung war nicht groß, aber staubige Asche bedeckte den Hang, so daß ich bis zu den Knien einsank. Leicht buddelte ich mich wieder heraus und kroch bäuchlings weiter, wobei mir Äste halbverschütteter Bäume hilfsbereit die Hand reichten.

Von der Höhe konnte ich das Lavafeld übersehen. Block neben Block, grau und rauchend, bewegte sich mit unheimlicher Langsamkeit, ein Ozean aus geschmolzenem Basalt, eine Sahara aus halberstarrten Schlacken. Nichts, nichts, nichts Menschliches, keine Verbindung zu irgendeinem Lebewesen. Jene anderen Wüsten, jene anderen Meere, die bislang diesem Geröll Heimat waren, niemals wurden sie von einer Karawane durchquert oder von einem Schiff befahren, von jener Welt unter der Erdkruste berichten nur Theorien und Hypothesen.

Hier auf meines Hügels Zinnen stand ich in der Höhe des Kraters, dem Krater gegenüber. Er erglänzte in überirdischer (oder soll ich sagen: unterirdischer?) Beleuchtung. Viel ging darin vor, jedoch es war, als blickte ich statt in den mich blendenden Schein in eine schwarze Nacht, so wenig konnte ich erkennen. Selbst wenn ich nur aussage, daß der Krater als Mulde oben auf dem Berg eingebettet liegt, ist diese Aussage falsch. Die Öffnung der Erde ist tiefer unten, auf dem verschütteten Maisfeld eines Mannes aus der nahen Ortschaft Paricutín.

Dieser Mann, der Indio Dionisio Pulido, kam vor vierzehn Tagen, am Nachmittag des 20. Februar 1943, hierher und sah plötzlich, wie seine Ackerfläche auseinanderklaffte, sich hochhob, zu qualmen und zu donnern begann, und er nahm die Beine in die Hände.

Von Dionisios Maisfeld blieb nichts übrig, nie wieder in aller Ewigkeit wird es ein Maisfeld sein. Denn der Krater hat es vollgespien und speit weiter, so daß ein Berg entstand, der ununterbrochen wächst und auf dessen Plateau nun der Krater eingebettet scheint gleich einer Mulde.

Aus dieser Mulde schießt alle vier oder sechs Sekunden die Rauch- und Feuersäule ins Firmament. Neunmal nacheinander sind die Explosionen verhältnismäßig schwach, dann kommen vier von mittlerem Grad, dann zwei starke und schließlich die stärkste, eine unheimliche, fulminante Eruption. Diese Reihenfolge wird eingehalten, wenn auch nicht die Intervalle. Manchmal platzt eine starke Detonation rücksichtslos in eine schwache hinein.

Schon heute morgen und aus einer Ferne von Meilen hatte ich, als ich durch den Staat Michoacán hierherfuhr, die Rauch- und Feuersäule gesehen. Da war sie freilich nur eine Rauchsäule schlechthin gewesen. Auch am Nachmittag, als ich bei ihr ankam, schien sie aus Qualm und Dampf zu bestehen, ein enormer Blumenkohl aus Rauch, in dessen Mitte ein rötlicher Strunk schimmerte. Mit Anbruch der Dunkelheit wurde es anders.

Mit Anbruch der Dunkelheit wurde alles hell. Vor allem die Rauchsäule. Die ist jetzt zur Feuersäule geworden. Rot springt die auf, rot ragt sie hoch, rot verschwindet sie. Die Flamme, die nachmittags kaum eine Unterströmung des wallenden Rauches war, dominiert absolut, und der graue Dampf darf nur mehr wie ein Schatten in ihrem Innern umherhuschen.

In heißen Farben vollzieht sich ihr Aufsprung, aufregend und in wechselvollen Formen. Einmal ist es ein Roß, das aus dem Berg heraussprengt, sich aufbäumt, schnaubt und zusammenbricht. Einmal erscheint eine allegorische Statue mit einer Fackel in der erhobenen Hand – Symbol, das im kosmischen Nu zu einem spurlosen Nichts vergeht. Einmal wächst aus dem Zauberberg eine Palme auf mit breitem goldenem Stamm, goldenem Astwerk und goldenen Früchten; ach, der Stamm zersplittert, die Zweige zerbrechen, und die Kokosnüsse fallen zu Boden, bevor ich mich dessen versehe. Einmal scheint die Feuersäule eine wirkliche Säule zu sein, eine barocke Säule mit üppigen Ausbuchtungen und Windungen, die wie Brüste, Hüften und Becken sind, lockend reckt sie sich bis zum Himmel, um zu bersten, wenn sie ihr Ziel erreicht. Einmal ist sie ein Feuerwerk mit steil aufzischenden Raketen und platzenden Sprühregenkörperchen, ein Feuerwerk, wie es der erste Schloßherr von Versailles nicht erträumte.

Ununterbrochen keucht es aus dem Krater stoßartig wie eine Lokomotive, ununterbrochen schießt eine Batterie, auch während die Eruption hochgeht, absackt und erlischt. Wenn eine Seeschlacht tobt, wenn Chemikalien explodieren, wenn eine bombardierte Stadt zum Flammenmeer wird, wenn Hochöfen lodern – ich weiß den Grund. Aber hier? Weshalb faucht es und donnert es, warum werden Fels und Brand und Asche zuerst himmelan und dann erdwärts geschleudert, wer und was schafft da in diesem Schlund, wie lange wird das dauern, noch einen Tag oder ein Jahrtausend?

Wäre es für die gärende Unterwelt nicht bequemer gewesen, durch die unergründlich tiefen Schluchten der Gegend, die »Barrancas«, oder durch die Kanäle und Trichter der schon vorhandenen Vulkane aufzustoßen als durch dieses Tal? Warum ward gerade das stille Paricutín auserkoren und darin der Acker des Indios Dionisio Pulido?

Am Nachmittag sah ich Steine aus dem Krater fliegen, die sich unterwegs aus der Rauchsäule lösten und in alle Himmelsrichtungen absprangen. Vom Abenddämmer an aber sind es Feuerblöcke. Sie fahren dem Sternbild des Orion zu, und einen Augenblick lang scheinen sie ihm anzugehören. Ist dieser Augenblick vergangen, dann blitzen sie sternschnuppenartig auf den Berg hernieder, den vor ihnen andere Feuerblöcke geschaffen haben. Viele der Sternsteine fallen in den Krater zurück, andere auf den Gipfel des Bergkegels und kullern und purzeln von dort herab. Als wäre die Basis des Bergkegels in 360 Grad eingeteilt, rollt zu jedem Grad von der Spitze eine goldene Strähne, dreihundertsechzig Lawinen aus flüssigem Gold. Der Berg wird durchsichtig.

Ich höre die Kanonade nicht mehr, ich spüre den Brandgeruch

nicht mehr, ich fühle die Hitze nicht mehr. Ich schaue nur und bin in Visionen verstrickt.
Tagsüber war der Lavarand eine Mauer aus dunkelgrauen, blaugrauen Basaltschlacken. Nachtsüber aber stehen die Blöcke in Brand. Ich könnte beeiden, daß ich die Grande Corniche vor mir habe: Hellbeleuchtet schiebt sich das Casino de la Jetée ins Meer, es brennen in waagrechter, regelmäßiger Kette die Straßenlampen der Promenade des Anglais, dann schwingt sich die Lichterkette hügelan und hügelab und mündet in der illuminierten Kuppel der Spielerkathedrale von Monte Carlo. Dazwischen, von Lichtreklamen überwölbt, Bars, Pavillons und Geschäfte mit Juwelen und allen erdenklichen Arten von Glanz. Der Glanz beleuchtet das Papier, auf dem ich schreibe.
Vor vierzehn Tagen gab es auf dem Podium dieser Gaukelspiele noch wirkliches Leben. Das ist weg für immerdar, weg ist das Gras mit Käfer und Wurm, weg das Maisfeld mit Feldmaus und Maulwurf, weg der Baum mit Vogel und Schmetterling, weg die Weide mit Kuh und Esel. Im Umkreis aber, hart am Rand des Ausbruchs, setzt sich das Leben fort.
Vögel schwirren umher, für die es doch eine Kleinigkeit wäre, sich in eine kühle, von Gedröhn und Geblitz nicht gestörte Sphäre zu erheben. Ganz tief fliegen diese farbenreichen Vögel, nahe dem aschenbedeckten Erdboden, an meinen Knien vorbei, wahrscheinlich suchen sie ihr Nest und ihre Familie und finden sich nicht zurecht in der total veränderten Gegend.
Schütter steht der Wald da. Den Bäumen ist in Mannshöhe ein Stück Rinde ausgeschnitten, das nackte Holz schaut heraus, und wenn vom Vulkan her Reflexe auf dieses gelbe Gesicht fallen, schneidet es Grimassen. Unheimlich ist es, den zuckenden Fratzen ausgesetzt zu sein, obwohl man weiß, daß sie nur Schnitte im Baumstamm sind, aus denen das Harz in ein darunter angebrachtes Gefäß fließt.
Ich kenne die Psychologie von Vulkanen nicht. Ist der eben erstandene enttäuscht, weil er ein Objekt der Neugierde, des Geldverdienens und der Sensation geworden ist? Seit Vulkangedenken ist es noch keinem ergangen wie ihm. Man hängt ihm ein Mikrophon vor die Nase, und er muß hineinkeuchen, hineinhusten oder hineindonnern für die Rundfunkhörer der Kontinente. Man

stellt ihm einen photographischen Apparat vor die Nase, und jeden Anblick, den er profil oder en face bietet, bietet er den Abonnenten der illustrierten Weltpresse dar. Man streckt ihm eine Filmkamera vor die Nase, und wie er sich räuspert und wie er spuckt, wie er sich bewegt, er räuspert und spuckt und bewegt sich für das gesamte Kinopublikum oberhalb der von ihm mutwillig durchbrochenen Erdrinde.

Außerdem sitzt ihm die Wissenschaft auf der Pelle, beäugt ihn, behorcht ihn, fühlt ihm den Puls und mißt ihm die Temperatur. Wie oft er vomiert, wie oft er Stuhlgang hat, kaum getan, ist es schon in Skalen und Tabellen eingetragen – wie ungestört hatte sich das alles im Schoß der Erde vollzogen!

Auf dem Hügel, den ich, bis zu den Knien einsinkend, erklomm, haben die Gelehrten ihre Zelte aufgeschlagen. Zwei der Studenten kenne ich, »vom Harz bis Hellas nichts als Vettern«, wie Vetter Mephistopheles konstatiert.

Sie erzählen mir von dem vulkanischen Baby. Sogar die Tiefe, der es entstammt, sei festgestellt, festgestellt, ohne Lot: zweiunddreißig Kilometer. Das wisse man, weil alles emporkommende Material dem Pliozän angehört, der jüngsten in jener Tiefe gelegenen Tertiärschicht. Das Klima dort unten sei mit 1100 Grad Hitze errechnet, denn bei dieser Temperatur schmelze der Basalt zu jenen Schlacken, die vor uns liegen. Die Lavatrümmer am Bergesfuß bedecken zwei Quadratkilometer Boden und bewegen sich pro Tag zehn Meter zur Seite und neunzig Zentimeter in die Höhe. In den Blöcken seien vier bis fünf Prozent Eisen enthalten.

Was den Bergkegelstumpf anbelangt, so entwickle er sich seit seiner Geburtsstunde geradezu prächtig. Seit gestern wuchs er um viereinhalb Meter, jetzt messe er schon zweihundertzwanzig Meter. Seine Basis sei ein fast geometrisch genauer Kreis von fünfhundert Metern Durchmesser, und der Durchmesser des Gipfelplateaus betrage einhundertfünfzig Meter. Die Hänge neigen sich im Winkel von fünfunddreißig Grad.

»Und die Fahne, Kameraden?«

»Die Fumarole? Sie ist nicht immer gleich hoch, aber durchschnittlich tausend Meter. Bis höchstens sechshundert Meter reißt sie Eruptionsgestein mit sich und Asche. Der größte der Blöcke hatte vier Kubikmeter.«

Dann erzählen sie mir noch, daß es sich um einen wirklichen Vulkan handelt, woran ich eigentlich nie gezweifelt hatte. Ich möge nicht etwa glauben, es sei eine bloße Extrusion, ein Aufbäumung des Bodens, wie sie oft von tektonischen Beben verursacht wird und in vulkanischen Gegenden auch Feuer und Rauch und Stein hochschlagen kann. Das sei der erste Vulkan, der seit dem Jorullo in Mexiko geboren wurde.

Der Jorullo liegt kaum zwei Autostunden von seinem neuen Brüderchen entfernt. Am 28. September 1759 wurde der Jorullo geboren, und einer der Gründe von Humboldts Mexikoreise war die Sehnsucht gewesen, diesen jüngsten aller Berge von Angesicht zu Angesicht zu schauen. Er sah ihn, als der Vulkan vierundvierzig Jahre alt war. In der Zwischenzeit war der Jorullo nicht müßig gewesen, die Lava war noch so heiß, daß Humboldt seine Zigarre an einem der vulkanischen Erdkegelchen, den Hornitos, anzünden konnte. In der Gegend lebten noch Augenzeugen, die ihm Material für seine Beschreibung der Vulkangeburt lieferten. Gern wäre er selbst dabeigewesen, wie Plinius beim Ausbruch des Vesuvs, beim Untergang von Pompeji.

Heute hier zu stehen, böte Humboldt die Genugtuung, seine Theorie vom Vorhandensein einer Vulkanreihe bestätigt zu finden. Dieser Theorie zufolge klafft »sehr tief im Innern der Erde, zwischen 18 Grad 59' und 19 Grad 12' nördlicher Breite, ein Riß, der sich neunhundert Kilometer lang von Osten nach Westen hinzieht und durch welchen sich das vulkanische Feuer zu verschiedenen Zeiten von der Küste des mexikanischen Golfs bis an die Südsee Luft gemacht hat«. Ganz nahe von Humboldts Grenzlinie, nämlich 19 Grad 21' nördlicher Breite (und 102 Grad 19' westlicher Länge), ersteht zur Stunde der Vulkan von Paricutín.

Als solcher, als der »Vulkan von Paricutín« wird die Neuschöpfung in die Geographie und in die Vulkanologie eingehen, denn Paricutín heißt das Dorf, das er sich als Geburtsstätte und ständigen Aufenthalt ausgesucht hat. Einhundertfünfundachtzig Bewohner zählt es, durchwegs Indios aus dem Stamm der Tarascos. Einer von ihnen ist jener Dionisio Pulido, der sein altes, geduldiges Feld so unvermutet sich aufbäumen sah und dennoch überzeugt ist, daß es gefallen ist, gefallen auf den Nullpunkt des Werts.

»Zwei Fanegas Mais sind verloren«, klagt er und erzählt mir, wie sich der Anfang vom Ende vor seinen Augen vollzog. Er selbst vermochte sich zu retten, und seine beiden Maulesel rannten hinter ihm her, aber was er mit Mühe angebaut hatte und eben ernten wollte, die beiden Fanegas, also hundertelf Liter Mais, liegen unwiderruflich im Bergesinnern.

»Seit jener Stunde habe ich keinen Bissen gegessen«, schwört er, und, so unwahrscheinlich das klingt, ich muß es ihm glauben. Schwört er doch beim Wundertätigen Bild von Parangaricútiro, und er weiß dieses Bild so nahe, daß es ihn hören und gleich dasein könnte, um ihn für die Lüge zu strafen. Aber wenn Dionisio Pulido auch zehnmal schwören würde, daß er seit jener vulkanischen Stunde nichs getrunken habe, so würde ich ihm nicht glauben; sein Atem riecht deutlich nach dem ortsüblichen Zuckerrohrschnaps.

»Zwei Fanegas Mais verloren, und mein Feld für immer vernichtet.«

»Dafür sind Sie Besitzer eines Vulkans.«

»Ach, Señor, wem nützt schon ein Vulkan?«

Ich könnte Dionisio antworten, daß ein Vulkan nicht ganz ohne Wert sei. Vor Jahrzehnten hat die mexikanische Republik einem General den Popocatépetl zum Geschenk gemacht, einen Vulkan als Orden! Nach dem Tode des Generals wurde der Popocatépetl mit dem Ausrufpreis von fünfundzwanzig Millionen Pesos zum öffentlichen Verkauf angeboten. Rockefeller beabsichtigte, ihn zur Ausbeutung der Schwefelwände zu kaufen, bekam ihn aber nicht.

Dionisio Pulido könnte seinen Vulkan an Rockefellers Erben losschlagen, falls die ihn haben wollten. Aber daß er auch dann kein Geld davon hätte, sondern höchstens ein paar Flaschen Zuckerrohrschnaps, ist anzunehmen. Er hat doch auch nichts davon, daß sein Feld ein Objekt der Fremdenindustrie zu werden anfängt.

In Uruapán, der nächsten großen Stadt, herrscht Konjunktur in Mietsautos. Jeder, der einen Lieferwagen hat, läßt alle Lieferungen liegen und vermietet sich an Touristen zur Fahrt an den Vulkan; der Fahrpreis steigt schneller als der Vulkan. Etwa sechsundzwanzig Kilometer ist die Entfernung von Uruapán nach Paricutín, der Weg führt durch den weglosen Terpentinwald, man fährt sechseinhalb Stunden und kommt zerrüttet an.

Auf dem Vorfeld des Vulkans erstanden Marktbuden aus Latten und Reisig, wo Coca-Cola ausgeschenkt wird, Tacos verkauft werden und das Fruchbrot Ate, eine Spezialität des Staates Michoacán. Verkäufer sind die Bewohner des Fleckens San Juan de Parangaricútiro. Nicht unvorbereitet kommen sie in den Handelsbetrieb. Parangaricútiro ist ein Wallfahrtsziel, alljährlich, am 19. September, pilgern Hunderte von Gläubigen zum Fest des Cristo Milagro. Demgemäß sind alle Ortsbewohner gläubige Katholiken; in politischer Beziehung gehören sie den Sinarquistas an, den Faschisten, die vor allem in den rückständigen Gegenden eine kostspielige Agitation entfalten. Übrigens hindert das die Bevölkerung nicht, auch begeisterte Anhänger eines Demokraten zu sein, des vorigen Präsidenten Lázaro Cárdenas. Cárdenas hat ihnen Land gegeben, und die Faschisten versprechen ihnen noch mehr.
»Wir sind arm«, sagen sie, »wir leben von dem, was wir selbst anbauen. Bares Geld verdienen wir nur im September bei der Wallfahrt.« Sie sind fromm und halten den Vulkanausbruch für eine Strafe Gottes. Eine liederliche Frau habe mit verheirateten Männern des Ortes Sünden begangen. Als die Eruption begann, entflohen die Bewohner, und nur ein Schock Freiwilliger blieb zurück, um den Cristo Milagro zu bewachen. Nach drei Tagen kehrten die Flüchtlinge heim in ihre Häuser und errichteten hier oben ihre Stände. Die Frauen besorgen den Verkauf, die Männer begleiten die Touristen auf die Hügel rings um den Vulkan und bekommen dafür Führerlohn. Mit Stangen heben sie Lavasteine aus dem Wall, urinieren darauf, um die Glut auszulöschen, und verkaufen dann die solcherart abgekühlten Steine den Besuchern. Das Geschäft geht weit besser als das am Wallfahrtstag.
»Nicht schlecht, so eine Strafe Gottes«, sage ich.
Sie lachen verlegen, was offenkundig eine Zustimmung bedeutet, aber als solche nicht beweisbar ist.

Kolleg: Kulturgeschichte des Kaktus

Goethe	Cortez	Spitzweg
Stifter	Napoleon	Humboldt
Karl May	Hebbel	Henri Rousseau

I. Heraldik

Nicht deshalb, meine Herren, nicht deshalb, weil der Kaktus in Mexiko zu Hause ist, hat ihn Mexiko auf sein Wappenschild gehoben. Das Emblem war schon da, bevor die Azteken ihr Land gesehen. Vom Norden her, sozusagen aus den hyperboreischen Wäldern Amerikas, kamen sie gezogen, um die Heimat zu suchen, die Heimat, die ein Orakel ihnen verheißen hatte. Lange wanderten sie kämpfend kreuz und quer, bis sie im Jahre 1325 das ihnen gelobte Land fanden. Kein Zweifel konnte sich regen, das Ziel war genau so markiert, wie in der Prophezeiung angegeben, eine dreigliedrige Opuntie, von zwei entfalteten Blüten gekrönt, entsproß dem von Wasser umspülten Felsen, und darauf horstete ein Königsadler mit einer Schlange in den Fängen.
Hier am See, auf Lagunen, Landzungen, Ufern und Inseln, ließen sich die Wandermüden nieder und nannten den Standplatz, wie sie ihn schon in den Träumen ihrer Wanderung genannt hatten: »Tenochtitlán«, Kaktus auf einem Stein. Heute heißt die Stadt »Mexiko«. Adler und Schlange sind aus der Bannmeile geschwunden, aber der Kaktus beherrscht nach wie vor das Landschaftsbild.
Mexiko trug den Kaktus auf Fahnen, auf Siegeln und auf Münzen, und manche indianische Familie ließ, um vor dem Vizekönig den Adelsanspruch zu begründen, ihren Stammbaum malen, aber nicht als Baum, sondern als Opuntie. Wenn Sie das Nationalmuseum besuchen, werden Sie im Saal der Kodizes sehen, daß die Glieder der Opuntie, von Natur aus wie Veduten oder Schilder geformt, sich weit logischer zur Aufnahme von Namen und Jahreszahlen eignen als die auf europäischen Stammbäumen wachsenden Linden- oder Eichenblätter.

II. Bildende Kunst

Angesichts dieser Tatsachen berührt es fast komisch, daß die Maler der Neuen Sachlichkeit, einer Kunstrichtung von 1920, das Neue ihrer Sachlichkeit durch einen Kaktus ausdrückten, der in jedem ihrer Interieurs und Exterieurs vorkommt. Fast hundert Jahre vor der Neuen Sachlichkeit hielt Spitzweg, der altmodisch Verschrullte, den Kakteenliebhaber für das altmodisch Verschrullteste seiner Sujets. Deshalb wohl wagte der Kunsthistoriker Wilhelm Uhde die Hypothese, Spitzweg habe, eben von seiner Reise zurück, in seinen beiden Kaktusbildern Deutschland konterfeien wollen: draußen leuchtet die Sonne, grünt das Blattwerk und zwitschern die Vögel, während sich der alte Magistratsaktuarius dem staubigen Kaktus entgegenneigt, der sich seinerseits symmetrisch vor ihm verbeugt.

»Tu te rapelles, Rousseau, du paysage aztèque ...?« ruft ein Gedicht von Guillaume Apollinaire seinem Malerfreunde zu. Dieser Satz Apollinaires wurde als Beweis dafür verwendet, daß des Zöllners Rousseau phantastische und erfundene Landschaften weder phantastisch noch erfunden seien, sondern Modellmalerei aus dem Paysage aztèque. Wahr ist, daß Henri Rousseau als junger Militärmusiker mit der Interventionsarmee des Marschalls Bazaine nach Mexiko gekommen war, und dort mag er die Aztekenlandschaft mit ihren achthundertfünfzig Kakteensorten so gesehen haben, wie ein zukünftiger Maler sie sieht. Was der närrische Douanier jedoch später malte, hat damit nicht mehr zu tun als etwa sein Fußballbild mit einem Fußballspiel. Die Pariser Botaniker, von den ratlosen Kunsthistorikern zu Hilfe gerufen, konnten nur feststellen, daß außer den Agaven keine der Rousseauschen Pflanzen in Mexiko wachsen.

III. Literatur

Für Adalbert Stifter ist »der Kaktus nicht das letzte gewesen, dem ich meine Aufmerksamkeit geschenkt habe«. Er findet zwar die Blüten »verwunderlich wie Märchen«, aber nicht bizarr, formensprengend oder gar ungestaltig. Im Gegenteil: Sein Gärtner

Simon im Kaktushaus schließt das Loblied auf den Kaktus und seine Blüten mit dem polemischen Akkord:
»Es könne nur Unverstand oder Oberflächlichkeit oder Kurzsichtigkeit diese Pflanzengattung ungestaltig nennen, da doch nichts regelmäßiger und mannigfaltiger und dabei reizender sei als eben sie.«
In Mexiko bedürfen die Kakteen keines Stifterschen Gärtners, keines Spitzwegschen Aktuarius, keiner Gewächshäuser und keiner zierlichen Blumentöpfe. Allerorten im Land wächst der Kaktus und treibt Blüten, die oftmals verwelken, ohne ein menschliches Auge entzückt zu haben. Daß und in welchen Gestalten er das mittlere und südliche Amerika bewächst, hat schon Goethe verzeichnet. Seine Kenntnis stammt aus Humboldts »Ideen zu einer Physiognomik der Gewächse«, dessen Formulierungen Goethe nur stilistisch verändert:
»Dem neuen Kontinent ist eigentümlich die Kaktusform, bald kugelförmig, bald gegliedert, bald in hohen vieleckigen Säulen wie Orgelpfeifen aufrecht stehend. Diese Gruppen bilden den höchsten« (bei Humboldt: »den auffallendsten«) »Kontrast mit der Gestalt der Liliengewächse und der Bananenbäume.« (Bei Humboldt nur: »Bananen«.)
Nicht nur Goethe, sondern auch Karl May und sogar sein Pferd haben Humboldts »Ansichten der Natur« gelesen und darin die komplizierte Methode, mit der durstige Huftiere in den Wüstengegenden Amerikas sich »bedächtig und verschlagen« das wasserreiche Mark des Melokaktus zunutze machen:
»Mit dem Vorderfuß schlägt das Maultier die Stacheln der Melokakteen seitwärts und wagt es dann erst, den kühlen Distelsaft zu trinken. Aber das Schöpfen aus dieser Quelle ist nicht immer gefahrlos; oft sieht man Tiere, welche von Kaktusstacheln am Hufe gelähmt sind.«
Wen kann es wundernehmen, daß Karl Mays ungebärdiger Hengst den Trick besser beherrscht als alle bedächtigen und verschlagenen Maultiere und ihn gleich am Anfang des Romans »Old Surehand« dem Leser vorführt?
»Hierauf sattelte ich ab und ließ den Hengst frei. Gras gab es hier freilich nicht; dafür aber standen zwischen den Riesenkakteen Melokakteen genug, die Futter und Saft in Fülle lieferten. Mein

Rappe verstand es, diese Pflanzen zu entstacheln, ohne sich zu verletzen ...«

IV. Geschichte

Die Pflanze, die Sie hier sehen, meine Herren, eine Opuntia cochinellifera, habe ich an der Schlangenpyramide am Nordwestrand von Mexiko-Stadt ausgegraben. Ein Indioknabe, der dort Idolos anbot, griff diesem Kaktus in die Achselhöhle und streckte mir etwas Winziges, Rötliches, wie mit Mehl Bestäubtes entgegen und sagte: »Cochenilla.« Als er es über der Pflanze zerquetschte, floß Blut, so viel, daß dieses eine Opuntienglied aussieht wie rohes Fleisch. Von dem Tierchen, dem das Rot entstammt, blieb nichts übrig.
Um der Cochenille willen hat man einst das Gewächs gepflegt, das ihre Wohnung war. In der Aztekenzeit mußte alles Blut dieser Läuse gesammelt und an die kaiserliche Hausverwaltung abgeliefert werden; Stammesfürsten und Kriegshelden wurden mit Töpfen dieses Karmins belohnt. Jedoch die edelste Sorte, jene, die von jungfräulichen oder wenigstens ungeschwängerten Lausweibchen stammte, durfte keines anderen Mantel färben als den des Herrschers selbst und die kurze Jacke des höchsten Hohenpriesters. Wie im Heiligen Römischen Reich Deutscher Nation trugen im damals noch unentdeckten Mexiko der Kaiser und der Henker ein Gewand vom gleichen Rot. In der Tat, in Mexiko war der höchste Priester zugleich der höchste Henker und thronte auf dem Schafott, wie in Heines »Vitzliputzli« zu lesen:

Auf des Altars Marmorstufen
Hockt ein hundertjährig Männlein
Ohne Haar an Kinn und Schädel,
Trägt ein scharlach Kamisölchen,
Dieser ist der Hohepriester
Und er wetzet seine Messer ...

Vergeblich war das Messerwetzen, vergeblich die Menschenopfer. Der weiße Feind marschierte heran, um dem Kaiser den Purpurmantel vom Leib zu reißen und dem Henkerpriester das scharlach Kamisölchen. Und die Götter verhinderten es nicht.

Aber ein schlichter Kaktus, ein Nopal aus der Gegend von Cholula, hätte es beinahe verhindert. In Cholula hatte Cortez die Bewohnerschaft massakrieren lassen, sechstausend Tote binnen drei Stunden – ein Gemetzel, wie es bis dahin die Neue Welt niemals erlitten. Nach vollbrachter Tat wandten sich die Spanier der Hauptstadt zu, voran das Reiterfähnlein. Es war ein sengender Tag, gierig schlürften die Kavalleristen die rötlichen Früchte des Nopals von Cholula.

Unterwegs wird Halt befohlen: »Absitzen! Austreten!« Aber, Herr des Himmels, was ist das? Es ist Blut, das die Reiter urinieren! Tiefrotes Blut! Kein Zweifel, ihre Venen sind gerissen – Gottes Strafgericht für die am Indiovolk begangenen Greuel und Scheuel. Alle sind blaß und zittern vor Todesangst. Sie rotten sich zusammen, knien gemeinsam nieder, beten zu San Jago de Compostella, leisten ein Gelübde, weigern sich, weiter Dienst zu tun.

Da kommt zu Fuß der indianische Hilfstrupp heran und läßt gleichfalls, jedoch ohne sich darüber zu beunruhigen, rotes Wasser. Nun erfahren die reuigen Sünder, solches sei die Wirkung der Tuna von Cholula, der Frucht, die sie gegessen. Keine Strafe Gottes also! Kein Grund zur Reue! Erlöst von Skrupeln, setzen die Gottesstreiter ihre grausen Kriegstaten fort.

V. Manufakturwesen

Und nehmen das Land mit allem, was da kreucht und fleucht. Unter dem, was da kreucht, kreucht die Cochenille bald zu hoher Bedeutung hinan. Cortez hatte sie übers Meer nach der heimatlichen Halbinsel geschickt, »nur um der Wissenschaft willen«, wie er zur Entschuldigung betonte. Aber während man in Spanien die Körner von Mais und Kakao, die Tomate und die Vanille und die Stücke edelster Jade als wertlos abgetan hatte, erfaßte man sogleich den potentiellen Wert dieses Farbstoffs für die Wollweberei von Barcelona und die Seidenweberei von Valencia.

Eilends pflanzte man die vermeintlichen Samen in den Boden und wunderte sich, daß ihnen kein Gewächs entsproß. Nun heischte man aus Neu-Spanien Sprößlinge. Fruchtknollen oder

Wurzeln, und solche der Opuntia cochinellifera trafen ein. Aus denen wuchsen in den heißeren Territorien der spanischen Krone, in Algier und auf den Kanarischen Inseln, die Kakteen, und auf den Blättern fanden sich die winzigen Tuben, prall gefüllt mit dem ersehnten Farbstoff.

Große Plantagen wurden angelegt, sie brachten reichen Nutzen, aber immer noch begriff man nicht, daß die Pflanzensamen keineswegs Pflanzensamen seien. Als 1703 Mijnheer Ruysch unter dem gerade erfundenen Mikroskop Leeuwenhoeks die Cochenille leben und sich bewegen sah, geschah allgemeines Schütteln des Kopfes. Eine Laus? Wie kann eine Laus so edlen Farbstoff liefern?

Als ich zu Hause meine heutige Vorlesung vorbereitete, ließ mir ein in Schweinsleder gebundener Riesenfoliant kaum ein Eckchen meines Tisches zum Schreiben frei. Auf irdische Maße reduziert, lautet der Titel des Buchs »Museum Museorum oder Schaubühne aller Materialien und Specereyen ... Unter Augen geleget von Doctor Michael B. Valentini, Franckfurt am Mayn, im Jahre Christi MDCCXIV.« (Dieses deutsche Werk, das neben vielem anderen eine komplette Technologie der Manufakturzeit darstellt, habe ich in Europa jahrelang gesucht und fand es – o Witze, die die Emigration mit uns macht – in Mexiko.) Noch 1714 ließ sich der Verfasser des gelehrten Wälzers nicht ganz durch das Mikroskop überzeugen:

»Ob nun die Kutzenellen vor einen Saamen oder sonsten etwas zu halten seyen? davon sind biss auff den heutigen Tag noch verschiedene Meynungen. Einige halten es vor einen Saamen, daher es auch die meisten Apothecker unter die anderen Saamen stecken und in ihren Catalogis als ein Sem. Coccinillae setzen; – teils weilen Coccionella von Cocco herkäme und bey den Spaniern ein kleines Korn heiße, teils weilen Wilhelmus Piso in seiner ›Historie der Brasilianischen Gewächsen‹ eine Art indianischer Feigen weitläuffig beschreibet, an welchen die Coccionellen wachsen sollen ...«

Valentini zählt die vielen Verwendungsmöglichkeiten dieser fragwürdigen Miniaturkörper auf, besonders die Tatsache, daß Italien den neuspanischen Kutzenellen die Rotfärbung des Glases verdankt.

VI. Revolutionsgeschichte

Zweieinhalb Jahrhunderte wahrte Spanien sein Cochenille-Monopol und überwachte jedes Schiff, das von den mexikanischen Küsten auslief. Auf den bloßen Versuch, die rötenden Läuse auszuführen, stand Todesstrafe. Ein Franzose, Thierry de Menonville, wollte es dennoch wagen, um seinem eben zur Republik gewordenen Vaterland das kostbare Färbemittel zu verschaffen. Im Staate Oaxaca (er schreibt »Juaxaca«) grub er nächtlicherweile etliche der besten Zuchtpflanzen aus und verschaffte sich einige Paare der Läuse. Diese Beute brachte er glücklich nach Santo Domingo, wo sie gedieh und sich vermehrte, so daß er bald ein Faß Cochenille nach Paris senden konnte.

Und nun erlebte er den Höhepunkt seines Lebens. Die Gabe wurde dazu verwendet, der Fahne der französischen Republik, der Trikolore, die dem Nationalkonvent 1793 überreicht wurde, das Rot der Freiheit zu geben. Seine Tierchen waren es, die das neue Banner salbten!

Aber ach, auch der Vernichter der Republik schmückte sich mit dem Blut der Cochenille: Es mußte dazu dienen, den roten Frack des Ersten Konsuls zu färben. Später verknüpfte sich, wenngleich nur anekdotisch, ein mexikanischer Kaktus noch einmal mit dem Namen Napoleons.

Zu Beginn des neunzehnten Jahrhunderts verpflanzte ein britischer Kapitän, Sidney Longwood, die großen Kandelaberkakteen aus Mexiko auf die damals geschichtslose Insel Sankt Helena. Ihn hinderte kein spanisches Gesetz an diesem Export, denn Zierpflanzen waren für Industrie und Handel wertlos. Auf Sankt Helena schossen sie hoch, verzweigten sich von den lotrechten Säulen des Stammes in vielarmige Leuchter, ganz so, wie sie sich daheim in Mexiko verzweigt hätten, nur mit dem Unterschied, daß sie auf Sankt Helena nicht blühten. Erst an dem Maienabend, an dem Napoleon starb, entzündeten sich Hunderte von Trauerleuchtern, und ihre Flammen waren gelbgrüne Blüten mit roten Spitzen. Es war, als hätten Beleuchter, hinter den Felsen versteckt, auf diese Stunde gewartet. Angesichts der unvermutet brennenden Ampeln flüsterten die vorbeifahrenden Schiffe: »Er ist tot.«

VII. Industrie

Die Manufakturzeit endete, die industrielle Revolution brach aus, das Maschinenzeitalter und die Massenproduktion setzten ein, und mit ihnen stieg der Preis der mexikanischen Cochenille. Und gleichzeitig stiegen Ausbeutung, Spekulation und Konkurrenzkampf. Alexander von Humboldt berichtet darüber:
»Auf der Halbinsel Yucatán wurden allein in einer Nacht alle Nopale, auf denen die Cochenillen leben, abgeschnitten. Die Indianer behaupten, daß die Regierung diese gewaltsame Maßregel darum ergriffen habe, um den Preis einer Ware hinaufzutreiben, deren Eigentum man den Bewohnern der Mixteca ausschließlich zuwenden wollte; die Weißen hingegen versichern, daß die Eingeborenen aus Unzufriedenheit mit dem Preis, den die Kaufleute für die Cochenille festsetzten, einmütig das Insekt und die Opuntien zerstört haben.«
Mit solchen Mitteln der Produktionsbeschränkung begann das neunzehnte Jahrhundert. Ehe es zu Ende ging, waren diese Mittel, wenigstens soweit sie die Cochenille betrafen, nicht mehr nötig. Denn das Alizarin – aber das ist eine eigene Geschichte, und diese eigene Geschichte erzählte mir eine Dame, die einen urspanischen Taufnamen sowie einen urspanischen Familiennamen trägt und dahinter einen urdeutschen Vatersnamen. Dadurch geriet das Gespräch auf ihren Großvater.
Der kam als junger Mann mit Maximilian von Habsburg nach Mexiko und schickte seinem daheim gebliebenen Freund, dem Berliner Fabrikchemiker Carl Liebermann, eine kleine Schachtel mit Cochenille-Läusen, damit er sie analysiere. Er konnte sie per Post als Muster ohne Wert senden, zehn Centavos Porto, die Zeiten, da Thierry de Menonville beim Schmuggel Kopf und Hals riskiert hatte, waren längst vorüber. Drüben verfaßte Liebermann eine Abhandlung über die Cochenille und schickte sie dem Freund in Mexiko mit einer Widmung, dem Dank für das Paketchen, das den Anlaß zu der Arbeit gegeben. Bald darauf vernahm man, ein Karl Liebermann in Berlin habe die künstliche Cochenille erfunden, die synthetische Herstellung des Alizarins.
Bei diesem Punkt äußerte ich zu der Erzählerin, ihr Großvater

müsse wohl sehr stolz darauf gewesen sein, eine solche Erfindung angeregt zu haben.
Stolz? Sein Leben lang wurde er die Angst nicht los, jemand könnte erfahren, daß durch seine Schuld Mexiko eine Wirtschaftskatastrophe von unvorstellbarem Ausmaß erlitt.
Der bedeutendste Ausfuhrartikel war plötzlich außer Kurs gesetzt. Während Deutschland mit dem Alizarin Millionen und aber Millionen erntete und die unbeschränkte Herrschaft auf dem Farbenweltmarkt errang, verfielen in Mexiko die Nopalerias; die Cochenille-Flotte, die den Transport nach Europa besorgt hatte, wurde abgewrackt; angesehene Exporthäuser bankrottierten. Wie hätte ein Mexikaner – und das war der Großvater der Erzählerin inzwischen geworden –, wie hätte ein Mexikaner nicht entsetzt sein sollen, dieses nationale Unglück herbeigeführt oder zumindest beschleunigt zu haben! Noch seine Enkelin bat mich, seinen Namen nicht zu nennen.
Einen von den Erben jenes Krachs, einen Nachkommen des größten Exporthauses für Cochenille, habe ich in der Stadt Oaxaca als Beamten des Fremdenverkehrsbüros getroffen. Im Verlauf unserer Bekanntschaft erzählte mir Señor Corres von seinem Vater, der in England studierte, dort seine eigenen Pferde ritt und als Sohn des Cochenille-Königs von Mexiko Ansehen genoß. Bis er eines Tages nach Hause fahren mußte – im Zwischendeck.
Señor Corres, durch Herkunft und Amt dazu berufen, informiert zu sein, konnte meine Frage, ob sich irgendwo der Rest einer Cochenille-Plantage finden ließe, nicht beantworten. Dadurch nicht abgeschreckt, suchte ich das Dorf Cuilapan de Díaz auf, das einst ein Zentrum der Cochenille-Zucht war und heute ein Weberort ist, dessen Sarapes man nachsagt, sie seien noch immer mit Cochenille gefärbt. Aber ich fand in den Werkstätten nur die Originaltiegel einer nordamerikanischen Farbenfabrik.

VIII. Pharmakologie

Für immer ist die Cochenille aus dem Exportgeschäft ausgeschieden, selbst als Heilmittel gegen Fleckfieber und Beulenpest kam sie aus der Mode.

Auf dem internationalen Medikamentenmarkt wird nur noch der Peyote-Kaktus gehandelt, die »Mezcal Buttons«, der Zauberkaktus, über den ich Ihnen ein eigenes Kolleg lesen will. Eine überirdische Funktion wird auch manchen anderen Kakteen zugeschrieben, auf welche Sie bei unserer Exkursion in den Botanischen Garten von Chapultepec der Floricultur Sánchez de la Vega aufmerksam machte.

Die »Cardon«, das heißt Distel, genannte Opuntie hängt man in den Dörfern über Tür und Fenster auf, um zu verhindern, daß die Dämonen eindringen und den Kindern das Blut aussaugen. In den Handtaschen städtischer Jungfrauen finden Sie oft die leichtgewölbte Spitze des Kaktus Lemaire cereus – ein unfehlbares Amulett gegen das Kinderkriegen. Das Totem des Jagdgottes Mixcoatl war ein topfförmiger, riesiger Igelkaktus, auf den, wie die Kodizes zeigen, die Menschenopfer gelegt wurden, damit sich ihr verströmendes Blut in die Gottheit ergieße; heute legt man in den Küstengegenden diesen Kaktus auf Wunden, die, so klaffend sie auch sein mögen, im Nu vernarben.

Auch in Europa glaubte man an die Heilwirkung der Kakteen. Zum Beweis sei eine Stelle aus Friedrich Hebbel hier angeführt, obwohl ich sie vielleicht hätte dort erwähnen sollen, wo ich von den literaturgeschichtlichen Beziehungen des Kaktus sprach. In seinen Tagebüchern erzählt Hebbel:

»In Hamburg auf dem Stadtdeich kommt eines Morgens zu meinen Wirtsleuten, den alten Zieses, ein Bauernweib mit Gemüse. Sie erblickt auf dem Fenstersims eine Pflanze, eine Art Kaktus, setzt ihren Korb beiseite und kniet nieder. Dann sagt sie: ›Das tu ich jedesmal, sobald ich diesen Baum sehe, denn ihm verdank ich's, daß ich wieder gehen und stehen kann; ich war gichtbrüchig wie Lazarus, da riet man mir, den Saft seiner Blätter auszupressen und zu trinken, und davon wurde ich wieder gesund.‹«

IX. Ethnographie

Längst leben die Kakteen in der Diaspora, fast alle auf allen Kontinenten, jedoch keineswegs allüberall zu der Menschen Freude. In Australien zum Beispiel, wo man die Wälder verbrennt, um den Schafen Weideland zu schaffen, hat sich ein Kaktus eingenistet, der auf deutsch »Feigendistel« und auf englisch »prickly pear« heißt, obzwar er weder mit einer Feige noch mit einer Birne nennenswerte Ähnlichkeit hat. Kaum einen Schafzüchter habe ich dort gesprochen, der diese Pflanze nicht mit australischen Flüchen bedacht hätte, weil sie dem Boden das Gras entzieht und mit ihren Dornen die Herden verletzt. »Aber, nur Geduld! Schon haben wir einem englischen Entomologen den Auftrag gegeben, einen Wurm zu züchten, der den bloody Kaktus auffressen wird mit bloody Stumpf und Stiel, mit bloody Haut und Haar.«

In Mexiko hat der Kaktus keine solche meuchelmörderischen Feinde, wenngleich er auch hier nur ein Unkraut ist, insofern ihn niemand anbaut, und er auch hier den Tieren Harm tut, die ihm zu Leibe rücken. Neben Orchidee und Bougainvillea und Rose steht er als Zierpflanze in Ehren und ist als Nutzpflanze unentbehrlich.

Wie sehr sich des Kaktus und des Menschen Leben wechselseitig bedingen, können Sie auf dem Land beobachten. Sie stehen vor einer Hütte, einer wie Hunderttausende, armselig mit armseligem Hof. Der Zaun aber ist prächtiger und sichernder als das Gitterwerk einer Villa. Grün gerippte, meterhohe Orgelkakteen sind aneinandergeschlossen zu einer Phalanx, durch die kein feindlicher Mensch und kein feindliches Tier zu dringen vermag, selbst eine Schlange nicht. Wollte jemand hinüberklimmen, flugs bekäme er Stacheldrähte zu spüren, die aus der Pflanze wachsenden Widerhaken.

Die Hütte hinter dem Zaun ist ebenfalls dem Kaktus entboren, wenn auch nicht dem gleichen, der den Hof umschließt. Als Ziegelsteine und als Schindeln sind die flachen ovalen Glieder der Opuntia robusta verwendet, die auch alles »hölzerne« Material für den Haushalt beisteuert, denn sie wird so hart und unverweslich wie Mahagoni.

Bei isolierten Indiostämmen tut der Kaktus alle Arten von Diensten. Im östlichen Chiapas stricken die Frauen mit Hilfe langer weißer Kaktusstacheln, und auf den Berghängen bei Guaymas dient ein Kaktusglied als Kamm und Bürste zugleich. Weil wir gerade von Haarpflege sprechen, möchte ich Sie darauf aufmerk-

sam machen, daß auf allen Märkten Oputien als Haarwaschmittel verkauft werden. Sie schützen gegen das Ergrauen, und mag das Gesicht der Indiogreisin noch so fahl sein, ihr glattes und in Zöpfe geflochtenes Haar glänzt schwarz wie in ihrem ersten Lebensjahr.
Lieblingsspiel mexikanischer Kinder ist der Stierkampf. Über Bürgersteig, Fahrbahn oder Spielplatz tobt ein hölzernes Gestell auf Rädern, der Stier. Zwei echte Hörner sind seine Waffe, aber zwischen ihnen und an den Flanken des Steckenstiers sind Kaktusglieder befestigt, in die der kleine Picador die hölzernen Lanzen stößt und schließlich der kleine Torero sein hölzernes Schwert.

X. Gastronomie

Alle Gänge eines Mittagessens können aus Kaktus bereitet werden. Sogar das Fleisch wird von einer saftigen Scheibe der Opuntie täuschend vertreten, einer gleichen, wie man sie als Salat anrichtet. Dieses Menü aus Kaktus wird auf einem Herd gekocht, der mit Kaktus geheizt ist.
Kaktusfrüchte wie Pitaya und Tuna sind das billigste Obst, man kann es auf allen Wegen pflücken. An Ständen auf der Straße und in Konfitürengeschäften kauft man es kandiert, als Gefrorenes, als Kompott, als Fruchtsaft, als Dulce de Bisnaga.
In diesem Zusammenhang muß ich wohl oder übel einer Sache Erwähnung tun, die nicht eben ins Gebiet der Gastronomie gehört, jedoch die Unverwüstlichkeit der Kakteen deutlicher dartut als alles andere. Auf der Tuburón-Insel im Kalifornischen Meerbusen (zum Staat Sonora gehörig) nähren sich die wilden, starken Seri-Indianer fast ausschließlich vom Feigenkaktus, Opuntia ficus indica, dessen Früchte sie in der Reifezeit heißhungrig in Unmengen verschlingen. Mit dieser Hemmungslosigkeit kontrastiert die fürsorgliche Maßnahme, die Resultate ihrer Verdauung gut aufzuheben. Das rettet sie, wenn die Saison des Mangels heranbricht, vor dem Hungertod. Denn dann suchen sie aus den inzwischen hart gewordenen Faeces die unverdauten Teile heraus, essen, verdauen und bewahren sie von neuem, um

sie in der nächsten Hungerzeit wieder herauszuholen, zu essen und so ad infinitum.

XI. Hydrologie

Sie wissen, meine Herren, daß ich gegenwärtig ein Lehrbuch über Mexiko schreibe, und ich habe es mit einer Abhandlung über den Mais begonnen. Denn so wie die Kultur Europas mit dem Anbau von Korn und wie die Kultur Asiens mit dem Anbau von Reis zur Welt kam, fängt diejenige Amerikas mit dem Zeitpunkt an, da der indianische Mensch Mais züchtet und zu diesem Behufe seßhaft wird.

Vorher muß jedoch dieser Mensch dagewesen sein, wenn auch nur als Nomade.

Wie war er ins Land eingedrungen, ohne zu verdursten, wer wies ihm die Richtung durch die Wüstenei zum wilden Mais, zum künftigen Bauplatz für Hütte und Dorf? Niemand anderer als der Kaktus. Er war's, der den Menschen hereinführte und eine brache Unendlichkeit zum blühenden Lande machte, und ich frage mich, ob ich ihn nicht doch dem Mais voranstellen sollte.

Noch heute, meine Herren, können Sie längs der Steppenwege Kaktusalleen bemerken, sofern Sie ihnen überhaupt einen Blick schenken. Meist verzichten diese Kakteen auf Blätterwerk und Zierat, sie halten sich gerade, senkrecht fast, um den Pfeilen der Sonne so wenig Fläche als möglich darzubieten. Manche verhüllen sich sogar mit einem Haarbüschel, einem verfilzten Schopf zum Schutz gegen Sonnenstich und Sonnenbrand. Abgehärtet, geradezu gegerbt ist ihre Haut, um keinen durstenden Sonnenstrahl hereinzulassen und kein Tröpfchen Wassers zu verschwitzen. Ihre Rippen haben eine raffinierte Form des Widerstands, die des Wellblechs, so daß der anstürmende Samum ihren Körper wohl biegen, aber nicht brechen kann. Von ihren Waffen gegen animalische Feinde haben wir bereits gesprochen.

Sie sehen, meine Herren, daß die Kaktusalleen im Steppengebiet die ältesten Denkmäler des Landes sind, älter als Gräberfunde oder Knochen vorsintflutlicher Ungeheuer. Niemand hat diese Alleen gepflanzt, sie haben die heutigen Wege umsäumt,

bevor es die Wege gab. Entlang der Kakteenzeile liefen die Tiere, entlang dieser Zeile konnten sie nicht verdursten, entlang dieser Zeile folgte ihnen der Jäger.
Der Wanderer aß die erstaunlich saftigen Früchte der Wüstenpflanze und rastete, ich verwende hier Goethes Worte, an jenen »Oasen, die die pflanzenleeren Wüsten so beleben wie die Orchideen den trockenen Stamm der Bananenbäume und die ödesten Felsenritzen«.
Wenn Sie, meine Herren, das Steinplateau von Coahuila durchwandern, kann Ihnen jeder Peón die ewige Methode zeigen, aus dem vegetabilischen Quell einen Trunk zu tun. Er gräbt einen Kaktus aus, spannt ihn zwischen zwei Steine und bohrt in die Mitte eine Öffnung. Dann zündet er die Pflanze an beiden Enden an, das Feuer treibt alle Flüssigkeit dem Loch zu, und diese tropft nun in den darunter gehaltenen Flaschenkürbis oder in die hohle Hand. Des dergestalt geschöpften Wassers ist nicht viel, und es schmeckt auch bitter – aber für einen Verdurstenden!

XII. Dialektik

Vielleicht geht einer oder der andere von Ihnen, meine Herren, eines Nachmittags vor irgendeinem Provinzstädtchen spazieren, wohl um der Liebe willen. Sie achten nicht des staubigen und recht gewöhnlichen Gewächses auf den Hügelwellen, das weder Ihnen noch sonst jemandem in der Nähe einer Stadt wichtig ist. Sie lassen das Unkraut links liegen.
Aber ein paar Stunden später, in der Abenddämmerung, kehren Sie den gleichen Weg zurück und werden aufgeschreckt aus Ihren Gedanken oder Ihrer Müdigkeit durch Wogen leuchtender Strahlen. Plötzlich ist das staubige Unkraut zur Blüte aufgeschossen.
Sie schämen sich Ihrer Überraschung beim Anblick dieser Pracht, hätten Sie doch, Schüler der dialektischen Lehre, die Entwicklung des Gegensätzlichen erwarten sollen. Sie hätten wissen müssen, daß sich im revolutionären Punkt der evolutionären Entwicklung aus dem Elendsten der Erde die Blume des Schönen entfalten wird.

Der Nibelungenhort von Mexiko

> Diese Dinge sind alle köstlich, und ich hab all mein Lebtag nichts gesehen, was mein Herz also erfreuet hat. Denn ich hab darin gesehen eine wunderliche Kunst und hab mich verwundert ob der subtilen Ingenia der Menschen in fremden Landen.
>
> *Albrecht Dürer*

I. Wie man den Schatz fand

Es war der 10. November 1519. Drei Tage vorher war Cortez mit seiner Truppe in der Hauptstadt Tenochtitlán eingezogen, und der Aztekenkaiser Moctezuma II., ebenso erschreckt wie gastfreundlich, hatte ihnen das Residenzgebäude seines verstorbenen Vaters zugewiesen, das an der Stelle des heutigen Monte de Piedad auf dem Zócalo stand. Die Spanier wollten innerhalb des Gebäudes eine Kapelle errichten, und Moctezuma stellte ihnen unverzüglich Arbeitsleute zur Verfügung – er besaß gute Gründe, Indios statt dieser Fremden in seinem Haus handwerken zu sehen.

Jedoch die Gäste schnüffeln bereits in den Räumen herum, und zur Begründung führen sie an: »Weil wir nun einmal von solchem Charakter sind, daß wir alles entdecken und alles wissen wollen, durchforschten wir, während wir nach einem würdigen Platz für den allerheiligsten Altar Ausschau hielten, alle Wände und Winkel sehr genau.«

Dabei finden die so forschungsfreudigen und so gottesfürchtigen Blicke das, was sie in Wirklichkeit suchen. In einer Wand scheint eine Türe gewesen zu sein, die erst vor kurzem zugemauert und mit Lehm und mit brauner Farbe unkenntlich gemacht wurde. Skrupellos legen die Soldaten eine Bresche ins Mauerwerk und erstarren vor einem Leuchten, das stärker ist als das der Mittagssonne. Hier ist der aztekische Nibelungenhort aufgespeichert,

die Privatschatulle Moctezumas, die seines Vaters und der verpfändete Staatsschatz der Nachbarrepublik Texcoco.
Der brave Soldat Bernal Díaz del Castillo, der später die Augenzeugengeschichte der Konquista schreiben wird, ruft aus: »Die ganze übrige Welt zusammengenommen kann nicht so viele Kostbarkeiten besitzen!«
Cortez wird geholt. Er schließt die Augen, um nicht geblendet zu werden, er preßt die Zähne zusammen, um nicht zu schreien. Vor ihm liegt die Erfüllung. Vor ihm liegt der Lohn für das tolle Wagnis, für die unerträgliche Beschwer. Vor ihm liegt der Ablaß für alle Todsünden, begangen unterwegs. Vor ihm liegen der Heiligenschein für sein Haupt und der Harnisch gegen Neider und Feinde am spanischen Hof. Denn vor ihm liegt: die Gunst der hispanischen Majestät.
Aber Cortez stürzt sich nicht auf den Fund. Im Gegenteil, er läßt die Bresche zumauern, befiehlt allen strengstes Stillschweigen.
Beileibe keine moralische Regung leitet ihn bei diesem Befehl, die Beweggründe sind ganz anderer Art. Erstens könnte er keine Geschenke von Moctezuma verlangen, wenn dieser ihn im Besitz des Schatzes wüßte. Zweitens fürchtet Cortez die unheimlich bevölkerte Riesenstadt, in die er sich eingenistet hat – ein Raub des Kronschatzes würde das Fanal sein für den allgemeinen Angriff gegen die Räuber.
Erst nachdem Cortez den Kaiser Moctezuma aus dessen Palast in den »seinigen« geschleppt hat, erst unter dem Schutz einer solchen Geisel fühlt sich der Spanier sicher. Nun wird der Tresor wieder geöffnet.
Trotz der Bewachung stehlen zwei spanische Soldaten je einen Goldpokal, angeblich, weil sie kein Trinkgefäß besitzen. Die beiden kleinen Diebe sollen exemplarisch bestraft werden, Moctezuma interveniert jedoch für sie, um zu zeigen, daß niemand anderer als er der Bestohlene sei. »Deinen Landsleuten«, sagt er zu Cortez, »steht meine ganze Schatzkammer zur Verfügung, mit Ausnahme der Gegenstände, die den Göttern gehören.«
Als aber ein Wachposten den gefangenen Moctezuma beleidigt, lehnt er es ab, sich für die Milderung der von Cortez verhängten Prügelstrafe einzusetzen. »Ich würde ebenso verfügen, wenn sich

in meinem Haus jemand gegen Cortez verginge. Freundschaft, Gastlichkeit und Treue sind die heiligsten Pflichten.« Damit spricht er nicht nur einen Vorwurf gegen die Untreue des Cortez aus, sondern auch ein ethisches Prinzip.

Der gefangene Aztekenkaiser wird gezwungen, auf alle seine Staatseinnahmen zugunsten des Königs von Spanien zu verzichten und ihm den Vasalleneid zu leisten. Freiwillig fügt Moctezuma als Geschenk an die Madrider Majestät den Kronschatz hinzu. (Den hätte er allerdings von Cortez nie zurückbekommen.) Bei dieser Schenkung schärft er Cortez ein: »Sorge dafür, daß in euren Annalen geziemend verzeichnet wird, Moctezuma habe dieses Geschenk eurem Herrn geschickt.«

Die Kleinodien werden in die Thronhalle geschafft. Noch heller als jenseits der Bresche funkeln und blitzen im offenen Saal die Schätze einzeln und der Schatz als Ganzes. Drei Hügel werden aufgeschichtet, ein Hügel aus goldenen Körnern, ein Hügel aus goldenen Barren, ein Hügel aus Objets d'art.

Einige Beweisstücke für die kunstgewerbliche Meisterschaft der Indios hatte Cortez schon heimgesandt, bevor die Schatzkammer entdeckt war, und unter denen, die sie in Europa bestaunt, waren die beiden kunstverständigsten Männer des Zeitalters. Albrecht Dürer schreibt aus Brüssel seine Begeisterung über die »subtile Ingenia« der Indianer, und Benvenuto Cellini bewundert eine Fischskulptur aus Mexiko, die König Karl V. dem Papst geschenkt. Der Meistergoldschmied kann sich nicht erklären, mit welcher Methode der silberne Fischkörper und sein goldenes Schuppenwerk gleichzeitig gegossen werden konnten.

Ihren Kunstreferaten macht nun der Bericht Konkurrenz, den Cortez über die aztekischen Kaiserschätze schreibt. Noch höher als der Materialwert sei ihr Kunstwert. »So wunderbar und unschätzbar sind sie in ihrer Originalität und Sonderbarkeit, daß keiner der uns bisher bekannten Fürsten der Welt Objekte von solcher Qualität besitzen kann.« Übertreiben darf Cortez in diesem Rapport nicht, denn er ist an Karl V. gerichtet, der die Schätze bald erhalten soll. Wehe Cortez, wenn er im Adressaten zu hohe Erwartungen erweckte oder gar dessen Enttäuschung!

Obwohl Moctezuma mit betonter Ausdrücklichkeit die Reichtümer seinem neuen Souverän geschenkt hat, liegt den Soldaten des spanischen Königs nichts ferner, als auf sie zu verzichten. »Laßt uns gleich teilen«, rufen die Landsknechte in so entschiedenem Ton, daß sich kein Widerspruch erhebt.

Die Spanier verlangen Gewichte; aber siehe da, die Indios, Meister in der Herstellung astronomischer Meßinstrumente, kennen dieses Krämermittel nicht. So müssen sich die weißhäutigen Kreuzritter dazu bequemen, ihre Waagen und Gewichte selbst zu fabrizieren. Inzwischen lassen sie von den Goldschmieden der Stadt Atzcapotzalco das Gold einschmelzen, mit Ausnahme der Geschmeide, deren Kunstwert in die Augen springt. Eiserne Stempel werden hergestellt, um die Barren mit dem kastilischen Wappen zu punzieren; ein Exemplar dieser Prägestöcke hat sich, o Ironie, bis heute in Mexiko erhalten.

Nicht weniger als 162 000 Goldpesos beträgt der Wert des Schatzes, was der Historiker William Prescott vor hundert Jahren einem Betrag von etwa sechseinhalb Millionen Dollar oder fast anderthalb Millionen Pfund Sterling gleichgesetzt hat. Von diesem Reichtum wird zuvörderst ein Fünftel für den König von Spanien beiseite gelegt. 32400 Goldpesos. Viel Geld! So viel nennt damals kein Potentat in Europa sein eigen – was Karls V. beide Großväter, Ferdinand von Aragonien und der deutsche Kaiser Maximilian, hinterließen, reichte nicht aus, um ihre Begräbnisse zu bezahlen.

Bislang hatten die europäischen Monarchen nur in der Alchimie die Hoffnung gesehen, ihre Zivilliste aufzubessern oder den Staatsbankrott zu vermeiden. Nach dem Bericht des Cortez beginnen sie, an eine andere Wunderheilung des Finanzwesens zu glauben: an exotische Kronschätze.

Wie sehr der Schatz des Moctezuma die Fürsten der Alten Welt zweieinhalb Jahrhunderte lang beschäftigte, geht aus einer Randbemerkung Friedrichs II. von Preußen hervor. Er schrieb sie am 12. Mai 1773 auf eine Eingabe, die eine staatliche Subvention für die Errichtung einer Sammetfabrik in Potsdam verlangte:

»Ich habe kein geldt und wer kann alle Tage Solche fonds zu fabriquen geben? Das kann der Moctezuma nicht ein mahl.«

Die Landsknechte des Cortez sind keine Fürsten mit Sorgen ums Budget. Wegwerfend lächeln sie, als von ihrer Beute ein Fünftel für ihren König bestimmt wird. Gebt dem Kaiser, was des Kai-

sers ist, der Rest gehört ja uns, gehört uns zu gleichen Teilen, genug, um unser Leben lang als Caballeros zu leben.
Ja, Pustekuchen! Cortez beansprucht gleichfalls ein Fünftel, und in der Tat hat er im Feldzug mehr geleistet als der König. Ein drittes Fünftel wird als Spesenvergütung abgesondert, teils für Cortez selbst, der sein Vermögen in die Kampagne gesteckt hat, teils für seinen Todfeind Diego Velásquez, den Gouverneur von Kuba. Der hätte nämlich das Recht zu einer Klage, die dem Beklagten Kopf und Kragen kosten kann. Cortez hat ihm die Flotte entführt, um den Piratenzug nach Mexiko selbst zu unternehmen, und diese Flotte hinter sich verbrannt, als er gelandet war. Auf solche Delikte steht Tod von Henkershand. Nur wenn Cortez aus freien Stücken den Schaden ersetzt, kann er vielleicht dem Schafott entrinnen.
Murrend sehen die Soldaten drei Fünftel der Beute davonschwimmen. Als über das vierte Fünftel verfügt wird, geht ihr Ärger in Wut über. Es soll zum Teil nach Veracruz gehen, wo ein Detachement zurückgeblieben ist, teils soll den Offizieren ein Prämium ausgezahlt werden sowie den Artilleristen und Arkebusieren.
Nur das letzte Fünftel bleibt zur Aufteilung an die Mannschaft. Das sind hundert Goldpesos pro Mann, in der Tat, ein beleidigend niedriges Honorar für die Eroberung eines Dorados, für die verfluchte Bekehrung von Heiden.
Manche lehnen den Schandlohn einfach ab, alle toben. Sie toben über Ungerechtigkeit, sprechen von Betrug und Unterschlagungen, die von Offizieren vor der Punzierung verübt worden seien. Diese Beschuldigung macht sich der königliche Schatzmeister zu eigen, es kommt zu einem Duell und wäre zu weiteren gekommen, wäre Cortez nicht dazwischengefahren. Dazwischen fährt er auch in die Rebellion der Truppe, kämpft sie nieder mit der Macht seines Wortes.
Wenngleich widerwillig, kehren die Soldaten zum Dienst zurück. Suff und Kartenspiel sind heute wilder als je. Im Mondlicht verspielen die meisten das Gold, das ihnen im Sonnenlicht zugesprochen ward, die Juwelen werden getauscht, verschachert oder als Liebeslohn hergegeben. Vier Fünftel des Schatzes aber schlafen noch im Palast.

II. Das Gold flüchtet

Wie rettet man den Schatz, wenn man flüchten muß?
Denn flüchten muß man. Die Stadt steht in bewaffnetem Aufruhr, das Quartier der weißen Eindringlinge ist belagert, der Kaiser Moctezuma wurde, als er sein Volk beschwichtigen wollte, von seinem Volk zu Tode gesteinigt.
Flüchten muß man. Cortez befaßt sich mit den Schätzen. Wie rettet man sie?
Die Kleinodien, aus denen das Fünftel des hispanischen Königs besteht, läßt Cortez einschmelzen und übergibt die Barren unter genauen Kautelen den spanischen Kronbeamten, als ahnte er, daß ihm dereinst wegen des Schatzes der Prozeß gemacht werden wird. Ein Protokoll wird aufgenommen über die Maßnahmen, den Anteil Seiner Majestät auf der bevorstehenden Flucht besonders zu schützen. Unter den Soldaten, Tragtieren und Munitionskarren hat Cortez eine Auswahl für den Transport des Schatzes getroffen, die Eskorte in die Mitte des Zuges und sich selbst zu ihr eingeteilt.
Die Soldaten, soweit ihnen von der Beute etwas blieb, lassen diese durch die Goldschmiede von Atzcapotzalco in Halsketten verwandeln. Unermeßliche Teile des Schatzes bleiben auf den Fliesen des Palastes. »Nehmt davon, was ihr wollt«, sagt Cortez zu seinen Leuten, »eines bedenkt jedoch: Wer am leichtesten reist, reist am sichersten.« Die erfahrenen Schnapphähne wissen, wie berechtigt diese Worte heute sind. Gefahrvoller als alles bisher wird die Flucht sein. Nur verhältnismäßig wenig stopfen sie in ihre Taschen. Mit welchem Blick, mit welchen Gedanken mögen sie aus der Türe gehn! Noch ein Griff, und sie wären reich.
Diese Nacht vom 30. Juni zum 1. Juli 1520 läßt sich an wie Schauernächte in den Räuberromanen. Regenmassen stürzen nieder, die Berge, die das Tal umschließen, spielen Fangball mit den Blitzen und den Donnerschlägen. Aber wenn's weiter nichts wäre ...
Der Heerbann, der unbemerkt aus der Stadt verschwinden wollte, fühlt sich von unheimlichen Gewalten umzingelt. Augen halten Spalier, Zehntausende, vielleicht hunderttausend Augen in unsichtbaren Gesichtern. In dieser durchlöcherten Finsternis be-

wegt sich der Abmarsch auf dem Dammweg Tlacopan, der heutigen Calle Tacuba.

Eine tragbare Brücke ist mitgenommen worden, die über die Durchstiche gelegt werden soll. Beim ersten, dort, wo heute das Hauptpostamt ist, tut sie ihre Pflicht. Als man sie jedoch wieder hochheben will, bewegt sie sich nicht. Zu tief hat das Gewicht der beladenen Dreierreihen, der Geschütze und eines mit Gold gefüllten Munitionswagens die Brücke ins Erdreich gedrückt.

Und während die Marschkolonne stockt, geht spontan die Attakke der Indios los, aus den Kanoes unten, von den Dächern oben saust das schwarze Lavaglas der Pfeile und Lanzen; Steine, wahre Felsstücke, prasseln nieder, gezackte Schwerter hacken in Schädel, braune Hände würgen weiße Hälse.

Flüchte, wer kann. Aber wohin? Ein Rückwärts gibt es nicht, ein Seitwärts gibt es nicht, und das Vorwärts ist gespalten in tiefe, steile Abgründe, voll vom Wasser des Sees. Um ans andere Ufer zu schwimmen, muß man sich des Wamses entledigen, das gegen Pfeile, und des Panzers, der gegen Lanzen schützt, nachher der Waffen und schließlich – es geht nicht anders – der güldenen Beute. Klirrend fallen Halsketten und Juwelen auf den Dammweg, rollen die Böschung hinab, versinken im Wasser.

Dem Mammon nach stürzen Mensch und Roß, schon tot oder ertrinkend; es fallen achthundertsechzig Mann der kastilischen Infanterie, mit ihnen die Kugelbüchsen; sechsundvierzig Kavalleristen, mit ihnen die Pferde; zwanzig Artilleristen, mit ihnen die Kanonen; viertausend Indios, Hilfstruppen aus der Provinz Tlaxcala. Die andern kommen durch, unter ihnen Cortez, der auf seinem Roß über das Seeufer hinaussprengt. Als er aber Meldung bekommt, wie schwer das Zentrum bedroht ist und damit der Schatz, der Schatz, da prescht er durch das Chaos zurück, sein Reitersäbel schlägt nach rechts und links, die Angreifer werden von Panik ergriffen.

So verläuft die triste Nacht, die Flucht der Spanier aus dem Bezirk des Sees, von den Lagunen und den Inseln, nach Nordwesten. Mit den Worten des heutigen Stadtplans zu sprechen: durch die Calle Tacuba, hinter dem Palacio de Bellas Artes und der Alameda, durch die Straßen Hidalgo und Puente de Alvarado nach der Vorstadt Tacuba.

Dreimal macht das abziehende Heer in der Bannmeile der Hauptstadt halt. Später, nach ein paar Jahren, werden die Spanier an diesen drei Rastplätzen Fundamente ausheben für Gedenkbauten und um nach dem unterwegs verlorenen Raub zu graben.
Erste Haltestelle der Flüchtenden ist die heutige Ecke der Avenida Hidalgo und Calle Zarco. Die dort erbaute Kirche ist dem heiligen Hippolit geweiht, an dessen Namenstag, ein Jahr nach der tristen Nacht, die Aztekenhauptstadt wiedererobert wurde. In der »Kapelle der Märtyrer« sind die Gebeine der in der Schauernacht gefallenen Weißen zusammengetragen worden, jeder im Rest seiner Uniform und mit dem Rest seiner Habe – daß nichts vom Schatz dabei war, läßt sich annehmen. Bei der Einsegnung wurden sie als Märtyrer gepriesen, weil sie während der Bemühung starben, die heidnischen Azteken für das ewige Seelenheil zu retten – daß von der Bemühung der Märtyrer, den Goldschatz der Heiden für sich zu retten, nichts erwähnt wurde, läßt sich gleichfalls annehmen.
Im Vorgarten der Kirche will eine steinerne Skulptur glauben machen, die Terrorherrschaft der Weißen sei die Strafe für die Sünden der indianischen Systemregierung gewesen: Ein Adler trägt in seinen Fängen einen Meldegänger durch die Lüfte, der das rote Staatsoberhaupt vor der Weiterführung der bisherigen Politik warnen soll. Moctezuma habe jedoch die Warnung dorthin geschlagen, woher sie kam, nämlich in den Wind.
An der Stelle, wo sich der Leutnant Pedro de Alvarado auf seiner Lanze über den Kanal geschwungen haben soll, machte die Weltgeschichte einen noch größeren Sprung: vom Jahre 1520 bis zum Jahre 1870, von Mexiko nach Metz. Auf der Südseite der heutigen Calle del Puente de Alvarado steht ein Palast, Hochzeitsgeschenk Kaiser Maximilians an den vierundfünfzigjährigen Bräutigam einer sechzehnjährigen Braut; er heißt François Achille Bazaine und ist Marschall von Frankreich; sie, Carmen de Peña, ist das schönste Kreolenkind in Mexiko. Im Palast feiern sie die Brautnacht, die Flitterwochen und die Honigmonde, die sie auf der Heimreise über den Ozean und in Frankreich fortsetzen, bis der Marschall immer knieweicher und lendenlahmer wird und schließlich im Deutsch-Französischen Krieg nicht mehr die Kraft aufbringt, irgendeinen Befehl zum Widerstand gegen die Deutschen zu geben.

Hernán Cortez und seine Truppen hatten sich von ihren mexikanischen Beutemädchen nicht unterkriegen lassen, auch auf der Flucht verloren sie weder Knochenmark noch Gehirnsubstanz. Weiter zogen sie auf dem aztekischen Aquädukt, der durch die heutige Straße Ribera de San Cosme bis Chapultepec führte, und zerstörten ihn hinter sich, so gut es ging.

In Popotlan ralliierten sie ihre Reste. Popotlan ist heute eine Vorstadt der Vorstadt Tacuba und mit dem Autobus vom Zócalo in ungefähr ebensoviel Minuten zu erreichen, wie die fliehenden Cortezianer Stunden brauchten.

An der Endstation steht der einzige Überlebende jener unglückseligen Nacht. Aber der Zeuge schweigt, als ob er aus Holz wäre, und das ist er auch. Sein Eigenname lautet: »Árbol de la noche triste« und sein Familienname: »Ufergreis«, was eine Übersetzung des indianischen Wortes Ahuehuete ist.

Unser Ufergreis war schon ein Greis, als unter seinen Ästen der geschlagene Cortez saß und der Sage nach weinte. Vielleicht aber hat Cortez gar nicht geweint, sondern im Wurzelwerk dieser Sumpfzeder, deren Wiederfindung nicht zu verfehlen war, die Schätze vergraben, die er bis hierher geschleppt.

Ein deutsches Mexikobuch verübelt es den Mexikanern, daß sie kein Mitgefühl für den höherrassigen Cortez empfinden, die Stätte seiner Trauer nicht genug verehren. Wörtlich: »Das heutige, entartete Geschlecht der Mexikaner, durch Negerblut verdummt, lacht über das allgemein Menschliche. Vor wenigen Jahren brannte man die Zeder an. Die Nordamerikaner, welchen das Land über kurz oder lang zufallen muß, spotten auch. Traurig hängen die Zweige des im Herzen getroffenen Baumes herab.

Ein Gitter und die Polizei muß ihn schützen.« (Dr. Joseph Lauterer: »Mexiko, das Land der blühenden Agave einst und jetzt«.)

Die Legende von Tacuba erzählt, auf dem Grund des Weihers von Zancopinca glitzere der Schatz des Moctezuma und verlocke den Fischer oder Schiffer, sei er auch kühl bis ans Herz hinan, hinabzutauchen. Die Nixe aus dem Weiher von Zancopinca ist zum Unterschied von jener in Goethes Fischerballade nicht anonym: es ist Malinche, die Geliebte des Cortez. Weil sie ihr Volk verriet, darf sie nicht bei den Sternengöttern weilen, sondern muß spuken auf ewig im trüben Weiher der Hacienda San Cristóbal Azpetia. Dort lockt sie in den Tod mit dem Gold, das die wahre Triebkraft der Eroberungslust, des Bekehrungseifers und der Frömmigkeit ihrer weißen Freunde war.

III. Das große Suchen

Die traurige Nacht währte eine volle Woche, und dann erwies sich, daß sie nicht die entscheidende und endgültige Niederlage der Spanier war. Am Tage nach dem Abzug mußten sie, um sich eine Nächtigungsstation zu sichern, das indianische Vorwerk auf dem Hügel von Naucalpan berennen; ein paar Jahre später wird es eine bärbeißige Zitadelle mit Bastionen sein, als Kirche getarnt und zu weiterem ideologischem Schutz mit einer Statue versehen, »Nuestra Señora de los Remedios de Méjico«. Die zugehörige Legende schreibt die Auffindung der Madonna einem getauften Kaziken zu, der sie unter einer Agave erspäht und unter seinem Mantel nach Hause getragen habe, »so glücklich, als trage er den Schatz des Moctezuma«.
Uneinnehmbar ragt die fromme Zitadelle noch heute über einer unendlichen Landschaft, die auch ohne Krieger und ohne Schlachten heroisch ist. Kirche und Kloster beherrschen von karger Höhe aus die kargen Höhen, die sie umringen; kein Baum, kein Strauch hindert den Ausblick auf die viele Meilen entfernte Hauptstadt. Ganz nahe der Kirche überbrückt ein Renaissance-Aquädukt eine tiefe Schlucht. Auf beiden Seiten strebt in Spiralen je ein Wasserturm dem Himmel zu, jedoch auch diese gewundenen Rundtürme verstellen das Blick- und Schußfeld nicht, denn ihre Basis liegt tief unter der sakralen Bastion. Ringsum klaffen künstliche Erdhöhlen, Unterstände, vielleicht von den Spaniern ausgehoben, vielleicht aber von den Revolutionären, die dreihundert Jahre später die Spanier vertrieben.
Anno 1520 vermochten die Truppenreste des Cortez diese Höhe ein paar Tage und Nächte zu halten. Aber eine Woche nach der tristen Nacht ward ihnen im Tal von Otumba eine Schlacht aufgezwungen, eine aussichtslose, hoffnungslose Verteidigungsschlacht gegen das ganze Aufgebot der Azteken- und Otomí-Indianer, zweihunderttausend Mann.

Fern im Hintergrund, in einer offenen goldenen Sänfte stehend, befehligte Cihuaca, der Feldherr der Azteken, die Schlacht. Die Übermacht und der Mut seiner Armee hatten den Ausgang bereits entschieden; zwanzigtausend waren gefallen, zumeist Spanier und ihre tlaskalischen Partner, der Rest von Cortez' Truppen kämpfte nur weiter, um sich den sicheren Tod so teuer wie möglich bezahlen zu lassen und um nicht auf dem Opferaltar geschlachtet zu werden.

Cihuaca war im Begriff, das Banner zu entfalten mit dem Emblem »Der Sieg ist errungen«, als sich ein Vorfall ereignete, den nur Homer singen könnte. Cortez erspähte den Indiomarschall und galoppierte im selben Augenblick auf ihn zu, mitten durch die ineinander verbissenen Phalanxen, ohne sich auch nur durch einen Lanzenstoß oder einen Schwertstreich aufzuhalten. Erst am Ziel führte er den Lanzenstoß, und ihm folgte der Schwertstreich, der das braune Haupt vom braunen Rumpf trennte. Cortez war's nun, der die Zielfahne schwenkte, die Azteken sahen das Siegessignal in der weißen Hand, und davon jagten sie, wie von Dämonen gepeitscht.

Am Rand der Ebene von Otumba liegen Ortschaften, welche heute für heiratslustige Ausländer von einiger Wichtigkeit sind, weil die Gemeindevorsteher dort für die Trauungszeremonie etwas bescheidenere Gebühren und weniger Dokumente verlangen als ihre Kollegen in anderen Bezirken. Dafür müssen freilich die Trauzeugen und das ungeduldige Brautpaar oft stundenlang warten.

Die Sehenswürdigkeiten der Gemeindestube sind rasch besichtigt, denn sie bestehen nur aus einem Glasschrank mit Pistolen und Projektilen aller Altersklassen, konfisziert den Verbrechern oder Gegnern der offiziellen Kandidaten bei Gouverneurs- und Parlamentswahlen; diese Waffen harren ihrer einzelnen oder gemeinsamen Auferstehung, eine Scheibe des Schranks ist bereits herausgebrochen.

Draußen der Marktplatz ist wahrhaftig kein Marktplatz der Sensationen – eine Pfarrkirche, ein Kloster, das jetzt als Schule dient, der unvermeidliche Musikpavillon, ein Laden der Konsumgenossenschaft, ein paar private Geschäfte und eine Pulquería. Vor dem Ort wächst der Pulque und nichts als der; Quadratmeilen von Agaven, eine unendliche Ebene, in der Ferne begrenzt von den berühmten Pyramiden Teotihuacans und von den Silberbergen Pachucas, die sich, wie alle Berge Mexikos, in schärferer Konturierung vom Himmel abheben als diejenigen Europas; hermelinweiß und königlich streng überblicken die Pulque-Haciendas das von ihnen beherrschte weite Schnapsreich.

Aus Langerweile identifiziert der Trauzeuge die Agavenplantagen mit dem Schlachtfeld. Nach scharfem Umherspähen bemerkt er links die Hügelwelle, wo damals der Feldherr der Azteken statt des Sieges den Todesstreich empfangen haben könnte. Neugierig geht unser Trauzeuge näher, bis er durch das Spalier der Agavenstauden etwas Weißliches schimmern sieht. Es stellt sich als ein ungeschlacht aus Steinen gefügtes Kreuz heraus, auf dessen Sockel, einem vermörtelten Steinhaufen, einmal eine Inschrift gewesen sein muß. Lesen kann man sie nicht, wenn man nicht zufällig einen Blaustift bei sich hat und mit diesem die Vertiefungen entlangfährt. Zufällig hat unser Trauzeuge einen Blaustift bei sich, und so ergibt sich ihm blau auf grau das Folgende: »Acción librada entre Cuauhtémoc y Hernán Cortez. Julio 7 de 1590«.

Mit der anderen Seite seines Blaustifts, die ein Rotstift ist, könnte unser Trauzeuge in dieser Inschrift zwei grobe Fehler anstreichen: erstens war an jener Aktion Cuauhtémoc, der Nachfolger Moctezumas, nicht beteiligt, und zweitens wurde die Aktion nicht am 7. Juli 1590, sondern am 7. Juli 1520 geliefert. Wahrscheinlich war der Steinmetz mit der neuen Zeitrechnung noch unvertraut, und sein Auftraggeber kannte den Namen des Feldherrn nicht, der die erste Feldschlacht der Hemisphäre zwischen Rothaut und Bleichgesicht, die letzte Feldschlacht zwischen Urzeit und Neuzeit verloren hat.

Unaufhaltsam konnten damals die spanischen Sieger, die bislang in die ferne schifflose Hafenstadt Veracruz zu flüchten gedacht hatten, wieder zur Kapitale ziehen. In konzentrischen Kreisen wurden drei Monate lang die Häuser demoliert, der Schutt zur Ausfüllung der Kanäle verwendet, der Trinkwasserzufluß abgeschnitten und verhindert, daß die Belagerten ihre Leichen begruben, auf daß die Pest vollende, was Durst und Hunger begonnen.

Oft schallte von den Dächern den Belagerten ein Zuruf ans Ohr. Er bestand aus zwei spanischen Worten: »oro« und »agua«. Das sollte besagen, das Gold sei ins Wasser versenkt worden. In der stereotypen Wiederholung dieser Mitteilung lag nicht nur Hohn der Untergehenden. Die naiven Indios hofften, der Eindringling würde abziehen, wenn er erführe, die Moctezuma-Schätze seien ihm verloren. Daß es noch andere Motive für seine Eroberungslust gab, hatten die Indios nicht bemerkt.

Am 13. August 1521, dem Tag des heiligen Hippolit, fiel die Hauptstadt in den Besitz der Europäer. Die rannten zunächst in den Palast, den sie ein Jahr vorher bewohnt hatten, rannten hin, um sich wieder des Schatzes zu bemächtigen. Aber nichts mehr war da, keine Spur davon. Soviel man auch fragte und forschte, »oro – agua«. Das Gold war zu Wasser geworden.

Die Soldateska schäumte vor Wut, denn die Gier, den Schatz wiederzusehen, hatte sie beseelt, hatte sie aller Unbill des Lebens und aller Gefahr des Todes spotten lassen, hatte sie zu jenen verzweifelten Leistungen aufgestachelt, welche man in den Chroniken Heldentaten zu nennen pflegt. Und nun haben sie ihren Lohn dahin.

Verdachte und Gerüchte schwirrten durch das Lager. Sicherlich habe Cortez den Tesoro für sich beiseite geschafft. »Ein Fünftel ist für den Marschall nicht zuwenig / Ein zweites Fünftel nehm ich als König / Ein drittes Fünftel braucht mein Weib...« So sangen die Pasquille, so stand's am Morgen auf der Kasernenmauer.

Der Wille des spanischen Kriegsvolks heischte, daß man den gefangenen Aztekenkaiser Cuauhtémoc (Cuautemotzín) hochnotpeinlich nach dem Versteck des Schatzes inquiriere. Angeblich mochte Cortez zunächst nichts davon hören, hatte er doch eben Cuauhtémoc, dem heldenhaftesten seiner Gegner, zugeschworen, daß er sich als seinen ewigen Freund betrachte. Als aber auch der königliche Oberrechnungsführer Alderete, sozusagen als Sprecher des Madrider Hofs, gebieterisch ein Verhör nach den Methoden der heiligen Hermandad forderte, ließ Cortez seinen »ewigen Freund« und mit ihm den Kaziken von Tacuba in die Folterkammer schleppen.

Dort fachten die Büttel unter den Füßen der beiden Opfer Feuer an. Als der Kazike sein Fleisch brennen fühlte, begann er zu stöhnen. Cuauhtémoc verwies ihm solch unmännliches Zeichen der Schmerzen, der gleichen Schmerzen, die er selbst litt. »Glaubst du denn, daß ich mich wie in einem Dampfbad fühle?«

Der Kazike, dem Verbrennungstod nahe, gab schließlich an, das Gold sei in seinem Palast vergraben. Man band ihn los und brachte ihn nach Hause. Dort jedoch gestand er ein, gelogen zu haben in der Hoffnung, den Tod unterwegs, also unter weniger entsetzlichen Qualen zu finden.

Aus Cuauhtémoc kriegte man nichts heraus als die Mitteilung, er habe die Schätze des Moctezuma in den See werfen lassen, wo sie niemand bergen könne. Die Folterknechte mußten ihn unverrichteter Dinge losbinden.

Bronzefarben wie er war, beherrscht Cuauhtémoc heute die Prunkstraße Mexikos, den Paseo de la Reforma. Auf einem Relief des Sockels sieht man seine Folterung, sein Besieger und »ewiger Freund« steht dabei, das einzige Denkmal für Cortez in dem von ihm eroberten Land. Nicht einmal ein Grabmal hat er. Während des Unabhängigkeitskrieges exhumierten die Spanier seine Gebeine aus der Kirche von Jesus Nazareno in Mexiko, und seither kennt man weder das Versteck des Cortez noch das Grab des Schatzes.

Cortez und nach ihm andere suchten auf dem Grund des Texcoco-Sees, suchten in den Brunnen des Kaiserpalastes, suchten in den schwimmenden Gärten von Xochimilco, suchten mit Wünschelruten und Spürhunden im urwaldlichen Park von Chapultepec und suchten auf dem schwarzen Lavafeld Pedregal. Aber bis zum heutigen Tage wurde nichts gefunden vom Schatz des Moctezuma.

Interview mit den Pyramiden

Im allgemeinen ist es schwer, ja unmöglich, mit Pyramiden ins Gespräch zu kommen. Will man sich aber dem Beruf eines Pyramiden-Interviewers widmen, dann darf man sich durch Unmöglichkeiten nicht abschrecken lassen, muß man daran denken, daß eine Pyramide immer etwas zu sagen hat, einmal, weil in ihrem Innern eben ein Fund gemacht, ein andermal, weil sie, die Pyramide, überhaupt erst jetzt entdeckt wurde.
Solche Entdeckungen sind im Konkurrenzland, in Ägypten, nicht möglich. Übergangslos richtet sich dort die Pyramide aus der Wüste auf, sie kann ihren Kopf nicht in den Sand stecken, so nahe der Sand auch liegt. Und sie will gar nicht. Ist es doch ihre raison d'être, sich von der unendlichen Horizontale zu lösen, sich aus der Fläche in den Raum zu heben.
Anders in Anáhuac, dem Hochtal in Mexiko. Hier ward nicht auf Sand gebaut, und der Bauplatz war nicht so glatt zu haben. Häufig erhoben sich neben den künstlichen Hügeln und Bergen natürliche Pyramiden: Hügel oder Berge. Diese Nachbarschaft rettete vielen der künstlichen Pyramiden das Leben, als die Anti-Pyramiden-Menschen nach ihnen fahndeten, um sie zu demolieren.
Manchenorts taten schon vor Einlangen der europäischen Tempelstürmer die Vulkane das Tarnungswerk, die bargen die Pyramiden unter Lava.

I

So erging es der Rundpyramide Cuicuilco, welche bis jetzt das älteste Bauwerk Amerikas ist. Deshalb ist sie die erste, die der Interviewer aufsucht auf ihrem weitläufigen, unheimlichen Grundstück von Basaltblöcken und Lavastücken am Südrand der Stadt Mexiko, dem Pedregal.
Zunächst fragt er die Pyramide nach ihrem Alter. Sie schweigt. Der Kustos, der seine Hütte in ihrem Schatten gebaut hat, be-

harrt darauf, daß seine Pyramide achttausend Jahre alt sei. Geologen haben die Lavaschichten geprüft, in denen sie steckt, und ihre Aussage widerspricht nicht der lokalpatriotischen des Kustos. Achttausend Jahre!

»Wann hat der Ajusco Sie verschüttet?« fragte der Interviewer in die Höhe hinauf.

»Es war nicht der Ajusco«, faucht es von oben herab.

Der Ajusco ist der Riesenberg an der Peripherie der Stadt Mexiko. Sonntagsziel der Alpinisten (die in Lateinamerika »Andenisten« heißen, weil hier die Anden immerhin näher liegen als die Alpen). Des Ajusco feuerspeiendes Vorleben scheint sich noch manchmal zu regen, wenigstens melden es Bergsteiger den Zeitungen. Bei dieser Gelegenheit wird die Vergangenheit des Ajusco hervorgeholt. Schon einmal habe er die Hauptstadt vernichtet, die damals südlich von der heutigen stand. Nichts blieb von der Stadt als das Geröll, das sie begrub: der Pedregal, und derjenige, der die Tat verübte: der Ajusco.

Und nun erfährt der Interviewer von authentischer Seite: »Nicht der Ajusco.«

»Nicht der Ajusco? Wer sonst?«

»Der Xitli.« Haßerfüllt klingt diese Anklage gegen Xitli, den harmlos auf der anderen Seite der Landstraße stehenden Hügel. Der also ist es, den sein Ebenbild von Menschenhand bezichtigt, er habe sie in siedender Lava zu ertränken versucht.

Viel Galle hat der Xitli in seiner Wut gegen den Promethidenbau von nebenan gespien – nicht weniger als zehn Meter dick ist das Lavafeld rings um die Pyramide. Aber sie stand auf einem Hügel, der sieben Meter hoch war, und so vermochte der Vulkan die Pyramide kaum bis zur Kniehöhe zu verschütten.

Vielleicht hätten die Einwohner ihren Tempel von dieser Fußfessel lösen können – wenn es noch Einwohner gegeben hätte. Es gab sie nicht mehr. Sie lagen unter der zehn Meter dicken Grabplatte. Wohl waren manche zur steinernen Mutter geflüchtet, hatten versucht, ihren Leib emporzuklimmen, aber tödlich drangen der Hauch des Schwefels und der Qualm des schmelzenden Gesteins hoch über die Kegelspitze hinaus. Hätte jemand da oben das Ende des Feuerregens überlebt, so wäre er nachher verhungert und verdurstet, denn durch das schäumende Lavameer konnte kein Helfer nahen.

Ehe die Wellenringe der Lava erkalteten und zu den schwarzen konzentrischen Kreisen wurden, auf denen man sich heute bewegt, vergingen Jahrhunderte, vielleicht Jahrtausende. Wie viele? Die Pyramide weiß es, aber nachdem sie die Beschuldigung ausgestoßen, daß der Xitli ihr Mörder war, hüllt sie sich wieder in Schweigen.

II

Des Pyramiden-Interviewers nächstes Ziel ist Teotihuacan, denn dieses rangiert der Anciennität nach unmittelbar hinter Cuicuilco, obwohl der Altersunterschied viele hundert Jahre beträgt. Teotihuacan hat vom Jahre 250 nach Christi bis 750 als religiöses Zentrum bestanden, wie durch Korrelation des Maya-Kalenders mit dem des Abendlandes festgestellt wurde. Heute ist Teotihuacan die Attraktion für den Fremdenverkehr, und wohl deshalb findet der Interviewer hier eine weltmännische, freundliche Aufnahme.

Die Sonnenpyramide, eine hochgewachsene Erscheinung, fragt nach seinem Begehr, wenngleich sie hinzufügt, allzu große Enthüllungen habe sie nicht zu machen, weil ihr die Archäologen schon alle Geheimnisse entlockt haben.

»... oder fast alle«, verbessert sie sich. »Immer wieder finden sie neue Dinge, oftmals solche, die ich selbst schon längst vergessen hatte. Vor ein paar Wochen legte man hier Fresken bloß mit Hunderten realistisch gemalter Figuren aus der Welt Tlalocs. Sie müssen wissen, daß Tlaloc keineswegs nur Regenmacher, sondern auch der Herr allen Wassers war. Ihm unterstanden die Ozeane und die Wolken, die Wassersucht und die Ertrinkungsgefahr, der Durst und der Schweiß, die Flüsse und die Brunnen, die Kanäle und die Aquädukte, der Tau und das Gewitter, die Fische und die Muscheln, die Boote und die Schwimmer, die Wasserpflanzen und die Wasservögel.

Wer unter seinem Zeichen starb, starb unter gutem Zeichen, denn Tlaloc regierte ein eigenes Paradies, den lustigsten Garten Eden, den Sie sich vorstellen können. Keine pausbackigen Engel, keine geflügelten Seelen mit gefalteten Händen, kein Posaunengeblase und Harfengeklimper – nein, ein richtiges Lausbubenparadies. Da packen zum Beispiel vier Männer einen fünften bei den Gliedmaßen und werfen ihn in die Luft; haben Sie schon erlebt, daß Dahingeschiedene sich so unseriös benehmen? Hauptbeschäftigung der Entschlafenen ist es, einen Ballschläger in der Hand, sich lachend dem Spiel hinzugeben. Wenn einer zu Boden fällt, lacht er, wenn einer duscht oder ins Waser hopst, lacht er erst recht, und die Lieder, die gesungen werden, müssen übermütig sein, nach dem Gaudium der Zuhörer zu schließen.

Nur einen werden Sie in diesem Totenreich nicht lachen sehen, und der ist der Komischste von allen. Mit einem Totenzweig in der Hand tritt er über die Schwelle, direkt von seiner Beerdigung kommend und noch schluchzend über seinen Tod. Schauen Sie sich die Fresken an, Sie werden sie Ihr Lebtag nicht vergessen, auch wenn Sie so alt werden sollten wie ich.«

Bei diesen Worten macht sie Anstalten, sich zu verabschieden oder, besser gesagt, den Interviewer zu verabschieden, denn eine Pyramide, selbst eine sprechende, kann ihre Basis niemals verlassen. Der Interviewer aber möchte gerne etwas über sie selbst hören. Er nimmt den Schlußsatz von ihrem hohen Alter als Stichwort, um sie nach ihrem Leben zu fragen.

»Sie werden es paradox finden«, antwortet sie, »wenn ich Ihnen sage, daß eine Pyramide oder eigentlich ein Pyramidenstumpf derjenige Körper ist, der am wenigsten von sich sieht. Seit meinen ersten Lebensjahren habe ich meine schiefe Figur verflucht und mir gewünscht, prismatisch zu sein, zum Beispiel ein Turm. Was ich über mich weiß, weiß ich zumeist nur vom Hörensagen. Auf meinem Kopf soll ein Standbild der Sonne gestrahlt haben, mit einem ungeheuren Herzen aus purem Gold. Ich kann das weder bestätigen noch dementieren. Große Porphyrmassen wurden zwar an mir emporgezogen, aber was mit ihnen auf der Plattform geschah, davon sah ich nichts. Oberhalb meines Gipfels beginnt das Reich der Luft – ein fremdes Ressort.

Allerdings habe ich lange genug die Vorgänge auf meinem Gegenüber, der Mondpyramide, beobachten können. Auf mir wird es wohl im Gold des Sonnenlichts nicht viel anders zugegangen sein wie drüben im Blau des Mondscheins. Menschenopfer, geschmückt mit Blumen, stiegen hinan, entherzt und dennoch in edler Streckung stürzten sie herab. Heutzutage sind es nur Touristen, die rasch und neugierig unsere Treppen hinaufgehen. Auf dem Rückweg aber, wenn das Abwärts zum Vorwärts wird, packt die Besucher der Schwindel. Noch aufgeregt von den blutrünstigen Schilderungen des Fremdenführers, ist ihnen zumute, als würde ihnen selbst das Herz aus dem Leib gerissen und ihre irdische Hülle rolle in makabren Purzelbäumen die Stufen hinunter. Aber schreiben Sie diese Bemerkung nicht auf, sie könnte unserem Fremdenverkehr schaden. Es gibt so viel anderes über uns zu schreiben. Wir waren die heilige Stadt, in der die Toten zu Göttern wurden, wie der Name Teotihuacan besagt. (Das Wort ›teo‹ bedeutet ›Gott‹, seltsamerweise wie im Griechischen.) Hunderttausende wallfahrteten hierher, es gab Opferfeste, Tempel und Paläste von unvorstellbaren Ausmaßen und einer Schönheit, die Sie noch im Trümmerwerk erkennen können. Aber das ist ja allgemein bekannt, viel ist darüber geschrieben worden.«

III

Nicht allgemein bekannt, nicht viel geschrieben worden ist über die Pyramide von Tula im Staat Hidalgo. Die könnte der Interviewer, zumal wenn er ein Prager ist, die »Alt-Neu-Pyramide« nennen. Der Sage nach ward die Prager Synagoge fertig aus der Erde gescharrt. Nachweislich und erst vor vier Jahren geschah solches der Pyramide von Tula, und sie tritt dem Interviewer mit der ganzen Naivität einer Novizin entgegen.
»Ich«, beginnt sie, »ich war das Heiligtum der Stadt Tula, des Staates Tollan und der toltekischen Nation – ich glaube, nach eurer Zeitrechnung muß das von 648 bis zum elften Jahrhundert gewesen sein. Ich war sehr gut gebaut, man betete mich an, und auf meinem Leib wurden täglich Opfer dargebracht. Meine Tolteken waren gute und besonders tüchtige Leute, Architekten-Mechaniker und Astronomen, die den Priestern halfen, von meiner Höhe herab kommende Dinge zu verkünden. Nur leider gossen sich die Tolteken zuviel Pulque hinter die Binde.
Um das Jahr 1000 eurer Zeitrechnung verließen sie mich und zo-

gen nach Yucatán. Dort hatte man die Spuren ihrer Kunstfertigkeit inmitten der Maya-Bauten schon gefunden, als man meine Existenz noch bestritt.«

Die Pyramide beklagt sich über die Zeit ihrer Verlassenheit: »Ein anderes Volk kam hier an in unserer verödeten Stadt. Das muß so um 1170 herum gewesen sein. Sie nannten sich Chichimeken, ›die aus dem Hundeland‹, und richtige Hundeländler waren sie auch, Barbaren. Für mich hatten sie überhaupt kein Auge. Was nicht seit dem Abzug des Toltekenvolkes von selbst verfallen war, das zerschlugen diese Hundsfötter und verwüsteten die Gegend so, daß von mir keine Spur übrigblieb.«

Hier irrt die Pyramide. Es waren Spuren übriggeblieben in den Kodizes, in den Chroniken und in den Überlieferungen. Ihnen sind die Gelehrten des sechzehnten Jahrhunderts nachgegangen. Neben anderen Historikern, welche die vorspanische Ära erforschten, schrieb der getaufte Indioprinz Alva Ixtli-Xochitl über Tula, das Hofleben, die Regierung, das Volk, die Straßen und die Gewerbe. Und das wurde sein wissenschaftliches Verhängnis.

Denn – so entschied die Gelehrtenrepublik im nächsten Jahrhundert – es gab kein Tula, hatte nie eines gegeben, konnte nie eines gegeben haben. War es doch nirgends gefunden worden, soviel man auch gesucht hatte und soviele Siedlungen ungesucht aus der mexikanischen Erde stiegen. Immer mehr festigte sich die Ansicht, Tula wäre nur ein Sagenort wie die Ultima Thule des Vergil oder wie der Sonnenstaat des Utopisten Campanella, weil das Wort Tula gleichfalls Sonnenstaat bedeutet. Manche Archäologen behaupteten, Tula sei identisch mit Teotihuacan, das trotz seiner majestätischen Pracht und Größe in keinem Kodex erwähnt war. Andere hielten Tula für ein Synonym von Cholula, wieder andere glaubten, die Toltekenstadt sei das heutige Dorf Tule, nahe der berühmten Pyramide von Mitla.

Jener Historiker Alva Ixtli-Xochitl wurde aus dem Pantheon der Gelehrsamkeit ins Ghetto der Dichter verwiesen; man warf ihm vor, er nehme aus nationaler Verblendung die Sage von Tula so wörtlich wie europäische Historiker die Sage von Troja, welche doch nur der Phantasie Homers entsprungen sei. Dieser Vergleich verstummte erst mit der Ausgrabung Trojas durch Schliemann. Aber die Verneinung von Tula verstummte nicht

einmal, als 1885 beim Städtchen Tula de Allende im Staat Hidalgo eine Pyramide ausgegraben oder, richtiger, angegraben wurde.
Der Mann, der diese Angrabung unternommen hatte, war allerdings in Mexiko unbeliebt und verdächtig. Er hieß Désiré Charnay und hatte sich vor der französischen Intervention mit dunklen Aufträgen Napoleons III. in Mexiko herumgetrieben; zwanzig Jahre später kehrte er nach Mexiko zurück, um auf Kosten des frankoamerikanischen Millionärs Lorillard Ausgrabungen zu machen. Seinem Geldgeber zu Ehren taufte er eine Ruinenstätte im Gebiet der Lacandonen-Indios »Lorillard« – obwohl dieser Ort längst bekannt und »Yachtli« benannt war. Bei den Grabungen in Tula de Allende, wo er wahrscheinlich die Auffindung von Goldschätzen im Auge hatte, ging Charnay laienhaft und rücksichtslos vor, mehr beschädigend als findend. Seine Unternehmung, die er in die Wege leitete, ohne die mexikanischen Gelehrten zu befragen, mag diese in ihrer Ablehnung der Existenz von Tula noch bestärkt haben.
Erst 1940 traten mexikanische Altertumsforscher neuerdings mit der Theorie auf, die Hauptstadt Tula habe es gegeben und sie sei mit dem Städtchen Tula de Allende im Staat Hidalgo identisch. In der Sociedad de Antropologia kam es zu heftigen Zusammenstößen, von denen die Öffentlichkeit erfuhr. Nun bewilligte die Regierung Geld für Ausgrabungen bei jenem Tula, in das der Interviewer mit der Eisenbahn aus der Hauptstadt fährt, anderthalb Stunden, wenn man dem Fahrplan glauben will.
Er geht durch Straßen, über den Markt und in die Kirche. Obwohl er seine Augen in einen Röntgenapparat zu verwandeln versucht und obwohl er mehr weiß, als Bewohner und Besucher Tulas bis zum Jahre 1940 gewußt hatten, vermag er in diesem Städtchen von zweitausend Einwohnern nichts anderes zu sehen als ein Städtchen von zweitausend Einwohnern. Weder die Anlage des Ortes noch die behauenen Steine und die Figuren aus der Umgebung hätten genügen können, in diesem Tula jenes Tula zu vermuten. Die archäologische Zone liegt abseits von jedem Wege, fern von jedem bewohnten Haus.
Von Dorfbuben begleitet, steigt der Interviewer hinter dem Aus-

gang des Städtchens hoch, zunächst entlang kleiner Maguey-Felder, dann über brüchige Stollen mit Kakteen, und schließlich gibt es nicht einmal mehr das. Unvermutet steht er vor einem überraschend gegliederten hohen Pyramidenbau, der vor einer Sekunde nicht sichtbar war. Eine zweite Pyramide nebenan sieht der Interviewer auch jetzt noch nicht, oder vielmehr, er schenkt ihr, da er sie für einen gewöhnlichen bebuschten Hügel hält, keine Beachtung.

Die nicht ausgegrabene Pyramide war der Sonne geweiht, die andere, die sich frei erhebende, ist die der Mondgötter. Sie allein rechtfertigt die Grabungen, sie allein genügt, den Jahrhunderte währenden Gelehrtenstreit zu entscheiden. Mit ihr zugleich wurde aber auch eine Reihe anderer Schätze gehoben, welche die Welt in Staunen versetzt hätten, wenn die Welt nicht gerade in diesen vier Jahren damit beschäftigt gewesen wäre, ausgerottet zu werden oder sich gegen die Ausrottung zu wehren.

In weitem Bogen sind die steinernen Schätze vor der Pyramide aufgestellt. Dem Interviewer, der in europäischen und amerikanischen Gedankengängen befangen ist, huscht die Frage durch den Kopf, ob diese Skulpturen nicht gefälscht seien, zum Beispiel die figuralen Basreliefs. Sie sind so verdächtig lückenlos. Oder die Mäander. Wie auffallend klar und scharf sie sind! Die fast fünf Meter hohen weiblichen Karyatiden, die sogenannten Atlanten. Ihre Gesichter, Körper und sogar ihre Gewänder sehen aus, als hätte sie ein Bildhauer von heute nach ägyptischen Modellen gemeißelt. Die Indianer auf den Monolithen tragen ihren Federschmuck ganz anders als auf anderen Reliefs.

Schnell verscheucht der Interviewer den Verdacht. Fälschungen? Wer sollte hier fälschen, und warum? All diese Wunderwerke stehen unbewacht auf entlegenem Hügel. Ungestört könnte das Ganze auf Lastautos geladen und weggeführt werden. Wer sollte ein Stadion fälschen mit steinernen Sitzreihen, wer zwei enorme Pyramiden aufbauen und eingraben, um sie wieder auszugraben?

Die Pyramide macht den Interviewer zuerst auf ihren Fries aufmerksam. »Haben Sie die Jaguare genau angesehen, die Schmetterlinge, die Totenköpfe im Schlangenrachen? Zu meiner Zeit war das das Modernste vom Modernen. Heutzutage wird es

nicht mehr getragen, man baut ja gar keine Pyramiden mehr. Haben Sie auch andere Pyramiden besucht? Sagen Sie aufrichtig, welche ist am besten gebaut? ... Ach, Sie schmeicheln mir, heute bin ich nur eine Ruine. Mit dieser Wunde, dem Blinddarmschnitt eines Pfuschers. Er hat in mich hineingehackt, weil er in meinem Bauch eine goldene Glocke vermutete.«
Während Pyramide und Interviewer miteinander sprechen, beugt sich von der Plattform ein scharfes Indiogesicht lauschend herab. Ist Alva Ixtli-Xochitl gleichzeitig mit der Pyramide aus der Erde gestiegen, um sich nach vierhundertjähriger Verbannung und Verdammung seine wissenschaftliche Ehre wiederzuholen?

IV

Der Interviewer soll nunmehr nach Xochicalco. Er ist von der Hauptstadt aus achtzig Kilometer nordwärts gefahren, um nach Tula zu kommen, und jetzt soll er über die Hauptstadt hinaus weitere achtzig Kilometer nach Süden. Gibt es denn keine näheren Pyramiden?
Doch. Und zwei von ihnen, die von Cholula und die Schlangenpyramide, sind sogar die nächstwichtigen. Aber ein Pyramiden-Interviewer muß nach der Chronologie reisen.
Für die präcortezianische Ära gibt es kaum Jahreszahlen, keine Begriffe wie Steinzeit, klassisches Altertum, Mittelalter, Renaissance oder dergleichen; Geschichte und Kulturgeschichte werden nur nach den Fundstellen eingeteilt und benannt. Das einzige, was mehr oder minder feststeht, ist die Reihenfolge der Kulturen innerhalb einer Zone, und so kann man in Mexiko eine Rundreise durch die Zeitalter machen, aus Urgestern nach Heute. Diese Strecke fährt der Pyramiden-Interviewer. Seinen Lesern soll es nicht so ergehen wie den Touristen in Rom, die sich wundern, daß das Kolosseum verfallener ist als die Peterskirche, welche sie doch vorher gesehen haben.
Nach Tula kommt Xochicalco, denn die beiden Pyramiden sind etwa gleichaltrig. Die von Xochicalco erklärt dem Interviewer, daß sie ursprünglich nur in stereometrischem, nicht aber in re-

ligiösem Sinn eine Pyramide war, aus rein strategischen Gründen über die Landschaft gesetzt, als Zitadelle, als Schanzwerk gegen den Feind.
Ungeachtet dieses Zweckes gibt es auf dem Mittelplateau Mexikos keine andere so reich skulptierte Pyramide. Die Ornamente und der Fries sind nicht stilisiert, so wild züngeln Schlangen und Flammen auf einer steinernen Staffelei wie das, was sie vorstellen: die brennende Lava, die einst von feuerspeienden Götterbergen auf den Erdenmenschen herniedersprang.
»Mich hat ein Deutscher berühmt gemacht«, erzählt die Pyramide, »der Professor Eduard Seler aus Berlin, und ich habe ihn berühmt gemacht. Er war eigentlich Sprachforscher und nur nach Mexiko gekommen, um die Dialekte der Huasteca zu studieren. Mich lernte er zufällig kennen, weil er aus Höflichkeit die Einladung eines mexikanischen Archäologen annahm, der eine Exkursion hierher machte. Als Seler über mich schrieb, glaubte man ihm zuerst nicht einmal die Illustrationen. Nachher, am Ende des vorigen Jahrhunderts, setzte eine Völkerwanderung zu mir ein. Jetzt ist es ruhiger um mich geworden, obwohl sich die Stadt Cuernavaca da unten zur meistbesuchten Sommerfrische entwickelt hat.«

V

Die Schlangenpyramide von Tenayuca, am Nordwestrand der Hauptstadt, spricht im Pluralis majestatis, was den Interviewer wundert.
»Sie wollen wissen, was unsere Besonderheit ist?« sagt sie. »Obwohl der Zug der Konquistadoren an uns vorbeikam und uns genau sah, obwohl der Soldat Bernal Díaz uns in seinem Buch erwähnt, hat man uns nicht wiedergefunden. Vierhundert Jahre lang haben zuerst die Zeloten und dann die Forscher vergeblich nach uns gesucht, die wir doch fast in der Hauptstadt standen. Erst 1925 wurden wir entdeckt.«
Der Interviewer fragt, wieso man sie nicht früher fand.
»Nichts ist erklärbar, was Götter tun. Sie haben der Natur befohlen, unserer Wachmannschaft eine Deckung zu geben. Wir hatten früher achthundert Mann . . .«

Jetzt sind es, wie der Interviewer gezählt hat, hundertachtunddreißig, noch immer ein dichter Kordon um die Pyramide, hundertachtunddreißig stämmige Wachposten aus dem Gezücht granitner Klapperschlangen.

»Nach der Götterdämmmerung schoben sie Wache genauso steinern stumm wie vorher. Keinerlei Aufmerksamkeit sollte auf uns gelenkt werden bis zu dem Tage, der uns unserem Lebenszweck wiedergeben würde.«

Der Interviewer fragt, was denn dieser Lebenszweck der Pyramide gewesen sei.

»Wir sind nicht *eine* Pyramide, wenn wir auch von außen so aussehen. Wir sind unser acht. Je zweiundfünzig Jahre lang diente jede von uns dem Zweck, dem alle Pyramiden dienen: Speere werfen und die Götter ehren. Von unserer Höhe herab wurden die Speere gegen den Feind geworfen. Dergestalt waren unsere Podeste angeordnet, daß man selbst einen nahen, einen emporklimmenden Feind treffen konnte, ohne die Freunde in unseren anderen Stockwerken zu verletzen. Und die Götter zu ehren war tägliche Funktion unseres Altars.

Trat aber eine von uns in ihr zweiundfünfzigstes Lebensjahr ein, dann wurde ihr Daseinszweck ein anderer, ein weit wichtigerer. Die Welt dauerte genau zweiundfünfzig Jahre – es sei denn, daß die Götter ihr eine Verlängerung gewährten. Niemand auf Erden wußte, ob diese Gnadenfrist bewilligt werden würde, erst in der letzten Stunde des letzten Jahres sollte vom Schlangenaltar auf unserem Gipfel das Zeichen erfolgen. Rings um uns lagerte Finsternis, denn überall in der Welt waren die Lichter ausgelöscht worden. Atemlose Spannung herrschte in der Menge, wenn die Priester Steine aneinanderschlugen. Waren die Götter gnädig, so entstand Feuer. Ein ungeheurer Jubel begrüßte es: die Welt wird weiterbestehen! Zum Dank wurde über und um die alte Pyramide des alten Zeitalters eine neue des neuen gebaut. Somit hat unsere Bauzeit insgesamt achtmal zweiundfünfzig Jahre gedauert, nach euren Begriffen vom zwölften bis zum sechzehnten Jahrhundert.«

VI

Mit einer Kerze in der Hand geht der Pyramiden-Interviewer mitten durch den Leib der Pyramide von Cholula. Fünf Kilometer Gänge haben die Archäologen freigelegt, enge Gänge, die sich kreuzen und unregelmäßig verzweigen, in die Irre führen wie das Labyrinth von weiland Minotaurus.

Auch Cholula bildet ein Konglomerat von Pyramiden. Aber was in Tenayuca respektvolle Hinzufügungen waren, sind in Cholula feindselige Akte gewesen. Jeder Volksstamm, der Cholula überwältigte, setzte der besiegten Pyramide eine neue auf den Kopf. Und als wäre das nicht genug, wurden auch die Innenräume mit Steinen ausgefüllt, die Altäre und Statuen zerstört, die Fresken unter einer Lehmschicht begraben und sogar das System der Korridore unkenntlich gemacht.

Der letzte und gründlichste Feind, der auf das Sammelsurium der Tempel seinen eigenen stülpte, war die Kirche. Stolz erhebt sich das Santuario de Nuestra Señora de los Remedios dort, wo einst die oberste Plattform der obersten Pyramide war. Niemand würde vermuten, daß dieser Domhügel Menschenwerk sei, so sehr hat die Natur die Pyramidenflächen mit hellem Grün überwuchert und verwischt. Von außen gibt es die Pyramide von Cholula nicht mehr, die einst die mächtigste der Welt war, fast doppelt so breit wie die von Cheops. Von innen jedoch gibt es sie, denn eben ist der Pyramiden-Interviewer darinnen, schreitet durch die freigelegten Gänge und längs der Fresken.

Das Licht in seiner Hand huscht über Heuschrecke und Totenkopf, Totenkopf und Heuschrecke, und ängstlich merkt der Interviewer, wie die Kerze zusammenschrumpft, zum Rückweg kaum mehr ausreichen wird. Aber seine Neugierde siegt über die Angst, dereinst hier unten als Skelett aufgefunden zu werden. Er tritt in eine Kammer ein, in deren Mitte ein großer Würfel aus Lehm steht. Da er sein Licht kreisen läßt, sieht er einen hochgewachsenen Mann mit bleichem Antlitz und langem weißem Bart vor sich.

»Erschrecken Sie nicht«, sagt der Fremde, »ich werde Sie zurückgeleiten. Dieser Würfel war früher ein Altar. Man opferte hier Blumen, Heuschrecken und Schmetterlinge. Menschenopfer galten als Frevel.«

»Wohnen Sie hier?« stottert der Interviewer, nur um irgend etwas zu stottern.

»Ich lebe schon sehr lange hier«, antwortet jener. »Eine Zeitlang war ich fort, bin aber wieder zurückgekehrt.«

»Weshalb sind Sie weggezogen, wenn man fragen darf?«

»Man muß fragen, wenn man den Weg der Weisen finden will. Ich war ein Priester in Tula und lehrte meine Gläubigen den Anbau von Mais und Obst, die Künste der Töpferei, des Korbflechtens und des Webens. Meine Kollegen mochten das nicht leiden; die Alten eiferten wider mich, weil die von mir gelehrten Künste unkriegerisch und weibisch seien, die Neuen nannten alle Opferungen Blasphemie. »Statt Menschenfleisch bringt er uns Schmetterlinge«, riefen die Priester der Götter, »statt Geld bringt er uns Heuschrecken«, die Priester der Kirche.

»Hat man Ihnen etwas zuleide getan?«

»Ich zog mich nach Cholula zurück und blieb hier. Zwanzig Jahre später wanderte ich zum Meer, von Schülern und Freunden begleitet. In Veracruz bestieg ich ein Schiff und fuhr davon. Leider mit dem Versprechen, wiederzukehren.«

VII

Der Pyramiden-Interviewer war einmal ein Kind und hatte damals ein Buch mit vielen Bildern, das Orbis Pictus hieß. Darin war, wie dem Pyramiden-Interviewer heute einfällt, ein Bild des Göttertempels von Mexiko, das er mit Buntstiften ausfärbte. Sehr viele Indianer liefen in dem Bild herum. Sonst war nichts in dem Bild verständlich. Zum Beispiel eine Treppe. Die war nicht in einem Haus, wie sonst Treppen sind, sondern führte direkt in die Sonne hinein. Und dann gab es Häuser in dem Bild, die man nicht mit dem Baukasten machen konnte. Eines sah aus wie die Gasanstalt in der Vorstadt, von wo ein direkter Schlauch in die Küche lief. Auch eine Schwimmschule war in dem Bild, aber es war nicht so sicher, ob es eine Schwimmschule war. »Meinetwegen ist es eine Schwimmschule«, brummte der Vater des künftigen Pyramiden-Interviewers, als dieser immer wieder fragte.

Heute könnte der Interviewer jene Pyramide aus dem Orbis Pictus selbst fragen – wenn er sie finden würde. Er weiß aber, daß er sie nicht finden wird. Denn er hat seit dem Orbis Pictus andere Bücher gelesen, auch Mexikobücher, und in denen steht übereinstimmend, daß der Teocalli der Hauptstadt gründlicher niedergerissen wurde als alle anderen Tempel im Lande. Kein Steinchen und keine Spur sei mehr übriggeblieben, und genau auf der Stelle, wo er gestanden, sei die Kathedrale des neuen Glaubens aufgerichtet worden.

Daß die Spanier den Teocalli mit so besonderer Zerstörungswut behandelten, ist begreiflich. Haß und Rache traten zum Glaubenseifer, weil von dieser Pyramide des Königs, von diesem König der Pyramiden der Widerstand gegen die weißen Heilsbringer organisiert und auf ihren Altären Christenmenschen den Heidengöttern geopfert worden waren.

Machtlos und von ferne mußte, wie Heine dichtet, der geschlagene Cortez seine gefesselten Mannen hinansteigen sehen

auf den Tempel Vitzliputzlis,
Götzenburg von rotem Backstein,
Seltsam mahnend an ägyptisch,
Babylonisch und assyrisch,
Kolossale Bauwerkmonstren,
Die wir schauen auf den Bildern
Unsers Briten Henry Martin.
Ja, das sind dieselben breiten
Rampentreppen, also breit,
Daß dort auf und nieder wallen
Viele tausend Mexikaner.
Diese Rampentreppen leiten
Wie ein Zickzack nach der Plattform,
Einem balustradenart'gen,
Ungeheuern Tempeldach.

Der Interviewer sucht in der Kathedrale nach einer Spur des »kolossalen Bauwerkmonstrums«, er hofft, wenigstens einen Baustein mit indianischen Zeichen zu entdecken. Nichts. Enttäuscht wendet er sich zum Gehen.

Da tönt es, wie aus dem Innern der Erde: »Hier bin ich«, und ergänzend: »Der, den du suchst.«

Wo?
»Geh die Fassade der Kirche entlang gegen Sonnenaufgang und dann nach Norden bis zur nächsten Straßenecke.«
Folgsam macht der Interviewer diese Route. Dort, Ecke der Straßen Argentina und Guatemala, an einer kümmerlichen Umzäunung, späht er zuerst um sich, dann in die Höhe.
»Du mußt nach unten schauen.«
In der Tat: durch die Holzumzäunung sieht er eine Baustelle, nein, keine Baustelle, eine Abbaustelle, einige Meter unter dem Straßenniveau. Sie ist der freigelegte Teil der Pyramidenbasis. Reste der schrägen Wände, steinerne Winkel von 45 Grad, ragen wie zerbrochene Zähne eines Unterkiefers nach oben. Bruchstücke von Reliefs. Schutt aller Zeitalter. Köpfe von Federschlangen. Und ein Monolith, Quetzalcoatl darstellend.
Der Interviewer dankt der Pyramide, daß sie ihm den Weg zu sich gewiesen.
»Das tat ich, weil du ein Europäer bist. Bei euch drüben vollzieht sich zur Stunde das Heil, das ihr uns gebracht, an Euch selbst. Eure Bauwerke, eure Menschen erleben jetzt noch Gräßlicheres, als ich erlebte, obwohl euer Cortez nur ein lächerliches und klägliches Zerrbild des unseren ist. Es ist Zeit, daß wir einen Schreiber hinüberschicken, um eure Trümmer zu interviewen.«

»Nicht jedem Volke ward solches getan . . .«

Ziemlich schwer hatte es die Mutter Gottes von Guadalupe, sich durchzusetzen, denn nur ein alter Indio hatte sie erscheinen gesehen, als erster und einziger. Dieser Indio war im Alter von fünfzig Jahren auf den Namen Juan Diego getauft worden und hatte gleichzeitig den Beschluß gefaßt, seine Ehe von nun an in Keuschheit und Enthaltsamkeit zu führen, sich auf ein quasi geschwisterliches Zusammensein mit seiner Frau zu beschränken. Nach dem Tod der bedauernswerten Ehefrau wohnte Juan Diego mit seinem Onkel Bernardino, und an diesem sollte sich bald die erste christliche Wunderheilung vollziehen, in dem Lande, wo bisher nur heidnische gang und gäbe waren.
Am 9. Dezember 1531, auf dem Weg zur Morgenmesse in die kilometerferne Hauptstadt, hört Juan Diego plötzlich seinen Namen: »Hänschen, Hans-Jaköbchen!« Es ist am Fuß des Felsens Tepeyac. Hier hatten seine Eltern und seine Voreltern und auch er selbst noch vor nicht langer Zeit aus dem heiligen Quell der Göttin Tonantzin getrunken und zu ihr um die tägliche Tortilla gebetet. Noch immer wallfahren Indios aus den drei ehemaligen Königsstädten Tenochtitlán, Tlaxcala und Texcoco, ihrer Taufe spottend, insgeheim zu Tonantzin, drehen sich, wenn auch nur nächtlicherweile und ohne Trommelwirbel, im althergebrachten Tanz und bringen ihr verstohlen eine Fülle von Opfergaben.
Da das angerufene Hänschen ängstlich seinen Blick zur heidnischen Höhe erhebt, steht dort in hellem Schein eine dunkle Señora. Sie ruft ihm zu, sie sei die Jungfrau Maria, Mutter des wahren Gottes, und wünsche, daß ihr an dieser Stelle ein Tempel errichtet werde.
Geradenwegs läuft Juan Diego in den bischöflichen Palast und wird – hier ist ein Wunder, glaubet nur – vom Bischof persönlich empfangen. Aber Bischof Zumárraga verspricht nicht, den Wunsch der höchsten Frau unverzüglich zu erfüllen, den Bau der Kirche auf der Stelle in Angriff zu nehmen. Er sagt dem Boten nur, eine so wichtige Sache müsse erst überprüft werden.
Bedrückt kehrt Juan Diego zurück und berichtet der Señora,

denn diese steht wieder oder noch immer auf dem Felsen Tepeyac, man habe ihm offenbar nicht geglaubt. Warum, fügt er vorwurfsvoll hinzu, warum habe sie denn ihn, einen so Klein-Kleinen, hingeschickt? Die Señora erwidert, sie habe wohlweislich ihn gewählt, und er möge morgen noch einmal zum Bischof gehen.
Morgen ist ein Sonntagmorgen, und es ist daher noch verwunderlicher als das erstemal, daß der barfüßige Indio gleich vorgelassen wird. Zumárraga erklärt, er glaube dem Boten, gewiß, aber ohne authentisches Dokument könne er nichts unternehmen.
Gefolgt von Spähern des Bischofs (wie dieser später aussagt, damit ihm keine Unterlassung vorgeworfen werde), verläßt Juan Diego den Palast. In der Nähe des Felsens verlieren die Verfolger seine Spur. So ist er allein mit der Señora und wiederholt ihr die Worte des Bischofs und dessen Forderung. Daraufhin verspricht sie, ihm am nächsten Tag ein unwiderlegliches Beweisstück zu liefern.
Zur befohlenen Stunde kommt aber Juan Diego nicht an den befohlenen Ort; er bleibt den ganzen Montag über bei Onkel Bernardino, der in den letzten Zügen liegt. Erst am Dienstag, dem 12. Dezember, geht Juan Diego aus, um einen Priester mit den Sterbesakramenten zu holen. Weil er Vorwürfe der Señora fürchtet, die er gestern warten ließ, will er sich auf der anderen Seite des Felsens, am Osthang, vorbeischleichen. Dort, wo sich später ein vortrefflich geeigneter Bauplatz für die aufzurichtende Kirche ergeben wird, tritt die Señora hervor, hört die gestammelte Entschuldigung des Indios an und verkündet ihm, sie habe eben seinen Onkel geheilt.
Was sie dem Juan Diego dann aufträgt, steht wörtlich in den kanonischen Akten, wenngleich dort nicht erwähnt ist, in welcher Sprache die Worte zu dem Indio gesagt wurden: »Und nun besteige diesen Felsen, pflücke die Blumen, die du am Gipfel finden wirst, lege sie in deinen Mantel und bringe sie mir.«
Juan Diego erklimmt die Steinhöhe, auf der sonst nur Kakteen wuchern. Aber siehe da, heute blühen hier Rosen. Er zieht seine Tilma aus, sammelt die Rosen hinein und trägt sie zur Señora. Die drückt ihre Hände in den Blumenflor und befiehlt ihm, damit zum Bischof zu gehen.

Zumárraga feiert eben in großem Kreis den Jahrestag seiner Ernennung zum Bischof. Da tritt der Indio ein, setzt seine Barfüßigkeit auf das spiegelnde Parkett und schüttet aus dem Mantel die Rosen mit zugehöriger Legende. Und was sehen die versammelten kirchlichen Würdenträger außerdem? Außerdem sehen sie auf der Innenseite des Mantels ein farbenprächtiges Bild der Mutter Gottes.

Nichts in dieser Wundergeschichte ist zufällig und absichtslos. Der Indio versäumt eine ausdrücklich vereinbarte Zusammenkunft mit der Heiligsten der Heiligen, und infolge dieses Versäumnisses bringt er die Beglaubigung gerade am Jubiläumstag des Bischofs bei. Eines solchen himmlischen Geschenks bedarf Bischof Zumárraga dringend, denn auf Erden hat er viele Feinde. Die Gelehrten unter den Padres werfen ihm vor, daß er Tausende und aber Tausende unschätzbarer Bildwerke und Dokumente vernichten ließ, die Beweise, daß das unterworfene Aztekenreich keineswegs von Kannibalen bewohnt war, sondern von Menschen mit erstaunlicher Kultur.

Erbarmungslos geht Zumárraga gegen jene Indios vor, die ihre Tradition nicht so schnell vergessen können, noch immer glauben, überirdische Wesen seien imstande, Regen zu machen, Erdbeben zu verhindern, Überschwemmungen zu beenden und Kranke zu heilen. Zumárraga leitet persönlich die Verhöre vor dem Glaubensgerichtshof, auch gegen Indios, die später als »Menschen ohne Vernunft« der offiziellen Inquisition nicht unterstehen werden. Der Kazike von Texcoco, der am Scheiterhaufen verschmoren muß, ist nur einer von den Blutzeugen für Zumárragas unchristliche Eiferei.

Noch nach seinem Tode wird Zumárraga von priesterlicher Seite befehdet. In einer Predigt, bei welcher der Vizekönig und die Mitglieder des königlichen Rates – sicherlich nicht zufällig – anwesend sind, greift Fray Bustamante, Provinzial des Franziskanerordens, das Bildnis von Tepeyac an, dem der Name »Guadalupe« gegeben wurde, um es dem wundertätigen spanischen Gnadenbild dieses Namens gleichzustellen. Die Jungfrau von Tepeyac habe ein indianischer Maler namens Marcos Aquino Cipac im Auftrag und gegen Bezahlung des Bischofs Zumárraga gemalt. Den Indios aber rede man ein, es sei ein Selbstporträt der Heiligen Jungfrau, eine vom Himmel stammende Gabe. »Wer da behauptet, daß die Mutter Gottes von Guadalupe Mirakel tue«, ruft Fray Bustamante mit Donnerstimme, »sollte mit hundert Peitschenhieben bestraft werden, und wer bei dieser Behauptung verharrt, mit zweihundert.« Auffallenderweise schreitet weder die kirchliche noch die weltliche Obrigkeit gegen den waghalsigen Prediger ein.

Auch andere bezweifeln die Authentizität der Erscheinung, nennen sie ein von Zumárraga ausgehecktes Konkurrenzmanöver gegen die Wallfahrtskirche von Los Remedios, und die Verteidiger der Jungfrau von Guadalupe sehen sich genötigt, die profanen Wissenschaften zu bemühen. Die Sternwarte von Tacuba erklärt, ohne ein Wunder konnte am Morgen des 12. Dezember 1531 auf dem Tepeyac-Felsen eine Gestalt unmöglich sichtbar gewesen sein. Ähnlich formulieren die Botaniker: Nur ein Wunder konnte auf dem Granitboden des Tepeyac-Felsens Rosen wachsen lassen. Im siebzehnten Jahrhundert geben Chemiker und Maler das Gutachten ab, das Gemälde sei nicht mit irdischen Farben gemalt, denn es hänge seit hundert Jahren ungeschützt an der Wand und werde von den Ammoniakdünsten des nahen Sees umhaucht, ohne Schaden zu erleiden. (Jetzt ist der See längst trockengelegt, und das Bild hängt unter Glas.)

Mehr als zweihundertzwanzig Jahre verweigert der Päpstliche Stuhl die Anerkennung des Wunders. Erst 1754 wird sie bewilligt. Eine Delegation aus Neu-Spanien stellt eine Kopie des Marienbildes vor Benedikt XIV. hin. Er sinkt nicht in die Knie, er spricht nur die Worte: »Non fecit taliter omni natione – Nicht jedem Volke ward solches getan.« Dann ernennt er in einer Bulle die Jungfrau von Guadalupe zur Hauptpatronin der neuspanischen Nation.

Für die Indios war sie es schon vorher gewesen. Und blieb es auch weiterhin. Hidalgo, erster Führer der Revolution, wählte die Jungfrau von Guadalupe zur Patronin der Unabhängigkeit, der erste Kaiser von Mexiko, Iturbide, schuf den mexikanischen Adel als »Caballeros de Guadalupe«, und der erste Präsident der Republik Mexiko wurde es unter dem selbstgewählten Namen Guadalupe.

Im Unabhängigkeitskrieg stehen die Jungfrau von Guadalupe,

die »India«, und die Jungfrau von Los Remedios, die »Gachupina«, auf entgegengesetzten Seiten der Barrikade. Die Virgen de los Remedios führt das Heer des Vizekönigs, wogegen die Guadalupanerin einen formellen Befehl erhält, binnen vierundzwanzig Stunden das Land Mexiko zu verlassen. Wo die spanienfreundlichen Truppen ihres Bildes habhaft werden, stellen sie es vor ein Peloton und füsilieren es. Ist sie doch die Schutzpatronin der Klosterstürmer und Gottesleugner.

Aber nach der Schlacht findet sich fast auf jedem Leichnam, sei er von hüben, sei er von drüben, ein Medaillon mit dem Gnadenbild von Guadalupe. Denn an sie glauben alle, sie ist das nationale Symbol, sie ist nicht weißhäutig wie die Spanier und hat es, anders als die Herrscher Spaniens, nicht verschmäht, im Land der Indios zu erscheinen. Der Gedenktag dieses ihres Erscheinens ist das Fest von Mexiko.

Den von Iturbide gegründeten Guadalupe-Orden erneuert vierzig Jahre später der Österreicher Maximilian und verleiht ihn freigebig an Mexikaner und Europäer, welch letztere baß erstaunt sind, denn sie sind sich keines Verdienstes um Mexiko bewußt. Auch an den Dichter Friedrich Rückert schickt Maximilian das Heiligenbild am blau-hellvioletten Band, und so liegen im mexikanischen Staatsarchiv die Verse eines deutschen Dichters, das Dankschreiben Rückerts:

> ... ob ich der Gnade würdig bin?
> Nun, wenigstens von Anbeginn
> War zugewandt mein wärmster Sinn
> Der Neuwelt neuem Reich,
> Dem zukunftsreichen.

Im Zeitraum zwischen der Stiftung und der Erneuerung des Guadalupe-Ordens, zwischen Iturbide und Maximilian, die beide wegen ihres Kaisertraumes erschossen wurden, erlebte Mexiko den unglücklichen Krieg gegen die Vereinigten Staaten. Mexiko hoffte, durch Friedensverhandlungen zu Füßen der Landespatronin werde der Frieden ein guter Frieden werden. Aber der Friedensvertrag von Guadalupe entriß Mexiko die reichsten Provinzen, darunter Kalifornien, das sich eben als das Goldland entpuppte. Dem Ansehen der Jungfrau tut das keinen Abbruch, und jedermann huldigt ihr an ihrem Fest.

Nirgends gibt es eine Kirmes von solcher Vielfalt, solcher Buntheit und solcher Traurigkeit. Die Nacht auf den 12. Dezember knien Zehntausende von Gläubigen vor dem Haupttor der Basilika von Guadalupe, warten auf Einlaß.

Die ganze Nacht lang und pausenlos drehen sich und schaukeln sich hinter der Kirche Tanzgruppen mit ernster Miene. Die Stoffe der altindianischen Kostüme sind zumeist Massenware, und die Instrumente sind keineswegs die selbstverfertigten ihrer Ahnen, sondern Mandolinen. Nur ein oder der andere Tänzer bewegt einen Ast, von welchem Muscheln klirren oder die Schuppen eines Gürteltiers; einst bildeten die Spieler dieses Instruments, die Concheros, den Kern der Wallfahrtsmusik. Getanzt wird eine balladeske oder epische Handlung, eine Verherrlichung des Cid, der die Mauren vertrieb, und des Cortez, der die Azteken besiegte.

Von dort, wo die heilige Señora auf Juan Diego wartete, führt ein Treppenweg zu der Höhe, wo Juan Diego Rosen vom kahlen Stein pflückte. Am Jahrestag dieser Begebenheit ist der Weg kaum gangbar. Hunderte rutschen auf den Knien felsenaufwärts, alte Leute werden von Söhnen oder Enkeln von Stufe zu Stufe gehoben. So knien sie sich zur Capilla del Cerrito empor und zum wundertätigen Felsenfriedhof.

Rechts und links dieses Weges kampieren auf dem Felsenhang, wo immer er Platz dazu läßt, die Pilger. Ganze Ortschaften. Kleine Holzkohlenöfen glimmen, in Sarapes gehüllt, schlafen Indiomann und Indiokind, während die Indiofrau bereits aufgestanden ist, um Tortillas zu backen.

Unten die Kirche ist von Ständen und Buden umzingelt. Händler und Händlerinnen verkaufen die autochthonen Besonderheiten ihrer Gegend, und die in der Hauptstadt wohnenden Landsleute treffen sich hier; im Glanz seiner Uniform steht ein Polizist da und weiß, daß man in seinem Dorf lange von ihr erzählen wird. Gebannt starren zwei Verkäuferinnen auf den städtischen Hut eines Mädchens aus ihrem Dorf. Jeder Stand ist Tagung einer Landsmannschaft, ein Heimatfest in der Ferne.

Ost ist Ost und West ist West, aber auf diesem Markt kommen die beiden zusammen. Leute vom Atlantik erhandeln Waren vom Pazifik, der Yaqui-Indio kauft eine Kürbisflasche der Oto-

mí, Knaben aus den Ölgebieten naschen Fruchtbrot aus Puebla, alle kaufen Bänder, auf denen die Längenmaße von Gesicht und Gestalt des Madonnenbildes markiert sind, Farbendrucke mit Szenen aus dem Leben Juan Diegos und geweihte Medaillons.
Wie die Menge ins Innere der Kirche kommt, weiß sie selber nicht. Eine unbekannte Macht preßt sie fest in die Arme und trägt sie vorwärts, um sie im Kern eines Lichtkegels abzusetzen.
Heller, greller kann es auch im Himmel nicht sein zu Füßen der Himmelskönigin. Der von Sierra und Selva herbeigekommene Indio, der kaum jemals ein Haus von innen sah, unmöglich könnte er inmitten dieser Pracht etwas anderes empfinden als das, was er empfindet. Er fällt auf die Knie und läßt sich bis zum Altar tragen von jener Woge. Dazu braust die Orgel, die Glocken klingen, und ein vielhundertstimmiger Engelschor singt ein altes Morgenlied mit dem Refrain:

Despierta, mi alma, despierta
Si acaso dormida estás;
Ya tienen la gloria abierta
Asómate y la verás.

Wenn die Seele erwacht und das Auge entblendet ist, erkennen sie den Engelschor als eine Gruppe weißgekleideter Mädchen und schwarzgekleideter Frauen, die vor dem Altar knien und ohne Pause ihren Weckruf ertönen lassen:

Wach auf, meine Seele, erwache,
Falls dich der Schlaf umfängt;
Schon ist der Ruhm entfaltet,
Bisher war er verhängt.

Der Lichtschein läßt die Innenarchitektur im Dunkel, die von der Pariser Rue de la Sulpice fix und fertig geliefert zu sein scheint, dem Handelszentrum für Kircheneinrichtungen. Jedoch das Gold des Altars und der Meßgeräte, die Marmortafeln, Mosaiken und Gemälde an den Wänden und die Farbenfenster geben den Lichtern ein optisches Echo.
In der höchsten Höhe des Altars hängt das Bild. Die Madonna trägt ein hochgeschlossenes Kleid und darüber eine von Sternchen besäte Tunika, die vom Kopf bis zu den Füßen reicht. Sie schwebt auf einem ursprünglich wohl silberfarbenen, nun aber

oxydierten Halbmond, den ein Cherub stützt. Die ganze Figur ist von einem Oval aus Licht umrahmt, ein Heiligenschein aus hundertdreißig Strahlen. Das Gesicht der Indioheiligen ist nicht bronzen, sondern ein dunkles Grau, Nase und Mund schmal – keinesfalls hat das Antlitz auch nur das geringste mit dem eines Indiomädchens gemeinsam. Deshalb erklärten die ersten Apologeten, die etwas Nationales in dem Bild entdecken mußten, es stelle die Mutter Gottes als Mischling, als Mestizen dar. Daß es damals, zehn Jahre nach dem Eintreffen der Spanier, außer Kindern keine Mestizen in Mexiko gab, sei ein Beweis für die prophetische Kraft des Bildes, für seinen überirdischen Ursprung.

Verzückt schaut die Menge nach oben, dieweil sie altarwärts geschoben wird und dann seitlich in einen saalartigen Korridor. Obwohl hier kein Neonlicht strahlt, ist es so hell wie im Kirchenschiff. Viele hundert Kerzen, bunte, geflochtene, modellierte, armdicke und gewöhnliche, brennen vor einer Kopie des wundertätigen Bildes. Die Kopie hängt zwar in einem Glasschrein, ist aber nicht so unnahbar hoch wie das Original, für das sie die Huldigungen entgegennimmt: Alle Vorbeigehenden küssen das Glas oder reiben es mit der Handfläche, um diese nachher zum Munde zu führen oder an eine der besonderen Benedeiung bedürftige Körperstelle.

Wer sollte nicht an Wunder glauben, wenn sie hier in einer Sprache attestiert sind, die auch der Analphabet versteht. Eine Wand ist ausgefüllt mit bunt gemalten Beglaubigungen oder Danksagungen, »Retablos« genannt. Ihre Primitivität könnte auch der berühmteste Primitivist mit all seiner Technik nicht erzielen. Auf Blechplatten ist die Lokalchronik des Volkes verzeichnet, verzeichnet vom Volke selbst: Ein Pferd scheut, und die Insassen fallen kopfüber aus dem Wagen ... In der Arena stürzt ein Stierkämpfer, und schon berühren die Hörner des sichtbarlich schnaubenden Bullen seine Brust ... Leichengelb, die Augen geschlossen, ein Kind im Krankenbett ... Banditen schießen auf einen Omnibus, die Passagiere springen aus den Fenstern ... Eine Klapperschlange schlängelt sich an Mutter und Kind heran, die am Fluß Wäsche waschen ... Vor einer Pulquería liegen Gäste, in deren Brust Messer stecken ... Eine Gerichtsverhandlung ... Auf dem Körper eines Neugeborenen kriecht ein Skorpion ... Ein Eisenbahnzug entgleist in hohen Bogen, während die Opfer des sich eben ereignenden Unfalls bereits auf dem Bahndamm liegen ... Ein Boot in Xochimilco kippt um, eine Frau und vier Kinder versinken ...

Aber jedem dieser Ereignisse wohnt die Jungfrau von Guadalupe bei, immer in der rechten oberen Ecke und auf gelbem Fond. Sie hat den Spender des Bildes im letzten Augenblick gerettet, und deshalb spendete er das Bild. Die Größe der Gefahr betont eine Beschreibung, die darunter steht und ebenso orthographisch ist wie die Malerei. Ein Geretteter schließt seinen Dank mit der Mitteilung: »Bei diesem Banditenüberfall kam auch José García Jiménez ums Leben, der Vater meiner Frau, und wir erbten von ihm vierhundert Pesos.« In Wort und Bild dankt ein Spender dafür, daß ihn der Gedanke an die Heilige von Guadalupe vor einem Meineid bewahrte.

Oft wird der Text dazu benützt, um dem Feind eins auszuwischen. Der Autor dieses Buches besitzt ein aus einer aufgehobenen Kirche stammendes Retablo. Ein Hahnenkampf. Der eine Hahn, der gelbe, liegt auf dem Rücken, der andere, der schwarze, aber wartet stoßbereit, ob sich der Gegner nicht ermannen und gegen ihn wenden werde. Der Kampf ist also noch im Gange. Dessenungeachtet vollzieht sich inmitten der Arena, vor den Augen des Publikums, ein Menschenkampf. Augenrollend, zähnefletschend, mit einem überlebensgroßen, bluttriefenden Messer stürzt ein riesenhafter Mann auf einen anderen zu. Dieser aber liegt neben dem Hahn, und in seiner Brust klafft eine Wunde. Wir würden um ihn zittern, ahnten wir nicht in ihm den zukünftigen Spender des Bildes mitsamt dem folgenden Text: »Die Heilige Jungfrau hat mich gerettet vor einem Dolchstoß, den mir versetzt hat mein Pate Chente Rosales aus Chicoloapan am 9. August 1875. – Crescencio Arriaga«.

Allgegenwärtig ist die Heilige Jungfrau. Aber prophylaktisch ist es, sie nicht erst zum Erscheinen zu bemühen. Darum hängt ihr Bild überall. Das Mädchen hat es über dem Bett und verhüllt es nur, wenn dort der Novio zu Besuch ist, Freund oder Bräutigam. Den Führersitz im Autobus segnet das Heiligenbild, oft umrahmen es Photos von Stierkämpfern, Kinostars oder schöngewachsenen Frauen, die es sich bequem gemacht haben. Bei einer Zirkusprobe sahen wir, wie ein Bild der Virgen de Guadalupe an das Gitter des Löwenkäfigs gehängt wurde. Und siehe da, kein Unglück geschah.

Das sind die kleinen Wunder. Die großen sind in den Chroniken und Legendenbüchern verzeichnet. Zum Beispiel die großen Wunder, daß nach Bittprozessionen mit Vorantragung des Gnadenbildes allsogleich die Überschwemmung oder die Dürre oder das Erdbeben oder die Pest verschwanden.

Zuerst hatten die Indios nur die Taufe angenommen und gelernt, das Kreuz zu schlagen, das Paternoster auf lateinisch auswendig herzusagen und das Salve Regina, das Ave Maria und das Credo nachzusprechen. Dann hörten sie von den Wundern und waren, um gleichfalls solcher teilhaftig zu werden, zum Glauben bereit. Jedoch von den Wunderplätzen ihrer Ahnen ließen sie sich nicht vertreiben, und so mußte Mohammed zum Berge kommen. Jeder Göttertempel wurde eine Kirche, jede Opferstätte ein Wallfahrtsort, und in der Hauptstadt, unweit der Stelle, wo die indianischen Hohenpriester in schauerlicher Schau Menschenopfer dargebracht, taten die Männer der Inquisition das gleiche. Auf dem einstigen Wohnsitz der Göttin Tonantzin wogt heute auf einem Kirchenfest fromm und scheu das Volk, »dem solches getan ward«.

Alle haben die Litanei der »Mañanitas« angehört, die gläserne Schutzwand geküßt, die gemalten Wunder angesehen, sich bei den trüben Tänzen aufgehalten, kniend den Felsen erklommen, vom heiligen Quell getrunken und genießen jetzt das Kirmestreiben. Aber auch wenn die Frauen grelle Tücher erstanden und die Männer ein paar Gläser Pulque getrunken haben, fröhlich sind sie nicht. Denn sie erhoffen im Diesseits nur ein Wunder aus dem Jenseits.

Das verteilte Baumwolland

Diese Chaussee führt uns dem Problem näher, von dem wir schon in Europa gelesen, 1936. »Raub von Regierungs wegen!« – »Wird Mexiko bolschewistisch?«

Für Mexiko bedeutete die Comarca Laguna im Norden Mexikos, die sich bald rechts und links von unserer Chaussee ausbreiten wird, nicht wie für Europa einen Tummelplatz drohender Ausrufungszeichen und besorgter Fragezeichen. Für Mexiko war die Laguna Angsttraum der Reichen und Hoffnungsstrahl der Armen. In der Tat folgte der Aufteilung der Laguna die Übergabe der Henequén-Latifundien von Yucatán an die Landarbeiter, die Kollektivierung des Territoriums der Yaki-Indianer, die Zuweisung von Grundbesitz an Peones und schließlich die Nationalisierung der Petroleumquellen.

Die Enteignung der Latifundien in der Laguna war keine Gewaltmaßnahme, sondern die Durchführung eines Gesetzes, eine Agrarreform, wenn auch die einschneidendste, die innerhalb des Wirtschaftssystems denkbar war. Ist sie geglückt? Nationalökonomen, Beamte und Politiker in der Hauptstadt sagen, das Experiment sei kläglich gescheitert, die früher festbesoldeten Taglöhner seien in die Zinsknechtschaft der Banken geraten und in Not. Kniefällig, so hört man in diesen Kreisen, bitten die neuen Besitzer ihren einstigen Herrn, er möge ihren Boden zurücknehmen und sie wieder als Taglöhner einstellen; aber der Latifundista verlange, daß die Regierung ihm das Land als Ganzes zurückgebe.

Die Chaussee heißt Carretera Interoceanica, denn sie soll vom Pazifik zum Atlantik führen, die Verbindung der Weltmeere herstellen, die zu erleben Goethes Alterswunsch war. Goethe dachte an eine Wasserverbindung, an einen Durchstich des Isthmus von Tehuantepec. Dieser Isthmus ist immer noch nicht durchstochen, Panama hat ihm sozusagen das Wasser abgegraben. Nur eine Bahn verbindet im Süden die kurze Strecke zwischen Ozean und Ozean. Vom Landweg unserer Chaussee ist der industrielle Streckenteil bereits fertig, der von der Baumwollstadt Torreón über die Montanstadt Monterrey zur Petroleumstadt Tampico.

Lastautos, beladen mit Maschinenbestandteilen, begegnen uns, Autobusse der Strecke San Pedro-Torreón und Sanitätswagen des »Servicio de Higiene Rural y Medicina Social de Laguna«. Dieser ärztliche Dienst, eine unbestreitbare Errungenschaft, ist im Wahlkampf, der eben tobt, zu einem Angriffspunkt von seiten der Reaktion geworden. »Wollt ihr euch noch weiterhin euer sauer verdientes Geld aus der Tasche ziehen lassen für Ärzte und Sanitätsbeamte?« Jeder Familienvater zahlt achtundvierzig Pesos jährlich, ebensoviel pro Familie zahlt das Gesundheitsministerium, anderthalb Millionen Pesos betragen die Gesamtkosten für Hospital und Ambulanzen.

Gestern haben wir in Torreón das Laguna-Hospital gesehen, mit dem Direktor gesprochen, der von den Bauern vorgeschlagen und von der Regierung ernannt ist. Die Patienten ließen es sich nicht nehmen, uns von Raum zu Raum zu begleiten oder vom Bett aus zu erklären. Man muß öffentliche Spitäler hierzulande kennen, bettenlose Krankensäle und wäschelose Betten, um zu verstehen, wie sehr dieses Spital zu den Ausnahmen gehört. Nicht als Gnadenempfänger fühlen sich die Insassen hier, sondern als Eigentümer.

Als die Zehntausende von Landarbeitern noch einigen Plantagenbesitzern gehörten, hatten sie kein Recht auf ein Krankenbett, und ihre Frauen konnten es sich nicht leisten, unter ärztlicher Beihilfe zu entbinden. Jetzt ist das Baumwolland in achtzehn medizinische Einheiten eingeteilt; jede Unidad Medico Ejidal mit ihren Ärzten, Hebammen, Krankenschwestern und Ambulanzwagen betreut zehn bis fünfzehn Dörfer. Außerdem ist von Torreón aus die Campaña Sanitaria unterwegs, um die Wohnverhältnisse zu überprüfen, die Schulkinder zu untersuchen, aufklärende Vorträge und Kurse zu halten.

Die Chaussee leitet uns an einem Militärlager vorbei, dann an einem Riesensilo und an einer Entkernungsanstalt; dieses deutsche Wort klingt weniger romantisch als das spanische »despepitadora« und weniger praktisch als das englische »gin«. Links in der Ferne, von der Chaussee aus nicht sichtbar, läuft der Rio Nazas, von der Chaussee aus sichtbar ist nur eine platte Steppe.

Schließlich fahren wir ins Baumwolland ein. Zunächst geht es einen Kanal entlang. Nein, es sind zwei Kanäle. Sie verlaufen parallel, und ihre Ufer berühren einander fast. Sie stammen aus der Zeit der Latifundien. Die Wasserwege des Herrn sind wunderbar – statt sich mit dem Nachbar zu einigen (der allerdings auch der Konkurrent und deshalb der Todfeind war), baute er neben dessen Fluß einen neuen Fluß hin.
Neu sind die zementenen Brücken, die über die Kanäle führen. Früher waren sie nicht nötig. Luden doch die Peones auf der Chaussee in und aus den Wagen und wankten mit der Fracht über einen Steg oder durch das einen Meter tiefe Wasser des Kanals zum oder vom entlegenen Baumwollfeld. Jetzt werden die Lasten von Autos an die Bestimmungsstelle gebracht.
Rechts und links, bis zum Horizont, drängen sich grüne Stauden aneinander, so daß man die Pfade nicht sieht, die das Buschwerk in Reihen und Querreihen teilen. Aus dem kompakten Grün leuchten gelb-violett gestreifte Kugeln: die Blüten. Über dem Grün bewegen sich die braunen, von Sombreros beschatteten Gesichter der Arbeiter. Wir sprechen mit ihnen von der Feldarbeit.
»Viel Arbeit?«
»Viel Arbeit! Viel mehr Arbeit als im Vorjahr!« – Jedes Jahr hat der Bauer viel mehr Arbeit als im Vorjahr.
»Es ist heißer als voriges Jahr, und es gibt mehr Baumwollwürmer als voriges Jahr. Sieben Kilo Gift müssen wir pro Hektar gegen den roten Wurm streuen. Und außerdem noch die Pollen waschen. Viel Arbeit, Señor.«
Den Ejido von tausendzweihundert Hektar bearbeiten zweihundert Mann, die Pflücker, die zur Ernte kommen werden, nicht eingerechnet. Von jeder Staude werden vierzig Kapseln abgepflückt, zwei Kilogramm Wolle per Staude; früher hat keine Pflanze mehr als ein Kilogramm eingebracht. »Aber wir haben weit mehr Arbeit, und wer weiß, ob wir genug Pflücker auftreiben können. Alle gehen jetzt über die Grenze als Braceros, Amerika zahlt Dollars.«
»Wie wird die Ernte?«
»Soso. In diesem Jahr haben wir fünf Prozent mehr Fläche angebaut als im Vorjahr.«

»Und die Preise?«
»Der Baumwollpreis ist um einundzwanzig Prozent gestiegen. Aber wir müssen an den Banco Ejidal unsere Schulden abzahlen. Dabei würden wir neue Zuschüsse brauchen für Dünger und Maschinen. Hauptsache aber ist das Wasser. Ob ›El Palmito‹ es uns bringen wird, das neu ausgebaute Wasserwerk...? Davon hängt alles ab.«
»Würden Brunnen nicht genügen?«
»Mit den Brunnen ist es schwer. Aus Europa kommen keine Dieselmotoren mehr und aus Nordamerika keine elektrischen. Vor ein paar Jahren hat eine Noria, das ist ein Pumpwerk, 35 000 Pesos gekostet, jetzt kostet sie 80 000 Pesos, wenn sie überhaupt für uns zu haben ist. Die Grundherren stellen auf ihren Restgütern noch immer neue Brunnen auf.«
»Und warum ihr nicht?«
»Sie haben mehr Kapital als wir. Für jeden alten Brunnen, der im Ejidalgebiet liegt, bekamen sie den vollen Kaufbetrag als Abfindung, 35 000 Pesos. Sie haben die besten Terrains behalten und tauschen ungünstige Parzellen gegen günstige ein, weil sie wissen, wo die neuen Kanäle verlaufen werden... In den sieben Jahren, seit wir das Land besitzen, konnten wir Ejidatarios nur dreihundert neue Brunnen in der ganzen Laguna anlegen. Obwohl die Latifundistas nur wenige sind und wir so viele. Viel zuviel für das Gebiet...«
Hier liegt eines von den Problemen. Einmal gehörte das Land nur einem, dann einigen wenigen und jetzt vielen. Aber nur wenn es allen gehören wird, wird die Klage wegfallen, die wir eben hören, und die Diskussionen darüber, ob Landaufteilung günstig ist.
Wir schauen über die grünen, mit Gelb und Purpurviolett besprenkelten Kulturen, ungehindert dringt der Blick bis zum Horizont. Bevor die Geschichte Mexikos begann, war das alles Niemandsland. Das Wild äste auf der Laguna, im Rio Nazas schwammen Fische und ernährten indianische Nomaden. Manchmal dehnten, vom Norden kommend, die Apachen ihre Jagdgründe über diese Prärie aus; vielleicht stand da, wo wir jetzt stehen, ein Ahne Winnetous und lugte aus nach Feind und Wild. Bis eines Tages das Bleichgesicht auftauchte, der Konquistador.

Ganz Neu-Spanien ward zerlegt in Klostergüter und in »Encomiendos« für die spanischen Herren. Der Marqués Ordiñola de Aguayo bekam als Lehen die Laguna mitsamt den Menschen, die darauf wohnten oder deren er sonstwie habhaft werden konnte. Das Getier jagte er zum Sport, die Menschen jagte er in die Bergwerke, damit sie dort Gold förderten für seine Tasche.

Am Ufer des Rio Nazas wurde Mais angebaut, und markgräfliches Vieh weidete dort. Schon um 1800 gab es unter den Peones keinen puren Indio mehr, nur Mestizen – dafür hatten die weißen Gebietsgebieter gesorgt, indem sie, wie aus den Kirchenbüchern hervorgeht, den Indiomädchen Kinder machten.

Mit dem Sieg der nationalen Revolution war die dreihundertjährige Ära der Gachupinos, der Spanier, vorbei, vorbei die Herrschaft der Vizekönige und ihrer Vizevizekönige auf dem Land. Die Zeit für Mexikaner, Weltpriester und Bürger brach heran. Und wenn einer alle drei dieser Titel besaß und dazu ein Geschäftsmann war, wie der Pfarrer der Stadt Monclova, so konnte er fast die ganze Laguna an sich reißen.

Die nächste Etappe, die der Baumwolle, rief das Finanzkapital auf den Plan. Banken aus der Hauptstadt gewährten den Hacendados Vorschüsse auf die Baumwolle, die an die Kattun- und Kaliko- und Barchentfabriken in Elsaß-Lothringen oder via Liverpool nach Lancashire abging. Bald beherrschten die Banken durch Pächter und Verwalter das Gebiet, oder sie verkauften die Parzellen.

Je reicher die Hacendados wurden, desto mehr Baumwolle bauten sie an, je mehr sie anbauten, desto mehr Arbeitskräfte und Arbeitszeit brauchten sie, und je mehr Arbeitskräfte und Arbeitszeit sie brauchten, desto schlimmer ging es den Arbeitern. Das ist schon einmal so, vor allem bei Industriepflanzen. Mit dem Industriearbeiter hat der Taglöhner auf dem Feld der Industriepflanzen nur das gemein, daß er kein Stück Kleinvieh besitzt, um seinen Haushalt aufzubessern. Die Baumwollpflanze kann er weder roh essen noch vermahlen oder verbacken. Auf anderen Pflanzen Mexikos, der Agave zum Beispiel, wohnen Würmer, die ein Genußmittel sind. Aber das auf der Baumwolle nistende Gewürm ist kein Genußmittel. Es wird verbrannt mit

Stumpf und Stiel, damit es im nächsten Jahr nicht wiederkomme. Seine Brut kommt freilich wieder.

Überall in der Welt ist der Taglöhner auf den Baumwollplantagen schlecht daran, ob er nun ein Tuareg-Neger im Sudan ist oder ein Fellache in Ägypten, ob ein Hindu bei Haidarabad oder ein Neger mit amerikanischer Staatsbürgerschaft in Arkansas. Hier auf der Laguna lebten die Peones, illegitime Sprossen der adeligen Bezirksherrscher, kaum besser als der Baumwollwurm. Sie besaßen keine Organisation, sie lasen keine »Hetzschriften« und kannten keine »Demagogen«. Und dennoch kam es wiederholt zu Aufständen, Rebellionen der Verzweiflung.

In der Laguna war's, wo die allmexikanische Revolution von 1910 begonnen hatte. Sie endete siegreich und brachte ein soziales Agrargesetz. Aber so absurd es klingt, mit diesem Sieg verschlimmerte sich, soweit etwas zu verschlimmern war, die Lage der Laguneros. Zum Beispiel bestimmte das Agrargesetz, daß jede Siedlung von soundso viel Mann das Recht auf soundso viel Hektar Gemeindeland habe, auf einen Ejido. Nun hausten an den Rändern der Laguna in Hütten und in Erdhöhlen Peones in einer Zahl, die sie zu Ejidos berechtigt hätte. Sie machten diesen Anspruch nicht geltend. Jedoch durch die Tatsache, daß diese Peones nun ein Anrecht besaßen, besaßen die Grundbesitzer Grund genug, sie auseinanderzusprengen. List und Gewalt, Entlassungen, Räumungsbefehle, provozierte Konflikte, Verhaftungen und Erschießungen halfen nichts. Erst die mit technischem Raffinement herbeigeführten Überschwemmungen trieben die Familien aus Höhlen und Hütten. Sechsundzwanzig Jahre lang führten die Hacendados auf diese Weise Krieg gegen einen Teil ihrer Arbeiter.

»Und zum Dank dafür beließ man den Hacendados nach der Landaufteilung alle ihre Gutsgebäude«, sagt einer aus der Gruppe, die sich um uns gebildet hat, »sie behielten die neuen Maschinen und die Kleinbahn. Wir können noch heute nicht mit ihnen konkurrieren.«

»Wir sind selbst schuld, wir hätten das voraussehen müssen«, sagt ein anderer.

»Du warst doch selbst im Streikkomitee!«

»Nun ja, wir hatten eben nur das Programm, etwas Land zu bekommen. Wie das durchzuführen war, davon verstanden wir einen Dreck. Keiner von uns wußte damals, was eine landwirtschaftliche Kooperative ist. Sonst hätten wir doch vor allem die Cascos verlangt, die Wirtschaftsgebäude.«

Vor dem großen Streik von 1936 betrugen die Tageslöhne fünfzig bis achtzig Centavos. Sie flossen zum größten Teil in die »Tienda de Raya«, den monopolen Kaufladen, an dem der Latifundista beteiligt war, obwohl das Gesetz das verbot. Während der Pflücke schaffte der Peón mit Frau und Kindern in Tag- und Nachtarbeit und brachte es im Akkordlohn bis auf dreißig Pesos die Woche. Diese Konjunktur genoß er jedoch nur zwei Monate lang. Die übrigen zehn Monate verdiente er ein Sechstel, und die Familie hungerte und fror in ihrer »Choza«. Eine Choza ist im Baumwolland geringer als eine Hütte. Ebensowenig wie die Baumwolle dem Menschen irgend etwas zur Nahrung hergibt, sowenig gibt sie ihm irgend etwas zur Behausung her. Bedient er sich dennoch ihrer Stengel und Blätter, dann sieht das Resultat so aus wie eine Choza in der Laguna.

Durchaus nicht so hartherzig ging die Baumwolle mit den Großgrundherren der Laguna um. Sie waren – da die Petroleum- und die Silbermagnaten in Amerika lebten – die reichsten Leute im mexikanischen Reich. Auch sie wohnten nicht auf der Scholle, auch sie waren Ausländer, verloren aber niemals den Kontakt mit den Mächtigen Mexikos. Wann immer es zu Lohnkämpfen in der Laguna kam, legten die Latifundienbesitzer den Behörden Lohnlisten vor, aus denen ersichtlich war, daß ihre Leute sechsmal soviel verdienten wie die Mehrzahl der Landarbeiter Mexikos. Überflüssig zu sagen, daß es die Lohntüten der beiden fetten Monate waren ... Die Taglöhner erfuhren nichts von diesem Beweisstück und konnten nicht aufklären.

1935, mit dem Regierungsantritt des Präsidenten Lázaro Cárdenas, begannen die Laguneros sich gewerkschaftlich zu organisieren und formulierten ihre Forderungen: Kollektivvertrag, ein Peso fünfzig Tageslohn und Anwesenheit eines Gewerkschaftsvertreters beim Abwiegen der gepflückten Wolle.

Die Plantagenbesitzer lehnten alle Forderungen ab, auch diese letzte, womit sie den Diebstahl eingestanden, den sie an den armseligen Pflückern begingen.

Auf der Hacienda Manila kam es zum ersten organisierten Streik. Als er auf andere Güter übergriff, intervenierte die Regierung bei den Grundbesitzern. Die aber erklärten, daß sie die Löhne um keinen Centavo erhöhen, ja nicht einmal eine Gewichtskontrolle der Pflücke zulassen könnten. Sie würden bei der Bewirtschaftung der Plantagen nur Kapital zustecken und besäßen keine Geldreserven mehr. Jede zu ihren Ungunsten ausfallende Entscheidung müßten sie mit der Schließung ihrer Betriebe beantworten, was automatisch den Ruin der Baumwollproduktion und Baumwollindustrie zur Folge hätte. In diesem Sinn schrieb auch die Presse, sprachen die Radiostationen.

Gleichzeitig aber zogen diese mittellosen Unternehmer mit enormen Geldmitteln eine gelbe Gewerkschaft auf und lockten mit einem Lohnangebot von sechs bis sieben Pesos pro Tag Armeen von Streikbrechern in die Laguna. Viele wurden im Flugzeug herangebracht. So geschah es, daß während des Streiks um zehntausend Arbeiter mehr beschäftigt wurden als während einer normalen Ernte. (Es klingt wie ein bösartiger Witz, daß diesen Streikbrechern und Mitgliedern der faschistischen »Goldhemden«- und Sinarquisten-Organisationen später bei der Aufteilung Land in der Laguna zugewiesen wurde.)

Die Großgrundbesitzer richteten eine Sendestation für die Laguna ein, und fast jedem Peón, ob Streiker oder nicht, wurde unentgeltlich ein Radioapparat in die Hütte gestellt. Alle sollten, wenn auch in primitiver Form, das hören, was konservative Nationalökonomen seit langem schlüssig beweisen wollen: daß in irgendeinem höheren Sinn jede Lohnerhöhung nur eine Lohnverminderung bedeute, in irgendeinem anderen höheren Sinn jede Verbesserung der Lebensbedingungen nur eine Verschlechterung der Lebensbedingungen sei. Forderungen an den Unternehmer seien ein schimpflicher Mangel an Patriotismus und die Folge eines »exotischen«, dem Mexikaner wesens- und artfremden Materialismus.

Bevor aber die Radiobatterien dieses Aufklärungswerk vollenden konnten, trat den Großgrundbesitzern eine neue Macht entgegen, die Industriearbeiterschaft. Aus Klassensolidarität und erbittert durch die Machinationen der Grundherren, stellten sich die Fabrikarbeiter von Torreón auf die Seite der Landarbeiter. Sie verlangten, daß das Jahrzehnte vorher erlassene Agrargesetz nun endlich durchgeführt, die Laguna aufgeteilt werde. 38 000 Arbeiter begannen am 22. August 1936 in Torreón einen Sympathiestreik. An der Spitze des Streikkomitees stand ein junger Arbeiter von indianischem Typ. Kaum einen Lagunero gibt es, der morgen bei den Wahlen ins Abgeordnetenhaus nicht den Stimmzettel mit dem Namen Dionisio Encina in die Urne werfen wird. Denn Dionisio Encina war es, der den Kampf um die Laguna zum Siege geführt hat.

Streikkolonnen kamen auf die Haciendas und verlangten, daß der Latifundista oder sein Vertreter sich sofort entferne. Auf dem First wurde die schwarzrote Fahne gehißt, Standarte des Streiks, Warnung an Arbeitsuchende, diesen Betrieb zu betreten.

Motorisierte Militärabteilungen brachten die Grundbesitzer zurück, holten die Streikfahnen ein und ließen eine Wache auf der Hacienda. Gleich darauf kam Dionisio Encina mit seinem Streikkommando und einem Maschinengewehr wieder heran, entwaffnete und beurlaubte die Wache, wies den Latifundista abermals aus dem Haus und hißte die Fahne von neuem.

Zu Gefechten kam es nur zwischen Streikern und Streikbrechern, aber es waren große Gefechte mit Toten. Nach acht Tagen wurde das Streikkomitee zum Präsidenten der Republik in die Hauptstadt berufen. Lázaro Cárdenas bot den Laguneros an, im Oktober das Agrargesetz von 1917 durchzuführen, das heißt, die Comarca Laguna an diejenigen aufzuteilen, die sie bearbeiten, falls der Streik, der das Textilwesen, ja die gesamte Volkswirtschaft des Landes gefährde, sofort beendet werde. Die Arbeiter nahmen an, und am 3. September 1936 wurde der Streik abgebrochen.

Nun ging es nicht mehr um Löhne und Menschenleben, nun war der Besitz bedroht. Die Latifundistas trugen ihre Panik eilends in die Welt. Kanzel, Wissenschaft, Radio und Presse, einschließlich der nordamerikanischen, wurden gewonnen, um Lázaro Cárdenas zum Widerruf seines Wortes zu bewegen und Mexiko vom bolschewistischen Abgrund zurückzureißen. Die englischen Eigentümer der beiden Latifundien Tlahualilo und Purcell drohten mit der Intervention der britischen Regierung. Söhne von Großgrundbesitzern stellten sich an die Spitze der faschistischen Goldhemden, machten lokale Aufstände und versuchten, einen Putsch zu organisieren.

Andererseits waren die Bauernverbände und Industriegewerkschaften ausnahmslos für die Durchführung der Landaufteilung. Lázaro Cárdenas bewies, daß er entschlossen war, dem arbeitenden Mexikaner das zu geben, was des arbeitenden Mexikaners ist. Im Oktober kam er nach Torreón und verteilte ein Terrain von 180 000 Hektar an rund 30 000 Landarbeiter zu kollektiver Bearbeitung und zu kollektivem Nutzen.

Dreihundert Ejids gibt es im Kollektivgebiet, im kleinsten wohnen dreißig, im größten vierhundert Familien. Das ist aber bei weitem nicht die ganze Laguna. Die alten Grundbesitzer behielten ein Areal von 50 000 Hektar, also fast ein Drittel von dem, was die 30 000 Peones für sich und ihre Familienmitglieder bekamen.

Ferner wurden sechshundert Landarbeiter, unter ihnen die herangeholten Streikbrecher, mit je einem Grundstück von sechs Hektar beteilt, das sie individuell bearbeiten. Schließlich gibt es noch 1500 Privateigentümer, jeder von ihnen hat etwa zwanzig Hektar Landes, ererbten oder gekauften Besitz.

Von der Feldarbeit gehen wir zu den Wirtschaftszentren. Wir sehen den großen Korral mit Vieh und Pferden. Den Schuppen, darin Maschinen gereinigt und repariert werden. Ein Maisfeld des Kollektivs und Gemüsegärten, in denen die einzelnen für sich Bohnen und Pfeffer anbauen. Das Büro des »Crédito«, dem die Administration obliegt. Die »Tienda«, Konsumladen mit Wirtsstube und Billard, aber ohne Alkohol. Den Sportplatz, auf dem man »Béisbol« spielt, wie die spanische Orthographie diese Segnung aus Amerika schreibt.

Hühner laufen auf der Dorfstraße umher, hinter Hürden grunzen Schweine. Wir fragen nach dem Namen der rot blühenden Sträucher vor einem Haus. »Higuerilla«, antwortet uns die Frau, die am Zaun steht. »Die bringen mir hundert Pesos im Jahr.« Higuerilla ist Rizinus.

In einem offenen Schuppen liegen landwirtschaftliche Geräte, die im Lauf der letzten Jahre als überholt ausrangiert wurden,

Gerümpel. Wir haben bei Marx gelernt, daß Reliquien von Arbeitsmitteln für die Beurteilung untergegangener Gesellschaftsformen ebenso wichtig sind wie Knochenfunde für die Kenntnis vergangener Tiergemeinschaften. Nicht, was gemacht wird, sondern wie es gemacht wird, unterscheidet die ökonomischen Epochen. Die Arbeitsmittel dienen sowohl als Gradmeser für die Entwicklung menschlicher Arbeitskraft wie auch als Anzeiger der menschlichen Verhältnisse, unter denen gearbeitet wird.

Was hier auf dem Haufen liegt, war schon überholt, als es hier noch in Gebrauch stand. Wir haben vor sechzehn Jahren die Neger im Cotton Belt von USA weit modernere Apparaturen handhaben gesehen; dort gab es, weil sich der Lohnsklave bezahlt machen mußte, keine solchen Holzpflüge, keine handbetriebenen Exhaustoren und keine Eimer, aus denen der Dünger mit der Hand ausgestreut wurde, als ob er Saatgut wäre.

»Das haben uns die Herren hinterlassen«, sagt einer unserer Begleiter, »damit sollten wir arbeiten. So hätten sie sich unsere Konkurrenz gefallen lassen können.«

Ein anderer stößt mit dem Fuß ins Gerümpel. »Nicht einmal die Eisenbeschläge konnten wir gebrauchen.«

Ein dritter: »Selbstverständlich hatten sie auch ganz moderne Maschinen. Aber weshalb sollten sie die alten verschrotten? Immer gab's noch Winkel, wo sie einen Invaliden damit ackern ließen.«

Das schlimmste Erbe waren die Irrigationsanlagen. Mitten in der Bewässerungszeit von 1936 war es nicht erlaubt, die Kanäle auszubessern. »Wir haben kein Interesse daran«, begründeten die Hacendados ihr Verbot, »die nächste Ernte wird ja nicht mehr uns gehören. Vorläufig aber hat auf unserem Besitztum niemand etwas zu suchen.«

Neben der Rumpelkammer steht die Reparaturwerkstätte – Pfähle mit einem Dach aus Brettern. Wir fragen die Schmiede, was sie verdienen.

»Mancher, zum Beispiel der Pedro da, macht zweitausend Pesos im Jahr. Aber auch wir verdienen mehr als die Baumwollarbeiter.«

»Werdet ihr nicht beneidet?«

»Am Anfang gab's Neid und Konflikte. Dann hat sich herausgestellt, wer für eine Arbeit geeignet ist und wer für eine andere. Übrigens haben wir mehr zu tun als die auf dem Feld. Schauen Sie her, was wir alles reparieren: Hufeisen, Machetes (das sind die Sicheln Mexikos), Pflugschare, Räder, Kessel, Drehscheiben für den Motorpflug, Traktoren. Wir sind sechs Schmiede für unseren Ejido.«

In einem mit Pferden bespannten Leiterwagen kommen einige Leute vom Feld, ihnen folgt auf einem Lastauto eine größere Gruppe. Es ist die Stunde des Schichtwechsels. Sie möchten wissen, was der unbekannte Besucher – vielleicht ein Wahlagitator? vielleicht ein Investigator der Regierung? – hier will. Alle sammel sich um uns.

»Nun, wie ist das Leben hier?«

»Wie soll's sein, schlecht ist es.«

»Schlecht? Die Baumwolle steht doch gut auf dem Feld, der Preis steht gut auf dem Markt.«

»Davon merken wir nicht viel. Wir kriegen anderthalb Pesos pro Tag, so oder so.«

»Das ist doch nur ein Vorschuß. Ihr verdient ja am Verkauf der Wolle.«

»Wenn's gutgeht. Aber das steht nur auf dem Papier.«

»Wieso nur auf dem Papier?«

»Wir haben Schulden vom ersten Jahr, von damals, als fast keine Ernte einkam. Wir zahlen dem Banco Ejidal ab, und der Banco Ejidal zahlt den Latifundistas ab.«

Sollte es also wahr sein, was uns die Licenciados und Politicos in der Hauptstadt gesagt hatten und was wir nicht glauben wollten: daß die Baumwollarbeiter durch die Aufteilung in Schuldknechtschaft geraten seien? Andererseits aber sehen die Leute, die uns da umstehen, nicht aus, wie sonst der Indio auf Feld und Landstraße aussieht. Nicht hohlwangig, nicht halbnackt. Die Leute, die uns da umstehen, gleichen eher dem Industriearbeiter in Europa.

»Ich war gestern in eurem Hospital in Torreón« sagen wir.

»Das Hospital«, sagt ein junger Bursche, »das ist ja ganz schön. Aber wer kann sich denn gleich ins Hospital legen, wenn ihn etwas schmerzt!«

»Wird denn nicht jeder aufgenommen, wenn er krank ist?«
»Und wer soll dann hier die Arbeit machen, wenn alle im Hospital sind?«
»Ich war noch nie im Hospital«, sagt eine ältere Frau in bösem Ton, als wäre das eine Anklage. – »Ich auch nicht, ich auch nicht«, rufen andere.
Wir lassen uns nicht entmutigen. »Die neuen Häuser an der Landstraße?«
»An der Landstraße, das ist es eben. An der Landstraße! Fahren Sie mal ein paar Kilometer nach Süden, Señor, da werden Sie etwas anderes sehen als Häuser. Da leben die Leute in Chozas oder in Höhlen.«
»Werden denn nicht mehr Häuser gebaut? Überall habe ich Bauplätze gesehen.«
»Wieviel werden denn gebaut?« höhnt der junge Anführer, »nicht einmal ein Viertel von uns hat eine Wohnung.«
– »Und wer eine Wohnung hat, hat keine Möbel«, ruft die Frau mit dem bösen Ton.
»Für alle gleichzeitig zu bauen würde wahrscheinlich viele Millionen Pesos kosten, allein in der Laguna.«
»Oh, der Banco Ejidal könnte das ganz leicht bezahlen. Der verdient Geld genug.«
»Verdient Geld genug, sagt ihr? Der Banco Ejidal ist doch eine staatliche Einrichtung, eine gemeinnützige.«
Gelächter. »Aber die Beamten sind keine staatliche Einrichtung, keine gemeinnützige. Die stecken mit den Latifundistas unter einer Decke, machen Geschäfte mit den Vertretern der Maschinenfabriken und mit den Baumwolleinkäufern.«
»Ich habe gehört, daß die Ejidalbank von solchen Beamten gesäubert wurde.«
»Ja, viele sind hinausgeflogen, aber es sind immer noch welche da.«
Unsere Argumente sind verausgabt. Oder haben wir nicht doch noch eines? Ein Argument, das zwar kein ökonomisches ist und nichts mit Baumwolle zu tun hat, aber mit der Zukunft und mit dem Fortschritt und vielleicht von dem jungen Wortführer nicht so ohne weiteres abgelehnt werden kann.
Wir wenden uns an ihn: »Und die Schulen, die neuen Schulen?«

Er zuckt die Achseln. »Unsere Kinder müssen bei der Arbeit helfen. Vor allem bei der Pflücke. Wie können sie da an regelmäßigem Schulunterricht teilnehmen? Und wir haben nicht genug Lehrer.«

Resigniert geben wir auf, wir können nicht mehr in unserem Optimismus verharren, können nur sagen: »Also war's früher besser . . .«

Da verstummt das Murren und Reden im Kreis zu einer Stille, die wie ein Aufschrei ist. Als erste findet die Frau mit dem bösen Ton ihre Sprache wieder. »Um der Liebe des Herrgotts willen«, ruft sie, »wie kann der Señor so etwas glauben!« Und alle fallen ein: »So haben wir's doch nicht gemeint, wie kann uns der Señor so mißverstehen!«

– »Früher waren wir schlimmer dran als der rote Wurm. Jetzt sind wir wenigstens Menschen, je besser die Ernte ist, desto mehr verdienen wir.«

»Wieso?« fragen wir. »Ihr kriegt anderthalb Pesos, so oder so.«

»Das ist ja nur der Vorschuß, Señor. Bei derAbrechnung kriegen wir viel mehr, das haben wir Ihnen doch gesagt, Señor.«

»Ihr habt aber hinzugefügt, das stehe nur auf dem Papier.«

»Ja natürlich, wir haben Schulden. Aber die stammen noch vom ersten Jahr, von damals, als fast keine Ernte einkam, das haben wir Ihnen doch ausdrücklich gesagt, Señor.« – »Unser Hospital allein«, sagt die Frau mit dem bösen Ton, »macht uns schon zu Menschen. Früher konnte man nicht zum Arzt gehen; wer hatte Zeit und Geld dazu? Meine Mutter hat mich in den Stauden geboren, und mein Mann ist in den Stauden an Blutsturz gestorben. Jetzt gehen wir einfach ins Hospital!«

»Aber wer macht denn die Arbeit, wenn alle im Hospital sind?«

»Es sind ja nicht alle gleichzeitig krank, Señor. Und mit Zahnschmerzen zum Beispiel fährt man erst nach Feierabend auf die Poliklinik. Außerdem kommen regelmäßig Ärzte von der Campaña Sanitaria zu uns heraus.« – »Und unsere Häuser?« ruft einer, »haben Sie denn nicht an der Landstraße die neuen Häuser gesehen, Señor?«

»An der Landstraße, ja«, provozieren wir, »an der Landstraße

sieht man schöne Häuser. Aber ein paar Kilometer südlich wohnen die Leute noch in Chozas oder in Höhlen.«
»Werden denn nicht überall neue Häuser gebaut?« sagt einer vorwurfsvoll. »Schon ein Viertel von uns hat eigene Wohnungen.«
Wir: »Ein Viertel. Ist denn das so viel?«
Sie: »Nicht viel? Früher hat kein Landarbeiter eine Wohnung gehabt, bedenken Sie das, Señor.« – »Für alle Laguneros gleichzeitig Häuser zu bauen würde sechzig Millionen Pesos kosten. Der Staat kann doch nicht in jedem Bezirk sechzig Millionen nur für Häuser ausgeben.«
»Und der Banco Ejidal?«
»Der Banco Ejidal hat kein Geld dafür. Er bevorschußt die Ernte und tätigt die Baumwollverkäufe. Für sich darf die Bank nichts verdienen.«
»Aber die Beamten?«
»Gewiß, es gibt immer noch welche, die für sich Geschäfte machen. Aber das hat doch nichts mit dem Bau von Häusern zu tun.« – »Haben Sie schon das Estadio gesehen, Señor, unseren Béisbolplatz?« ruft die Frau mit dem bösen Ton, sie ruft es, als hätte sie ihr ganzes Leben lang nur Baseball gespielt und als ob ihr nirgendwo ein Home-run so gut gelänge wie auf ihrem Estadio. »Kommen Sie, Señor, ich zeige Ihnen unseren Béisbolplatz.«
Der junge Mann wendet sich an uns und spricht langsam. Er hat ein Argument, das zwar kein ökonomisches ist und nichts mit Baumwolle zu tun hat, aber mit der Zukunft und dem Fortschritt und vielleicht von uns nicht ohne weiteres abgelehnt werden kann: »Wir haben doch jetzt Schulen.«
»Nun ja«, geben wir zurück, »aber eure Kinder müssen doch beim Pflücken helfen, wie können sie da die Schule besuchen? Auch habt ihr nicht genug Lehrer.«
»Ja, es ist schlimm, daß die Kinder in der Zeit der Pflücke helfen müssen. Das ist vorläufig nicht zu ändern, weil immer weniger Saisonarbeiter zu uns kommen, alle gehen nach den Vereinigten Staaten als Braceros. Aber schließlich verlieren die Kinder nur zwei bis drei Monate. Früher gab's weit und breit überhaupt keine Schule. Und die Lehrer kommen nach und nach.«
»Also ist es besser als früher?«

Wer da glaubt, daß sie freudig bejahen würden, kennt den Bauern nicht. »Ach Gott«, antworten sie achselzuckend, »gut ist es nicht.«

Wir fürchten, das Gespräch könnte von neuem beginnen, und verabschieden uns. Achtundzwanzig Stunden lang genießen wir die Heimfahrt nach Mexiko-Stadt in vollen Zügen, will heißen: in vollen Eisenbahnzügen. In Mexiko kommen wir wieder mit den Licenciados und Politicos zusammen und erzählen ihnen, was wir in der Comarca Laguna gesehen und gehört, von den neuen Maschinen, Häusern, Schulen, berichten davon, daß es besser ist als in anderen Bezirken, die wir kennen.

»Wie naiv Sie sind! Sie kennen Mexiko nicht. Man zeigt den Besuchern nur das, was eigens für sie hergestellt wurde«, sagen die Licenciados und Politicos.

»Aber wir haben doch mit mehr als hundert Ejidatarios gesprochen, und jeder hat uns bestätigt, daß es ihnen heute unvergleichlich besser geht als früher!«

Die Licenciados und Politicos lächeln ironisch. »Die Leute sind gut gedrillt. Sie erzählen den Besuchern nur, was den Gewerkschaften in ihren Kram paßt. Wehe denen, die etwas anderes sagen! Und Sie, Señor, Sie sind darauf hereingefallen.«

Das müssen wir doch schon einmal gehört haben?

Maximilian von Habsburg und Karl Marx

Zum erhöhten Ostrand der Stadt Querétaro kehrt die Muse der Geschichte immer wieder zurück, hartnäckig, aus den verschiedenartigsten Anlässen. Dieser ihr Stammplatz ist höchstens ein Quadratkilometer groß, eine Kirche mit Kloster und Kirchhof, eine kleine Parkanlage und ein Markt mit einem Monument haben gerade noch darauf Raum.

Das erstemal fand sich die geschriebene Geschichte am 24. Juli 1531 auf diesem Quadratkilometer ein, und zwar in Gestalt des bekehrten Indios Tapia, der in der Taufe den Vornamen Fernando und als Taufgeschenk ein spanisches Offizierspatent erhalten hatte. Er kam mit einem Heerbann gleichfalls christianisierter Indios herangezogen, um die Stadt für König Karl V. zu erobern. Sie hieß damals noch nicht Querétaro, sondern Taxco, was soviel wie »Ballspielplatz« besagt und darauf hindeutet, daß die Bewohner sportliebend waren. Das erwies sich alsbald.

Fernando de Tapia schickte dem Kaziken der Stadt die Aufforderung, sich zu ergeben. Der wußte, daß die Pfeile und Speere seiner Otomi-Indianer wirkungslos an den spanischen Panzern abprallen, daß die Lehmmauern den Kanonen nicht standhalten würden, und er wußte auch, daß bisher keine Ortschaft Mexikos ihrer Eroberung entgangen war. Deshalb machte er einen sportlichen Gegenvorschlag: die beiden Heere mögen zum Faustkampf antreten, waffenlos, Mann gegen Mann, und der siegreichen Mannschaft solle als Preis die Stadt zufallen.

Der Feind nahm die Herausforderung an, und als Ring wurde der flache Hügel Sangremal bestimmt, eben jener Quadratkilometer am Ostrand der Stadt, von dem wir oben sprachen. Am nächsten Tag begann bei Morganabruch das große Boxen, und erst als die Sonne unterging, wurde die letzte Runde geschlagen. Die Söldner Spaniens stiegen siegreich aus den Seilen (sofern solche gespannt waren). Hätten die ausgeknockten Querétarenser gewußt, welches Schicksal ihnen bevorstand, so hätten sie an der Seite des Siegers kaum so heiter getanzt, gesungen und musiziert.

An der Stelle dieses Massenboxmatchs ward zuerst ein Kreuz aufgerichtet, dann ein Taufaltar und schließlich um diesen herum eine Kirche, der Templo de la Cruz, mitsamt einem Kloster.

Aber Klio ließ sich nicht irreführen und kam immer wieder auf diesen Ort zurück. Den Spaniern, die die Stadt im Faustkampf gewonnen hatten, ging gerade von hier aus nicht nur die Stadt wieder verloren, sondern auch das ganze riesige Reich Mexiko.

Inmitten des kleinen Klosterfriedhofs, der einen Teil unseres Quadratkilometers ausmacht, steht auf hohem Sockel ein steingemeißelter Sarkophag. Darin liegt die femme venerée der mexikanischen Unabhängigkeitsbewegung, die Corregidora Josefa Ortiz de Domínguez.

Sie war die Gattin des Bürgermeisters von Querétaro, aber ihre Stellung als erste Dame der Stadt konnte ihren Freiheitssinn nicht bändigen, solange ihr Land in spanische Stiefel gespannt war. Sie konspirierte mit den Patrioten ihrer Heimatstadt Querétaro, mit denen der Garnisonstadt San Miguel el Grande (heute San Miguel de Allende) und mit dem Pfarrer des Dorfes Dolores (heute Dolores de Hidalgo). Die Vorbereitungen zum Aufstand waren noch nicht vollendet, erst in drei Wochen sollte losgeschlagen werden. Da, am 15. September 1810, erfuhren der Corregidor und seine Frau, daß die Verschwörung entdeckt und der Befehl gegeben sei, bei Morgengrauen die Beteiligten zu verhaften.

Zwar sympathisierte auch der Corregidor mit den Revolutionären, aber noch mehr liebte er seine Frau. Er fürchtete, sie werde versuchen, ihre Freunde zu warnen, und sich dadurch selbst an den Galgen bringen. Deshalb ließ er sie im ersten Stock des Stadthauses einsperren und nahm alle Schlüssel an sich. Wie schlecht kannte er seine Frau!

Die Gefangene dachte nicht daran, sich zu retten und ihre Genossen zugrunde gehen zu lassen. Sie klopfte so lange auf den Fußboden, bis der Gefängniswärter Ignacio Pérez aufmerksam wurde, heraufkam und durch das Schlüsselloch seine verhaftete Herrin fragte, was sie befehle. Sie befehle, antwortete sie durchs Schlüsselloch, daß er, Ignacio Pérez, sofort nach San Miguel el

Grande reite und dem Kapitän Allende bestelle: »Alles verraten!« Wie vierzig Jahre vorher Paul Revere von Boston nach Lexington, wie zwanzig Jahre vorher der Postmeister Drouet von Ste. Menehould nach Varennes geritten waren, um die Revolution ihres Landes zu retten, so galoppierte nun Ignacio Pérez durch Nacht und Nebel. Er überbrachte die Botschaft, der Priester Hidalgo läutete die kleine Glocke der kleinen Kirche seines kleinen Dorfes, der Kapitän Allende und die anderen Offiziere von San Miguel ließen ihre Truppen antreten, und der Kampf um die Unabhängigkeit Mexikos begann . . .

Die Corregidora ist eingeschreint im Herzen Mexikos, ihr Bildnis ist auf Münzen geprägt und auf Briefmarken gedruckt, und viele Denkmäler sind ihr errichtet. Aber das eigentümlichste ist in der Stadt Querétaro, ein Obelisk, der ein überlebensgroßes Schlüsselloch trägt, Denkmal des Schlüssellochs, durch das die revolutionäre Frau das Signal zum Aufflammen der Freiheit flüsterte.

Hier auf dem Quadratkilometer liegt die Corregidora im steinernen Sarkophag. Zuerst hatte die Hauptstadt ihre Gebeine besessen, jedoch Querétaro bestand darauf, seine berühmteste Mitbürgerin bei sich zu haben. Querétaro bekam sie und gleichzeitig die Gebeine ihres Gatten, der die entscheidende Botschaft zu verhindern versucht hatte.

Auf dem unregelmäßig-dreieckigen Winkel zwischen Friedhofsmauer und Landstraße wurde ein Park angelegt, sein Boden ist kein grüner Rasen, sondern roter Sand und Kiesel. Statt Blumen wachsen hier auschließlich Kakteen, strauchförmige, baumförmige, kugelförmige, schlangenförmige, orgelpfeifenförmige, je eine Sorte auf je einem Beet. Zur Zeit der Blüte tragen die Schlangenkakteen silberne Krönlein wie die Schlangenkönigin im Märchen, die Glieder des Nopals sehen wie Malerpaletten aus, und aus dem Orgelkaktus blühen goldene Notenköpfe auf, als hätten Orgeltöne Gestalt gewonnen.

Das Kloster ist geschlossen; wenn man es sich öffnen lassen will, muß man beträchtliche Zeit mit Suchen und Warten verbringen. Schließlich hallt der Schritt des Besuchers durch abbröckelnde Korridore und ein verfallenes Refektorium. Nachdem in Mexiko die Klöster aufgehoben wurden, beherbergte der Bau zunächst eine Schule und nachher Soldaten. Wir wollen hoffen, daß die Zeichnungen und Schriften an den Wänden nicht aus der Schulzeit, sondern aus der Kasernenzeit stammen; unzählbare Frauen mit Namen und Adressen sind hier als Huren verflucht, wahrscheinlich, weil sie sich dem Fluchenden gegenüber nicht als solche erwiesen.

Im Klosterhof lagert Gerümpel und Schutt, dicht umwuchert von stachligem Unkraut. Dazwischen eine zertrümmerte Statue. Sie fiel Anno 1867 von einer Kugel, die Maximilian galt, dem österreichischen Erzherzog, der nach Mexiko gekommen war, um hier mehr als ein Erzherzog zu sein, ein Kaiser. Als seine Haupt- und Residenzstadt von den republikanischen Truppen des Benito Juárez bedroht war, übersiedelte er nach Querétaro.

Wie uns der greise Antonio Ramírez heute früh in seiner Apotheke auf dem Marktplatz so genau schilderte, als hätte er das gestern abend und nicht vor mehr als siebzig Jahren erlebt, kam Maximilian allabendlich um acht Uhr ganz allein auf die heutige Plaza de la Independencia. »Wir Kinder schlichen hinter ihm her, war er doch der Emperador und trug einen langen goldenen Bart, wie es ihn bei uns zu Lande nicht gibt. Unruhig ging er die Plaza ab und im Kreis um das Beet. Seine Hände hielt er auf dem Rücken verschränkt, und die Finger bewegten sich ununterbrochen, was uns Kindern hinter ihm teils komisch, teils aufregend geheimnisvoll vorkam.

Eines Morgens bezog die republikanische Artillerie Stellung auf den Hügelkämmen vor der Stadt, aber zu unserer, der Kinder, großen Enttäuschung fiel den ganzen hellen Tag über kein Schuß. Erst am Abend um acht Uhr begann das Feuer mit einer erschreckenden Salve wie aus hundert Kanonen. Es richtete sich auf die kleine Plaza, wo die Schützen den Emperador vermuteten. Aber die Salve traf ihn nicht, sie traf bloß die Statue in der Mitte des Beets, schlug ihr den Kopf ab und die Beine. Der steinerne Mann lag nun im Rasen, und tagelang umstanden wir ihn und glotzten seinen verstümmelten Körper an. Später wurde er weggeschafft, ich glaube, er liegt noch im Hof des Monasterio.«

In der Tat, da liegt er, der Mann, der einen ihm nicht zugedachten Schuß empfing. Er hieß Marqués de la Villa del Villar del Aguila und hatte die Stadt Querétaro, die er bewohnte und liebte, vom Wassermangel befreit; vom Jahre 1726 bis zum Jahre 1735 dauerte der Bau des Aquädukts, zu dem der Marqués 88 000 Pesos aus eigener Tasche beisteuerte, ein weißer Rabe unter seinen spanischen Standesgenossen in der Kolonie.

Von unserem Quadratkilometer blicken wir aufs Tal hinab, durch das der Aquädukt unversehrt und auf hochgestreckten Beinen der durstenden Stadt entgegenschreitet.

Zu ebener Erde des Klosters ist eine leere Halle, noch verfallener als die übrigen Räume. Das war einmal ein Stall oder eine Remise. Ein vier Meter breiter Torbogen ließ die Wagen ins Freie hinaus. Aus Holzbohlen, die mit Eisenklammern verstärkt sind, ist die Türe.

Durch diese Stalltüre schlängelte sich, geführt vom Verrat, am 15. Mai 1867 die Weltgeschichte in den Klosterbau. Das Kloster de la Cruz war jetzt eine strategische Schlüsselstellung und eine Festung, darin die Truppen Maximilians unter dem Kommando des Obersten Miguel López lagerten.

Miguel López verriet. Nicht weil er etwa seinen ausländisch-kaiserlichen Kriegsherrn gehaßt hätte, verriet er. Nicht weil er dessen inländisch-republikanischen Gegner geliebt hätte, verriet er. Sondern er verriet, weil er ein Verräter schlechthin war. Als Verräter wird er auch von den Mexikanern betrachtet.

Durch die Stalltüre des Klosters ließ er die republikanischen Truppen ein, die Kaiserlichen wurden überrumpelt, Querétaro eingenommen, und der Wiener Kaiser von Mexiko mußte sich ergeben.

Im ersten Stock ist die Klosterzelle zu sehen, die Maximilian als Gefängniszelle diente von dieser Nacht an. Schlafen hätte er nicht können, auch wenn es seine Gedanken zugelassen hätten. Arbeiter waren im Raum, um die Seitentür ganz zu vermauern und das Fenster bis zur halben Höhe.

Einem meiner Vorfahren, denkt Maximilian, während die Maurer Ziegel aufschichten, einem meiner Vorfahren, dessen Namen ich trage, ist einmal durch ein Wunder ein Ausweg aus der Ausweglosigkeit gewiesen worden. »Kaiser Maximilian auf der Martinswand« heißt die Lesebuchgeschichte. Mich, Maximilian

den Nachfahr, wird niemand von meiner Martinswand erretten. Mir bringt der Anfangsbuchstabe meines Namens kein Glück. Meine Misere begann mit Miramare; dort nahm ich die Berufung nach Mexiko an. In Mexiko standen nur wenige Männer zu mir in meinem Mißgeschick. Die Generale Miramón und Mejía sitzen in der Nebenzelle, dem Tod geweiht wie ich.
Der Ehrgeiz meiner Mutter, ihre Söhne auf Thronen zu sehen! Bei meinem Bruder Franz Joseph war es ihr wohl geglückt, aber Heimat ist nicht Fremde, Österreich nicht Mexiko, mein geistesschwacher Onkel Ferdinand nicht Benito Juárez. Einen Benito Juárez kann eine »Erzherzogin-Kamarilla« nicht beiseite schieben.
Und die Madame Montijo, Majestät der Franzosen. Sie läßt mich hier im Stich, nachdem sie und ihr Mann mich in mein Malheur hineinmanövriert haben. Der Neffe Napoleons macht den Habsburger zum Kaiser! Welch eine Ironie! Kein Tropfen vom Blut der Bonapartes rollt in ihm, er ist der Sohn des bürgerlichen Herrn Verhuel mit Hortense Beauharnais, wie jedermann weiß.
Noch einen zweiten, ebenso legitimen Sohn hatte sie. Mit ihrem Stallmeister. Dieser Sohn ist das ärgste M, der Miserabelste der Miserablen, Monsieur Morny, Minister und Kammerpräsident von Frankreich, in Wirklichkeit aber Geschäftemacher, Spieler und Abenteurer. Er hat sich mit mexikanischen Staatsanleihen bestechen lassen. Und um sie einzutreiben, hat er den Krieg entfesselt.
Staatsanleihen! Ich wußte nicht, welch ein Betrug dahintersteckt. Erst vor ein paar Tagen bekam ich ein Konvolut von Zeitungsartikeln aus der Wiener Presse. Sie sind aus der Zeit, da die Intervention in Mexiko nur ein Projekt war und ich noch nicht einmal im Traum daran dachte, daß ich damit etwas zu tun haben werde. Der Verfasser der Artikel hatte schon damals die Männer und die Machinationen durchschaut, denen ich nun zum Opfer falle: Napoleon den Kleinen, die Mexikaner Marquez und Mendez, die Franzosen Morny und Mirès.
Miramón, jetzt mein Leidensgenosse und Zellennachbar, hat damals eigenmächtig die Staatsschuld aufgenommen. Er quittierte zweiundfünfzig Millionen Dollars und bekam – ungefähr

vier Millionen. Das saubere Geschäft führte ein Bankier in Mexiko durch, der Schweizer Jecker. Er ließ Schuldscheine auf die vollen zweiundfünfzig Millionen vom Schwindelbankier Mirès in Paris emittieren, und Monsieur Mirès hat seinerseits den Monsieur Morny mit dreißig Prozent beteiligt. Deshalb werden Kriege geführt! Um Profite zu machen, kann ein Jecker Tausende sterben lassen und bleibt im Hintergrund.

Der Mann, der die Artikel in der Wiener Presse schrieb, wußte die Ziffern, die ich erst hier erfuhr, schon vor fünf Jahren. Ein merkwürdiger Mann, er sieht hinter der großen Politik hauptsächlich pekuniäre Dinge, urteilt und prophezeit danach. Und er hat richtig prophezeit. Sogar von diesem Querétaro schrieb er als von dem letzten Schlupfwinkel, wo sich die Reaktion mit Hilfe Mejías und einheimischer Banden in den Bergen noch zu halten vermag. Als der Mann das schrieb, wußte ich nicht einmal, daß es einen Ort namens Querétaro gäbe und einen Mexikaner namens Mejía. Jetzt liege ich in jenem Querétaro neben jenem Mejía in einer Gruft, die man um mich herum zumauert.

Man würde glauben, daß der Verfasser dieser Artikel ein internationaler Finanzmann ist. Aber er soll ein Sozialist sein, ich glaub das nicht. Karl Marx heißt er; solche Ratgeber hätte ich gebraucht. Nun ist es zu spät.

Ich werde hingerichtet werden. Ich habe ja selbst mein Todesurteil unterschrieben: das Dekret, das jeden mexikanischen Republikaner zum Tod verurteilt. Damit habe ich den Präsidenten und sein Volk verurteilt. Damit habe ich die Offiziere und Soldaten von Juárez der Hinrichtung ausgeliefert. Jetzt werden sie mit mir das gleiche tun.

Diese Konjunkturritter in Paris – die Napoleoniden, wie sie sich nennen – haben mich fallenlassen, der ich wirklich ein Enkel Bonapartes bin. Das wissen freilich wenige. Der Herzog von Reichstadt hatte meine Mutter geliebt, und ich bin der einzige Sohn des einzigen Sohns von Napoleon. Nicht zufällig hat sie mir das Bild mitgegeben, auf dem sie mit Napoleons Sohn gemalt ist, und mir gesagt, daß ihre Korrespondenz mit ihm im Schloß Buschtiehrad liegt. Aber ich bin kein Erbe von Napoleons Kraft. Ich bin selbst schuld an meinem Schicksal, ich bin mein eigenes M. Ich bin nur Mittelmaß.

Ich bin schuld, und vielleicht ist meine Carlota mitschuldig. Nein, um Gottes willen, nein, das ist nicht wahr, ich will das nicht einmal hier aussprechen, wo mich niemand hört, nicht einmal in dieser Gruft, in die man mich eben einmauert. Ich will nicht daran denken, was höfische Nattern mir ins Ohr zischten, daß Carlota mich betrogen habe, daß sie sich Mutter fühlte und hauptsächlich deshalb nach Europa abfuhr. Auch der Doktor Basch wollte mir das vielleicht sagen, als er, verstört, mich um die Erlaubnis bat, mir eine Privatsache über Ihre Majestät vorbringen zu dürfen. Ich hieß ihn schweigen.
Und wäre es auch wahr, bin nicht ich der Schuldige? Hätte ich nicht wissen müssen, daß man eine junge Frau nicht heiraten darf, wenn man ihr nur psychische Liebe zu bieten vermag? Durfte ich als Monarch in ein Land kommen, wenn ich keine Dynastie schaffen und keine Erbfolge beginnen konnte? Der Wiener Hof wußte, daß ich es nicht kann, und in Mexiko erfuhr man es, als ich den Knaben Iturbide an Kindes Statt annahm, einen Leibeserben, einen legitimen Kronprinzen – adoptierte.
In Maximilians zweitem Kerker, im Kloster Las Teresitas, dient seine Zelle als Knoblauchmagazin, die Zwiebeln liegen darin meterhoch aufgeschichtet, und wer dieses Plateau besteigen wollte, würde vom Duft in die Flucht geschlagen.
Auch seine dritte und letzte Kerkerzelle fand Maximilian in einem Kloster, in dem der Kapuziner. Vom Kapuzinerkloster kam er in die Kapuzinergruft, von Querétaro nach Wien.
Auf diesem Wege lag sein Tod. Als er vor die Stadt Querétaro auf den Glockenhügel geführt wurde, wußte er nicht, was sich in Europa begab. Seine Carlota sei in Europa gestorben, hatte man ihm erzählt; um ihm den eigenen Tod leichter zu machen.
Manet hat die Füsilierung des Kaisers von Mexiko gemalt, in Wirklichkeit sah sie anders aus. Maximilian stand an jenem 19. Juli 1867 nicht zwischen seinen Generalen Miramón und Mejía, er hatte Miramón den Mittelplatz eingeräumt. Maximilian trug keinen Hut, geschweige denn einen Sombrero, das Peloton war kein nonchalant dastehendes Soldatenhäuflein, sondern ein formiertes Bataillon der Infanterie von Nuevo León; keine Mauer war da und keine Bäume im Hintergrund.

Kaum vier Jahre dauerte es, bis alle, die Maximilian im Kerker von Querétaro verflucht hatte, vom Schicksal ereilt wurden. Die Pariser Kommune machte reinen Tisch. Selbst Jecker, den man gar nicht gesucht hatte, entging seiner Strafe nicht. Als ein Monsieur Icre in Paris um einen Paß ansuchte, stellte sich heraus, daß er nicht so heiße; man forschte nach seinem Vorleben und erfuhr, daß er Jecker sei. Am 26. Mai 1871 wurde er von einem Peloton in den Schanzgraben der damaligen Rue de Puebla (heute Rue des Pyrenées) geführt und erlitt dort den Tod auf die gleiche Weise wie vier Jahre vorher sein Opfer Maximilian.

Das Haus Habsburg hat in Querétaro an der Todesstelle Maximilians eine kalte, geschmacklose Grabkapelle erbauen lassen, wie sie sich zu Hunderten auf jedem Friedhof finden. Die Inschrift spricht nicht von Kaiser Maximilian, sondern vom »Erzherzog Ferdinand Maximilian«, weil die Mexikaner seinen Kaisertitel nicht anerkennen. Im Innern der Kapelle hängen vergilbte Photos von Maximilians Hofstaat. Unter dem Bild der Ehrendame Josefa Velardo wird rühmend vermerkt, daß sie von Nezahualcoyotl abstammt, dem König von Texcoco, während unter dem Photo des Leibarztes Dr. Samuel Basch die ebenso unwichtige Tatsache nicht erwähnt ist, daß er mein Großonkel war.

Seine Biographie hat ein anderer meiner Onkel geschrieben, Professor Heinrich E. Kisch, in dem seinerzeit viel gelesenen Buch »Erlebtes und Erstrebtes«. Als Onkel Sami Basch, sagenumwittert, meinen Brüdern und mir von Mexiko erzählte, lauschten wir scheu und erregt, wir fühlten die Weltgeschichte durch unser Speisezimmer rauschen. Die Erzählung der Szene, wie Onkel Sami zum Kaiser von der Kaiserin sprechen wollte und ihm Schweigen geboten wurde, war mehr an unsere Eltern als an uns gerichtet, und wir verstanden nicht, um was es sich handelte. Dennoch machte sie großen Eindruck auf uns, und ein halbes Jahrhundert später, an der Todesstätte Maximilians, steht sie mir noch klar vor Augen.

So viele kriegerische Ereignisse sich auf dem Quardratkilometer in Querétaro abgespielt haben – keinem Feldherrn und keinem Kaiser gilt das Denkmal auf dem Marktplatz vor dem Kloster de la Cruz. Es stellt Venustiano Carranza dar, den Präsidenten, der die in Querétaro beschlossene Verfassung in Querétaro sanktioniert hat. Gegen Venustiano Carranza ist politisch und menschlich sehr vieles einzuwenden, nichts aber gegen die Verfassung, und so gilt das Denkmal mehr ihr als ihm. In dieser Konstitution ist das Recht der Nation auf ihre Bodenschätze festgelegt, das Eigentumsrecht der Bauern auf den von ihnen bebauten Boden (Landaufteilung) und der Anspruch der Arbeiter auf den Achtstundentag, auf Mindestlohn, auf Streik und auf Zusammenschluß in Gewerkschaften.

Venustiano Carranza selbst hat sich an diese Verfassung nicht gehalten, und seine Vertrauensleute zogen aus der Umgehung der Verfassung so viel Profit, daß man aus dem Hauptwort »Korruption« die Verbalform »carrancear« bildete.

Aber Carranzas Verfassung besteht noch heute zu Recht, seine Nachfolger im Präsidentenamt haben sich an sie gehalten, und viele Paragraphen wurden durchgeführt.

Vergeßt die Verfassung von Querétaro nicht, scheint das Monument von Querétaro zu sagen, dann wird die Zukunft des Landes Mexiko friedlicher sein als die Vergangenheit, die sich im Mikrokosmos dieses Quadratkilometers bewegt hat.

Landschaft, geschaffen um des Silbers willen

Bin ich in einer chinesischen Landschaft? In einem von Jules Verne erdachten Land im Innern der Erde? Bei der Wasserpantomime eines kosmischen Zirkus? Alles, was ich sehe, ist unbegreiflich und wird noch unbegreiflicher, da ich zu begreifen beginne.

Hier ist ein See, ein großer See. Brücken schwingen sich von einigen Stellen seines Wassers zu anderen Stellen seines Wassers. Anscheinend sind diese Brücken nur zu dem Zweck errichtet, sich zu kreuzen und zu queren. In regelmäßigen Abständen, wie aus ornamentalen Gründen angeordnet, schäumen und sprudeln und strudeln Gischte auf dem Wasserspiegel, der im übrigen glatt ist. Über jedem dieser Gischte kreist ein runder Käfig, in dem Affen oder Papageien zu schaukeln scheinen.

Das Ufer geht auf allen Seiten unvermittelt, ohne Rand, ganz steil und hoch nach oben wie bei einem Kratersee. Auf den fast senkrechten Hängen stehen Hütten, und von unten, vom Ufer, ragen Schlote, denen Gase entfahren, über die höchstgelegenen Hütten hinaus.

Ich bin in der Zyanisierungsanlage von Real del Monte, und ich weiß nur, daß die Erze, die dieser mir sinnlosen Landschaft wohl einen Sinn geben müssen, auf dem gleichen Weg hierherkamen wie ich.

Dieser mein Weg hat mit dem ersten Spaziergang durch die Stadt begonnen. Die Naturschätze des Gebiets von Pachuca haben die Schicksale von Völkern und Kontinenten beeinflußt, und doch ist die Stadt armselig, nicht zu vergleichen mit anderen in Mexiko. Kein Palacio, keine Avenida, kein Park, kein anständiges Trinkwasser. Schlecht und spärlich ist die Pflasterung, rings um das Weichbild verpesten die Abwässer der Bergwerksanlagen die Luft. Schön ist nur die Lage der Stadt, aber was diese Schönheit ausmacht, die Häuser auf den Bergeshängen rings um das Tal, erweist sich in der Nähe als Stätte trostlosen Elends.

Ich kletterte den Förderturm der Grube Loreto hinauf, wollte durch die Rundsicht meine Eindrücke aus der Stadt ordnen. Ich erkannte die Höfe wieder, die ausgedienten Anreicherungsanlagen, Haciendas de Beneficio, in denen Maultiere sich im Kreis bewegt hatten vom sechzehnten Jahrhundert bis zum zwanzigsten, Tag für Tag und Nacht für Nacht, Jahr um Jahr, um das Silbererz zu zerbrechen und mit Quecksilber zu vermengen. Sorgsam wurde das Silber geborgen, achtlos das Quecksilber weggeschwemmt. Ringsumher gibt es Ackerböden, die getränkt sind mit Quecksilber und vielleicht reicher als die Silbergruben. Aber niemand kümmert sich darum.

Vom Förderturm aus sah ich in das alte massive Haus hinein, wo die Bergwerksgesellschaft Real del Monte ihre Logiergäste unterbringt, neu eintreffende Ingenieure oder inspizierende Beamte. Nicht weit davon: die Ställe für die Pferde, die ganze Wälder nach Pachuca schleifen, damit sie hier unter der Erde als Verstützung enden. Drüben sind die »Cajas«, die Bürogebäude der Kompanie. Dort die Kooperative der Arbeiter. Am Rand der Stadt liegt die Maestranza, Reparaturwerkstätte und Einkaufsstelle für das Werk. Eingekauft werden Maschinen, Sprengstoffe, Chemikalien, Holz.

Zur Maestranza gehört der »Bone Yard«. Da alles in der Gesellschaft, außer den Arbeitern, amerikanisch ist, heißt es »Bone Yard« und nicht Gebeinhaus. Rostig und verbeult liegt darin die Geschichte des Bergbaus: Hacken und Beile, Handbohrer, Drehbohrer, Revolverbohrer und elektrische Bohrapparate, Steinbrecher, Pochwerke, Kugelmühlen und so fort, Epochen einer Technologie, die sich nur um Zerhacken und Zerbohren und Zerkleinern dreht, sich modernisierte, aber im Grund die gleiche blieb.

In einer der verlassenen Haciendas ward eine anglikanische Betstube eingerichtet für die Cornwalliser Bergleute, die im vorigen Jahrhundert hier tätig waren, auf der anderen Seite ein Freimaurertempel für die Amerikaner, die jetzt hier tätig sind. Hinter Real del Monte buckelt sich ein Hügel, dessen Gipfel noch grün ist. Oben liegt der Friedhof der Protestanten und der Freimaurer, eine Krone, geschmiedet aus Steineiche und Nadelbaum. Immer waren die Ingenieure und Vorarbeiter Ausländer. Zuerst kamen sie vom Erzgebirge her, aus den sächsischen und böhmischen Bergwerken aus Kuttenberg, Příbram, Zinnwald,

Joachimsthal und Freiberg, aus den Ketzerländern der Hussiten und Lutheraner, weshalb ihre Namen in den Inquisitionsakten immer wiederkehren.

Drüben im Westen, schon im Nachbarstaat, auf dem Marktplatz von Sultepec, steht seit 1733 ein Bergmann als Brunnenfigur – sicherlich das älteste proletarische Monument auf dieser Hemisphäre. Der alte Kumpel, der übrigens ein junger Kumpel ist, steht da mit aufgekrempelten Ärmeln und in hohen Stiefeln, wie sie niemals ein Indio trug. Den Hammer hält er geschultert, den langen Meißel fest in der Linken. Mit seiner breiten Nase und seinen Locken erinnert er mich an einen Jugendgenossen aus Kladno, der von Hitlers Gestapo hingerichtet wurde, und immer, wenn ich durch Sultepec komme, grüße ich ihn mit »Zdar buh«, dem böhmischen Bergmannsgruß.

Von meinem Aussichtspunkt konnte ich weit übers Land schauen, auf Fördertürme anderer Gruben: die »Veta Vizcaína«, über die Humboldt so viel des Lobes sagte, daß sich die ehrwürdige Londoner City in abenteuerliche Spekulationen stürzte; die »Purísima Grande«, wo Bartolomeo de Medina seine ersten Experimente mit dem Patio-Verfahren begann; die »Santa Gertrudis«, die 1879 fallierte, für dreitausend Pesos verkauft wurde und aus der die neuen Besitzer binnen dreizehn Jahren fünfundzwanzig Millionen Pesos scheffelten.

Ich stieg von der Höhe des Förderturms zur Erdoberfläche hinab und ging zum Schacht. In einem Sturz, schneller als die Schwerkraft, fiel ich dem Mittelpunkt der Erde entgegen. Dann schritt ich stahlhelmbewehrt die Stollen ab, wobei ich mich an die Beschreibung der Silberhütte in Heinrich Heines »Harzreise« erinnerte. Ich traf kein Idyll an. Kein Zitherspiel hallte von den Silberwänden wider, im Stollen wird kein Tisch gezeigt, an dem ein leutseliger Herzog inmitten getreuer Bergknappen zechte, hier hausen keine Heinzelmännchen, und selbst einem Heine käme hier kein zärtlicher Gedanke an des Bergmanns Töchterlein.

Nur die Altäre in den Nischen der Wände, bestrahlt, papierblumengeschmückt und groß wie Kapellen, könnten den, der es wollte, zu romantischen Gedanken bewegen. Neben den Heiligenbildern brennen geweihte Kerzen – solange die Kerze am

Stolleneingang brennt, kann dem Spender vor Ort nichts geschehen, ein sicheres Glückauf ist ihm verbürgt.

Früher sei das Kerzengeschäft besser gegangen, klagte mir eine Verkäuferin auf dem Weg zur Grube, »die Männer verlassen sich heutzutage mehr auf die Gewerkschaft als auf die Jungfrau von Guadalupe«. Damit schien die Kerzenfrau aussagen zu wollen, daß das sehr dumm von den Männern sei. Denn die Gewerkschaft mag für Arbeitsschutz, für Gasmasken gegen Silikosis und für Verkürzung der Arbeitszeit sorgen, aber ist sie denn allmächtig? Sie richtet ja nicht einmal gegen das Labor Department der Gesellschaft viel aus, das durch gewiegte Juristen, Arbeitsrechtler und andere Mittel mit den Vertretern der Gewerkschaft die Verhandlungen führt.

Ich tappte, Grubenlampe am Bauch, Helm auf dem Schädel, Bleistift in der Hand, vierhundert Meter unterhalb des Tageslichts durch die Irrgänge. Ich suchte nach dem Neuen in diesem alten Werk. Gewiß, die Kompressoren hatten noch nicht geratttert, als hier Chichimeken und Tolteken nach Silber gruben. Die Dynamitschüsse hatten noch nicht gedröhnt in Cortez' Tagen. Unter dem Regime der Grafen de Regla brauste noch nicht alle fünfundfünfzig Sekunden ein Zug heran mit Kippwagen, die ihre Flanken öffnen und einen Darminhalt von fünfeinhalb Tonnen ausschütten, mit einem Getöse, als zerbräche die Erdkugel und als krachten ihre Trümmer gleichzeitig in die kosmische Tiefe.

Die Leitungskabel, die, geladen mit fünfzig Volt, gefährlich knapp über den Köpfen verlaufen, gab's noch nicht, als der Freiberger Bergassessor Humboldt hier einfuhr, und keine elektrischen Signale leuchteten damals auf. Auch bohrte sich der Förderschacht noch nicht einen halben Kilometer tief ins Fleisch der Erde. Noch war die unheimliche Bahn nicht gebaut, die ohne Menschen durch den Berg jagt, elektrisch ablädt und sich auf der Drehweiche eines Gespensterbahnhofs elektrisch umdreht, um neue Ladung zu holen.

Das abgeladene grob gebrochene Erz saust auf laufendem Band seiner Zermahlung zu. So schnell auch die mineralen Passagiere auf ihrer Berg-und-Tal-Bahn vorbeirasten an mir, der ich am Rand der Strecke vorwärts balancierte, sie fanden noch Zeit, mich zu steinigen, es prasselte nur so auf meinen Schutzhelm, und Funke auf Funke versuchte meine Augen zu treffen.

An der Endstation des Rollbandes, bei den Steinbrechern und Kugelmühlen, geriet ich vom Steinregen in die Schlammtraufe. Alles war in Schlamm eingehüllt: die motorisierten Monstermühlen, der Fußboden, auf den sie montiert sind, das Röhrenwerk, das sie mit Erz füttert, die Leitern und Stiegen, die auf die Plattform hinaufführen, und vor allem die Menschen, die hier arbeiten. Schlamm, Schlamm und wieder Schlamm, Schlam-Menschen und Schlamm-Maschinen auf Schlamm-Boden.

Drinnen in den Eingeweiden der stählernen Schlammungetüme krachte es ohne Pause. Was Jahrmillionen lang auf dem Bergesgrund als Felsenmauer, als einziges Stück dastand, »fest wie Erz«, ward vor kaum einer Stunde auseinandergehackt, und nun müssen die Teile des Ganzen, Ich gegen Ich, aufeinander losschlagen, um sich noch mehr zu verstümmeln. Keine der unter kannibalischem Brüllen ratternden Brechmaschinen begnügt sich mit der ihr zugemessenen Verkleinerung; sie speit das halbzerbissene Produkt in den Schlund der Nachbarmaschine, welche das Kauwerk fortsetzt und sich in die nächste übergibt, bis alles pulverisiert ist und nur ein gelber Schleim übrigbleibt.

Ich war benommen von diesen letzten Szenen des Silberdramas, von der auf dem laufenden Band und von der auf dem Schüttelboden, ich war benommen, das gestehe ich ein. Ich hatte kaum Zeit, darüber nachzudenken, ob all das neu sei oder ewig alt. War es nicht schon immer so, daß man – wenn auch freilich nicht mit solchen Motoren, solchem Stahl und in solcher Dimension – das Erz zerschlug, zur Schütte und zur Mühle brachte und verschlämmte, um Silber herauszuholen.

Was ich heute und hier sah im »Fortune Level«, dem vierten oder fünften Stockwerk, spielte sich vor fünfzig Jahren im sechzig Meter höher gelegenen Geschoß ab, und zur Zeit, als Heine in die Silberhütte einfuhr, sah es hundertzwanzig Meter zu meinen Häupten genauso aus wie im Harz. Die Produktionsmittel haben sich modernisiert, die Arbeitsbedingungen verschärft und die Profite erhöht – aber das sind Unterschiede bloß in Ausmaßen und Quantitäten. Es gibt nichts Neues unter der Erde.

Nur dieser See ist neu, dieser chinesische See mit den nirgendwohin führenden, sich kreuzenden Brücken, mit den Gischten in regelmäßigen Abständen.

Die geometrische Anordnung der Gischte hilft meinem verwirrten Blick, sich zu entwirren. Es ist ein künstlicher, sicherlich ein zweckdienlicher See, und er setzt sich aus riesigen Zisternen zusammen. Ihre Tangenten sind die Brücken, und ihre Zentren sind die holzvergitterten Treibräder, die ich für Volieren oder Affenkäfige hielt und die den Wirbel machten.

Eine der Zisternen trägt über ihrem Mittelpunkt keinen rotierenden Käfig, sondern ein Haus. Ein Haus aus Holz und Glas. Ich gehe hinüber in dieses Haus aus Holz und Glas, das Kanzleigebäude und Kommandobrücke zugleich ist, die Betriebsleitung der Zyanisierungsanlage. Der Kanzleichef oder Kapitän erklärt mir, wie das Gestein aus der Grube fährt, die Leidensstationen bis zu dem Augenblick, da dem erzenen Leib die silberne Seele entschwebt.

Begonnen hat die Zyanuration schon in jenen wackelnden Kugelmühlen, in denen ich Felsen knacken hörte und wo eine Sintflut von Schlamm alles überströmte. Dort drinnen, so lerne ich nun, schlagen nicht nur Mangan und Stahl und Eiserne Birne und motorisch betriebene Stampfen und rotierende Pocheisen auf das Erz ein, sondern auch chemische Mittel helfen bei dieser Folterung.

Die zwanzig metallenen Rundtürme am Ufer des Sees, jeder sieben Meter im Durchmesser und zwanzig Meter hoch, nehmen das zerpochte und geschlämmte Erz in hermetischen Gewahrsam. In den Bergwerksanlagen aller Welt heißen diese Riesenzylinder »Pachuca-Tanks«. Respektvoll schaue ich auf sie, die Stammväter des Geschlechts, die den Namen Pachuca über Meere und Berge trugen. Eine andere mexikanische Silberstadt, Parral, ist Taufpatin der Parral-Pumpen; überall beherrschen mexikanische Ausdrücke die Montanistik, »Patio«, »Arrastra« und »Cazo« sind in Amerika wie in Europa Benennungen von Verfahren.

Mit ausgestrecktem Arm erläutert der Ingenieur sein Wasserreich. Täglich schluckt der See 3700 metrische Tonnen Erz, aus denen das Silber zu lösen ist. Wie wenig Silber, ein halbes Kilogramm auf eine metrische Tonne! Und wieviel Arbeitskräfte

und wieviel Arbeitsgänge und wieviel Maschinen und Ingredienzien sind dazu nötig. Dennoch kann die US Smelting and Refining Company in Salt Lake City (USA), der jetzt Real del Monte y Pachuca (Mexiko) gehört, ganz schöne Dividenden ausschütten von dem, was täglich in den See geschüttet wird.
Die eisernen Schwimmtanks, die zusammen den See ergeben, haben die gleiche Tiefe, aber verschiedene Aufgabenkreise. In den Primärtanks schwabbelt Schaum, der aussieht wie ein riesiges Gehirn, und schwimmt von dort in die Sekundärtanks hinüber, um fünfzig Stunden lang mit Zyankali ausgelaugt zu werden. Dadurch löst sich das Silber. Wie aber kriegt man es aus der Flüssigkeit? In den Filtertanks saugt eine Vakuumpumpe die Lösung, die so dünn ist, daß ein Laie sie für pures Wasser halten würde, durch 1117 Filterblätter, bis alles Unflüssige in ihnen geblieben ist. Zinkstaub wird beigemengt und wieder entzogen, welch letztere Gelegenheit das Zyankali dazu benützt, gemeinsam mit dem Zinkstaub das Weite zu suchen – ihre Verbindung mit dem Silber hat sie allzu vielen Strapazen ausgesetzt. Zurück bleibt das Silber und – Gold. Des Goldes ist wenig in der Silbermine, wenigstens verhältnismäßig. Aber wie man sagt, deckt das bißchen Gold, das sich täglich in den Filterblättern findet, die ganzen Kosten des Bergwerksbetriebes, so daß der Gewinn an reinem Silber der reine Gewinn wäre.
Das Gold mit dem Silber zusammen, so wie es aus dem Zyanisierungsprozeß hervorgeht, wirkt noch nicht so verlockend, wie es wirken sollte. Es sind Klumpen schwarzen Kotes, die von neuem durch Filterpressen gejagt werden müssen, wobei der Rest der Feuchtigkeit ausscheidet. Der feste Rückstand wird mit Borax und Zink in dem Ofen des Schmelzraumes gebraten, bis der Braten gar ist. Dieser Braten aus Gold und Silber ist aber noch immer ungenießbar für den Magen der Finanz. Zum Glück ist die Raffinerie nahe mit ihrem Salpeter und ihrer Elektrolyse, durch die sich schließlich goldenes Gold und silbernes Silber voneinander trennen.
Der See lächelt nicht und ladet nicht zum Bade. Wenn man schon schillerisch sprechen will, muß man sagen, es rast der See und will sein Opfer haben. Bereitwillig erläutert der Ingenieur, warum der See rast. Weil das Zyankali nicht die Kraft hat, ohne

Luftzufuhr Silber und Gold aus dem Schlamm zu lösen, gibt es Flügelpumpen und Kompressoren, und aus ihnen schießt die zusammengepreßte Luft durch Röhren in die Tanks.

... und will sein Opfer haben. Manchmal, an heißen Tagen, senkten sich durstige Vögel auf den See herab. So viel Wasser! Kaum aber hatten sie ihren Schnabel genetzt, fielen sie tot in den See, gefällt vom Zyankali. Seither scheint es sich in der Vogelwelt herumgesprochen zu haben, daß diese Wässer gesundheitsschädlich sind. Nur vor kurzem kam eine Taube an Tank Nummer sieben, wahrscheinlich eine ortsfremde, verirrte Taube. Nach kaum einer Minute fischte man sie heraus, sie war schon tot.

Ich frage, warum überall Vorschriften hängen, Rettungsgürtel zu tragen, und Anweisungen für Erste Hilfe.

Das müsse so sein, erklärt der Ingenieur, damit kein Vorwurf erhoben werden kann, wenn etwas passieren sollte. Aber es sei noch nie etwas passiert. »Sehen Sie, hier habe ich auch eine Apotheke, auch nur so. Drei Gegengifte für den Fall einer Vergiftung: Eisensulfat, Kaliumhydroxyd und Magnesiumoxyd – zum Donnerwetter, da liegen ja leere Schachteln! Da hat ein Dummkopf jemandem ein Mittel gegeben und nachher die leeren Schachteln wieder in die Apotheke gesteckt.«

Aus sechstausend Mann besteht die Belegschaft von Real del Monte. Davon sind nur ein paar hundert in der Zyanisierungsanlage beschäftigt, bei Mischungs- und Reinigungsarbeiten. Die Chemie braucht weit weniger menschliche Arbeitskraft als die Mechanik und arbeitet gründlicher. In den vierhundert Jahren, seit Real del Monte in Betrieb steht, ist niemals so restlos extrahiert worden wie jetzt. Aus dem Erz, das in die Tanks kommt, kann kein Atom Silber verlorengehen.

Und in Zukunft?

In wenigen Jahren wird Real del Monte erschöpft sein.

Liebe und Lepra

Ein Strauß langstieliger weißer Gladiolen schmückt ihre Brust, zu ihren Seiten brennen Kerzen, zu ihren Füßen halten zwei Frauen die Totenwacht. Nur der Teint unterscheidet die Tote von den Lebenden: das metallische Purpurrot der Leprakranken, im Tode wird es abgestreift. Auf zwei Arten bringt die Lepra um, sie erwürgt oder sie trifft ins Herz; die Erwürgten werden blau, die anderen blaß. Die typischen Knoten im Gesicht der toten Frau vor dir liegen auf fahlem Fond.
»Sie muß sehr alt gewesen sein«, meinst du zum Arzt.
»Vor einem Jahr hat sie hier ein Kind geboren«, antwortet er.
»Lebt ihr Mann auch hier?«
»Sie war ledig und hat sich mit einem unserer Patienten zusammengetan. Im vorigen Monat haben wir ihn entlassen.«
»War er geheilt?«
»Jedenfalls nicht mehr ansteckend. Lepra tuberosa, ein leichter Fall, geschlossene Wunden. Er war übrigens ein hübscher Mensch.«
Du schaust auf die Tote.
»Was er an ihr fand, wissen wir nicht«, sagt der Arzt. »Vielleicht schrauben sich hier die Ansprüche herab, vielleicht gefällt einem das, was einem ähnlich ist.«
»Ist das Kind tot?«
»Warum tot? Lepra vererbt sich nicht. Selbstverständlich wurde der Säugling der Mutter gleich weggenommen und wie alle Kinder von Leprakranken nach Tlalpan gebracht ins ›Preventorio para hijos de leprosos‹. Vor einigen Tagen kam eine Mitteilung aus Tlalpan, daß es dem Kind gut geht.«
Die Ehe zwischen Leprösen ist vom Gesetz verboten. Aber kein Gesetz kann die Liebe verbieten. Am Rand des staatlichen Lepraheimes von Zoquiapan, innerhalb des eingezäunten Areals, stehen Hütten aus Lehm; sie wirken noch elender gegenüber den offiziellen Pavillons mit den blitzblanken Zementmauern und den wohlgepflegten Gärten. In diesen Pavillons leisten weißgekleidete Pflegerinnen den Kranken Gesellschaft, manche mit

einem Tuch über der Nase, aber sichtbaren, geschminkten Lippen, manche mit unverschleiertem und deshalb mehr geschminktem Gesicht. Im Küchenhaus bereiten nicht-leprakranke Köche das Essen zu.

Hüben, vor den kahlen Hütten, blüht statt eines Gartens der Abraum, und Myriaden von Fliegen umschwirren ihn. In jeder Hütte sitzt ein Kranker neben einer Frau, die ihm ähnlich sieht, sie bäckt ihm Tortillas und brät ihm Tacos. Drüben in den Pavillons wird den Patienten der Saft der indischen Chaulmoograpflanze injiziert oder in Gelatinekapseln eingegeben. Hüben in den Lehmhütten rauchen die Kranken die Droge des Vergessens, Marihuana.

So primitiv handgemacht die Hütten sind, sie besitzen ein Industrieprodukt, um das sie jeder Hüttenlose beneidet: ein Vorhängeschloß. Wenn die Hütte leer ist, hängt das Schloß draußen, ist sie besetzt, hängt es drinnen. Nachts hängt es immer draußen, denn schlafen müssen alle in den Pavillons, die Frauen extra, die Männer extra, selbst Ehepaare leben nachts getrennt.

Da du in den großen Saal der Bettlägerigen eintrittst, richtet sich im Bett neben der Eingangstür ein Kranker auf und starrt dich an, als fühle er das Beleidigende deines Grauens und wolle sich dafür rächen. Seine Augen sind gegen dich gezückt, es lodern in ihnen Haß, Wut und Verachtung, die sich steigern, während er dich mustert. Alles an dir mißfällt ihm total. Gleich wird er aufspringen und dich tödlich verwunden. Die Waffe hat er zur Hand: seine Hand. Er braucht dich nur zu berühren. Daß du sein Ziel bist, verhehlen seine Augen nicht.

»Er ist blind«, bemerkt der Arzt zu dir, »den ganzen Tag starrt er so ins Leere. Viele sind blind, der junge Chinese dort ist auch blind!«

»Diese Chinesen auch?« fragst du, auf zwei deutend, die miteinander von Bett zu Bett Schach spielen.

»Das sind keine Chinesen, sie sind Indios. Die Krankheit verstärkt nur ihren mongolischen Typ, sie zieht die Augenwinkel hoch, läßt die Brauen ausfallen und das Haar und verbreitert die Nase.«

Im Saal der Frauen hockt eine am Bettrand und zupft, da sie dich herankommen sieht, hastig ihr Kleid herunter, das hochge-

rutscht war. Ihr Gesicht ist das eines Pekinesenhündchens, von der Nase sind nur die Nasenlöcher geblieben. Verlegen lächelt sie, ob du nicht doch etwas von ihrem Bein gesehen.
An jedem Bettgestell baumelt ein Rosenkranz, auf jedem Nachttisch steht ein gerahmtes Heiligenbild, an den Wänden hängen viele, immer der gleiche Heilige: »Sankt Lazarus«, erklärt mir ein Kranker, der meinem Blick folgt, »Sankt Lazarus hatte Lepra und wurde vom Tode erweckt.«
Sicherlich glauben das alle ringsumher, und es tröstet sie, daß die Heilung der Lepra möglich ist, nämlich ebenso möglich wie die Erweckung vom Tode. Aber es ist gar nicht der auferstandene Lazarus, der hier hängt, sondern ein anderer Lazarus, ein Leprakranker, dem die Auferstehung verweigert wurde, wie das Evangelium Lukas' erzählt.
Auch das Porträt eines Missionars grüßt dich von der Tünche der Wand her. Dieses Porträt kennst du. Es ist dir unvergeßlich aus einem schauerlichen Schaufenster in New York, das die Passanten an ihren Nerven in den Laden zu zerren versucht, in die Geldsammelstelle einer Mission. Die Gesichter und Gliedmaßen, die du hier im Lepraheim in natura vor dir hast, sahst du dort photographiert und vergrößert, und in der Mitte, von einem Heiligenschein aus Neonlicht umrahmt, hing das Bild dieses Missionars, des Paters Damien, genannt Hero-Martyr, der freiwillig das Los der Aussätzigen auf der Sandwich-Insel Molokai teilte.
Im Lepraheim bedarf es keiner Missionare. Hier behandeln Ärzte und Krankenschwestern, was zu behandeln ist. Es ist viel zu behandeln, aber nicht viel zu helfen. Was kann man machen mit drei- bis vierhundert Wunden auf einem Körper, der noch dazu nur das Fragment eines Körpers ist, ein eiterndes Skelett. Arzt und Schwester reinigen die Wunden, schmieren etwas Chaulmoograpomade darauf und verbinden mit dünnen Gazestreifen.
Du gehst durch Säle und an Sälen vorbei. Eine Bibelstelle kommt dir in den Sinn: Die Aussätzigen einer belagerten, hungernden Stadt – war es nicht Samaria? – beschließen einen Ausfall. Begründung: »Lassen sie uns am Leben, so bleiben wir am Leben, töten sie uns, nun, so sind wir tot.« Du hast dir diese Worte ge-

merkt, weil sie dir wie ein Inbegriff der Gleichgültigkeit erschienen, eines alttestamentarischen »je m'en fiche«.
Jetzt, angesichts der Leprösen, verstehst du es anders, verstehst, daß das Leben im Aussatz kein großer Einsatz ist und daß die Aussätzigen von Samaria nicht viel getöteter werden konnten, als sie schon waren. Aus dem Schutzwall dieser Erwägung brachen sie vor, und das Heer der Belagerer jagte mit gesträubtem Haar davon, als rücke der ganze Heerbann der Ägypter und Hethiter an. So ward Samaria entsetzt durch Entsetzen.
Die Waffenwirkung der Lepra hat auch in der Geschichte Mexikos ihre Rolle gespielt. Wann immer sich das Volk gegen die spanische Herrschaft erhob, schickten die Vizekönige Lepröse und Banditen, Leprosos und Léperos, gegen die Aufständischen zu Felde. Es gibt noch heute genug Lepröse in Mexiko, wenn sie auch nicht mehr zu solchen Aktionen herangezogen werden. Mindestens 26 000 der Staatsbürger sind leprakrank. In allen Ländern, wo es tropische Feuchtigkeit, Armut und Rückständigkeit gibt, gedeiht diese Krankheit, auf dem Balkan, in Lateinamerika, vor allem in Asien und Afrika. Vier bis fünf Millionen menschlicher Wesen behaften unseren Erdball mit Lepra.
Im Schatten einer Hütte sitzt ein Liebespaar. Es scheint ihnen peinlich zu sein, daß du sie überraschst, aber sie lösen die ineinander verschlungenen Hände nicht, welche die Fluida ihrer Liebe zur Einheit schließen.
»Ja«, sagt der Arzt, der deinen Blick auf die liebenden Hände mißversteht, »ja, diese Finger sind typisch für Lepra anaesthetica: verkrümmte Muskeln, Verknotungen an den Gelenken, blechglänzende Haut. Vollkommen abgestorben, ohne jedes Gefühl.«
Und voll Gefühl streicheln und küssen einander die Finger der beiden Liebenden.
Die langgestreckten Gebäude, auf denen die Aufschrift »Ambulantes« steht, sind nicht Ambulanzen, sondern enthalten die Wohnräume derer, die sich frei bewegen können. Im Garten tragen die Kranken schwarze Sonnenbrillen, die ihrem Antlitz noch das letzte nehmen, was an Menschenantlitz erinnert.
Die Ärzte bedauern, daß die Patienten nicht beschäftigt werden; eine industrielle oder landwirtschaftliche Arbeit auf dem weiten

Terrain der Anstalt, das sich fast bis zu den Vulkanen und Schwefelquellen der Puebla-Berge hinzieht, würde Verdienst und Lebensinhalt geben. Freilich, Betriebskapital wäre vonnöten. »Das Lepraheim der Vereinigten Staaten verfügt über ein Budget von tausend Dollars pro Tag«, sagt der Arzt, »ein solcher Betrag muß bei uns für Wochen reichen. Dabei ist das amerikanische Institut – es liegt in Carville, Louisiana – nicht größer als unseres.«

Größer, das größte Leprahospital der Welt, ist Culion auf den Philippinen. Es beherbergt fünf- bis sechstausend Kranke aller Nationalitäten. Auch das wird von den USA erhalten. Hier in Mexiko sind nur ebensoviel Hundert interniert, zwei Drittel Frauen, ein Drittel Männer sowie einige Kinder, für die eine Schule da ist.

Ein Indiomädchen, das neben anderen Frauen auf einer Treppenstufe strickt, ruft herüber: »Doktorchen, was ist mit meiner Entlassung? Ich soll doch im Mai heiraten! Mein Bräutigam drängt auf Hochzeit.«

»Weiß er, daß du hier bist?«

»Wie denn nicht! Er schreibt mir ganz ungeduldig aus Mazatlán. Wann wird meine Hochzeit sein, Doktorchen?«

Vor dem Kinderpavillon spielen Kinder mit einem Hund. Ein Knabe wickelt sich die Binde vom verschwärten Bein.

»Läuft der Hund nicht manchmal aus der Anstalt?«

»Er gehört gar nicht zur Anstalt«, antwortet der Arzt, »aber er kann niemanden anstecken. Auf kein Tier lassen sich Leprabazillen übertragen, nicht einmal auf Menschenaffen. Man sagt, daß Teppiche Bazillenträger sind, aber das ist niemals bewiesen worden. Unsere Kranken haben oft Urlaub, um nach Hause zu gehen. Auch Tuberkulöse und Syphilitiker sind ansteckend und verkehren doch, wo sie wollen.«

Der Hund, abgeneigt, sich zum Sprung über eine aufgespannte Binde zwingen zu lassen, versucht seine Künste an dir, er springt an dir hoch. Vielleicht hat er Hunger.

»Sie brauchen keine Angst zu haben, selbst wenn er beißt. Nicht einmal von Mensch zu Mensch läßt sich Lepra so einfach injizieren. Kennen Sie den Fall Arning?«

Auf Wunsch des skandinavischen Gelehrten Arning hatte ein

zum Tode Verurteilter die Einwilligung gegeben, sich Leprabazillen einimpfen zu lassen, falls er begnadigt werde. Alsbald zeigten sich in der Umgebung der Impfstelle typische Lepraknoten. Ein Kollege Arnings, Dr. Danielsen, hatte sich selbst jahrelang Lepragewebe implantiert, ohne daß sich ein Symptom zeigte. Nun hätte Arnings Experiment das Gegenteil, die künstliche Übertragungsmöglichkeit bewiesen – wenn sich nicht nach Publizierung dieses Resultats herausgestellt hätte, daß zwei Geschwister und ein Onkel des Versuchspatienten an Lepra litten.

»Einer meiner Kollegen, heute schon ein alter Herr«, erzählt der Arzt weiter, »erreichte gleichfalls die Begnadigung eines Verbrechers, der sich zu Lepraexperimenten bereit erklärte. Der Mann hatte einen Doppelraubmord verübt und weder die Tat noch der Täter wären je entdeckt worden, wenn sich die Geliebte des Mörders nicht anderweitig verliebt hätte. Sie zeigte ihn an und sagte bei der Gerichtsverhandlung gegen ihn aus. Mein Kollege nahm monatelang im Zuchthaus Experimente an dem Mann vor. Plötzlich entsprang er, und man hörte erst wieder von ihm, als er seine frühere Geliebte und ihren jetzigen Mann ermordete. Nur um diesen Racheplan auszuführen, hatte er die Lepraversuche der Hinrichtung vorgezogen.«

»Toll!«

»Es kommt noch toller. Eines Abends wurde mein Kollege im Flur seines Hauses von dem Entsprungenen angesprochen. Er sei bereit, sein Wort zu halten. Falls ihn der Arzt zu weiteren Experimenten brauche, würde er sich der Behörde stellen.«

Während dir diese Geschichte erzählt wird, kommst du an Gebäuden und Nebengebäuden vorbei, siehst dir die Laboratorien an und die Mikroskopieranstalt und die Pharmazie und die zahnärztliche Abteilung.

In einem Zimmerchen des Pavillons de los Ambulantes liegt ein Mann angekleidet auf dem Bett und liest. Dem eintretenden Arzt winkt er mit einer Handbewegung zu, wie man einen Freund begrüßt. Als aber du hinter dem Doktor hereinkommst, springt der Mann auf, nötigt dich, Platz zu nehmen, bietet dir Zigaretten an. Er ist schlank und groß, leicht angegraut, ein gutaussehender Mann, obwohl seine Züge zu einem Löwengesicht

in pathologischem Sinn verbreitert sind: plattgequetschte Nase, verdickte Stirnhaut, wulstige Augenbrauen und wulstige Lippen.
Die Wände der Kammer sind bis an die Decke hinauf mit Büchern verkleidet, auf den Regalen stehen Kunstgegenstände. Dein Blick schweift die Büchertitel entlang, bleibt an einem haften: »Le Roi Lépreux«. Der Hausherr sagt: »Das Buch hat nichts mit meiner Krankheit zu tun, der Titel ist metaphorisch. Übrigens ist es nur ein Unterhaltungsroman.«
»Ich kenne Pierre Benoit.«
Von da an spricht er französisch. Das Gespräch wendet sich einem holzgemalten Wappenschild zu. Unter dem Emblem ist ein von Philipp III. unterfertigter Adelsbrief in altkastilischer Sprache, der dem Adressaten die Titel eines Marquez de San Diego und Duque de Valladolid verleiht.
»Das ist auch kein Kunstwerk, nur ein Erbstück«, entschuldigt er sich.
»Sind Sie ein Herzog von Valladolid?«
»Um Gottes willen, nein. Meine Ahnen haben die Titel schon vor hundertdreißig Jahren abgelegt. Unsere Familientradition ist republikanisch, für die mexikanische Unabhängigkeit. Sehen Sie, hier ist etwas, worauf ich wirklich stolz bin.« Er holt ein verblaßtes Tableau hervor, ein Photo von Benito Juárez, umgeben von Photos seiner Minister. »Dieser da ist mein Großvater, er war Innenminister unter Juárez, kämpfte gegen Maximilian.«
Du fragst ihn über sein Leben. Er wendet sich an den Arzt: »Weiß der Herr, wer ich bin?«
»Ich habe ihm erzählt, daß Sie der berühmteste Schauspieler Lateinamerikas sind, aber Ihren Namen habe ich nicht genannt.«
»Nicht der berühmteste Schauspieler, nur ein ziemlich bekannter, und auch das ist gewesen.« Er sagt das lächelnd, ganz ohne Resignation, und fügt deutsch hinzu: »Dem Mimen flicht die Nachwelt keine Kränze.«
»Nun, vorläufig brauchen Sie keine Kränze der Nachwelt, noch ist die Mitwelt da.«
»Wo? Hier etwa? Verehrter Freund, ich bin gestorben und bin's

zufrieden, es ist ein ganz angenehmes Totsein hier. Deshalb möchte ich Sie bitten, wenn Sie etwas über Ihren Besuch hier schreiben sollten, nennen Sie mich Rodrigo Rodriguez oder sonstwie. Zwei Tage nach meiner Entlassung von hier können Sie über mich schreiben, was Sie wollen.«

»Warum nicht am ersten Tage nach der Entlassung, Don Rodrigo?«

Er lacht. »Ich möchte auch nicht, daß am Tag nach meinem Tod Besucher zu mir kommen. Ich habe zu Lebzeiten genug Kränze gehabt.«

Auf deinen Wunsch zeigt er dir ein paar seiner Bühnenbilder. Orest, Romeo ... Auf einem Photo ist er als Adlerritter Cuauhtli, Prinz von Texcoco, dargestellt, in indianischer Tracht mit Lanze und Federschmuck.

»Das ist eines von den wenigen guten Dramen aus der mexikanischen Geschichte. ›Der Sonnenpfeil‹ heißt es und ist von Mediz Bolio.«

»Don Rodrigo«, sagst du und schaust auf ein Jugendbildnis des Schauspielers mit dem reinen Gesicht und der schmalen Nase, »darf ich etwas fragen ...«

»Ich weiß«, unterbricht dich der Schauspieler mit dem unklaren, verunstalteten Gesicht und der plattgedrückten Nase, »ich weiß, was Sie fragen wollen. Aber da ist nichts weiter zu antworten, als daß es von einer Frau war. Das habe ich bei meiner Übersiedlung hierher angegeben, und mehr kann ich Ihnen auch nicht sagen.«

»Wußten Sie, daß sie krank war?«

»Ich liebte sie, das ist alles.«

»Und wußten, daß sie Lepra hatte?«

»Als ich sie zu lieben begann, wußte ich das nicht.«

»Sie haben es also erst später erfahren?«

»Ich hatte um sie geworben, und sie hatte mich zurückgewiesen, was einem Schauspieler selten widerfährt, insbesondere einem, dessen Rollenfach jugendliche Liebhaber sind. Einmal kam ich zu ihr und fand sie ganz verstört. Der Arzt hatte bei ihr Lepra konstatiert, in ihrer Familie war diese Krankheit wiederholt vorgekommen. Sie schluchzte, jetzt konnte sie nicht mehr mein sein, selbst wenn sie wollte. Von diesem Tag an lebten wir zusammen. Ich war noch sehr jung damals.«

»Lebt sie noch?«
Er schweigt. Etwas scheint ihn mehr zu bewegen als der Preis, den er für jene Liebe noch heute abzahlt. »Eines Tages ließ mich der Direktor des Theaters rufen und riet mir, mich von meiner Freundin zu trennen, sie schade mir, betrüge mich in schlechter Manier, mache mich zum Gespött der Stadt. Ohne Abschied zu nehmen, fuhr ich nach Buenos Aires, von wo ich seit langem Engagementsangebote hatte. Meine Freundin und ich haben einander nie geschrieben. Als ich zwei Jahre später nach Mexiko zurückkam, erfuhr ich, daß sie gestorben war.«
»Und Sie selbst fühlten sich krank?«
»Nicht im geringsten. Ich dachte längst nicht mehr daran, daß meine Freundin jemals geglaubt hatte, Lepra zu haben. Zehn Jahre lang spielte ich hier in Mexiko. Auf einmal begann ich an Mattigkeit zu leiden, an Empfindungslosigkeit der Muskeln und Gliedmaßen und bekam Flecken auf der Haut. Der Arzt verschrieb mir eine Diät und empfahl Luftveränderung. Als ich von ihm fortging, überquerte ich den Paseo de la Reforma, und mitten auf der Fahrbahn begegnete ich einem einstigen Mitschüler, der Arzt geworden war. Er blieb so starr stehen, daß er fast überfahren worden wäre. ›Du bis krank‹, sagte er zu mir. Ich erschrak über den Ton, und er tat nichts, meine Unruhe zu zerstreuen, wollte aber nicht auf meine Frage antworten, was meine Krankheit sei. Er riet mir dringend, nach San Antonio, Texas, zu fahren, dort werde mir Dr. Enrique González die Diagnose genau stellen.
Ich hatte am nächsten Abend Vorstellung, aber ich war so erregt, daß ich sofort nach Texas fuhr. Dr. González, wie ich bald erfuhr, der größte Lepraspezialist, sagte mir, als ich bei ihm eintrat, daß ich Lepra habe.
Nach Mexiko zurückgekehrt, kündigte ich mein Engagement, packte meine Lieblingsbücher und ein paar Andenken und zog hier ein. Niemand weiß, wo ich bin, niemand kommt zu mir, und ich wünsche auch keine Besuche. Ich fühle mich nicht im mindesten bedauernswert und will auch nicht bedauert sein.«
Obwohl er sagt, daß er keine Besuche wünsche, läßt er dich nicht fortgehen, findet immer wieder ein neues Gesprächsthema. Du hast dich schon wiederholt verabschiedet, wobei er die Hand

hinter den Rücken legte, um dich nicht in Versuchung zu bringen, sie zu ergreifen. Endlich stehst du mit ihm auf dem Korridor, und er lädt dich ein, zur Aufführung eines Stücks »La mujer alegria« zu kommen, das er mit den Kranken einstudiert hat. Du fragst nach dem Namen des Autors, er kann sich nicht erinnern, und der Arzt, mit dem er wohl einmal über den spanischen Nobelpreisträger Benevente gesprochen haben mag, bemerkt: »Ist es nicht von Benevente?«

»Um Gottes willen, Doktor! Jacinto Benevente ist doch ein Dichter, der wunderbarste Dramatiker spanischer Sprache, aber ›La mujer alegria‹ ist ein billiges Unterhaltungsstück von irgendwem. Bitte, kommen Sie noch für einen Augenblick in mein Zimmer.«

Drinnen zieht er ein Bühnenstück Beneventes aus dem Regal, »Nicht alle Kinder Evas sind Kinder Adams«, und liest einige Stellen daraus vor.

»Sie müssen mir versprechen, es zu lesen.« Er streckt dir die Hand entgegen, auf daß du ihm deine Zusage bekräftigst.

»Oh, entschuldigen Sie, daß ich Ihre Hand gedrückt habe. Aber wenn ich von meinem alten Beruf spreche . . .«

Mineral der motorisierten Menschheit

Es war einmal eine Prinzessin, die hieß Mica und lebte tief im Berge drinnen. Bei ihrer Geburt waren die Feen vollzählig an ihrer Wiege erschienen, und jede hatte ihr eine Gabe gespendet, so daß es im ganzen Reich, dem Mineralreich, kein Wesen gab, welches ihr gleichkam an Fülle edler Eigenschaften.
Schlanker und biegsamer als die Fee selbst, die ihr Schlankheit und Biegsamkeit verliehen hatte, war Mica dennoch nicht schwächlich. Im Gegenteil, die hauchdünne Prinzessin setzte allen Elementargewalten so viel Widerstandskraft entgegen, daß sich die bärbeißigen Blöcke aus Fels und Erz daran ein Beispiel nehmen konnten. Glut und Feuer vermochten ihr nichts anzuhaben, selbst wenn sie sie jahrelang umzüngelten, nicht einmal heiß wurde sie im lodernden Feuer. Im Wasser rostete sie nicht. Frost machte ihre zarte durchsichtige Haut nicht rauh. Keine Säure war imstande, ihr ein Fleckchen in den klaren Leib zu ätzen; und ein Blitz, so nahe von ihr er auch einschlug, sah sich um jegliche Wirkung betrogen. Dabei war Mica schön wie Blumentau, mochte sie nun ein schwärzlich schimmerndes Gewand tragen oder ein goldenes oder ein perlmutternes oder eines mit mattem bernsteinfarbigem Fond.
Der Mensch, der, von ihrem Gleißen verführt, geil auf sie zustürzte, stieß einen Fluch aus, als er erkannte, daß sie kein Edelstein und kein Edelmetall sei, sondern nur Katzengold oder Katzensilber, ganz gewöhnliches Marienglas, Moskowiterglas, schäbiger Glimmer, Alkali-Tonerde-Silikat. Höchstens nahm er ein paar Stück mit, um sie in den Ofen als Fenster einzusetzen. Durch solche Fensterscheiben, die nicht zerspringen, teilte sich die Kohlenglut als Licht dem Raume mit, und man konnte auch in den Ofen sehen, was freilich eine mehr oder minder überflüssige Sache war.
Eines Tages aber begann draußen, außerhalb des Berges, das Geschlecht der Menschen sich die elektrische Kraft der Natur nutzbar zu machen und entdeckte, daß hierzu Prinzessin Micas Hilfe vonnöten sei. Von Stund an hörte das Märchen auf, ein

Märchen zu sein, und Schön Mica ward zu einer Ware, zu einem Verkaufsgegenstand oder zu einem Handelsartikel oder wie ihr sie sonst nennen wollt – nur Prinzessin dürft ihr sie nicht nennen, wenn ihr euch nicht das Hohngelächter der Männer zuziehen wollt, die mit ihr zu tun haben.

Einige dieser Männer holen mit Spaten und Hacke, mit Lufthammer und Sprengstoff die Mica aus dem Bergesinnern, tun also jene Arbeit, ohne die keine weitere möglich ist. Deshalb führen sie auch das elendeste Leben. Im mexikanischen Staat Oaxaca führen sie es an schwer zugänglichen Stellen. An einigen dieser Stellen läuft zwar nunmehr der Panamerican Highway vorbei, aber das nützt den Männern im Micaberg nichts. Denn sie stammen nicht aus New York oder aus Buenos Aires, sondern meistens aus irgendeinem Dorf, das an keiner Straße liegt, am allerwenigsten am Panamerican Highway. Und wäre auch das Dorf so bequem mit dem Arbeitsplatz verbunden, was würde es dem Indioarbeiter nützen? Kein Indioarbeiter hat ein Auto, und die Leute, die Autos haben, nehmen darin keine Indioarbeiter mit.

So wohnen die Arbeiter nicht in ihrem Dorf, sie wohnen am Arbeitsplatz, wo es noch primitiver ist als zu Hause. Manch einer, der neu Angeheuerte zum Beispiel, schläft bei der Exprinzessin Mica, was ein rauhes Liebeslager ist, auch wenn er seinen Sarape auf dem Boden des Stollens ausbreitet. Wer länger hier ist, richtet sich ein Hüttchen auf und deckt es mit Stroh, ein Obersteiger vielleicht mit Dachpappe. Nicht von Pappe jedoch ist das Baumaterial (oder soll man Baum-Material sagen?) dieser Elendshütten. Es ist aus dem Holz der edelsten Bäume, die hier überall wachsen, und aus dem die irdischen Standesgenossinnen der Prinzessin Mica höchstens ein Schmuckkästchen besitzen.

Kleiner ist die Hütte als das Auto, das an ihr vorüberfährt, und das Gärtchen hinter ihr ist noch kleiner als die Hütte. Nur wenig Mais und Bohnen gibt es her, und es läßt sich nicht vergrößern, denn der Boden ist der harte Stein, darin die schöne Mica liegt.

Einst, als sie noch Prinzessin war und weltliche Wünsche hegte, zeigte sich Mica manchmal draußen auf der Erdoberfläche, wie um zu sagen: »Nimm mich hin.« Jetzt scheint sie von Hinnahme und Hergabe genug zu haben, sie verbirgt sich tief.

Dadurch bekommt die Micaförderung einen Charakter des Suchens, des Aufspürens, der Jagd, vor allem in dem durch Erdbeben in Unordnung gebrachten Boden Mexikos. Hier streckt sich die Mica nicht als Ader oder als Flöz hin, sie lagert nicht immer im gleichen Muttergestein, ja nicht einmal in der gleichen geologischen Schicht. Mal im Vulkanischen, mal im Sedimentären, sitzt sie in Taschen, die miteinander weder in mineralogischer auch sonstwie logischer Beziehung stehen.

Vom Nordpol bis zum Südpol sind alle verwertbaren Inhalte der Erde, die Erze, Öle und Minerale, errechnet oder geschätzt – wie viele Mica es gibt, weiß man jedoch nicht, und ebensowenig weiß man, ob es nicht morgen oder übermorgen mit ihr zu Ende sein wird. Schwerlich verbirgt sich die Mica vor der Weltwirtschaftsstatistik, viel wahrscheinlicher ist es, daß sie den konkreten Spaten des konkreten Bergmanns fürchtet, der sie bloßlegen will.

Daß sie im Berg ist, weiß man. Durch Erdveränderungen, Wasserabflüsse und Regen geraten Splitter an die Oberfläche und verraten dem, der es wissen will, daß er sich über Mica befindet. Nichts aber verrät ihm, an welchen Stellen sie steckt. Denn sie steckt unten so angeordnet wie Rosinen im Napfkuchen, das heißt: gar nicht angeordnet. Beim Kuchenessen schneidet sich der eine Schnitte nach Schnitte ab, ohne auch nur eine einzige Rosine zu erhaschen, der andere hat ihrer viele gleich in der ersten Scheibe. Von außen her kann man nicht sehen, wo die Rosinen im Kuchen stecken und die Mica im Berg.

Kreuz und quer muß der harte Kuchen geteilt werden. Kein anderes Bergwerk auf Erden ist so unregelmäßig, so formlos, so anarchistisch wie das der Mica. Es kennt nicht die geometrischen Begriffe von Ebene und Gerade, der Außenhang ist in Höhlungen und Risse dergestalt zersprengt, daß er aufgehört hat, Wand zu sein, und selbst die Stollen und Schächte krümmen sich. Das Röhrenwerk, das die Preßluft aus dem Bretterhaus der Motoren und Kompressoren zu den Maschinenhämmern führt, stellt ein wahres Wirrsal dar.

Die bohrenden Arbeiter stehen nicht auf gleicher Höhe und bilden keine Reihe noch sonst eine ersichtliche Konstellation. Einige drücken ihre Bohrer nur vierzig Zentimeter tief ins Hangende, während andere das Bohrloch vier Meter tief ins Liegende treiben. Auch das Quantum des Dynamits wechselt: manchmal wird nur eine Patrone versenkt, manchmal drei bis vier; mehr aber niemals, denn ein zu starker Schnitt in den Leib des Berges würde das Organ verletzen, auf das es die Operatoren abgesehen haben.

Mit der Sprengung ist die Formlosigkeit des Felsens in eine andere Formlosigkeit verwandelt. Die wird nun abgesucht. Es kann sein, daß aus der neuentstandenen Fassade ein Micabündel hervorglitzert. Es kann auch sein, daß irgendwo das fahle Gesicht des Feldspats auftaucht und verräterisch zwinkert, des alten Leibwächters der Mica, hinter dessen Rücken sie sich zu verstecken pflegt. Es kann schließlich auch sein, daß entlang der ganzen Bruchstelle weder die Prinzessin noch ihr ungetreuer Beschützer sichtbar werden noch sonst ein Anzeichen dafür, daß sie hier residiert.

Haben aber ihre Verfolger die Mica erreicht, so wird sie mit Respekt, Vorsicht und Zartheit entführt. Mit einer metallenen Spachtel, der »Barrena«, hebt man sie aus ihrem Bett, wenn es nicht genügt, sie mit der Hand zu heben. Dann setzt man sie in die Sänfte, die freilich nur ein eiserner Grubenhund ist, und geleitet sie in ihr neues Heim, welches freilich nur der grobgezimmerte Lagerraum des Bergwerks ist, und hernach hoch zu Roß, welches freilich nur ein mageres Maultier ist, zur Landstraße, wo der Wagen wartet, ach, Prinzessin, keine Hofkalesche, nur ein Lastauto.

Nächster Séjour ist die Großwerkstätte, die nicht zu diesem Zweck gebaut ist. Vorbei sind die Glanzzeiten von Oaxaca. Als es der Umschlagplatz vom Pazifik zum Atlantik war, standen manchem Fuhrwerksbesitzer zweitausend Maulesel und Hunderte von Karren in seinem Stall. In Übersee harrten Textilstoffe, blaß vor Erwartung, auf die Cochenille, die Färberlaus von den Kakteen Oaxacas. Am Wege lagerten Männer, um Warentransporte zu überfallen; wenn sie vor der Obrigkeit in die Berge flüchteten, konnten sie eine Goldmine entdecken und dann als reiche, das heißt ehrenwerte Bergwerksbesitzer in der Stadt Oaxaca Bürgerrecht erwerben.

Aus dieser Konjunkturperiode stammen die Paläste. Ihre Portale waren breit genug, die größten Karossen zu empfangen; im Patio, dem maurischen Hof, sprudelte ein Springbrunnen, und die Gäste vergnügten sich paarweise hinter blütenschwerem Gesträuch. Massiv und ebenerdig sind die Gebäude, denn bei einem Erdbeben wäre ein oberes Stockwerk eingefallen; die wenigen Häuser in Oaxaca, die eine erste Etage haben, wirken wie Wolkenkratzer.

In ein solches Patrizierhaus fährt die Mica nun ein nach jahrhundertelanger Residenz im Bergesinnern. Kein Patrizierhaus mehr, ein Betrieb. Schön Mica ist im Sortierraum. Sie zittert. Wozu sortiert man mich? Wozu schneidet man meine Ränder und Zacken weg, wozu wägt man mich, was wird mit mir geschehen?

Auf dem Kamin steht ein riesiger Micakristall, der wohl seine vierzig Kilo schwer ist. Wenn ich von ihm auf meine eigene Zukunft schließen dürfte, hätte ich Hoffnung, gleichfalls heil zu bleiben. Aber sicherlich ist mein hochaufgeschossener Verwandter da nur als Abnormität, als Ausnahme zur Schau gestellt. Oh, wär ich doch auch so groß! Aber ich bin klein, und dennoch beschneidet man mich, teilt mich in Pakete von zwei Kilogramm ein und bringt mich in den Hof.

Der Hof ist voll von Tischen. Frauen sitzen um sie herum, auch unter den Arkaden arbeiten Frauen und Mädchen. Nur am steinernen Rand des Springbrunnens, in dem längst kein Wasser mehr spielt, sitzen Männer. Sie schleifen Messer, Messer für Frauen und Mädchen, die mit vermummten Gesichtern auf die neugeschliffenen Waffen und auf neue Beute warten.

In der Luft glitzert und glimmert es wie von winzigen Libellen. Um dieser Partikelchen der Mica willen hängt die behördliche Anordnung an der Wand, daß das Tragen von Masken obligatorisch ist. Um dieser behördlichen Anordnung willen tragen die Mädchen und Frauen eine Binde aus Gaze über Mund und Nasenlöchern. Um dieser Binde willen hängt der behördlichen Anordnung ein Plakat gegenüber. Es stammt von den Unternehmern und bezeichnet sowohl Masken wie Binden als überflüssig und arbeitshemmend. Die Tätigkeit an der Mica sei vollkommen unschädlich. Bei der Arbeit an Quarzen oder anderen

Kristallen zementieren sich die Mineralstäbchen in der Lunge und verursachen Verhärtung und Zerstörung der elastischen Gewebeteile. Mica aber sei unlöslich und könne daher, auch wenn sie geschluckt wird, keine Silikosis hervorrufen.

Daß die Micaarbeiter unverwundbar seien, könnte hier kein Plakat behaupten, denn es gibt unter den zweihundertfünfzig Frauen kaum eine, die nicht an drei, vier Fingern der linken Hand einen Verband oder ein Pflaster trägt. Sie verletzen sich mit dem spitzen grifflosen Messer in ihrer Rechten, wenn es eine Haarbreite abseits fährt von dem Mineral, das sie in der linken Hand halten, um es parallel zu seiner Basis in Blätter zu spalten. Mit der Geschwindigkeit eines Weberschiffchens saust das Messer gegen die Mica oder eben eine Haarbreite daneben. Eine Haarbreite bedeutet ein großes Ausmaß in diesem Betrieb, ist doch ein Blatt oft nicht dicker als das Zweihundertstel eines Milimeters, weit dünner als Seidenpapier.

Der Meßapparat, der an jeden Arbeitstisch geschraubt ist, mißt die Dicke des fertigen Arbeitsprodukts auf Bruchteile eines Millimeters genau. Ebenso genau wird die gespaltene Mica gewogen und hernach zum Gewicht des Abfalls addiert, der während der Arbeit in ein Kästchen im Schoß der Arbeiterin fällt. Zusammen muß das so viel Gewicht ergeben, wie das Rohmaterial hatte, das der Arbeiterin am Morgen zugeteilt wurde, zweihundertfünfzig Gramm bis zwei Kilo. Der gleichen Kontrolle werden auch die Heimarbeiter unterzogen. Denn Einkäufer aller Art treiben sich im Micagebiet umher und finden ihren Weg nicht nur zu Bauern, die beim Pflügen auf Glimmer stoßen, sondern auch zu den Bergleuten auf der Grube, zu den »Micaelas«, den Arbeiterinnen in der Werkstatt, und zu den »Destajos«, den Heimarbeitern, die das Rohprodukt von der Fabrik zugewiesen bekommen.

Dreier Sorten von Mica bedarf die Industrie.

Nummer eins heißt »Block«. Das ist eine Tafel, je größer, um so besser. Sie kann zwanzig Quadratzentimeter groß und einige Millimeter dick sein, ohne fürchten zu müssen, daß ihr das Messer der Micaela in den Leib fährt, um sie zu spalten. So, wie er ist, geht der Block zu General Electric oder zu Westinghouse, wo ein einziger Arbeitsgang genügt, aus ihm das Endprodukt für elektrische Maschinen zu stanzen.

Nummer zwei heißt »Buch«. Wie jedes andere Buch besteht es aus Blättern, aus fünfundzwanzig bis hundert Blättern. Freilich sind sie nicht aus bedrucktem Papier und nicht vom Buchbinder gebunden, sondern aus blanker Mica und mittels einer gewöhnlichen Papierklammer zusammengehalten. In den Motorenwerken von Nordamerika werden die Blätter in die elektrischen Apparate gelegt, um darin das zu isolieren, was zu isolieren ist.

Nummer drei, das »Splitting«, ist weitaus die dünnste Mica. Sie wird nicht in der Form verwendet, in der sie von hier versandt wird, ihr steht noch eine Transsubstantiation bevor. Drüben in USA, in der Bostoner Micanitfabrik, werden die Splittings sorgsam übereinandergelegt, mit Schellack verbacken und hydraulisch gepreßt. Aus dem solcherart entstehenden Micanit, Kunstglimmer oder »built-up Mica« lassen sich die hundert Formen für hundert Arten von elektrischen Apparaturen schneiden, sogar Röhren, runde und eckige. Wo immer sich im allerengsten Raum eines Motors Hochspannungen gegenüberstehen, einander provozieren, stellt sich die zarte Mica zwischen die feindlichen Nachbarn und verhindert, daß sie mit verheerenden Blitzen aufeinander losgehen.

Kein Radio spricht, kein Röntgenapparat sieht ohne ihre Hilfe, ohne ihre Hilfe fährt kein Flugzeug und kein elektrisches Bügeleisen hin und zurück. Ohne sie würde kein Dauerweller der Kundin im Friseursalon und kein Tank dem Feind ein Haar krümmen. Die Mica ist es, die die Zündkerze im Motor und die Platten des Kondensators vor Unbill bewahrt. Ohne ihre isolierende Tätigkeit hätte sich die Elektroindustrie ganz anders entwickelt. Wenige Stoffe gibt es, deren Versiegen so schwere Wirtschaftsstörungen hervorrufen würde wie das Verschwinden der Mica.

Erschwert wäre vor allem der motorisierte Krieg. Die Zeitschriften für Bergbau und für Elektrizität betonten schon im Frieden die Wichtigkeit von Mica für das Kriegspotential. Sorgfältig sind diese Artikel in den Archiven der Micagesellschaften aufbewahrt, und es ist belehrend, sie im Krieg nachzulesen.

»Der Rückgang der deutschen Kriegsleistung in den Jahren 1916 bis 1918 ist fast ausschließlich auf Mangel an Mica zurückzuführen«, stellt ein englischer Fachmann 1939 im »Mining Journal« fest, fügt aber anerkennend hinzu, daß Deutschland nunmehr enorme Käufe von Bengal-Mica zu fairen Preisen tätige. Der englische Fachmann kam nicht mehr dazu, nachzutragen, daß ein paar Monate nach Erscheinen seines Artikels England bombardiert wurde dank dieser von Deutschland zu fairen Preisen enorm gekauften britischen Mica.

Um die gleiche Zeit fühlten die Japaner ihre Bezugsquellen im indischen Bihar und im französischen Madagaskar bedroht. So schufen sie in Oaxaca mit Hilfe von Mittelsmännern, die ihnen auch bei der Beschaffung von Quecksilber Vorspann leisteten, die »Turu Mining Company«, die erste mexikanische Produktionsgesellschaft für Mica. Darüber hinaus betätigte sich Japan im Jahre 1940 in solchem Maße als Einkäufer auf dem Markt von USA, daß mittlere und kleinere amerikanische Firmen vom amerikanischen Micabezug ausgeschaltet wurden. Bis eines Tages der japanische Einkäufer die Flottenbasis Pearl Harbour aus heiterem Himmel kaputtschlug.

Als die Erschließung neuer Micagruben in Sibirien gemeldet wurde, beruhigte die Fachpresse Europas und Amerikas ihre Leser mit dem Argument, daß die Russen sogar unfähig seien, ihre alten Bergwerke in Betrieb zu halten. Die gleichzeitige Erfindung russischer Wissenschaftler, synthetische Mica herzustellen, wurde einerseits als übliche Sowjetpropaganda kommentiert, andererseits als Beweis dafür, daß die Sowjetunion nicht genug natürliche Mica besitze. Im Russisch-Finnischen Krieg ergänzte die Fachpresse die allgemeine Voraussage vom Debakel der Roten Armee mit dem Gutachten, daß die Russen nicht imstande seien, einen längeren Krieg zu führen, weil sie sich nicht auf dem Weltmarkt mit Mica eingedeckt haben.

Nun, der Krieg ist ein längerer Krieg geworden, und im Krieg wie im Frieden, in der sowjetischen wie in der übrigen Welt, auf Erden, in den Gewässern und in den Lüften nimmt die Mica führend daran teil. Hat auch der größere Teil der Menschheit den Namen Mica noch nie gehört, so steht dennoch dieser Name in der Rangliste der strategischen Stoffe vor Gummi, Zinn und Petroleum. Jeder Versuch, die Mica aus USA zu entführen, wird als qualifizierter Hochverrat bestraft.

Die Verlustliste der Mica ist nicht so groß wie die des anderen Kriegsmaterials. Denn im abgestürzten Flugzeug, im gestrandeten Panzerkreuzer, im bombardierten Kraftwerk oder in der zerfetzten elektrischen Lokomotive bleiben, wenn nichts heil bleibt, die Micabestandteile heil und können wieder verwertet werden.
Und weil also Schön Mica nicht einmal bei diesen Katastrophen gestorben ist, so lebt sie noch heute.

Agavenhain in der Kaschemme

I

Nichts auf Erden entwickelt sich so prächtig und endet so schimpflich wie die mexikanische Agave. Und nur um dieses schimpflichen Endes willen wächst, blüht und gedeiht die Agave, Maguey genannt, im zentralen Hochland Mexikos. Ihre riesenhaften smaragdenen Rosetten krönen die Triften, säumen die Felder, bedecken die Hänge, schmücken die Gärten, verhindern die Wüsten, Wüsten zu sein, und erfreuen sich eines ästhetischen Lebens bis zu jenem schimpflichen Ende.
Aus der Mitte der Agave schießt ein schlanker und leuchtend hellgrüner massiver Kegel auf, hoch und höher. Ihn umgeben und schützen gleichfarbene und gleich große, meterhohe Attrappen, halbkreisförmig gebogen, so daß auch sie von ferne für Kegel gelten könnten. Genau wie der Schaft enden sie oben in schwarzen Helmspitzen; vermittels dieses vegetabilischen Horns machte man einst Baumzweige zu tödlichen Speeren und Lanzen. Was wir den Schaft nennen, dieses Bündel der fest zu einem Kegel gewickelten gepreßten Zentralblätter, nennen die Indios das Herz. Auch jene Attrappen, die den Schaft umringenden Blätter, betrachten ihn als ihr Herz, nach welchem es die Götter gelüstet und das herausgeschnitten werden soll, wie es ehedem mit den Herzen der Menschen geschah.
Wenn es soweit ist, muß nicht nur das Herz sterben, sondern die ganze Pflanze mit Saft und Kraft, weshalb die großen Blätter wie eine Leibwache von Pistoleros darauf achten, das Herz wohl zu schützen. Nach acht Jahren, sobald die Zeit des Blühens, die Stunde der Gefahr naht, richten sie sich drohend zu voller Höhe auf und schließen sich noch fester zusammen, damit der Feind jeden von ihnen für den Kegel halte, der ihr Herzstück ist.
Nützt alles nichts. Ungeschreckt und ungetäuscht schiebt sich der Mensch mitten durch den Schutzwall und schneidet mit sicherer Hantierung den Schaft entzwei. Der klappt zusammen, sinkt zu Boden. Aber der Mörder fällt nicht gleich über sein

Opfer her, beeilt sich nicht, die Beute davonzuschleppen. Herzlos schreitet er von dannen, nachdem er die Todeswunde mit einem Maisblatt bedeckt hat, um die Insekten an der Einkehr in diese Pulquería zu verhindern.

Ihr wißt nicht, was eine Pulquería ist? Nun, auch die Agave weiß es noch nicht. Vorläufig sind wir bei dem Saft, der aus der Blätterkrone der klaffenden Todeswunde zuströmt. Um dieses Saftes willen werden auf dem Rancho, dessen Herrenhaus weiß vom Hügel schimmert, zehntausend, zwanzigtausend in militärischen Reihen angeordnete Exemplare der Maguey, der Agave atrovirens Karw., gehegt und gepflegt. Um dieses Saftes willen sind Hunderte von Arbeitern, die »Tlachiqueros«, auf dem Agavenfeld bemüht, und um dieses Saftes willen kehren sie immer wieder an den Ort der Tat zurück. Nunmehr ohne Mordwaffe.

Ihr neues Werkzeug gleicht jenen auf Glanz polierten Holzkeulen, wie sie Schauturner oder Jongleure durch die Luft wirbeln. Auf den Märkten Mittelmexikos gibt es Stände mit Bergen solcher vermeintlich polierter, vermeintlich hölzerner Keulen, die von den Käufern lange und mit prüfend eingekniffenen Augen gemustert werden. Es sind ausgehöhlte Flaschenkürbnisse, dazu bestimmt, der Agavenquelle den Saft zu entsaugen.

»Aguamiel«, Honigwasser, heißt die Flüssigkeit im jetzigen, ungegorenen Zustand und schmeckt erfrischend, zumal wenn sie mit dem Saft einer Kaktusfrucht vermischt ist. Solches ist aber nicht der Sinn der Agavenwirtschaft, ihr Sinn ist, aus dem Honigwasser Alkohol und aus dem Alkohol Ware zu machen. Zu diesem Ende kauft ein armer Indio für zehn Pesos eine Agave vom Bauern, an dessen Feldrain sie wild wuchert, und zu diesem Ende läßt der reiche Ranchero seinen Agavenbesitz pflegen.

Die Pflege erstreckt sich hauptsächlich auf Würmerjagd, eine Arbeit, die sowohl der Pflanze wie dem Jäger zu Nutzen reicht: der Pflanze, weil sie von Würmern befreit wird, und dem Jäger, weil er um die Würmer bereichert wird, die Nahrung und Leckerbissen sind – Mahlzeit! In Restaurants und auf der Straße kann man »Gusanos de Maguey« kaufen, und um den Handel von der Saison unabhängig zu machen, gibt es sie auch in Konservenbüchsen. Vorzuziehen sind die frischen Würmer, knusprig gebacken und warm schmecken sie beinahe wie Gänsegrieben.

Dreimal täglich kommt der Tlachiquero zur sterbenden Agave, saugt mit dem Flaschenkürbis am frühen Morgen, in der sengenden Mittagsglut und im beginnenden Abenddämmer. Monate hindurch, wenn's gutgeht, ein halbes Jahr lang – so lange also vermag ein Wesen ohne Herz zu leben, so lange dauert es, ehe die Lebenssäfte verströmt sind. Erstaunlich viel, vier bis acht Liter pro Tag, im ganzen bis zu zwölf Hektoliter, werden aus einer einzigen, auf fast wasserlosem, vulkanisch-steinigem Brachland wuchernden Pflanze geschöpft.

Unter Dach und Fach geschieht die Höherentwicklung, will sagen, die Alkoholisierung. Binnen Tagesfrist wird dort der Pflanzensaft zu gegorenem Most, der klare und geruchlose Honigtrank zum trüben Pulque. Fragt man, welche Hefe diese rasend schnelle Metamorphose bewirkt, so bekommt man viele Antworten, aber keine Antwort. Wer's weiß, sagt nichts, wer's nicht weiß, behauptet, Hundedreck vollziehe das Wunder. Wir kennen solche Märchen von überallher, in der französischen Champagne zum Beispiel wird gerne erzählt, es sei Urin, was dem Kognak den goldenen Glanz verleihe, und Alphonse Daudet schreibt in einem Brief aus seiner Mühle, der weltberühmte Chartreuselikör habe seine Blume nur bewahrt, solange der alte Abt die getragenen Socken in den Destillationsbottich warf.

Aber wir glauben den poetischen Geschichten nicht, auch dann nicht, wenn sie von den Produzenten geleugnet werden. Ein Indio schwört uns, bei ihm werde die ganze Pulquechemie von dem Schweinefell besorgt, darin er den Aguamiel vom Felde heimtrage.

In den Haciendas kann kein Schweinestall mitwirken, denn dorthin wird der Agavensaft in Fässern gebracht und aus ihnen in die Tinacales geschüttet. Das sind Kuhhäute, die wie Hängematten auf Pfählen hängen. Durch das Gewicht ihres Inhalts dehnen sie sich zu überirdisch großen trächtigen Ichthyosauriern. Mehr als zehn Hektoliter gehen in eine Kuhhaut.

Die haarige Außenseite ist nach innen gekehrt, und vielleicht sind es die Körperhaare der verstorbenen Kuh, welche die mystische Wandlung des Honigsees in einen Pulquesee vollziehen. Keinesfalls ist es jenes Ferment, von dem die Böswilligen sprechen, in den gefüllten Riesenkühen müßte sich die Notdurft ganzer

Hundemeuten einflußlos verlieren. Auch würde ein solches Ingredienz nicht passen zu der noch heute respektierten Heiligkeit des Raumes: Wer immer bei den Tinacales einkehrt, nimmt an der Schwelle den Hut ab, als träte er in eine Kirche oder in einen Tempel der Pulquegötter.

Ewig und sichtbar schwimmt in alten Haciendas eine dieser Gottheiten in dem See aus werdendem Pulque. Oft wechselt die Flüssigkeit, selten wechselt die Kuhhaut, nie wechselt der schwimmende Gott. Er ist aus rotem Holz und war einst unter dem Namen Cuapatli ein vollberechtigtes Mitglied der Mythologie. Jetzt heißt er Palo de Pulque, Pulquestock, und nicht das kleinste Menschenopfer dankt ihm dafür, daß er sich an der Alkoholisierung beteiligt, er soll froh sein, daß man den Hut zieht, wenn man bei ihm eintritt.

Die chemische Hauptarbeit allerdings leistet nicht er, sondern ein alter und durchgegorener Pulque, voll von »Semillas«, Gärungspilzen und Bakterien, der Mutterpulque. In einem versperrten Raum harrt er der neuankommenden Honigwässer, um an ihnen die Wirkung zu üben, die an ihm längst geübt ward.

Auf eigener Eisenbahn rollt der Trunk den Kehlen der Außenwelt entgegen. Diese sehr schmalspurige Kleinbahn trägt in allen Haciendas den gleichen Fabriknamen: »Décauville Ainé«, der in uns die wehmütige Erinnerung an ein anderes Erzeugnis der Firma weckt, an die Waggons der Pariser Métro. Das engbrüstige Schienenpaar mündet in der nächsten Station der öffentlichen Eisenbahn, wo eine Zuggarnitur bereitsteht, die Fässer aufzunehmen. Täglich treffen aus den Staaten Hidalgo, Tlaxcala, Mexiko und Puebla je zwei Züge in Mexiko-Stadt ein mit insgesamt 300 000 Litern Pulque.

II

In der Stadt Mexiko hält ein Konsortium die Pulqueverteilung in der Hand, welche die andere wäscht. Verschnitte und Verfälschungen werden diesem Konsortium nachgesagt, aber nicht nachgewiesen, am allerwenigsten der Wasserzusatz, weil in der

Regenperiode der Aguamiel schon vom Feld her gewässert ist. Wie dem auch sei, die Konsorten machen ihren Schnitt. Für einen Liter Pulque, dessen Einstandspreis »frei Waggon«, das heißt ab Hacienda, einen Centavo beträgt, zahlt der Indio ab Theke seiner Kneipe zwanzig Centavos. Auch wenn man davon die Steuer und den Marazo abrechnet, einen pfefferminzhaltigen Fusel, den der Wirt dem Pulque beisetzt, bleibt das eine respektable Profitrate.

Von den Budiken aller Welt unterscheiden sich die Pulquerías dadurch, daß sie nur eine einzige Sorte von Getränk ausschenken. Nicht weniger als 826 Pulquerías gibt es, der amtlichen Statistik zufolge, im Bereich der Stadt Mexiko.

Die Lokale haben romantische Namen: »Zur Wollust vor dem Tode«, »Ich fühle mich wie ein Flieger«, »Die Rose an den Rieselfeldern«, »Freudentränen der Agave«, »Paradies des Arbeiters«, »Los diablos en la talega«, zu deutsch etwa: »Die Teufel in der Zwickmühle«. Eines heißt: »Der Sohn der Leda«, obwohl unseres Wissens der Schwanerei der Leda zwar die schöne Helena entsproß, jedoch kein Sohn.

Zwei schwingende Bretter bilden den Eingang zur Pulquería, damit der Gast beim Hinaustorkeln nicht gegen den harten Widerstand einer Tür knalle. Falls es richtige, geschlossene Türen gäbe, wäre bei den häufigen Prügelszenen kein Hilferuf draußen hörbar, und die Polizei käme noch öfter erst nach vollbrachtem Totschlag auf den Schauplatz.

Oder sind die schaukelnden Eingangsbretter eine Spekulation auf die Schüchternheit des Indios vom Lande, der sich kaum trauen würde, eine fremde Tür aufzuklinken? Von diesem Gesichtspunkt aus wäre es am besten, das Lokal ganz offenzuhalten, ohne Tür und ohne Brett. Der Wirt will jedoch die Vorbeigehenden nicht zusehen lassen, wenn er Hose und Hemd der Gäste pfändet oder wie sie den genossenen Pulque mitten im Gastlokal abschlagen. Keine Pulquería besitzt eine Toilette; glücklicherweise sondert der Mexikaner wenig Harn ab, nicht wie der Europäer 1500 bis 2000 Kubikzentimeter pro Tag, sondern nur 800, höchstens 1200.

Frauen dürfen nicht in die Pulquería, ganz ausgeschlossen. Ganz ausgeschlossen aber sind auch sie nicht von den männlichen Genüssen; neben dem Eingang, am Schalterfenster »para las mujeres«, machen sie ihren Kauf, den sie nach Hause tragen oder stehend konsumieren, freilich nur, solange sie Bargeld haben, denn Kleid und Leibwäsche können sie auf offener Straße nicht als Pfand hingeben.

Pulquerías gab's schon in der Mythologie, sie waren im Nachthimmel etabliert, und nach vollbrachtem Tagewerk trafen sich dort die Götter. Wie man im Codex Vaticanus nachzählen kann, verfügte die Agavegöttin Magayel über einen Pulque-Ausschank von vierhundert Brüsten. Vierhundert an der Zahl waren auch die Pulquegötter, die in Kaninchengestalt den Mond bewohnten, jeder zuständig für eine andere Art von Rausch.

Bei den Tarasco-Indianern kümmerte sich ein Gott nur darum, daß es den irdischen Zechern nicht ergehe, wie es ihm ergangen. Er war im Rausch aus allen Himmeln gefallen, hatte sich ein Bein gebrochen und hinkte seither. Ein anderer Unsterblicher mußte sterben zur Strafe für Gewohnheitssuff; aber nach sieben Jahren wurde er wieder zum Leben erweckt, ein Vorgang, der das Gemeinsame von Rausch und Tod symbolisiert. Besinnungslosigkeit und Wiederauferstehung.

Selbst Quetzalcoatl, der gute der beiden Obergötter, betrank sich eines Tages mit Pulque, den ihm der böse der beiden Obergötter durch einen medizinischen Dämon unterschieben ließ. Das war der Sündenfall. Quetzalcoatl verschwand beschämt, und gerade als man die Zeit für gekommen hielt, daß er seinen Rausch ausgeschlafen haben und wiederkehren könnte, traf – bleichgesichtig und spitzbärtig wie Quetzalcoatl – der Konquistador ein, und es gab das verhängnisvolle Quiproquo.

In der Kunstgalerie von Mexiko hängt ein großes und kitschiges Gemälde. Ein Indianermädchen kredenzt dem Toltekenkönig einen goldenen Pokal. Was der Pokal enthält, was dieser Szene vorausging und was ihr folgte, ist aus dem Bild nicht zu ersehen, aber jedermann weiß es aus der Sage: Der Vater des Mädchens hatte eine Feldmaus beobachtet, die an dem Schaft einer Agave knabberte und sich hernach wohlig auf der Erde wälzte. Nun kostete auch der Beobachter, fand den Trank königswürdig, schickte sein schönes Töchterlein damit zum König, und wir sind im Bilde. Hinter und nach dem Bild geruhte Seine Majestät Ga-

be und Geberin zu genießen, er soff und liebte sich zu Tode, und sein Volk, das er des Getränks teilhaftig werden ließ, ging mit ihm schmählich und heiter zugrunde.
Diese Trinkerlegende diente den Azteken, die nach den Tolteken das Tal Anáhuac besiedelten, zur Warnung. Bei den Azteken durften nur Männer von über siebzig Jahren Pulque trinken, denn diese konnten an ihrer Zeugungskraft nicht viel einbüßen und nicht mehr die bei den Tolteken üblich gewesenen Exzesse mit Müttern, Töchtern und Enkelinnen treiben.
Weil diese Einschränkung auf religiöser Grundlage erfolgt war, beeilte sich die spanische Herrschaft, sie als heidnisch und abergläubisch aufzuheben, mit dem Erfolg, der in den Pulquerías und um die Pulquerías herum ersichtlich ist. Verblödung, Verarmung, Verbrechen – meist Totschlag ohne Motiv.
Erst die Revolution erklärte dem Pulque den Krieg und zerstörte die Tinacales; 1915 ergossen sich im Distrikt von Apam (Hidalgo) und nachher in allen Agavegebieten von den Hügeln herab Ströme in die Täler, Ströme von Pulque. In Peralvillo, dem Elendsbezirk der Hauptstadt, stürzten die Patrouillen des Revolutionsgenerals Alvaro Obregón die für die Pulquerías bestimmten Wagenkolonnen um und zerschlugen die Fässer. Von allen Seiten rannten die Bewohner herbei und warfen sich zu Hunderten in die Pfützen. »Ojalá, jefecito«, riefen sie den Soldaten zu, »kämet ihr doch alle Tage, um Pulquechen auszugießen!«
Menschen, die aus Ländern der Weinrebe oder der Hopfenranke stammen, können auch in soundsovielter Generation nicht begreifen, was dazu verlockt, in den Städten Pulque zu trinken. Sein Geschmack spottet jeder literarischen Beschreibung, weshalb wir diejenige Karl Mays hierhersetzen:
»Was das Trinken anbelangt, Señor, so könnte gesorgt werden. Darf ich Euch etwas anbieten?«
»Hm«, schmunzelte er, »etwa Pulque?«
»Wie kommt Ihr auf dieses Getränk?«
»Ich habe mein Glas noch drüben in der Venta stehen.«
»Es schmeckte Euch nicht?«
»Oh, es schmeckt, aber wie. Ein Gemisch von Alaun, Süßholz, Aloe, Kupfervitriol, Salmiakgeist, Holunderbeeren und Seifenwasser würde wohl ähnlich schmecken.«

Schwerlich wird diese Formel einer chemischen Nachprüfung standhalten, aber wahr ist, daß das trübe Gesöff kein ungetrübtes Entzücken bereitet. Selbst seine notorischen Anhänger leugnen, seine Anhänger zu sein, und sprechen, wenn sie Pulque meinen, von »Wasser«. Auf den Klostergütern gab es für die Fronarbeit der Peones keine andere Prämie als Wasser, welches Pulque war. Und noch heute gilt es als ungeschriebenes Arbeitsgesetz, auf dem Feld, am Bau oder in der Werkstätte für besondere Leistungen eine Lage Pulque zu fordern: »Para el agua, patrón?«

Die Bierindustrie bekämpft den Pulque, ist jedoch sorgsam darauf bedacht, daß ihre Agitation nicht in Antialkoholismus ausarte. Prompt ripostieren die Volksfreunde vom Pulquevertrieb. In ganzseitigen Inseraten und wissenschaftlichen Artikeln antworten sie mit ähnlichen Argumenten, wie sie seinerzeit von den Bierbrauereien in den Vereinigten Staaten gegen die Prohibition ins Treffen geführt wurden: Der Pulque fülle die Kassen der Steuerämter und Eisenbahnen – beschäftige Tausende von Arbeitern – rette in wasserarmen Regionen die Bevölkerung vor dem Verdursten und vor dem Typhus – enthalte Vitamine, die vor Rachitis schützen – und fördere die Verdauung der fast unverdaulichen Nationalkost.

Gegenangriffe auf das Bier hat der Pulque nicht nötig, das Bier kann ihn nicht verdrängen, weil er weit billiger ist. Viel eher wird ihm die Landaufteilung den Garaus machen. Denn Pulqueindustrie ist an Extensivwirtschaft gebunden, sie lohnt sich nur mit Zehntausenden von Agaven auf dem Feld und ebenso vielen Sprößlingen in der Almasiga (Agavenbaumschule), mit einem Heer geschulter Tlachiqueros und einer beziehungsreichen kaufmännischen Verwaltung. Ein reicher Hacendado konnte ruhig acht und mehr Jahre abwarten, bis die Pflanze erntereif wurde, weil auf seinem Gebiet jeden Tag genügend Magueys den Tag ihrer Reife feierten, den Tag ihres Todes.

Nun aber sind die meisten Plantagen aufgeteilt auf die Tlachiqueros, die bisher pro Tag einen Peso Lohn und eine Naturalzulage von sechs Litern Pulque bekommen hatten. Auf eigenem Land bauen sie an, was sie brauchen, Bohnen, Mais und Agaven. Schenken die Agaven mehr aus, als die Kehle faßt, wird der

Überschuß einer Einkaufsgesellschaft oder einem Händler verkauft.

Immerhin ist mit freiem Auge noch nichts von einer Pulqueknappheit zu merken. Verbringt man zufälligerweise eine Nacht auf der Unfallstation »Cruz Verde«, so sieht man, wie sich die Agave am Menschen rächt. Die Mehrheit aller Patienten sind Pulqueopfer.

Einer, der unter ein fahrendes Auto geriet, stöhnt in dem Bett, in dem vor kurzem Leo Trotzki starb. Auf dem Operationstisch, mitten im wild belebten Raum, wird die Gehirnoperation an einem vorgenommen, den seine Zechkumpane im weiten Bogen aus der Pulquería »Zum ewigen Frieden« warfen. Etwa zehn, die auf der Straße hingefallen und mehr oder minder schwer verletzt sind, liegen auf dem nackten Fußboden.

Andere zehn taumeln auf dem Korridor herum, Krankenwärter versuchen, ihnen einen auf einem Stock befestigten, mit Kampfer getränkten Wattebausch unter die Nase zu halten. Die schaukelnden Gestalten wenden den Kopf ab und stoßen den Stock mit Bewegungen von sich, die bei allen identisch sind – ein Ballett widerspenstiger Gestalten.

Auf dem Hof sind jene, die bereits behandelt wurden und nunmehr das Haus verlassen sollen. Sie denken aber gar nicht daran. So besinnungslos sind sie denn doch nicht, auf die Straße hinauszugehen zu neuen Fall- und Unfallmöglichkeiten und zu den Polizisten. Sie weigern sich, sie werfen sich auf die Erde. Kaum ist es den Wärtern gelungen, einen zum Aufstehen zu bringen, so reißt er sich los und läuft verblüffend schnell auf die andere Seite des Hofs, und das Personal, das ihn eben mühselig hochgebracht hat, muß ihn nun wieder niederzwingen.

Die Aufnahmekanzlei liegt im Hochparterre. Zehn oder zwölf Stufen führen von zwei Seiten hinauf, so daß der kleine Treppenvorbau dreieckig ist. Ins Innere dieses Dreiecks flüchtet einer der Gejagten und füllt es aus, hingestreckt wie eine Grabfigur im Dom. Von der Seite her können die Verfolger nicht an ihn heran, gegen ihren Frontalangriff schützt er sich erfolgreich, indem er ihnen entgegenkotzt.

Ist das, fragen wir, ist das ein rühmliches Ende für den Saft der edlen Agave?

Fragen, nichts als Fragen auf dem Monte Albán

Wenn das kein Weltwunder ist, was ist dann eines?
Gibt es irgendwo auf der Welt einen Berg, der uns phantastischere Dinge über sich aussagt und uns mehr Beweisstücke für die Wahrheit dieser Aussagen liefert als der Monte Albán nahe der Stadt Oaxaca?
Und gibt es einen Erdenfleck, der sich gleichzeitig in so absolutes Dunkel hüllt und uns ohne Antwort läßt auf alle Fragen?
Überwiegt in uns das Entzücken oder die Verwirrung?
Diese beiden Gemütsbewegungen auseinanderhaltend, fragen wir zunächst nach den Gründen unseres Entzückens.
Ist es dieser Raumkomplex, dessen Umrisse Ausblicke ins Unendliche sind? Oder sind es die Pyramiden, die aussehen wie Prunktreppen in die Innenräume des Himmels? Oder ist es der Tempelhof, der – kraft unseres Vorstellungsvermögens – erfüllt ist von vieltausend Indios in ungestümen Gebeten? Oder ist es das Observatorium, dessen ins Mauerwerk eingeschnittener Auslug mit dem Meridiankreis den Winkel Azimut bildet? Oder ist es der Blick auf ein Stadion, wie es Europa seit der römischen Antike bis zum zwanzigsten Jahrhundert nicht gebaut hat, hundertzwanzig steinerne, schräg aufsteigende Sitzreihen?
Ist es das System, Hunderte von Grüften so anzuordnen, daß der Raum kein Friedhof wurde, kein Grab ein anderes störte? Sind es die bunten Mosaiken, die Fresken mit ihren Figuren, Szenen, Symbolen und Hieroglyphen? Oder ist es die Tatsache, daß das ganze Erdreich ringsum eine Glyptothek ist? Überall fand und findet man Skulpturen, teils Büste, teils ganze Figur, teils mit verzerrtem Gesicht, teils mit hoheitsvollen Gebärden, und allesamt vollendet modelliert bis in filigrane Detail. Oder die Tonbehälter, Opferschalen von edler Schwingung, Urnen von geometrischer Geradlinigkeit, vierfüßig und im Innern eines jeden Fußes eine Schelle, die um Hilfe klingelt, wenn ein Frevler sie davontragen will.
Oder ist es der Schmuck? War es denn nicht der Schmuck, der die Kunde von den Ausgrabungen auf dem Monte Albán in die

Welt trug? War es nicht der Schmuck, der zu falschen Meldungen Anlaß gab, der lang gesuchte »Schatz des Moctezuma« sei gefunden im Grab seines Nachfolgers, des Königs Cuauhtémoc? Verblaßte nicht auf der New Yorker Weltausstellung die Schau der historischen und modernen Goldschmiedekunst vor dem Schmuck vom Monte Albán?

Ein kleiner Teil dieses Schatzes leuchtet in einer Vitrine des Nationalmuseums von Mexiko. Um die Mehrheit der Funde ist das Museum der Stadt Oaxaca geradezu herumgebaut, ein Wallfahrtsort für die an Kunst, Kunstgewerbe und Kulturgeschichte Interessierten.

Wer hätte »Wilden« zugetraut, Bergkristalle mit solcher Präzisionstechnik zu schleifen, zwanzigreihige Halsketten mit 854 ziselierten, mathematisch gleichen Gliedern aus Gold und Edelsteinen zu verfertigen? Eine Brosche stellt einen Ritter des Todes dar, den Lucas Cranach nicht apokalyptischer entworfen hätte. Kniebänder, dem englischen Hosenbandorden ähnlich. Ohrgehänge, wie aus Tränen und Dornen gewoben. Kopfschmuck – eine Tiara, würdig eines Papstes über alle Päpste. Geflochtene Ringe zur Zier der Fingernägel. Bracelets und Armspangen mit bauchigen Ornamenten, Mantelschließen und Agraffen aus Jade, Türkis, Perlen, Bernstein, Korallen, Obsidian, Jaguarzähnen, Knochen und Muschelschalen. Eine Goldmaske, über deren Wangen und Nase eine Trophäe aus Menschenhaut skulptiert ist. Ein Tabakbehälter aus goldgetränkten Kürbisblättern. Fächer aus den Federn des Quetzalvogels – welche byzantinische Kaiserin, welche indische Maharani, welche amerikanische Multimillionärin besaß je zu Lebzeiten so prächtiges Geschmeide, wie es viele dieser Indios noch im Grabe trugen?

Ja, der Schmuck ist vielleicht der Hauptgrund für unser Entzücken. Der Schmuck ist jedoch nicht die Ursache des anderen, des stärkeren Gefühls, das uns auf dem Monte Albán überfällt, des Gefühls der Verwirrung. Verständnislos blicken wir umher, suchen vergeblich Antwort auf unsere Fragen:

Wie konnte sich diese über dem Tal manifest aufgebaute heilige Stadt, wie konnte sie sich so verbergen, daß man sie erst nach vierhundert Jahren fand? Wie konnte das Versteck bewahrt werden, das nicht durch unwegsame Meilen von der Stadt Oaxaca getrennt war, sondern innerhalb der gleichen Bannmeile lag? Amerikanische Bergingenieure in Oaxaca erzählten uns, sie hätten jahrelang auf dem Monte Albán nach Wild gejagt, ohne zu ahnen, daß sie über etwas anderes pürschten als über eine bewaldete Kuppe.

Haben aber nur Vegetation und Erdreich und Getier, die sich über die Stadt kauerten, sie bis zum zwanzigsten Jahrhundert getarnt? Mußte nicht vor allem der Mensch an diesem Meisterstück der Hehlerei beteiligt sein?

Wieso führt dieser Berg nicht wie alle anderen in Mexiko seinen indianischen Namen? Haben ihn die spanischen Landsknechte deshalb Monte Albán genannt, weil er sie an die Albaner Berge nahe jenem katholischen Rom erinnerte, das sie genauso gründlich geplündert hatten wie später das heidnische Mexiko? Was ist denn dem römischen und dem mexikanischen weißen Berg gemeinsam außer der Tatsache, daß beide nicht weiß sind? Warum haben die Indios diesen irreführenden spanischen Namen angenommen, statt den alten Namen »Tigerberg« weiter zu gebrauchen? War es die Scheu, die heilige Stätte eitel zu nennen? War es Angst, die Habgier und Zerstörungswut der Feinde auf den Wohnsitz der Himmlischen und die Schätze der Toten hinzulenken?

Niemals jagten die Göttergläubigen und ihre Nachkommen dort oben auf dem Plateau der versunkenen Tempelstadt, kein Pfad führte hinauf, kein Köhler holte Holz aus dieser Gegend, kein Schäfer weidete seine Herde auf diesem Hang, kein Cochenille-Züchter baute in der Nähe sein Dach.

Unten herrschte der Markgraf des Tals von Oaxaca, identisch mit dem Eroberer Neu-Spaniens, gierig und schlau herrschte er, ward aber dennoch geprellt. Cortez starb ohne Ahnung davon, daß auf seinem Grund und Boden Reichtümer vergraben seien, weit kostbarer als der Schatz Moctezumas.

Wer aber waren die Völkerstämme, die vor Cortez zu Füßen des Monte Albán gelebt? Wer waren die Bauherren und die Architekten dieser heidnischen Kathedralen? Woher kam das Material der Kleinodien und Mosaiken? Woraus wurden die Farben für die Fresken gemischt? Woraus waren die Werkzeuge der Steinmetzen? Und worin bestand – diese Frage hat der größte

Goldschmiedekünstler Europas, Benvenuto Cellini, aufgeworfen, als er ein mexikanisches Schmuckstück sah – worin bestand die Werkmethode der Juweliere, der Prozeß des »Verlorenen Wachses«?

Wie ist es zu erklären, daß manche Urnenfigur eine ägyptische Sphinx, eine andere den vogelköpfigen Gott Râ darzustellen scheint und daß die Reliefs auf der »Galerie der Tanzenden« teils im assyrischen Stil, teils mit negroiden Typen gestaltet sind? Wieso? Weshalb? Woher?

Unter Führung des Schliemann von Mexiko, des Professors Alfonso Caso, exhumierten die Archäologen diese Stadt, die ungeahnter als Troja war. Sie haben jeden Meißelhieb und jeden Bruchteil einer Hieroglyphe registriert und fast zu jedem Scherben seine Fortsetzung gefunden. Sie bewiesen, daß die ältesten Arbeiten aus der Epoche der »Basketmaker« stammen, deren Existenz aus Funden im Südosten der Vereinigten Staaten von Nordamerika festgestellt wurde. Auch mit einem Völkerstamm, dessen Kunstbetätigung sich auf die Darstellung infantiler Köpfe, des »Babyface«, beschränkt, hatten die Monte-Albáner (oder wie immer sie hießen) vielleicht etwas zu tun. Wes Stammes aber waren jene Korbflechter und die Bildner des »Babyface«? Waren sie Olmeken? Waren sie die Urbewohner Amerikas? Waren sie Mongolen oder Eskimos, die zu Schiff zwischen Eisschollen oder zu Fuß über eine verschollene Landzunge von Asien herüberkamen? Leute von Atlantis, herangerudert aus dem Sagenland? Gehörten sie gar zu den verlorenen Stämmen Israels?

Über die Olmeken wissen wir, daß sie vom Gummiland an der Küste des Golfes kamen, daß sie sich tätowierten, ihren Schädel kahl schoren, die Zähne feilten und schwärzten, Nasenringe trugen, die Knaben beschnitten, die Gesichtshaut des getöteten Feindes über die eigene spannten, Sünden beichteten, Ball spielten, die Sodomie legal ausübten und einen Kalender mit Jahren zu achtzehn Monaten besaßen. Nur eine einzige Frage, die die Olmeken betrifft, ist bisher noch umstritten, die Frage nämlich: Haben die Olmeken überhaupt existiert?

Nach den Olmeken kamen beglaubigtere Völkerstämme. Zunächst die Zapoteken. Waren sie es, die die göttliche Stadt auf dem Monte Albán bauten? Haben sie sie wiedererbaut oder nur umgebaut? War das vor Christi Geburt, war das Jahrhunderte nach Christi Tode? In Asien und Europa sind geschichtliche Ereignisse auf Tag und Stunde bestimmt, und wir kennen die Namen der Baumeister von Babylon, der Silberschmiede von Mykene und der Steinmetzen an den frühmittelalterlichen Münstern. In Mexiko jedoch ist die Zeit, die bei uns Neuzeit heißt, noch Gegenstand der Archäologie, und selbst hier, inmitten dieser Riesenanlage wohlerhaltener Kunstwerke, läßt sich kaum das Jahrtausend ergründen, dem sie entstammen.

Wie ein Schülerwitz klingt es, wenn gesagt wird, daß die Zapoteken am Ende ihres Aufenthalts das Gebiet verlassen haben. Aber selbst diese banale Selbstverständlichkeit – ist sie in vollem Maße richtig? Noch heute ist die Landschaft rings um den Monte Albán von Zapoteken besiedelt, die nur zapotekisch sprechen. Es war also bloß ihre Herrschaft, die stürzte, als der neue Völkerstamm einbrach, die Mixteken. Von nun an verwendeten diese den Berg viele Generationen lang als Festung, als Sportplatz, als Sternwarte, als Pantheon und vor allem als Kultstätte. Welcher Art von Religion aber waren die Tempel geweiht? Was war zum Beispiel für ein Gott ihr Gott Xipe-Totic, von dem wir eine Statue finden mit hohem Kopfputz, Hals- und Gürtelschmuck, einen Stab in der Rechten, den Kopf des Feindes an den Haaren in der Linken haltend? Wer waren die Partner seines göttlichen Geschäfts?

Wer und was waren vor allem jene Irdischen, die noch nach ihrem Tode ganze Volksvermögen am Leibe trugen? Fürsten oder Priester? Heilige oder Helden? Tyrannen oder Märtyrer? Wir berühren ein Skelett und fragen: Wessen Leib hast du einst gestützt? Es schweigen die Gebeine, es schweigen die Geschmeide, und sogar die zur Mitteilung hingemalten Hieroglyphen – »7 Türkis«, »4 Tiger, 3 Schlange«, »3 Affe, 13 Tod« – was geben sie an? Wenn das Daten sind, nennen sie den Geburtstag des Toten, den Tag seines Todes oder den seiner Beerdigung? Und wüßte man's auch, was nützte es, da man den Kalender jener Völker nicht mit dem heutigen synchronisieren kann?

Einigen Anzeichen zufolge haben die Mixteken noch vor dem Einbruch der Spanier ihr Heiligtum verlassen, aber kein Anzeichen gibt Antwort auf die Fragen: Aus welchem Grund räumten sie den Platz? Waren es innere Wirren, Konflikte mit den unterjochten, aber unbotmäßigen Zapoteken? War es ein äußerer Krieg, waren es Mißernten und Hungersnot und Seuchen? War es der Verfall der Religion, oder was war es sonst?

Gibt es wirklich keine genaue Angabe, keine Jahreszahl in der Geschichte dieses Vineta auf dem Bergesgipfel, gibt es nichts, was sich präzis aussagen und ohne Fragezeichen hinsetzen ließe?

Doch: im Jahre 1522 unterwarfen die von Cortez ausgesandten und von Sandoval befehligten zweihundertfünfzig Soldaten das Gebiet des heutigen Staates Oaxaca, und seither ist den Indios von der Macht und von der Kultur, deren Beweise uns der Monte Albán aus seinem Schoße reicht, kein Deut mehr geblieben. Das steht außer Frage.

An der Kräuterbude

Sie ist auf dem Markt leicht zu finden: die Bude, an der ich stehe, die ist es.
Aber ich bin durchaus nicht allein, die Schar der Käufer ist erstaunlich. Arzneigläubiges Volk! Voll von Apotheken sind die Städte und jede Apotheke voll von Kunden, es fehlt keine der europäischen und amerikanischen Patentmedizinen, und wenn sie zum Beispiel wegen des Krieges nicht im Original ankommen, so stellen die in Mexiko ansässigen Ungarn sie noch originaler her.
Zahllos die Häuser, an deren Tor ein Zettel mit dem Wort »Inyecciones« hängt. Die Preisliste klebt daneben: Subcutáneo 20 Centavos; intramuscular 50 Centavos; intravenoso 75 Centavos. Ob man nun Zahnschmerz, Durchfall, Plattfuß, Asthma oder Amöben hat, man tritt ein und läßt sich irgendeine Einspritzung machen von demjenigen, der die Tür öffnet. Auf dem Land oder in den Vorstädten verschleißen die Curanderos, die indianischen Krankenbehandler, Mixturen, Pasten, Emulsionen und Infusionen.
Dennoch bleibt für die Kräuterbuden eine Klientel übrig, die nicht geringer gewesen sein kann, als es für Mexiko noch kein Europa gab und keine pharmazeutische Industrie. Von der Kiste, die als Verkaufstisch dient, fletscht ein Krokodilkopf seine Zähne oder der Panzer eines Gürteltiers seine Schuppen – mystische Symbole, Branchenzeichen und Mittel der Anlockung. Das gab's auch bei uns daheim, der ausgestopfte Gorilla vor der Apotheke auf dem Prager Ringplatz hat mich in meiner Kindheit bis in die Träume verfolgt.
Heute kann mich kein totes Krokodilgebiß und kein Schuppenpanzer aufregen. Was mich aufregt, ist die Bude an sich. Dieses Warenlager stammt weder direkt noch indirekt aus Fabriken oder Laboratorien. Die Lieferanten sind fast ausschließlich Dorffrauen und Dorfkinder. Seit Generationen gehen sie zu bestimmten Jahres- und Tageszeiten auf die Arzneisuche. Im Mondscheinlicht oder Wolkenbruch steigen sie barfüßig über Felsen-

hänge, durchwandern, den Blick auf den Boden geheftet, die Steppen, stöbern im Geröll von Ruinen, schleichen zu Schlangennestern, wühlen im Schwemmsand an der Meeresküste oder im Schlamm der Sümpfe oder scharren Wurzelwerk aus. Nachher trotten sie meilenweit zum Markt, um ihre Beute an den Mann zu bringen. Wie und wann haben die Ahnen der Lieferanten und jene des Markthändlers einander kennengelernt? Das wissen die Götter, die es damals noch gab.

Hier in der Kräuterbude liegen nebeneinander Gräser, Wurzeln, Muscheln, Baumrinde, Steine, Pulver, Hölzer, Spinnen, Samen, Salamander, Öle – ein Sammelsurium heterogener Landschaften und Naturreiche. In diesem Arzneischatz der Primitiven glaubten einst die Europäer alle Panazeen gegen alles Gebrest vereinigt, und oft mit Recht.

Von einem langen hellbraunen Bündel weiß ich, daß es die Sarsaparille ist, und ich weiß auch, daß sie auf botanisch »Smilax ornata« heißt und auf deutsch »Stechwinde«. Ich frage nach dem Preis und runzle, wie sich's gehört, die Stirn, als ich höre, es koste vierzig Centavos. Daraufhin reicht mir die Händlerin ein kleineres Päckchen für dreißig. Dreißig Centavos ist der Preis von drei Straßenbahnfahrten.

Ich erinnere mich eines kleinen Zimmers in einem weitläufigen Gebäude, in dem ich wegen des mächtigen Mauerwerks vor sechs Jahren saß, dieweil deutsche und italienische Bomben vom spanischen Himmel fielen. In jenem Zimmer, Tausende Meilen von hier, hatte vor Jahrhunderten der weltliche Herrscher der katholischen Welt gesessen. Noch steht sein Lehnstuhl dort, aus dem er sich nicht rührte. Durch eines der beiden Fenster konnte er, ohne aufzustehen, in die Kirche sehen, der Messe hinter die Kulissen. Philipp II. betete um Heilung von seiner quälenden Gicht. Wie seine Krankheit war auch das einzige Linderungsmittel gegen sie ein Erbe vom Vater. Karl V. hatte die Eroberung Amerikas als einen Gotteslohn für sich betrachtet, denn durch sie war er in den Besitz der Sarsaparille gekommen. Nun wartete sein Sohn auf die Sarsaparille, lugte durch das Fenster, das auf die Landstraße ging, noch inbrünstiger als auf das Allerheiligste. Wann immer ein aus Veracruz kommendes Schiff in einem spanischen Hafen einlief, mußte zuerst das

Paket mit den Wurzeln ausgeladen und in gestrecktem Galopp dem Herrn im Eskorial gebracht werden.
Ich zahle die dreißig Centavos und frage nach Guajaka.
Auf einer Insel im Zürcher See lag ein Todfeind der katholischen Kirche zu Bett, befallen von einer vielleicht weniger schmerzenden, aber um so tückischeren Krankheit. Ulrich von Hutten litt an Syphilis und bereitete sich zum Sterben. Da erhielt er aus den neueroberten Provinzen jenseits des Ozeans einige Stückchen Harz und Holz. Aus geheimnisvollen Gründen und auf geheimnisvollem Weg hatte sie einer der spanischen Muttergottesstreiter dem verruchtesten Muttergottesleugner gesandt. »Guajaka« heiße die Substanz, schrieb der Absender, und sie helfe, als Tee gekocht, unfehlbar gegen Lustseuche.
»Fünfzig Centavos«, sagt die Verkäuferin.
Ulrich von Hutten trank die Infusion, es verschwanden sowohl die Ekzeme der Lues wie der Quecksilberausschlag, und er fühlte sich geheilt. Dankbar verfaßte er ein Buch über die rettende Arznei: »De Guajaci medicina et morbo gallico.«
Sarsaparille und Guajaka waren nicht die einzigen Naturstoffe aus Mexiko, die in Europa Mirakelheilungen vollbrachten. Aus der Rinde des Tamahaca-Baums machte man einen Wunden- und Wunderbalsam. Maniok, das den Indianern der Karibischen Inseln (von dem Wort »Kariben« kommt »Kannibalen«) einst das Menschenfleisch würzte, wurde in Europa äußerlich gegen Hautausschläge, innerlich gegen Magengeschwüre, Krebs und luetische Entzündungen verordnet. Aus der Gegend von Jalapa, das kaum jemand in Europa kennt, stammt die Jalapa-Wurzel, die viele in Europa kennen, vor allem die Hartleibigen. Elemi, das balsamische Ölbaumharz, schloß augenblicks klaffende Wunden und öffnete augenblicks verhärtete Geschwüre. Noch mehr vermochte Sassafras: vor dieser Pflanze flüchtete das Zipperlein mit gelenken Beinen, die Syphiliskranken durchströmte gesundes Blut, und auf den glättesten Glatzen sprossen Locken.
Wie weit der Glaube an die neuspanischen Pflanzen ging, beweist die Auferstehung des Rizinus. Schon im Altertum der Alten Welt hatte er großes Vertrauen genossen. Um sich von Verstopfungen zu befreien, tranken ihn die Griechen kalt, empfahl ihn Herodot warm. Nach und nach aber geriet der Rizinus in den Nachtstuhl der Vergessenheit.

Im achtzehnten Jahrhundert war eine mexikanische Pflanze namens Higuerilla höchst modern, welche die menschlichen Därme so geschwind leerte wie Herkules den Stall des Augias. Erst als die Arzneikundigen feststellten, daß das neue Purgativ mit dem alten ehrlichen Rizinus identisch sei, wurde der Rizinus unter seinem alten ehrlichen Namen wieder eingeführt.
Heute wächst der Rizinus nicht mehr bloß wild, sondern wird angebaut, gedüngt und gepflegt, hunderttausende Sträucher. Dabei deckt die mexikanische Produktion nur einen verschwindenden Bruchteil dessen, was die USA einnehmen, um die Verdauung ihrer Bürger und die Beweglichkeit ihrer Flugzeugmotoren zu regeln; nicht weniger als 113 Millionen Pfund Rizinusöl zu sechzehn Dollar per Pfund importieren sie.
Vom sechzehnten bis zur Mitte des neunzehnten Jahrhunderts wurde der europäische Arzneischatz von der Botanik Neu-Spaniens beherrscht. Dann aber wich sogar in Mexiko die Ära des Wunderglaubens an die Kräuter der akademischen Pharmakologie.
1854 erkrankte in Mexiko die Sängerin Henriette Sontag, Abgott der Kunstwelt. Sie erkrankte an Cholera, gegen welche die mexikanische Volksmedizin eine heilende Infusion kannte. Besorgte Bewunderer holten einen renommierten Kräuterkenner vom Lande, aber die Ärzte ließen ihn nicht ans Krankenbett. Am 17. Juni 1854 schwand Henriette dahin, die in der Sprache der Romantiker »Sonntag der Götter« hieß. Um die Panik über das Wüten der Choleraepidemie nicht zu erhöhen, wurde die Abendvorstellung abgehalten, und General Santa Ana, Präsident der Republik, applaudierte begeistert einer Sängerin, die für die tote Henriette eingesprungen war.
Der meines Wissens letzte Bericht über die Mirakel mexikanischer Naturheilkunde findet sich in den Memoiren des armlosen Musikers, Artisten und Menschenfreunds Untan. Er war vor seinem Auftreten in Guadalajara so schwer erkrankt, daß die Ärzte ihm den sofortigen definitiven Abschied vom Podium befahlen, ja die Hoffnungslosigkeit seines Zustandes andeuteten. In seiner fast selbstmörderischen Verzweiflung akzeptierte Untan die Hilfe eines einheimischen Thaumaturgen und seiner Arznei. Daraufhin fiel er in einen Schlaf, aus dem er nach drei Tagen

gesund erwachte und seine Gastspielreise ohne Beschwerden fortsetzen konnte.
Eine schwangere Indiofrau kauft ein Büschel schwarzen Bilsenkrauts für zehn Centavos. Da sie endlich weggeht, erklärt mir Don Severino, Besitzer der Bude, der Tee aus diesem Bilsenkraut sei gut für die Entbindung. Die Wöchnerin verfalle in einen Schlaf, in dem sie keine Wehen verspürt, und wache erst auf, wenn das inzwischen angekommene Kind danach verlangt, ein Säugling zu werden.
Don Severino zeigt mir ein Bündel von besserer Qualität und rät mir, es zu kaufen. Ich? Ich werde doch nicht in die Wochen kommen? Er flüstert mir zu, sein Kraut sei gut gegen jede Art von Wehen und Sorgen. »Man ist tot, solange die Sorgen währen, und man lebt wieder, wenn sie weg sind.«
Vor ein paar Tagen habe ich den Brief einer Bekannten aus London erhalten. Sie hat ihr erstes Kind geboren, sie beschreibt, wie schön und leicht das im Mondscheinsanatorium vor sich ging; ihr einziger Schmerz wäre der Gedanke gewesen, daß nicht alle Frauen im Schlaf gebären können.
Don Severino verlangt für das Paket achtzig Centavos, aber das Büschel, das die Indiofrau für zehn kaufte, tut's wahrscheinlich auch. Wie lange vor den Mondscheinsanatorien mögen die Indios solche Linderungsmittel gekannt haben?
Kühe und Kuhpocken lernten die Indios erst durch die Europäer kennen, kaum aber hatten sie sie kennengelernt, fanden sie auch die Schutzkraft der Kuhpocken gegen Menschenblattern heraus, lange vor der ersten Impfung durch den Engländer Edward Jenner, dessen Name in Mexiko über allen Impfstationen steht. Schon lange, ehe Hahnemann die Homöopathie entdeckte, wußten die Mexikaner, daß man dem Gift einer Schlange mit dem Gift der gleichen Schlange begegnet und der Körperhitze mit Körperhitze. Und Schnupftabak war in Mexiko ein Heilmittel, mindestens ein halbes Jahrtausend bevor ihn der Wiener Professor Wagner-Jauregg wieder dazu machte.
Auf dem Kräuterstand von heute gibt es die gleichen Medikamente wie einst, denn schon damals gab es die meisten Krankheiten, die es heute gibt. Dennoch ist's schwer vorstellbar, daß sich Häuptling Falkenauge, Held der Wildwestromane unserer Kind-

heit, wegen Bindehautentzündung die Augen mit Tomatensaft einreiben ließ. Daß der Fliegende Pfeil geplagt war von Asthma (als Neihiotzaqualizti dem Indianer leicht zu merken). Daß der Stammesvater Fruchtbarer Eber gegen Impotenz behandelt wurde. Daß der Comanche Büffelkeule auf dem Kriegspfad an Furunkulose litt. Daß Winnetou Hämorrhoiden hatte und seine Schwester sich aus dem Wigwam einer Curandera folgenvertreibende Mittel holte.

Nicht nur Internistik und Arzneien gab es, sondern auch Chirurgie und Instrumente. Die Chirurgie war entwickelter als die europäische, was keineswegs so erstaunlich ist, wie es scheint. Konnten doch die medizinischen Priester ihr anatomisches Studium im Innern des lebendigen, noch funktionierenden Körpers betreiben, während sie das Menschenopfer vollzogen.

Mit dem gleichen Lavastein, mit dem die Priester töteten, operierten sie und stachen den Star, ließen sie zur Ader oder machten Schröpfungen. Zwischen Schienen aus Mahagoni renkten sie Gliedmaßen ein. Narkotisiert wurde mit Tabaksaft oder mit den Giften von Schlangen, Schwämmen und Kakteen; und selbst ein Mitglied der sonst so harmlosen Familie der Salamander, die giftige Krusteneidechse, steuerte ein Narkotikum bei.

Manche Krankheit wurde im Bad oder nach dem Bad ausgetrieben, teils durch Ingredienzien, die man dem Wasser beimengte, teils durch Prügel, die sich der Patient mit Maisstauden verabreichte, ähnlich wie es Russen und Ostjuden mit Birkenruten tun. Fast neben jeder Hütte im Indiodorf sieht man das Schwitzbad Temazcali, einen Sarg oder Backtrog aus Lehm, in dem der Badende sich nicht bewegen kann.

Eben kommt ein Großmütterchen, um Don Severino den Inhalt ihres Korbes zu verkaufen. Ihre Füße sind so schwarz von Schlamm, daß man glauben könnte, sie habe Stiefel an; sicherlich kommt sie von weit, weit her. Sie bringt Maniok, und Don Severino bezahlt ihr achtzig Centavos.

Daß das Medizinalgeschäft aus Götterhänden in irdische Hände überging, war nicht so schlimm für die Volksgesundheit. Wären nur auch die Mißstände verschwunden, die mit dem Götterglauben verbunden waren!

Die Götter straften die Sünder mit Krankheiten, selbst wenn

die Sünde unbewußt verübt wurde, zum Beispiel wenn jemand im Dunkel auf eine heilige Pflanze pißte. Einer solchen Ätiologie entsprach ein Heilverfahren voll von Aberglauben. Gewisse Kräuter durften nur an gewissen religiösen Tagen gepflückt werden, die Klopfgeister des Puls- und Herzschlags wurden mit Trommelwirbel animiert und die Dämonen, die sich in den Bahnen des Bluts, der Atmung oder des Stuhlgangs herumtrieben, mit Schreien und Stampfen verjagt. An Krankenlagern gab es lärmende Zeremonien und erregende Tänze. Amulette wechselten von ansteckenden Körpern auf gesunde hinüber. Im Regen oder in Pfützen hielt man Gottesdienste für den Wassergott Tlaloc ab, und Gichtkranke mußten in Wind und Zugluft beten, da ihr Leiden von den Windgöttern verhängt war. An den letzten fünf Tagen des Jahres wurde, weil es Unglückstage waren, jede Behandlung von Kranken eingestellt.

Starb eine Frau im Kindbett, so kam sie automatisch in den glücklichsten der Himmel – ein schönes Religionsgesetz, das aber zu Leichtsinn der Wöchnerinnen Anlaß gab, denn sie wollten sich diese Chance der Seligwerdung nicht entgehen lassen.

Wer von einem Skorpion gestochen ist, muß tanzen, um geheilt zu werden. In der an Palästen des Kolonialstils reichen Stadt San Miguel de Allende hat sich eine Gruppe von Mariachi (Musikanten) in dieser mexikanischen Abart der Tarantella spezialisiert. Einer von ihnen, den ich dort kennenlernte, erzählte mir, sie würden oft geholt, und gerade vorgestern hätten sie einem vom schwarzen Alacran gestochenen Mädchen sechs Stunden lang den Takt aufgespielt. Das Mädchen tanzte ununterbrochen und sank dann, schweißgebadet vor Erschöpfung, zusammen. Gestern sei es schon gesund gewesen. Er summte mir die Melodie vor, sie klang wie Trommelwirbel im Urwald.

Auch Prophylaktika des Aberglaubens gibt es gegen Skorpione und giftige Spinnen, so zum Beispiel einen herzförmigen Kiesel, den man den Kindern um den Hals hängt. Vor Vampiren braucht man sie nicht zu feien, denn gerade die saugen kein Blut, wie der Mexikaner weiß, weil er keine Gruselromane von Hanns Heinz Ewers liest. Das Ojo de Venado (wörtlich: Hirschauge; dinglich: Obstkern) bewahrt die Kinder vor dem Bösen Blick.

Gegen diesen götzendienerischen Fetisch haben die Missionare und ihre Amtsnachfolger weidlich gewettert und dargetan, daß gegen Bösen Blick nur ein geweihtes Medaillon helfe. Erfolg dieser Aufklärung: im Kinderdispensaire ist die Hälfte der Babies nur mit dem heidnisch-indianischen Amulett behängt, die andere Hälfte trägt zwei – das geweihte Medaillon ist auch dabei.

An das »Versehen der Schwangeren« glaubte man schon unter der Götterherrschaft. Noch heute geht auf dem Land keine Schwangere bei Mondwechsel aus dem Haus, um sich – besonders an Wegkreuzungen – nicht an Dämonen zu versehen. Nach der Entbindung mußte die Wöchnerin vierzig Tage lang jede Waschung unterlassen, um die Dämonen nicht zu verärgern. Das steht gleichfalls noch in Geltung, wenn auch nicht für die Arbeiterinnen in den Städten, die weder vierzig Tage feiern können noch an die Schutzkraft von Nichtwaschungen glauben. Aber ein Amulett aus Milchstein tragen sie doch auf der Brust, damit die Milch nicht versiege.

Am Kräuterstand gibt es eine nichtmedizinale, räumlich von der medizinalen nicht getrennte Abteilung mit Weihrauch, Haarwasch-, Zahnputz-, Insektenpulver, Lack, Gerbstoff, Brennöl, Aromatika für Schnäpse und Kaugummi.

Damit möchte ich's genug sein lassen und nur noch eines Handelsartikels Erwähnung tun, eines steinernen Topfes, den ich auf dem Markt von Ixmiquilpan für zwei Pesos hätte kaufen können. Ich erkannte ihn sofort: Es war der Lapis mexicanus, einstmals eine internationale Berühmtheit, Destillationsapparat und Refrigerator mit magischen Wirkungen. Im siebzehnten Jahrhundert hatte in Blois der Jesuitenpater de Martel ein Traktat über diesen mexikanischen Filter verfaßt, später hat Doktor Schatz in Straßburg die medizinischen Wirkungen des Steins gepriesen, und schließlich war die Sehnsucht nach seinem Besitz allgemein geworden.

Der Marquis de Louvois, der für Ludwig XIV. ein Riesenheer ausrüstete und ganze Länder ausraubte, starb, ohne den einzigen Gegenstand, den er für sich ersehnte, erlangt zu haben oder weil er ihn nicht erlangt hatte: den »mexikanischen Stein des verlängerten Lebens«. Die Gelehrten behaupteten, es handle sich um »Schwämme, als welche an etlichen Orten des Mexicanischen Meer-Busens, ohngefähr 100 Clafter unter dem Wasser an den Felsen wachsen, und von selbsten in der Luft erharten; deren größte Stücke werden von den Spaniern, nicht ohne gröbliche Unkosten, auss America an das Suder-See gebracht, und von dar nach Japponien in Schiffen geführet, allwo diese Art Steine, allsonderlich wann sie groß und dick sind, sehr hoch gehalten und dem Golde gleich verkauffet werden, indem sie der gäntzlichen Meynung sind, daß diese zu Stein gewordenen Schwämme eine Krafft das Leben zu verlängern, empfangen hätten«.

Die Töpfe aus Lapis m., in denen das eingefüllte Wasser kristallklar und eiskalt wird, kommen noch heute auf den Markt, freilich nicht mehr »dem Golde gleich verkauffet«. Es scheint vielmehr, als ob der Indio, so viele Mittel gegen seine Leiden er auch am Kräuterstand einkauft, für die Verlängerung seines Lebens höchstens zwei Pesos übrig hat.

Der Mensch im Kampf der Hähne

Hundert bis dreihundert Personen faßt die Arena der Hahnenkämpfe, die der Stierkämpfe viele Tausende. Aber kein Dörfchen ist so klein, daß nicht eine Plaza de Gallos darin wäre, während es eine Plaza de Toros nur in den Städten gibt. In den Städten ist der Hahnenkampf verboten, weil er ein Glücksspiel ist. Auf dem Lande, wo er ein Unglücksspiel für die Bauern bedeutet, ist er erlaubt.

Um der Gerechtigkeit willen sei zugegeben, daß auch in der Stadt auf Hähne gewettet wird; häufig melden die Morgenblätter, daß bei Razzien außer einem Dutzend Spieler ein paar Hähne auf die Wachstube abgeführt wurden. Bei anderen verbotenen Spielen ist die Entdeckungsgefahr geringer. Würfel lenken nicht durch Krähen die Aufmerksamkeit von Nachbarschaft und Polizei auf sich, Roulettekugeln pflegen kein Federwerk umherzuwirbeln, und Spielkarten bluten nicht, so daß man, falls die Polizei par hasard eindringt, alles ableugnen kann. Das ist nicht so leicht, wenn Flaumfedern als schwerwiegende Beweisstücke auf dem Tisch des Hauses liegen. Dennoch nimmt man das Risiko in Kauf, erwischt zu werden. Es muß also im Hahnenkampf ein Element enthalten sein, das in keinem leblosen Spielzeug enthalten ist. Und wer den nicht blutenden, glattrasierten und lautlosen Kampfhahn erfindet, kann im Nachtleben der mexikanischen Städte sein Glück machen.

Im Dorf ist Kikeriki kein Hilferuf der dem Tod geweihten Hähne, keine Denunziation des Hasardspiels, denn hier krähen die Hähne immerdar, von Sonnenaufgang bis Sonnenuntergang, friedliche Hähne und solche, die zum Pläsier der Menschen ihr Leben zerfleischen, wobei die Obrigkeit sozusagen die Kerze hält.

Wegweiser pfeilen die Richtung zur »Plaza de Gallos«, damit Ortsfremde die Arena finden, welche von außen eine Scheune ist wie andere auch. Nur ein Schalter neben dem Tor läßt erkennen, daß der Eintritt in diese Scheune Geld kostet. Frauen zahlen halbe Preise. In der Nähe der Hauptstadt geht die Galante-

rie der Galladores freilich nur so weit, daß die Damen mit ihrem Billett den nächstteuren Platz benützen dürfen.
Innen hat die Scheune ihren rustikalen Charakter verloren, innen sieht sie aus wie ein Boxring oder eine Ringerbox auf dem Rummelplatz. Zwei Stock hoch schlingt sich der plump gezimmerte Zuschauerraum im Kreis: Parterre und Galerie, Stühle und Bänke für die Menge.
Ein Mann am Manegenrand hat eine Geldschatulle vor sich und eine gewöhnliche Kaufmannswaage. Auf ihr werden die Hähne gewogen, bevor sie antreten. Das Wiegen dient nur der Feststellung der Gewichtsklasse, und es macht nichts aus, wenn der eine Hahn etwas weniger wiegt als der andere, ihm wird kein Ballast angehängt wie einem Rennpferd.
Der Betrieb ist eine Volksszene, gemalt von Hogarth. Nichts Heutiges läßt sich entdecken, weder Eisenkonstruktion noch Zement sind für den Tribünenbau verwendet. Kein Pressephotograph oder gar Filmoperateur schwirrt auf dem photogenischen, filmischen Schauplatz umher, kein Berichterstatter ist da. Dieser Sport bedarf der Reklame nicht, das Haus könnte nicht gefüllter sein mit Menschen und Spannung.
Am Büfett hinter den Bänkereihen werden Tacos und Enchiladas verkauft, auch mit Geflügelfleisch gefüllte. Das aber ist nicht das Fleisch der Hähne, die eben den »Tod am Nachmittag« erleiden. Solch prompte Ausschlachtung bleibt der Stierkampfarena vorbehalten. Dort wird der Stier, dessen Lebenslauf am Morgen in allen Zeitungen beschrieben und bebildert war – der Stier, dessen Kraft und Mut dreißigtausend Menschen zu lebensgefährlichem Enthusiasmus hinriß – der Stier, der einen vergötterten Torero auf seinen Hörnern aufspießte –, dort wird er fast im Augenblick, da er den Todesstoß empfängt, an Ort und Stelle vom Fleischbeschauer gestempelt, vom Metzger zerschnitten und vom Publikum gekauft. Nach Gewicht gekauft, als ob er ein anonymes Stück Rindfleisch wäre.
Mit einem Hahn im Arm kommt ein Mann in die Manege und legt ihn auf die Waagschale. Wie segnend wölbt er seine Hände oberhalb des Tiers, um es am Wegfliegen zu verhindern. Allzuweit käme es nicht, denn ihm sind die Flügel gestutzt. »Die Flügel gestutzt« ist nicht die einzige Metapher, die hier keine Me-

tapher ist. Dem Hahn wurde auch der Kamm geschoren. Würden die Hähne einander den Kamm ausreißen, dann flösse das Blut über die Augen und nähme ihrer blinden Wut das Ziel.
Mag auch der Schwanz der Stolz des Hahnes sein, beim Kampf ist er hinderlich – weg mit den Schwanzfedern. Nur eine bleibt als Steuerruder. Solcherart halbnackt, wirkt er weit kleiner, als sonst Hähne wirken. Ritz-ratz wird ihm auch der Sporn abgeschnitten, dieses Stümperwerk einer Natur, die von moderner Waffentechnik nichts versteht. Kein Blut fließt bei der Beschneidung, der Sporn ist ja nur Hornhaut, aber schmerzhaft ist, wie der Widerstand des Hahnes beweist, die Operation doch. Wehre dich nicht, Hahn, sieh her, schon kriegst du Ersatz, eine Spornprothese, gefertigt von Menschenhand. Zwei stählerne Säbelchen werden einem Etui entnommen, und der Schiedsrichter prüft sie genau. Er prüft, ob sie einander gleich sind und Genüge tun dem »Reglamento para el juego de gallos«, dessen erste Ausgabe von Amts wegen schon in Druck gelegt wurde, als es im Königreich Neu-Spanien nur eine einzige Druckerei gab. Der Hahn, der das Reglamento nicht gelesen hat, glaubt sicherlich – da er doch zwei Beine hat –, er werde beide Säbel bekommen. Aber nur einer wird ihm angeschnallt am Knöchel, wo der Sporn war von der Stunde an, in der die Sonne dem Hahn das erste Kikeriki entlockte.
Nun darf der Hahn ein bißchen umherstolzieren. Er wirft das Bein wie ein eben ausgemusterter und besäbelter Fähnrich, der bei jedem Schritt befürchtet, daß sich Säbel und Beine ineinander verwickeln.
Inzwischen aber entspinnt sich in der Arena ein Menschenkampf. Verglichen mit ihm, wird der Kampf um Leben und Tod der Hähne nur ein harmloses Nachspiel sein.
In die Manege stürzt eine Meute Tollwütiger und jagt mit einer sich steigernden Schnelligkeit, mit einem sich steigernden Bellen im Rund: die Corredores, Buchmacher, ihrer fünfzehn. Gekleidet sind sie in übertrieben helle Anzüge, sie tragen keine Sombreros, sondern städtische Hüte, und auf jedem Hut steckt eine Nummer. Welche Typen! Andernorts würde man sie für Schlepper von Nachtlokalen halten, für Zuhälter, für Ausrufer vor Jahrmarktsbuden oder Chapper am Tandelmarkt.

Einer der fünfzehn hat Tabes, aber zwei Krückstöcke verhelfen ihm, rasanter als seine Kollegen im Zirkusrund zu kreisen. Einer trägt einen schwarz gewichsten Schnurrbart inmitten einer Gesichtsrose, die ihn noch aufgeregter erscheinen läßt. Drei oder vier, betonte Schönlinge mit grellen Krawatten und pomadisierten Scheiteln, richten ihre Wettangebote ausschließlich an Damen. Einer ist ein ganz weißhäutiger Mestize, ungewöhnlich groß, unförmig dick, unermeßlich plattfüßig; all diesen Handicaps zum Trotz entwickelt er ein Tempo, das dem des Tabetikers nicht viel nachgibt.

Da fast jeder zum Wetten entschlossen ist, kommt es nicht darauf an, das Publikum als Ganzes zu animieren. Jedem der Buchmacher kommt es darauf an, daß der einzelne bei ihm und nicht bei einem anderen die Wette abschließe, von der ihm drei Prozent zufallen. Es gibt kein zentrales Wettbüro, wo die Wetten eingezahlt und die Gewinne ausbezahlt werden, das Publikum wettet gegeneinander. Jemand bietet eine Quote, und nun muß der Buchmacher einen finden, der das Angebot annimmt.

Im Laufe ihres Laufs zeigen die Corredores mit einem Finger bald auf den, bald auf jenen und dann immer wieder auf sich. Die gleiche Geste machen die in den Städten Australiens bettelnden Buschneger, nur haben die Buschneger nichts zu bieten, wogegen die Hahnenkampf-Buchmacher zum Beispiel »Silva dreißig zu fünfzig« zu bieten haben. Das bedeutet, daß derjenige, welcher dreißig Pesos auf den Hahn des Señors Silva setzt, im Fall des Sieges fünfzig Pesos bekommen wird.

Die Geldscheine oder ein Nicken nebst Fingerzeichen, das barem Geld gleich ist, fliegen kreuz und quer durch die Luft, sichtbare Summen und unsichtbare Unsummen. Aufgefangen werden sie von den Corredores. Die notieren nichts, sie nicken einfach mit dem Kopf, der ihr Kassabuch ist, ihre Registrierkasse und ihre Rechenmaschine.

Es wächst die Hast des Corredors, es wächst sein Eifer. Die Willigen hat er schon in der Tasche, jetzt gilt's, die Unschlüssigen zu packen und schließlich gar die zum Nichtwetten absolut Entschlossenen. Er bietet und drängelt und springt von einem zum andern und heult so laut, daß die krähenden Hähne ihre eigene Stimme nicht hören.

In den ersten Reihen sitzen schwerwiegende Männer mit Paketen von Geldscheinen vor sich, Rancheros, Getreidehändler, Habitués des Hahnenkampfs. Sie sind ein besonderes Ziel, erstrebt, umworben, umringt, belagert. Man flüstert ihnen Tips ins Ohr oder brüllt ihnen zu. Das alles dauert so lange, bis durch das Megaphon an etwas erinnert wird, was man beinahe vergessen hätte: den Hahnenkampf. »Der Hahn des Señors Silva aus Cuautitlán und der Hahn des Señors Echegaray aus San Bartolo treten an. Die beiden Señores Besitzer haben dreihundert Pesos gegeneinander gewettet.«

Ein Pfiff als Startzeichen, der Hahnenkampf beginnt, und der Börsenkampf sollte zu Ende sein. Jedoch weder die ungeduldigen Rufe des Megaphons, »Orden, Corredores« – »Zur Ordnung, Makler«, noch die Präludien des Hahnenkampfes sind imstande, die Finanzoperationen jäh abzubrechen. Wohl ist den Corredores vorgeschrieben, in diesem Augenblick die Bahn zu verlassen, nicht vorgeschrieben aber ist ihnen das Tempo. So weichen sie denn nur langsam, verzweifelte Rückzugsgefechte liefernd, indem sie mit dem Schrei »Quién da?« – »Wer gibt?« noch Abschlüsse erfechten. Als letzter zieht sich der arme Tabeskrüppel zurück, und während er sich auf seinen Krückstöcken wie ein Stabhochspringer über die Manegenbrüstung schwingt, schmettert er seinen Schlachtruf: »Silva vierzig zu sechzig! Quién da?«

Repräsentiert durch den grünen Hahn des Señors Silva, tritt das Dorf Cuautitlán gegen den roten mit weißen Flecken an, der die Gemeinde San Bartolo ist.

Da sind sie in persona, die beiden gefiedert-entfiederten Gladiatoren, auf die jedermann im Rund einen Teil seines Vermögens gesetzt hat. Keine Spannung, kein Ausruf begrüßt sie, ja nicht einmal ein Blick streift sie, weder ein hoffender noch ein fürchtender, noch ein prüfender. Es scheint, als habe man nur aus Laune auf den einen oder den anderen gesetzt, so willkürlich etwa, wie man oft in Monte Carlo auf Rouge oder Noir setzt, auf Pair oder Impair. Jedenfalls werden die Wetten mehr vom Steigen und Fallen der Odds bestimmt als von den Hähnen. Vorsichtige Spieler setzen auf den Favoriten, kühnere ziehen den Outsider vor, der zwar die kleinere Chance hat, aber den größeren Gewinst bringen kann.

Theoretisch kennen Männer mit Hahnenverstand ihren Favoriten ab ovo und sogar ante ovo; sie haben schon seinen seligen Vater gekannt und wissen, welche Schulbildung der Sohn genossen hat. Auf Ranchos, die als Hegehöfe und Trainingsplätze für Kampfhähne berühmt sind, werden sie von Jugend auf mit irritierender Nahrung und exaltierenden Injektionen gefüttert. Dort muß Hähnchen auf dem Reck turnen, um den Kopf nicht zu verlieren, wenn dieser nach unten hängt oder sich dreht. Dort werden ihm Muskeln und Sehnen gelockert und der Körper massiert. Dort tritt er gegen Sparringpartner an, denen wohlweislich eine Art Boxhandschuh über den Sporn und über die Schnabelspitze angelegt wird, so daß der künftige Kampfhahn alle Partner erledigt, ihm der Kamm schwillt und er sich von nun an für unbesiegbar hält. Aber weist nicht sein künftiger Kampfgegner einen ähnlichen Pedigree auf, genießt er nicht die gleiche Erziehung?

Vorläufig ruhen beide im Arm ihrer Züchter. Beileibe aber liegen sie dort nicht, um gehätschelt und geschützt zu werden wie einst unter den Fittichen von Mutter Gluckhenne. Solche Gefühle von Friedlichkeit im Hahnenherzen aufkommen zu lassen, daran hat der Züchter durchaus kein Interesse. Im Gegenteil. Er erlaubt einem fremden Manne, mit einem fremden Hahn sich dem seinigen zu nähern, mit einem Hahn, der heftig vorstößt. Dieser reizende Mann hieß im elisabethanischen England »Cockteaser«, Hahnenreizer, und der Ausdruck ging auf Frauen über, die es mit Männern ebenso machen, ohne die Absicht, sich nachher zu stellen. Der Kampfhahn möchte den Provokateurhahn anspringen, wird jedoch von Menschenhand verhindert. Es genügt, daß er in Rage gerät, die Betätigung dieser Rage hat er gegen den Partner aufzusparen.

Ist er wirklich bis auf den Siedegrad des Zorns erhitzt? Für alle Fälle reißt ihm sein Herr und Gebieter noch ein paar Flaumhaare aus, zwickt ihn in den Bürzel, beißt ihn ins Rückgrat, schwingt ihn in der Luft und schlägt zuletzt das Kreuz über ihm, auf daß das Tier gottgefällig und gottgesegnet sei im Streit für die gute Sache.

Das Kreuz ist geschlagen, es ist soweit. Die Besitzer, in der Sprache des Hahnenkampfs »Soltadores« – »Loslasser« genannt,

treten aufeinander zu, jeder mit seinem Hahn im Arm, damit die beiden, die einander umbringen sollen, vorher Bekanntschaft schließen. Die Hähne reagieren, wie gewünscht, sie blitzen einander Mordgelübde entgegen. Gut, gut!
Sie werden auf den Boden gestellt, aber die Hand des Herrn hält sie an ihrem Hintern fest. Die beiden Hähne können nichts anderes tun als aufeinander zustreben, sie strecken sich zu übernatürlicher Länge aus wie Reitpferde vor dem Ziel, bilden zusammen einen unterbrochenen horizontalen Strich.
Dies ist der Moment, in dem die heulenden Derwische der Buchmacherei verstummen, nachdem sie mehr als fünfzehn Minuten geheult. Dies ist der Moment, in dem die Kombattanten, jeder auf einer anderen Seite der Arena, von den Loslassern losgelassen werden.
Nicht im Hahnentritt nähern sie sich, sie schnellen aufeinander zu, schwingen sich übereinander hinweg, einmal, zweimal, aber da der eine landet, überfällt ihn der andere von hinten, eine blitzartige Umdrehung erfolgt, und im gleichen Augenblick sind sie ineinander verzahnt, verhakt, verbohrt.
Blutend und verblutend martern sich bis zum letzten Pulsschlag zwei Angehörige der gleichen Art und des gleichen Geschlechts. »... des gleichen Geschlechts«, das ist es! Nebenbuhlerschaft des Männchens gegen das Männchen, Sexualneid. Hast du, Hahn, denn nicht Hennen genug zur Umarmung? Gönnst du keinem andern den kaum eine halbe Minute währenden Genuß der Liebe? Merkst du nicht, daß der Mensch deine Instinkte mißbraucht? Niemand anderer als er hat durch Beißen, Zwicken, Rupfen und Schütteln deine Wut geschürt, damit du sie an einem ebenso absichtlich gequälten Artgenossen ausläßt. Warum willst du morden und dabei selbst gemordet werden? Nun, du willst und er will, und so müßt ihr.
Auf dem Erdboden und oberhalb des Erdbodens vollzieht sich das Gemetzel, vollzieht sich mit Griffen, Stößen, Kratzen und Schlägen. Der Schnabel hämmert dem Feind in die Weichen, aufs Schädeldach und gegen die Augen. Säbelhiebe sausen, Flügelreste umklammern den Gegner.
Die Partner, verbissen, gehen in die Luft. Denn sie vergessen oder bedenken nicht, daß ihnen die Flügel gestutzt sind, und

glauben noch immer, fliegen zu können. Und der Glaube verleiht Flügel. Senkrecht heben sie sich vom Erdboden, ein Klettern, wobei der eine Hahn dem andern als Stange dient. Aneinander klimmen sie hoch.

Dort oben sind sie zunächst ein Doppeladler, indivisibiliter ac inseparabiliter, ein durch Zauberei lebendig gewordenes Wappentier mit Köpfen, die sich furios gegeneinanderrichten, mit Schnäbeln, von denen der eine den anderen pickt, und mit zwei Beinpaaren, die einander Fußtritte geben und metallene Schwerthiebe. Durch die Luft sausen Feder und Flaum. Die zusammengewachsenen Zwillinge rotieren um eine nicht vorhandene Achse. Und da! Da entsteht die Achse wirklich. Sie ist rot und scheint sich aus einer Pfütze zu erheben. In Wahrheit aber führt die flüssige Linie von oben nach unten in die Mitte der Blutlache, sie immer mehr und mehr vergrößernd.

Auf der oberen Spitze der Linie dreht sich ein Wetterhahn in Wirbelwind und Schneesturm. Plötzlich fällt ein Auge hernieder. Ihm nach klatscht alsbald das Doppelwesen in die aufspritzende rote Brühe. Aber noch ist es keineswegs gewillt, als Suppenhuhn zu enden, es teilt sich in seine beiden Bestandteile, die einander jetzt noch mehr hassen als vor ihrem Aufstieg in die Sphären. Wie besessen rücken sie vor, legen los mit Schnäbeln und Säbeln, mit Hieb und Stich, mit Schlag und Stoß, mit Griff und Dreh, boxend, fechtend und ringend. Bis der eine auf den Rücken fällt und alle viere von sich streckt, die freilich nur zweie sind.

Er ist nur halb tot, nicht ganz tot. Aus der Rückenlage hebt ihn sein Besitzer und trägt ihn fürsorglich, fast zärtlich auf die andere Seite der Manege. Unterwegs schon lüftet der menschliche, fast zärtliche Chef seinem Hahn die Flügel, sieht nach, ob sie nicht einen Herzstich oder einen Lungenstich verbergen. Mit diagnostischem Blick betrachtet er die Schädeldecke. Um nicht selbst von dem Säbelchen verletzt zu werden, faltet er die Hahnenbeine sorgsam unter dem Hahnenbauch.

Dreizehn Kämpfe bietet der Nachmittag mitsamt dem Abend, da Petroleumlampen das Schlachtfeld beleuchten. Dreizehn Kämpfe und jeder mit Pausen, und jede Pause mit seltsamen Wiederbelebungs- und Dopingversuchen des Züchters. Er öffnet dem Hahn den Schnabel, fährt mit dem Finger tief in den Schlund. Dann nimmt er den Kopf des Hahns in den Mund, hält ihn zwischen den Lippen fest und streckt den Hals des Tieres. Massageschläge auf die Flanken. Wunden saugt er aus, preßt mit Zähnen und Fingern die Wundränder zusammen. Schließlich läßt er den Bürzel in seinem Mund verschwinden. Lutscht er, beißt er, bläst er Chilepfeffer hinein? – Nur der Gott der Alektryomachien mag wissen, was sich hier begibt.

Der dermaßen behandelte Hahn tritt wieder an, greift wieder an, solange seine Kraft dauert. Manchmal versucht einer der Partner zu entweichen, jagt die Peripherie entlang mit Todesangst im Blick, sofern er noch einen Blick hat, denn bestenfalls haben Verfolger und Verfolgter zusammen nur noch drei Augen.

Liegt einer endgültig auf dem Boden, so triumphiert der Triumphator nicht; er trompetet kein Halali und stolziert keine Siegesrunde, wie es Menschen im analogen Fall tun. Ruhig und blutbetupft steht er neben dem sterbenden Gallier, halb abgewendet, als wolle er nicht sehen, was er angerichtet. Nur wenn das Opfer noch eine Zuckung macht, dreht er sich ihm zu und gibt ihm den Gnadenstoß. Ex!

Während des Gemetzels unterhielten sich die Zuschauer miteinander, aßen Tacos und tranken Pulque. Nur hie und da warfen sie einen Blick hinüber, um festzustellen, wie sich ihr Einsatz gegen den Gegeneinsatz halte.

Bei anderen Tierkämpfen gellen den Kampftieren befeuernde Zurufe entgegen. Aber den Hähnen, bei denen es nicht sinnloser wäre als bei Stieren, Pferden oder Greyhounds, gilt kein Geschrei. Wer wird einem Würfel, einer Roulettekugel, einer Spielmarke oder einem Lotterierad seine Wünsche, seinen Beifall und seine Mißbilligung zurufen? Der Hahn ist nur ein Utensil des Spiels.

Nicht immer kann das so gewesen sein. Wie Pferd und Rind waren auch Hahn und Henne von den Spaniern in Mexiko eingeführt worden. Um wieviel schöner, um wieviel gelenkiger, um wieviel stolzer war der Hahn als der eingeborene Truthahn. Die gleichzeitig mit den Hähnen importierten Hahnenkämpfe ließen die Indios glauben, daß göttliche Krieger im Federschmuck einen Streit ausfechten, den eine noch höhere Gottheit entscheide. Vertrauten doch diesem Urteilsspruch der Götter selbst die weißen Gebieter und verspielten oft Haciendas mit Tausenden von Seelen im Hahnenkampf.

Im Circo de Gallos von Tlalpan saß Tag für Tag der Vizekönig Iturrigaray, herrschte von dort über ganz Neu-Spanien, und je nachdem, ob er gewann oder verlor, war er gnädig oder ungnädig. An einem Sommertag von 1808 stürzte einer seiner Beamten mit der »Gazeta de Madrid« herein: Revolution in Spanien, Invasion durch Napoleon, Thronentsagung des Königs. »Das ist das Ende unserer Herrschaft«, sagte der Vizekönig und setzte auf den nächsten Hahn. Allerdings waren gute Hähne im Spiel, darunter vier malaiische, wahre Raubvögel, eben mit dem Kurier angekommen.

Auch die Republik wurde von der Hahnenkampfarena aus regiert, als der General Santa Ana Diktator war. Gummikauend saß er tage- und nächtelang an den Hähnen, und die Schlachten gegen Landsleute und gegen die Amerikaner waren ihm nur störende Unterbrechungen der Hahnenkämpfe. Seine Lieblingsgladiatoren waren die krummschnabeligen Aseelhähne aus Westindien, denen er vor ihrem Antritt in die haßfunkelnden Augen sah, um zu wissen, wer siegen werde.

Heutzutage werden keine Kampfhähne mehr importiert, einheimische tun's auch. Sobald einer mit seinem Sterben das Resultat der Wetten anzeigt, tritt ihm sein fürsorglicher, fast zärtlicher Besitzer auf den Hals, auf daß er besser ausblute, und die Buchmacher stürzen von neuem in die Arena, kassieren die Verluste ein (ganze Bündel von Geldscheinen) und zahlen die Gewinne aus (ganze Bündel von Geldscheinen).

Geschäftsreise

Warst du einem eben angekommenen Amerikaner bei seinen sprachlichen Schwierigkeiten behilflich oder hast du ihn sonstwie kennengelernt, so schlägt er sich plötzlich auf die Stirn. Ihm ist eine Eingebung gekommen, wie sie vor ihm noch niemand hatte.
Er lädt dich zu einer Reise durchs Land ein, nach Tonalá, nach Tlaquepaque und sonstwelchen Orten, die er aufzählt. Sein Trip geschehe zum Vergnügen, zur Erholung und um etwas zu sehen von der Welt, und er will dich mitnehmen, auf seine Kosten natürlich, weil du ein so netter Kerl bist.
Naiv fragst du, warum er gerade nach Tlaquepaque will und nach Tonalá, das seien doch keine Touristenziele? Well, antwortet er, er könnte bei dieser Gelegenheit einige Geschäfte abschließen, aber das sei nicht so wichtig.
Er hatte sich eingebildet, spanisch zu sprechen, weil er sich das erste Heft eines spanischen Lehrkurses gekauft hat, in Mexiko aber merkte er, daß seine Kenntnisse und ein Taschenwörterbuch nicht genügen, die Geschäfte durchzuführen, die der Zweck seiner puren Vergnügungsreise sind. Wohl könnte ein in Mexiko ansässiger Kommissionär die Einkäufe besorgen, aber der kennt erstens den ganz besonderen Geschmack nicht, den die Kunden der Firma haben, und zweitens würde er Provision verlangen.
Da, als die Kalkulation am höchsten ist, bist du am nächsten, ein Sitz in seinem Auto kostet nichts, und ein Hotelzimmer in den kleinen Städten kostet, von der Dollarwährung aus gesehen, fast auch nichts. Gerührt von seiner eigenen Hochherzigkeit, stellt er dir die Frage: »Is it allright with you?« Und wenn du nichts Besseres zu tun hast oder gerade in jene Gegenden willst, ist es allright mit dir.
Eigentlich gibt es nur drei Staaten in Mexiko, wo man Heimarbeit en gros einkauft: Oaxaca, Michoacán und Jalisco.
Eigentlich gibt es in den drei Staaten nur eine Sorte, um derentwillen der ausländische Einkäufer die mexikanischen Provinzstraßen nicht scheut; diese Sorte führt in der New Yorker Warenkunde die offizielle Bezeichnung: »Tinneff«.

Du rollst mit deinem Chef zunächst der Stadt Oaxaca zu. Dort war er schon vor einer Woche und allein. Wie er dir unterwegs erzählt, hat er dort nichts ausgerichtet, aber das war, bei Gott, nicht seine Schuld. Nicht im Traum konnte ihm einfallen, dort Schwierigkeiten zu finden. Saß doch in Oaxaca sein langjähriger Lieferant Gallardo Gallegos, und der hatte erst vor ein paar Wochen der Firma geraten, einen Einkäufer hinzuschicken.

»Ich komme mit meinem Auto in Oaxaca an und frage im Touristenbüro, wie ich zu Gallardo Gallegos komme. Wissen Sie, was man mir sagt? Man sagt mir, Gallardo Gallegos sei im Gefängnis. Man sagt es mir auf englisch, damit ich meinen Ohren traue. Aber ich traue meinen Ohren nicht, fahre ins Hotel und frage dort, wo ich Gallardo Gallegos treffen könnte. ›Der ist im Gefängnis‹, sagt mir der Hotelier, ›wegen Mord.‹«

Dein Amerikaner hat sich noch nicht von diesem Mißgeschick erholt. »Ich reise schon fünfzehn Jahre in den Staaten, aber das ist mir noch nicht passiert, daß ein Kunde im Gefängnis sitzt. Und wenn, dann sitzt er wegen Konkurs oder irgendeiner Wechselgeschichte, aber nicht wegen Mord.«

Er erzählt dir noch eine zweite Episode: »Ich bin hartnäckig, müssen Sie wissen, ganz Amerika kennt mich als stubborn. Also fahre ich nicht gleich weg. Ich denke mir, vielleicht ist die Sache mit Gallardo Gallegos ein Fingerzeig Gottes, daß ich direkt bei den Handwerkern einkaufen soll, da erspare ich den Zwischenhändler. Der Hotelier gibt mir einen Mann mit, und der fährt mich nach einem Töpferdorf, Coyotepec oder Coyoacán heißt es – hier in diesem Land heißen ja alle Orte gleich, Guadalajara und Guadalupe und so weiter ... Wir sind also in diesem Nest Coyotepec oder wie immer es heißt. Wissen Sie, was die Weiber dort machen?«

Ja, du weißt es. Sie machen die Cántaros, die eisengrauen Kugelgefäße, die du so liebst.

»Sie machen dort ganz runde Töpfe, kugelrund, ob Sie's glauben oder nicht. Sogar unsere alte Erdkugel ist oben und unten flach, damit sie der Herrgott im Notfall irgendwo aufstellen kann. Aber diese Töpfe sind nirgends abgeplattet, niemand kann sie hinstellen. Wie soll man so etwas im amerikanischen Haushalt verwenden?«

So wie sie im mexikanischen Haushalt verwendet werden, könntest du antworten. Ein Topf in Kugelform, den man an einem Strick in den Brunnen hinabläßt, füllt sich sofort und richtet sich senkrecht auf, ohne die Hälfte des Wassers zu verlieren. In der Stube hängen die eisenfarbenen Cántaros von der Wand oder von der Decke. Man trinkt daraus beim Essen, ohne sich bücken oder aufstehen zu müssen, den Mescalschnaps und das Wasser, das sich darin besonders kalt hält. Auch können in keiner Vase Blumen so schön wirken wie in diesen Eisenkugeln aus Ton.

Das alles könntest du antworten, aber du sagst nur, daß es keine Ständer gäbe, auf die man die runden Töpfe stellen kann.

»Das ist Nonsens«, erfährst du. Kein Amerikaner würde eine Kanonenkugel als Vase benutzen, keine Amerikanerin würde ihre Wasserflasche im Wohnzimmer aufhängen, kein Amerikaner trinke aus einem schmutzigen Fußball. »Als man mir das Zeug gezeigt hat, hab ich mich umgedreht und bin weggefahren.»

Jetzt fährt er wieder hin, geheilt von seiner Idee, direkt beim Töpfer einzukaufen. Deine Aufgabe soll es sein, einen neuen Lieferanten zu finden.

»Vielleicht kann uns Gallardo Gallegos einen empfehlen«, sagst du.

Dein Chef schaut dich kopfschüttelnd an. »Wo wollen Sie Gallardo Gallegos finden? Glauben Sie denn, daß er gerade in Oaxaca eingesperrt ist? Und daß man so mir nichts, dir nichts hingehen kann? Ich wollte einmal jemanden in Sing Sing besuchen, da habe ich vorher ein Gesuch machen müssen mit meiner ganzen Lebensgeschichte, mit den Gründen meines Besuchs – nein, ich möchte nicht wochenlang in Oaxaca bleiben.«

In Oaxaca dirigierst du das Auto direkt zum Gefängnis. Dort ist gerade Hofstunde, und als du einen Wärter fragst, ob etwa ein gewisser Gallardo Gallegos hier in Haft sei, ruft er durchs Fenster: »Don Gallardo! Kunden sind da, Gringos!«.

Don Gallardo erscheint im Straßenanzug, freut sich, euch zu sehen, fragt, ob er euch ein Frühstück anbieten dürfe, und führt euch, von niemandem begleitet, in sein Büro hinauf. Sein Büro ist auf dem Korridor, zwei Tische mit je einer Schreibmaschine;

die eine bedient er selbst, die andere ein Häftling, den er in Dienst genommen hat. Dann führt euch Don Gallardo in seine Zelle, die als Warenlager eingerichtet ist, und erklärt euch Novitäten und Preise.
»Wie gehn die Geschäfte, Don Gallardo?« fragst du. »Regulär«, antwortet er, »in mancher Beziehung sogar besser als draußen. Man wird hier nicht so abgelenkt.«
Im Auftrag deines Chefs fragst du ihn, warum er eingesperrt ist.
»Ach, eine blöde Geschichte, nicht der Rede wert. Ich sitze mit ein paar Freunden im Nachtlokal, und wir trinken ein paar Gläser, wie das schon so ist. Da fängt ein Ranchero Radau an wegen eines Mädels an unserem Tisch, ein widerlicher Bursche, mit dem ich schon oft aneinandergeraten bin. Er zieht den Revolver, wir natürlich auch, und plötzlich fällt er tot um. Man behauptet, ich habe ihn erschossen. Ich war's aber nicht, es war einer meiner Freunde, den ich nicht belasten wollte. So bekam ich fünf Jahre aufgebrummt ... Man muß mich hier meiner Arbeit nachgehen lassen, sonst würden fast alle Töpfer der Umgegend arbeitslos. Ich habe sogar im Gefängnis eine Töpferwerkstatt eingerichtet und kann Ihnen jetzt prompter liefern als früher, vor allem laufende Ware.«
Die laufendste dieser laufenden Ware ist eine Oaxaca-Vase, die aussieht, als habe jemand an ihrer Öffnung eine Farbentube nach der anderen und neben der anderen ausgedrückt. Da alle Farben des Spektrums beim Hinuntertriefen mitgemacht haben und nachher die Vase auf Hochglanz glasiert wurde, ist sie ein beseligendes Schmücke-dein-Heim-Schmuckstück für jedermann, und Ihrer geschätzten Bestellung ehebaldigst entgegensehend, kauft dein Amerikaner drei Waggons dieser Majolikavasen und einen Waggon ebensolcher Töpfe, Kannen, Teller, Aschenbecher und Nippsachen.
Befriedigt über die Geschäftsgebarung im Zuchthaus, fährt er noch am gleichen Tage mit dir nach der Hauptstadt zurück.
Das nächste Mal fährst du mit deinem Chef nach Uruapán, weil er Lackwaren einkaufen will. Aber es stellt sich heraus, daß die Lackwaren aus der Stadt Uruapán nicht die sind, die er sucht. Er sucht weit buntere und billigere. Die gibt es in den Dörfern der Umgebung, in Paracho und Quiroga.

Zweck und Rohmaterial der Waren aus der Stadt Uruapán und der Waren aus ihrer Umgebung sind einander gleich: Holzteller oder Servierbretter, runde und ovale, Charolas und Bateas. Das Holz stammt aus den harztriefenden, terpentinhaltigen Waldungen, die gegenwärtig von der Lava und dem Rauch des Vulkans Paricutín erfüllt sind. Den Lack, schwarz, glänzend und unzerstörbar, liefern wilde Bienen und eine Blattlaus namens Aje. Mit diesem Insektenprodukt, das in Leinöl und animalischen Flüssigkeiten aufgelöst ist, wird der Teller grundiert, getrocknet und mehrmals wiederlackiert. Dann werden in den Lackfond alte mexikanische Motive geschnitten, und auf diesen Ausschnitten verreibt der Arbeiter mit dem Daumen eine Farbe nach der andern in wochenlanger Arbeit. Aber ewig wie der einfarbige Grund bleibt das ihm tief eingefügte Bunt. Froh grüßen die Blumen von den Beeten, ein Zierat sind die auf schwarzen Fond geklöppelten Spitzen.

Jedoch der Masseneinkäufer braucht Massenware, und die kann man aus Quiroga und Paracho weit billiger und greller beziehen. Dort wird der Fond nicht ausgeschnitten, sondern das farbige Sujet, je farbiger, desto besser, einfach aufgemalt, häßliche Klatschrosen, hellblaue und knallrote, kitschige Frauenköpfe, stilisierte Agaven. Dein Chef kann sich hier mit jeder Art von beblümter Holzware versorgen: mit Schöpflöffeln und Kakaoquirlen, Gartenstühlen und Salzfässern, Bücherbrettern und Stopfeiern, Spazierstöcken, Leuchtern und was nicht noch.

Keineswegs freut sich der Großhändler bei eurem Eintritt. Er fürchtet Vorwürfe, weil er die Bestellung vom 27. September vorvorigen Jahres und die vom 4. Januar vorigen Jahres nicht ausgeführt hat, von nichtbeantworteten Mahnbriefen ganz zu schweigen. Er beginnt mit Ausreden. Die zwei Waggons mit den bestellten Waren seien schon fertiggestellt gewesen, aber drei Gros grüner Kindersparkassen hätten ihm gefehlt, und so habe er das Ganze nicht abgeschickt, er liebe Ordnung. Was die anderen Orders betrifft ... es sei jetzt so schwer, Waggons zu bekommen ... Und schreiben ... durch die Kriegszensur sei der Postverkehr so unregelmäßig ... Und ...

Man glaube aber nicht, daß der Großhändler seine Ware ungern verkauft. Im Gegenteil, er verkauft sie sehr gern, wenn auch nicht so gern, daß er den Verkauf in Bürokratie oder gar in Arbeit ausarten ließe. Frachtbriefe, Fakturen, Zollvorschriften, Laderaumbeschaffung, Buchführung und Korrespondenz erscheinen ihm seltsamerweise höchst langweilig. Er läßt die Ware von Heimarbeitern herstellen, und es wäre ihm am liebsten, wenn der Detailhändler mit einem Lastauto ankäme, aufladen würde, was er braucht, bezahlen und dorthin fahren würde, wo der Pfeffer wächst – das heißt, wo der Pfeffer *nicht* wächst. In Mexiko wächst er.

Du hast deinen Amerikaner in den Sattel gesetzt, und er weiß jetzt schon, wie Dutzend und Gros auf spanisch heißt. Er hat sich daran gewöhnt, daß viele Items keine Warenbezeichnung und keine Warennummer haben; deshalb beschreibt er in seinem Bestellbrief jedes Stück mit präzisen Charakterisierungen wie »highly colourful« oder »most decorated« und gibt die Größen an, die er mit dem Zollstab genau gemessen hat. Dabei sieht er voraus, daß die Maße bei der Ablieferung ja doch nicht stimmen werden, die verfluchte Handarbeit soll der Teufel holen.

Inzwischen hast du Zeit, dich in den Magazinen der bemalten Gipsfiguren umzusehen, zu lustwandeln in Schreckenskammern des internationalen Kitschs. An Hunderten von pfeilbewehrten Amors mit Psyche vorbei läufst du Spießruten; Hunderte von Napoleons mustern dich unter ihrem Zweispitz; ein muskulöser Barbar raubt vor deinen Augen hundertmal die gleiche Sabinerin; Gretchen erschauert hundertmal beim Anblick Mephistos; dem geilen Pan gelingt es hundertmal, das zappelnde Nymphlein zu entführen; hundertmal rennt Don Quijote die Windmühlen an, ohne zu merken, daß sie nicht die Phalanx der Feinde sind; hundert Colleonis reiten finsteren Blicks an dir vorbei, und hundert nackte Schlangenbändigerinnen bieten dir ihre Reize dar. Auch der Humor will durch Quantität wirken, aber dir Humorlosem erscheinen hundert kackende Männer nicht witziger, als wenn's nur ein einziger wäre.

Die Sujets für den inneren Markt sind nicht minder vom Geschmack der Zeitläufte verdorben, wenigstens jene, die in Massen gehandelt werden. Du willst dich eben von ihnen abwenden, als dir einfällt, daß du hier vielleicht die Themen für ein Mexikobuch finden könntest. So schreitest du denn dein künftiges Inhaltsverzeichnis ab.

Die Marterung Cuauhtémocs durch Cortez. – Der Kalenderstein der Azteken. – Der Adler mit Schlange und Kaktus, das Wappen des Landes. – Die Sage vom Berg Popocatépetl und seiner Geliebten Iztaccíhuatl. – Die China Poblana, die eine chinesische Piratensklavin war und dann geachtet in der Stadt Puebla lebte. – Pater Hidalgo, die Glocke läutend zum Aufruhr gegen die Spanier. – Benito Juárez, das aztekische Indiogesicht. – Porfirio Díaz mit silbernem Schnurrbart und goldenen Orden. – Emiliano Zapata, der Bauernführer, mit dem das Land für die Aufteilung des Landes kämpfte. – Lázaro Cárdenas, der den einheimischen Bauern Boden gab und den fremden Trusts das Petroleum nahm. – Cantinflas, ein Volkskomiker, mexikanischer Chaplin.

Dann anonyme Gestalten aus den autochthonen Arbeitsprozessen: Gondolieros von Xochimilco, dem Gefild schwimmender Gärten. Tlachiqueros, die der Agave mit Hilfe eines Kürbis das Honigwasser entsaugen. Chicleros, die in den Urwäldern Kaugummi fördern. Maultiertreiber. Lastträger, turmhoch bepackt mit Tongefäßen oder Körben. Tortilleras. Mariachi, die Straßenmusikanten. Fröhliche Friedhofsszenen am Totensonntag.

So. Nun brauchst du diese Themen nur auszuführen, und dein Buch ist fertig.

Von Guadalajara und vom Staat Jalisco, dessen Hauptstadt Guadalajara ist, singen viele Lieder. Sie hämmern auf dich ein und wiegen dich in der Vorstellung, Jalisco sei ein Phäakenland, wo du dich nie aufregst, und in Guadalajara blühe ununterbrochen das Glück. Hast du aber das Unglück, wissen zu wollen, wovon und wie die Massen dieser Stadt, der zweitgrößten des mexikanischen Reiches, leben, so klingen andere Lieder in dein Ohr.

Peripherie und Umgebung leben fast ausschließlich von Heimarbeit, und der Großteil der Produkte geht ins Ausland. Was einst Handwerk war, ist zwar immer noch Handarbeit, aber nicht mehr individuell und unabhängig. Sie wird im Auftrag des lokalen Großhändlers geleistet, der ohne Fabrik und ohne Verpflichtung zu Taglohn und Arbeitsschutz all das erzeugen läßt, was der Auslandsmarkt von ihm verlangt. Dieses Manufakturwesen in der Epoche industrieller Produktionsweise muß mit der industriellen Produktionsweise Schritt halten, sie sogar überbieten.

In der Vorstadt Tlaquepaque wirst du in jedem Haus den gleichen Zustand finden: Arbeitsvolk ohne Raum. Auf der steilen Stiege, im engen Flur, in Küche und Kammer und auf dem winzigen Hof drängt sich eine Belegschaft von Männern, Frauen und Kindern, Mitglieder einer Familie, verstärkt durch die Nachbarschaft.

Die erste der Werkstätten, in die du mit deinem Chef kommst, ist eine Silberwerkstätte. Er kauft alles das, was schon fertiggestellt im Schrank liegt, das, was noch schwarz und heiß der letzten Politur harrt und was noch im ersten Arbeitsgang steckt. Du siehst Acht- und Neunjährige, die mit der Traktolinflamme hantieren, das Silber schmelzen und zu Fäden ziehen, feilen und knüpfen, den Staub einatmen und die Ware putzen, filigranste Filigranarbeit.

Mit Menschen vollgepropft sind auch die Stuben, in denen Huaraches entstehen, Sandalen, geflochten aus Streifen von schlecht gegerbtem und daher stinkendem Leder. In Häusern anderer Straßen knüpft man netzartige Vorhänge oder dicke Wollteppiche. Anderswo werden Matten aus Bast geflochten und wieder anderswo Gartenmöbel mit Ziegenleder bespannt und mit Farbe bestrichen.

Dort, wo Glas verarbeitet wird, sind die Räumlichkeiten nicht so patriarchalisch, und angesichts der offenen Feuer und Kessel hast du den Eindruck, in einer Fabrik zu sein. Aber welch eine anachronistische Fabrik! Die Glashütten auf den böhmischen Bergen um Gablonz, wo ein alter Meister mit gleichaltrigen Gesellen den Blasebalg tritt und die Formen schneidet, sind moderne Industrieanlagen gegen die Glasbläsereien hier.

Vasen, Gläser und Karaffen wachsen aus dem Mund des Arbeiters, sein Schoß ist die Drehbank, und seine Hände sind die Drehscheibe. Auch in dieser Halle voll Flammen und Gluten arbeiten Kinder. Um dir ihr Können vorzuführen, blasen sie eine Zigarettenspitze, die sie zu einem Knoten schlingen, solange das Glas heiß ist, und überreichen sie dir, eines Gegengeschenks gewärtig.

Dominierend in Tlaquepaque sind die Töpfereien. In dieser Stadt findest du sie in Haus und Hof, die sich voneinander nur dadurch unterscheiden, daß das Haus gedeckt und der Hof ungedeckt ist. Alles ist Lehm, der Arbeitsplatz, das Arbeitsmaterial und das Arbeitsprodukt. Selbst die Hände und das Gesicht des Arbeiters sind triefender Lehm. Von dem aus Lehm gebauten und zum Brennen des geformten Lehms dienenden Trockenofen wird eben Suppe gebracht – sie sieht aus, als könne man aus ihr irdene Gefäße kneten. Du gehst durch die Gassen, und ununterbrochen begleitet dich das Geräusch von Handflächen, die auf Lehm klatschen, Tlaquepaque, Tlaquepaque.

Stolz zeigt dir der Häuptling eines solchen Töpferstamms seinen Sohn, einen etwa Zwanzigjährigen, der im vorigen Monat sein hunderttausendstes Schweinchen vollendet hat, das heißt die hunderttausendste irdene Sparkasse. Er habe sich vorgenommen, es auf eine Million zu bringen.

»Glauben Sie«, fragst du deinen Amerikaner, »daß dieser ehrgeizige Jüngling den Rekord machen wird? Wird nicht vorher eine Maschine konstruiert werden, die das Quantum seines Lebensziels in ein paar Tagen herstellen kann?«

Machen Sie sich keine Sorgen! Die Maschine wird nicht geboren werden. Denn keine Maschine ist so billig wie diese Leute.

Indiodorf unter dem Davidstern

Stockdunkel war die Nacht und ziemlich kühl dazu, als ich heute aufstand, um Punkt sieben in Venta Prieta zu sein.

Von diesem Dorf und seiner jüdischen Bewohnerschaft hatte ich schon in der Stadt Mexiko etwas läuten gehört, aber ich wußte nicht, wo es liegt, und hatte auch den Namen vergessen. Da fuhr ich vorgestern zufällig nach Pachuca, der Silberstadt, und las bei Kilometer 83 (von der Hauptstadt aus gerechnet) an einem Ortseingang »Venta Prieta«. War das nicht der Name? Ich stieg aus, fragte unsicher nach den Juden. Die Befragte zeigte mit dem Finger. »Dort der Caballista ist einer von ihnen.«

Der Kabbalist? Weit und breit war niemand zu erblicken, der als Ziffern- und Zeichendeuter, als Kenner der Kabbala in Betracht kommen konnte. Nur ein Bauer stieg eben ganz unmystisch von einem Pferd. Mir ging ein Licht auf: Pferd heißt »Caballo«, also wird »Caballista« ein Reiter sein. Ich ging auf ihn zu, fragte, und er antwortete: An jedem Samstag um sieben Uhr morgens sei Gottesdienst.

Sieben Uhr ist keine angenehme Stunde. Aber was half's? Ich sprang im nachtschlafenden Morgengrauen aus den warmen Federn von Pachuca, um dem kühlen Sabbat entgegenzugehen. Ich machte mich, wie ich gestehen muß, auf etwas Groteskes gefaßt, war ein wenig ironisch gestimmt. Ein altes Chanson ging mir durch den Kopf, das in den Zeiten harmloser Jargonkomik im Schwang gewesen ist: Mit indianischem Federschmuck, in ostjüdischen Schläfenlocken, in der Kriegsbemalung der Apachen und mit dem Gebetkragen, den man in der Synagoge trägt, sprang der Wiener Komiker Eisenbach auf die Brettlbühne und schmetterte:

»Mein Vater war ein klaaner
Jüdischer Indianer,
Meine Mutter, tief in Texas drin,
War eine koschere Gänslerin . . .«

Als ich in Venta Prieta ankam, kam ich zu früh. Einige Indios oder Mestizen, von anderen Indios oder Mestizen durch nichts unterschieden, standen in Leinenhosen, Hemd und Sandalen im Novembernebel herum. Einer, untersetzt und in einen rotwollenen Sarape gehüllt, war Señor Enrique Téllez, der Vorsteher der Judengemeinde, an den ich mich zu wenden hatte, um authentische Auskünfte zu bekommen. Außerdem ist Señor Téllez der vermögendste Mann im Dorf, was an sich noch keinen Reichtum bedeutet.

Venta Prieta besteht aus hundertfünfzig Menschen und dementsprechend wenig Häusern. Zwei Drittel der Einwohner sind Otomí-Indios, wenn auch nicht mehr reinrassig. Sie arbeiten in den Bergwerken von Real del Monte, bebauen die Maisfelder hinter dem Dorf oder züchten »Havadas«, Perlhühner, die gleich ihren Besitzern Produkte von Rassenmischung sind.

Nur auf der einen Seite der Landstraße stehen Häuser, sie sind aus Adobe, Straßenkot und Pferdedreck zusammengeklatscht. Das einzige Steingebäude ist die Schule. Auf der anderen Seite der Landstraße dehnt sich grenzenlose Ebene: Militärlager und Flugplatz für eine Nebenstrecke nach Guajutla in der Gegend von Tampico. Ein Kasernenblock schimmert aus der Ferne herüber.

»Das dritte Drittel«, sagt mir Señor Enrique Téllez, »sind wir Juden, siebenunddreißig Erwachsene. Wir sind nur eine große Familie oder eigentlich zwei miteinander verschwägerte, die Téllez und die González.«

»Sind Sie schon lange hier?«

»Kaum zwei Generationen. Früher lebten wir in Zamora, im Staat Michoacán. Dort brach vor vierzig Jahren ein Judenpogrom aus, die Leute bemächtigten sich meines Großvaters mütterlicherseits, Roman Gison hieß er. Sie verlangten von ihm, daß er sich taufen lasse und seinen alten Glauben verhöhne. Als er sich weigerte, nähten sie ihn in eine Kuhhaut und legten ringsherum Feuer an. Die Kuhhaut schrumpfte zusammen und zerdrückte auf diese Weise meinen Großvater. Alle Juden flüchteten aus Zamora. Mein Vater fand diesen Rancho hier, der zu einer entfernten Hacienda gehörte. Der Boden ist ganz trocken, nur spröde Schollen. Aber mein Vater kaufte ihn, weil hier sonst keine Häuser standen – er wollte nicht mehr in einer Stadt oder auch nur in einem Dorf leben.« Don Enrique deutet hinter sich.

»Da bin ich geboren.«

»Da« ist ein Haus, nicht minder verfallen und vernachlässigt als die anderen, aber größer. In regem Verkehr bewegen sich Lebewesen in und aus dem Hof, Perlhühner, Kinder, ein Pferd und viele Hunde. Während der Unterhaltung, die Don Enrique und seine Gruppe mit mir führen, steckt eine schwarze Kuh ihren Kopf aus dem Tor, blökt von Zeit zu Zeit, wie um vor mir zu warnen, und wagt sich nicht aus dem Hof, als hege sie in ihrem Euter tiefes Mißtrauen gegen mich.

Ich schaue auf meine Uhr. Don Enrique sagt: »Der Gottesdienst wird bald beginnen; sehr pünktlich sind wir nicht. Die Frauen müssen noch das Frühstück für ihre Männer zurechtmachen, die zur Arbeit gehn.«

»Arbeiten sie am Samstag?«

»Das geht nicht anders.«

»Wie können sie da am Gottesdienst teilnehmen?«

»Deshalb haben wir dreimal Betstunde, wir kommen in drei Schichten.«

»Halten Sie selbst den Gottesdienst ab, Señor Téllez?«

»Nein, ich versteh nicht viel davon. Unser Rabbi ist ein Abessinier –«

»Ein Abessinier? Wie kommt ein Abessinier nach Mexiko?«

»Er lebt als Bäcker in Pachuca. Ein junger Mensch, der sich sehr für Religion interessiert und die Bibel kennt. Er liest sogar hebräisch. Gleich wird er da sein.«

Don Enrique zählt auf, welche religiösen Gebräuche die Gemeinde einhält. Sie fasten am Jom Kippur – »am Ayuno mayor«, übersetzt er mir, damit ich's verstehe. Ostern essen sie Mazzes – „galletas de la semana santa", übersetzt er, was ich meinerseits mit »Waffeln der heiligen Woche« übersetzen würde.

»Auch das Neujahrsfest feiern wir und fasten am Jahrestag der Tempelzerstörung. Wir essen kein Schweinefleisch. Geflügel und Vieh schlachten wir koscher.«

Ich frage, ob Zirkumzision vorgenommen wird. »Ja, aber wir haben keinen Beschneider hier. Wir bringen die neugeborenen Knaben nach der Hauptstadt zum Señor Klipper.« Bei Gott, auf diesen onomatopoetischen Namen hört der Beschneider von Mexiko.

Neben der schwarzen Kuh, die noch immer aus dem Toreingang mißtrauisch zu mir herüberschaut, steht ein blonder Norwegerjunge, etwa vier Jahre alt, und sieht ebenso mißtrauisch zu mir herüber.

»Komm her«, ruft Don Enrique dem Norwegerjungen zu. Aber statt zu gehorchen, jagt der Judenbub davon. »Das ist mein Neffe«, sagt Onkel Heinrich, »ich wollte, er soll Ihnen seinen Namen sagen.«

»Wie heißt er denn?«

»Er heißt Reubeni. Alle unsere Kinder haben Namen aus dem Alten Testament: Elias, Abraham, David, Saul die Knaben, und die Mädchen heißen Rahel, Rebekka oder Sara. Wissen Sie, daß auch die Witwe von Francisco Madero ›Sara‹ heißt?«

Ich hatte schon in Mexiko gehört, daß die Märtyrer der nationalen Freiheit, die Brüder Francisco J. und Gustavo Madero illegale Juden gewesen seien, und ebenso die in New York lebende Witwe, eine geborene Pérez, was ein typischer Name der spaniolischen Juden ist. Die Brüder Madero sind nicht die einzigen großen Männer, denen jüdische Abstammung nachgesagt wird, die Inquisition hat viele Opfer, um sie herabzusetzen, als »judaizante« bezeichnet, »zum Judentum neigend«. Selbst der Vater der Nation, der Pfarrer Miguel Hidalgo, steht als »judaizante« in den Inquisitionsakten.

»Unsere Kinder«, fährt der Gemeindevorsteher fort, gehen in die allgemeine Schule. Haben Sie schon die Schule gesehen? Die ist schön, nicht wahr? Vor ein paar Jahren verlangten die ›Cristeros‹ (eine kleriko-faschistische Bewegung), daß Venta Prieta eine Kirche bekomme. Darauf wandten sich die Dorfbewohner – hier leben meist Bergleute, und alle sind gewerkschaftlich organisiert, also keine Antisemiten – an die Regierung, man möge ihnen lieber eine Schule geben, weil das Dorf bereits eine Kirche habe. Daß es eine jüdische Kirche war, haben sie nicht gesagt. Wir bekamen die Schule, unter dem Präsidenten Ortiz Rubio wurde sie eröffnet. Einer unserer Jungens, der Saúl González, geht übrigens in die Schule des Militärlagers drüben. Am Flugplatz arbeitet auch einer von uns, er hat zuerst als Mechaniker ausgeholfen und dann die Pilotenprüfung gemacht.«

Don Enriques Wissen über die Geschichte der Juden in Mexiko

beschränkt sich darauf, daß er den Namen Carbajal kennt, des Portugiesen, den Philipp II. nach Neu-Spanien schickte, um die aufständischen Küstengebiete am Golf zu pazifizieren. Luis Carbajal der Ältere brachte hundert Marannen-Familien mit, und von diesen leiten die mexikanischen Juden ihre Herkunft ab. Sie verehren jedoch vor allem seinen Neffen »Carbajal el Mozo«, der mit Mutter und Geschwistern in den Verliesen der Inquisition gemartert wurde, sich aber vom mosaischen Gesetz nicht abbringen ließ. Am 5. Dezember 1596 stand er mit seiner ganzen Familie auf dem Scheiterhaufen, fünfundvierzig Juden; in diese Zahl sind die Toten nicht eingerechnet, deren Gebeine aus dem Friedhof gescharrt worden waren, und nicht die Flüchtlinge, die man nur in effigie verbrennen konnte. Auch ein Deutscher stand auf dem Gerüst, als unbekehrbarer Lutheraner war er in den Kerker der Inquisition geworfen, aber dort von Carbajal – zum Judentum bekehrt worden. Luis Carbajal el Mozo und die Seinigen gingen als unbußfertige Juden in Flammen auf.
Von seiner eigenen Generation weiß Don Enrique mehr zu erzählen: »In Michoacán hatten wir einen Rabbi, der war nicht bartlos, wie die Indios sind, sondern trug einen großen, silbernen Bart, die Bauern nannten ihn ›Bischof der Juden‹. Manchmal fuhr er zu anderen Judengemeinden, um zu predigen. In unserer Umgebung gibt es keine Judengemeinde außer uns. Die nächste ist zwei Stunden Eisenbahnfahrt von hier, in San Agustí de Zapoctla, einem Dorf im Staat Mexiko. – Ah, da kommt unser Rabbi. Hola, Etiope!«
Der angerufene Äthiopier tritt auf uns zu, in der Hand trägt er ein sorgfältig mit Bindfaden umwickeltes Paket. Weil ich es weiß, stelle ich sofort fest, daß er ein typischer Falascha aus Abessinien ist. Im Judenchristentum der Falaschas scheint die jüdische Tendenz zu überwiegen, denn im Ausland werden die Falaschas meist Juden, in Haarlem – New York sah ich ihre große Synagoge, und nun treffe ich hier einen Rabbi aus ihrem Stamm.

Er heißt Guillermo Peña, ist kaum dreißig Jahre alt, in Mexiko geboren und versteht nur wenige Worte Kuara, der Falascha-Sprache. Guillermo Peña lebt mit seinem Vater in Pachuca, wo er so viel Brot bäckt, wie er selbst austragen kann, demnach nicht viel. So hat er Zeit, im Selbstunterricht Hebräisch zu lernen und die Bibel zu lesen. An jedem Samstagmorgen kommt er nach Venta Prieta, ohne Vergütung, hält den Gottesdienst ab und gibt Religionsunterricht. Dieser Rabbiner ist ein schüchterner, verlegener Mensch, der mir nicht gerne Rede steht und froh ist, als ich seiner wiederholten Aufforderung folge, in den »Jardincito« einzutreten.

Mit »Jardincito« ist das von roten Ziegeln umgebene Gärtchen gemeint und auch das Bethaus darin. Es mag höchstens vierzig Personen fassen. Von der Decke der Betstube baumelt eine Spirituslampe. Ein ärmliches Pianino in der einen Ecke, in der andern eine Schultafel, mit hebräischer Kursivschrift bekreidet, und als zweites Lehrmittel ein ramponierter Globus zur Veranschaulichung der biblischen Geographie. Drei Vasen aus Spiegelsplittern, Papierblumen darin, sollen das Pianino verschönern.

Auf der bestickten Decke des Altartisches steht eine Kerze (statt eines siebenarmigen Leuchters), ein Glas (statt eines goldenen Bechers), und statt einer pergamentenen, handgeschriebenen Thorarolle liegt ein Foliant: Altes und Neues Testament in spanischer Sprache, herausgegeben von der Bibelgesellschaft. Wahrlich, dieses Buch paßt von keinem Standpunkt aus hierher; weder anerkennt die Judengemeinde das Neue Testament, noch hat die Bibelgesellschaft das Buch deshalb gedruckt, damit es den Juden behilflich sei, in ihrem Glauben zu verharren.

Getünchte Wände. Eine ist mit einem Davidstern bemalt; ihn halten zwei Löwen mit mähnenumwallten Köpfen und nackten Körpern. Ferner sind, in Ermangelung wirklicher Armleuchter, zwei solche an die andere Wand gemalt, aber – wennschon, dennschon – ihre Postamente und die Kerzen sind mit allerhand Emblemen verziert. An der Frontwand dominiert das »Höre, Israel« auf hebräisch und spanisch: »Oye, Israel, el eterno es nuestro dios, el eterno uno es.«

Don Guillermo hat ängstlich meine Musterung der Fresken verfolgt, und da ich nach dem Maler frage, erwidert er ein zaghaftes »ich«, dem er hinzusetzt: »Ich bin Bäcker, Señor.«

»Die Bilder sind sehr schön, insbesondere die hebräischen Schriftzeichen«, nicke ich leutselig und sehe sein afrikanisch dunkelbraunes Gesicht erröten. »Ich bin Bäcker, Señor«, flüstert er wieder.

Don Guillermo ist vielleicht kein Maler, aber er ist auch nicht bloß ein Bäcker. In erster Linie ist er ein Priester, wie man erkennt, wenn er liebevoll sein Bündel aufschnürt und dessen Inhalt ausbreitet, Gesangsnoten und Gebetbücher, mit vielen Lesezeichen versehen. Dann kommt aus einem Säckchen ein weißer Schal hervor, der den Rabbi sofort umhalst, und ein Käppi, das sich ihm auf den Hinterkopf schmiegt.

Die versammelte Gemeinde besteht aus dreizehn Menschen mosaischer Konfession, also um drei mehr als die vorgeschriebene Mindestzahl. Dennoch machen die dreizehn kein gebetberechtigtes Kollegium aus, weil Frauen und Kinder nicht zählen. Aber kann Jehovah das so genau nehmen in Mexiko, wo die Seinen jahrhundertelang furchtbaren Drohungen und milden Lockungen standhielten?

Von Hütte zu Hütte hatten sie einander die Parole zugeraunt: »Lasset uns beten«, mit der Angabe, wo und wann. Nur im Dschungel war Raum für den Gottesdienst. Auf dem Weg dorthin konnte man von Pfeilen getroffen oder von Sbirren der Inquisition gefaßt werden, man konnte in den Krater stürzen oder zerfleischt werden von wilden Tieren. Kam nun einer nicht an, vielleicht der zehnte, sollten da die neun unverrichteter Glaubensdinge auseinandergehen? »Ach was, lasset uns beten«, sagten sie und taten es. Und weil Jehovah damals durch die Finger sah, so ist in Mexiko ein Minjen auch dann ein Minjen, wenn weniger als zehn Männer versammelt sind.

Heute sind vier Männer da. Außerdem vier Frauen oder Mädchen. Diese sind es, die das Altartuch mit Blumen und Bibelsprüchen bestickt haben, und nun unterbrechen sie mit Gesang die eintönig gemurmelten Texte der Gebete. Die Kinder singen, mit, unter ihnen der vor mir davongelaufene norwegisch-jüdisch-indianische Reubeni Téllez und der neunjährige Saúl González, der in die Militärschule geht, ein zukünftiger mexikanischer General.

Der Gottesdienst war einfach, aber im Grunde ein Sabbatgottesdienst wie anderswo auch. Am Schluß stellte sich die Gemeinde vor dem Altartisch auf zum Totengebet. Dieses Gebet dürfen Kinder nicht sprechen, bevor sie durch die Konfirmation in die Religionsgemeinschaft aufgenommen sind. Hier aber traten zwei Knaben, wahrscheinlich Waisen, gleichzeitig mit den Erwachsenen vor – eine andere der Ausnahmen, die Gott für das Dorf Venta Prieta in Mexiko bewilligt hat.

Auch ich trat vor, schloß die Füße aneinander und sprach nach, was der Rabbi uns vorsprach, nur die Namen seiner Toten fügt jeder Betende selber ein.

Mein Vater und meine Mutter waren in Prag geboren, lebten dort, starben dort und sind dort begraben. Niemals konnte ihnen in den Sinn kommen, daß einer ihrer Söhne den Totenspruch für sie in einer Gruppe von Indios sprechen werde, im Schatten der silbertragenden Berge von Pachuca. Meine Eltern, die ihr Leben im Bärenhaus der Prager Altstadt verbrachten, ahnten nicht, daß ihre Söhne einmal aus dem Bärenhaus verjagt sein würden, nach Mexiko der eine, nach Indien der andere und die beiden, die dem Hitlerterror nicht entfliehen konnten, in unbekannte Stätten unvorstellbaren Grauens. Meine Gedanken schweifen weiter, Verwandte, Freunde, Bekannte und Fremde, Opfer Hitlers, alle haben Anspruch darauf, daß ihrer im Totengebet gedacht werde.

Ein Zug von Millionen. Frauen und Männer, die sich zeit ihres Lebens darum gesorgt, ihre Familien zu ernähren und ihre Kinder zu nützlichen Mitgliedern der menschlichen Gesellschaft zu machen; Angestellte und Arbeiter, die sich im Schweiße ihres Angesichts ihr Brot verdienten; Ärzte, die Tag und Nacht bereit waren, Leidenden zu helfen; Menschen, die bemüht waren, die Wahrheit zu verbreiten und die Lage ihrer Mitmenschen zu verbessern; Gelehrte, die der Wissenschaft lebten; Künstler, die dem Leben Schönheit geben wollten; Kinder, die sich ihre Zukunft so wunderbar träumten ... alle Arten von Menschen, lebensfrohe und sentimentale, gute und schlechte, starke und schwache.

Unübersehbar, unaufhörlich ist ihre Reihe. An kalten Fratzen vorbei, wanken sie dem Ziele zu. Dort steht es, ein rauchender Bau. Alle wissen, was dieser Bau bedeutet, woraus der Rauch besteht, der aus dem Schlot aufsteigt. Es ist die Todesfabrik, sie fabriziert Leichen. Mit welchen Gedanken bewegt sich diese Armee der dem Mord Geweihten diesem Ziele zu? Keine Hoffnung mehr, keine Hoffnung mehr für sich, für ihre Kinder, für ihr Angedenken, kaum Hoffnung mehr auf Rache, auf Bestrafung des Massenmords. Sie müssen sich in das Tor schieben, sie müssen sich entkleiden, sie müssen in die Kammer gehen, wo ein fürchterliches Gas sie erwürgt, verbrennt, auflöst. Aus dem Schlot steigt Rauch.

Unübersehbar ist die Kolonne, sie zieht dahin, als hätte es nie eine Menschheit gegeben, als hätte es nie einen Sinn der Menschheit gegeben, niemals das Streben, mehr Brot, mehr Recht, mehr Wahrheit, mehr Gesundheit, mehr Weisheit, mehr Schönheit, mehr Liebe und mehr Glück in die Welt zu bringen.

Als letzter trete ich weg vom Altar, zu dem ich mich vor einigen Stunden so gut gelaunt aufgemacht hatte.

Mexikoforschung bei den Nazis

Seit die Nazis die deutsche Wissenschaft gleichschalteten und jede Lehrkanzel, jeden Forschungssitz zu einem elektrischen Stuhl machten, tappen ganze Wissensgebiete vorsichtig zwischen diesem Leitungsdraht und dem Stacheldraht.

Eines unrühmlichen Todes starb der deutsche Zweig der Mexikoforschung, deren Vater ein Deutscher gewesen war. Aber er, Alexander von Humboldt, steht in Nazideutschland, wenngleich man seinen Namen außenpolitisch auswertet, innenpolitisch nicht hoch im Schwange. Denn er bestritt, daß es minderwertige Menschenrassen gäbe, und war, horribile dictu, ein Freund und Lobpreiser der Juden. Humboldt hatte seine Mitarbeiter und Kollegen hauptsächlich in Frankreich geworben; in Frankreich wuchs dann die Völkerkunde Amerikas zu einer mächtigen Disziplin heran mit der »Société Ethnologique«, der »Revue d'Anthropologie«, den internationalen Kongressen und staatlich geförderten Expeditionen.

Auf deutscher Seite wurde nach Humboldts Tod das Stoffgebiet Mexiko meist den Gelehrten anderer Fächer überlassen oder Amateuren. So war es ein Germanist, E. W. Förstermann, der als Direktor der Kgl. Sächsischen Bibliothek die dort befindliche Maya-Handschrift entzifferte; Karl von Scherzer war Buchdrucker und österreichischer Konsul, bevor er auf das linguistische Studium Mittelamerikas hingelenkt wurde; der Dresdner Alphons Stübel reiste aus Gesundheitsrücksichten nach den Tropen, wo er sich zunächst für Vulkanistik interessierte und dann der Urgeschichte zuwandte; als Militäringenieur kam Teobert Maler mit Kaiser Maximilian nach Mexiko und erforschte die Ruinenstätten von Yucatán; Paul Ehrenreich, der die Gemeinsamkeiten in der Kulturmythologie der nord- und südamerikanischen Indios feststellte, war eigentlich Brasilienforscher; Wilhelm Reiß aus Mannheim und Karl von Fritsch aus Weimar waren Geologen gewesen und F. Ratzel ursprünglich Reiseberichterstatter der »Kölnischen Zeitung«.

Auch Eduard Seler (1849 bis 1922), mit dem Deutschland wiederum die Führung in der internationalen Mexikanistik zurückgewann, war kein Forscher von Haus aus. Er hatte das Leben seiner Jugend als Lehrer gefristet und unternahm erst als Vierzigjähriger seine berühmten Reisen zum Pyramidenhügel von Xochicalco und zu den Huasteca-Indianern von Veracruz. Professor wurde er, als Joseph Florimond Loubat, französischer Gelehrter, württembergischer Gesandter, amerikanischer Millionenerbe, päpstlicher Herzog und internationaler Mäzen, einen Lehrstuhl für amerikanische Volks-, Sprach- und Altertumskunde an der Berliner Universität stiftete.

In den Vereinigten Staaten von Nordamerika wuchs in den letzten Jahrzehnten das Interesse an der archäologischen und ethnographischen Ergründung des südlichen Nachbarlandes zu dominierender Höhe. Internationales Zentrum der Mexikanistik wurde das Smithsonian Institut in Washington, und unter dessen Mitarbeitern traten Bindestrichamerikaner, wie der Deutsche Franz Boas, der Tscheche Alesch Hrdlicka und der Pole Bronislaw Malinowski, führend hervor. Malinowski, der 1943 starb, ist der Begründer der funktionalistischen Schule in der Ethnographie.

In Deutschland waren nach Eduard Selers Tod zwei große Mexikanisten geblieben: Walter Lehmann, bahnbrechend als Erforscher indianischer Sprachen, und Konrad Theodor Preuß. Preuß war der erste, der die Religionsgeschichte zur Grundlage völkerkundlicher Studien machte; seine Entdeckungen in der Provinz Nayarit (1908), seine Deutung des aztekischen Kalendersteins und seine Studien über indianische Riten brachten ihm die Anerkennung beider Hemisphären.

Sowohl Konrad Theodor Preuß wie Walter Lehmann waren von der gleichen fortschrittlichen Gesinnung beseelt wie ihr Lehrer und Amtsvorgänger am Berliner Völkerkunde-Museum, Eduard Seler. Beim Antritt Hitlers wurden sie aus dem Amt gejagt. Wer hatte sie denunziert, die beiden Männer, die politisch niemals hervortraten und deren freiheitliche Anschauungen nur ihren Berufskollegen bekannt waren?

Abteilungsdirektor des Berliner Völkerkunde-Museums war und ist Herr Walter Krickeberg. Er blieb im Amt, denn er hatte flugs sein Mäntelchen nach den Winden des Führers gehängt. In

Laienkreisen ist Herr Krickeberg bekannt durch einen Band Aztekenmärchen, den er für die Diederichssche Serie »Märchen der Weltliteratur« herausgegeben hat, eine Popularisierung wissenschaftlicher Forschungen. Im Vorwort dieser Kompilation gibt Krickeberg zu, daß sein Buch, soweit es nicht auf den von Walter Lehmann gemachten Entdeckungen verschollener mexikanischer Handschriften fußt, den von Konrad Theodor Preuß bei den Cora-Indianern Mexikos gesammelten Mythen entstammt. Und seine Apotheose schließt Krickeberg folgendermaßen:

»Zum Schluß ist es mir eine angenehme Pflicht, den Herren Professoren K. T. Preuß und W. Lehmann, die mich durch Überlassung von gedruckten und handschriftlichem Material, das mir sonst nicht erreichbar gewesen wäre, bei der Abfassung dieser Arbeit unterstützt haben, an dieser Stelle meinen verbindlichsten Dank auszusprechen.«

In der Nazizeit saß der bedankte Professor Konrad Theodor Preuß in seiner Berliner Wohnung und schuf an einem Werk, das als Handbuch, Lehrbuch und Enzyklopädie der modernen Völkerkunde gedacht war; die Materien und Kapitel wurden von den Kapazitäten der einzelnen Fachgebiete bearbeitet, so die Rechtskunde von dem Erforscher primitiver Rechtszustände Leonhard Adam, der ursprünglich das Lehrbuch herausgeben sollte. Das fundamentale Werk erschien 1937 im Verlag Ferdinand Enke, Stuttgart, und Herr Krickeberg schrieb eine Anzeige – »Anzeige«, o doppelsinniges Wort!

Es war eine Polizeianzeige, erstattet auf dem nicht mehr ungewöhnlichen Wege eines wissenschaftlichen Organs (Zeitschrift für Ethnologie, S. 464-466). Darin bringt Anzeiger, der vor dem Professor Preuß so viel gekatzbuckelt hatte, der Gestapo zur Kenntnis, daß Professor Preuß nicht auf dem Boden der nationalsozialistischen Weltanschauung stehe, Preuß mache sich die »historische Betrachtungsweise in der Völkerkunde« nicht zu eigen, das heißt jene, die beweisen muß, daß nur die teutonischen Stämme in der Welt etwas zu sagen haben. Darüber hinaus, fährt Anzeiger Krickeberg fort, bejahe Preuß sogar die Gegner dieser Betrachtungsweise, indem er »ausländische Funktionalisten oft und mit Anerkennung zitiert«.

Herr Krickeberg benützt seinen Spitzelbericht zu der Klage, daß es die Völkerkunde in Deutschland »nicht ganz leicht hat, sich neben ihren mehr im Vordergrund des allgemeinen Interesses stehenden Schwesterwissenschaften, Rassenkunde und Urgeschichte, zu behaupten, obgleich auch sie sich mit dem vollen Einsatz ihrer Kräfte in den Dienst der großen völkischen Ideen stellt«.

Fürwahr, die Völkerkunde hat es mitnichten so leicht wie die Rassenkunde. Diese stellt auf Wunsch des Rassenamts einfach fest, daß die jüdische Großmutter des Pg. Soundso serienweise rassenschänderische Ehebrüche mit arischen Herrentypen begangen habe, wodurch der Pg. Soundso mitsamt seiner Sippe als unanfechtbare Edelmenschen in Ordnung gehen. Die Ethnographie fußt auf weniger fluktuierenden Begriffen, als es Blut und Sperma sind: auf baulichen, bildhauerischen und folkloristischen Realien. Und all die müssen übergangen werden, wenn die NSDAP – Auslandsabteilung Gutachten darüber wünscht, daß ganze Völker aus Untermenschen bestehen. Mit Berufung auf solche Gutachten verbietet dann zum Beispiel die deutsche Gesellschaft in Mexiko die Eheschließung von Deutschen mit Mexikanerinnen oder ordnet, falls die Ehe bereits geschlossen ist, die Scheidung an, »es sei denn, daß Sie die Unterlagen dafür aufbringen, daß indianische Blutmischung in der Familie Ihrer Frau (Braut) nicht existiert oder seit dem Jahre 1800 nicht mehr vorgekommen ist«.

Wie, so dachte Herr Krickeberg, gerät man in die Nähe der beneideten Rassenkunde und »mehr in den Vordergrund des allgemeinen Interesses«? Wie kann man den bereits aus dem Amt hinausdenunzierten größeren Kollegen auch aus der Publikationsmöglichkeit und nötigenfalls aus dem Leben hinausdenunzieren, um auf diese Weise zum einzigen, also zum ersten Mexikanisten Deutschlands zu werden? Das kann man so:

»Unverständlich ist ja nur, daß im Preußischen Buch ein nichtarischer Ethnologe, nämlich L. Adam, zweimal zu Worte kommt und einer völkerkundlichen Schule (dem Funktionalismus) der Vorzug gegeben wird, deren Führer B. Malinowski gerade aus dieser wissenschaftlichen Einstellung heraus ein ausgesprochener Gegner des heutigen nationalsozialistischen Deutschlands ist.«

Als Konrad Theodor Preuß dies las, wußte er, was er zu gewärtigen hatte. Er hörte sich schon von einem uniformierten Gorilla angeschrien. »Funktionalismus, was? Du Schweinehund!« (Faustschlag.) »Ich werde dir das Zitieren von Ausländern schon austreiben. Wirst keinen Malinowski mehr loben, du Bolschewik!« (Stahlrutenhiebe.)

Aber die Aussicht auf das Verhör im Kolumbiahaus entsetzte Preuß weniger als die unfaßbar feige Schurkerei, die ein Schüler und Fachkollege zu begehen vermocht hatte.

Bevor die Schergen der Gestapo den Professor Konrad Theodor Preuß holen konnten, holte ihn der Tod. »Herzschlag«, stand in den Zeitungen, und es ist möglich, daß der Meuchelmord wirklich durch Herzschlag begangen wurde.

Im »Archiv für Anthropologie« (1938, S. 298) versuchte Professor Thurnwald eine »Ehrenrettung« des berühmten Kollegen, wenn auch nur eine, die im Dritten Reich möglich ist. Thurnwald schrieb, Preuß sei kein Antinazi gewesen und Herr Krickeberg nicht immer ein Nazi. Er (Krickeberg) habe in seiner Zeitschrift die Buchkritiken von einem Juden (Gerhard Neumann) schreiben lassen, der zum Beispiel ihn (Thurnwald) abfällig kritisierte. Krickeberg habe den Arier Bronislaw Malinowski als Judenstämmling bezeichnet, um mit dieser Behauptung Professor Preuß erledigen zu können. Und das Schlimmste! Krickeberg habe sich früher mit Katholiken, sogar mit katholischen Priestern, abgegeben und der »Volksfront, einer von Pater W. Schmidt geleiteten Schule«, angehört.

Was Krickeberg darauf antwortet (Zeitschrift für Ethnologie, Band 70, S. 119–124), ist bisher auf keine Kuhhaut gegangen, geschweige denn in ein wissenschaftliches Organ. Er, der eben den Professor Preuß durch eine Gesinnungsverdächtigung in den Tod getrieben hat, beschwert sich, daß gegen ihn »geradezu eine Gesinnungsverdächtigung« erhoben werde. Dabei entfährt ihm auch das Eingeständnis, daß sein Haß gegen Juden nicht so tief sitzt wie sein Haß gegen begabtere Kollegen, die Konkurrenz. Wörtlich:

»Es lag für mich auch nicht der leiseste Grund dazu vor, für Herrn Thurnwald in die Schranken zu treten, selbst wenn ich gewußt hätte, daß der absprechende Kritiker ein Jude war. Denn . . .«

Ja, was ist denn dieses »Denn«? Warum wäre denn Ritter Krikkeberg nicht »in die Schranken getreten«? Er klagt den Himmlerschen Heerscharen das Folgende:
»Denn bis 1933 war noch nicht viel von einer Abneigung Thurnwalds gegen eine jüdische Wissenschaft zu merken.«
Nach dieser neuerlichen Denunziation folgt ihre Begründung: In Thurnwalds Zeitschrift habe es früher jüdische Mitarbeiter gegeben, »die schon am Namen als solche zu erkennen sind«. Ferner seien »recht wohlwollende Besprechungen von Werken typisch jüdischer Geisteshaltung«, darunter von Büchern des Soziologen Franz Oppenheimer, des Sexualforschers Magnus Hirschfeld und so weiter in Thurnwalds Zeitschrift erschienen.
Krickeberg entschuldigt seine Behauptung von der jüdischen Abstammung des Professors Bronislaw Malinowski damit, daß dieser die Einleitung zur Arbeit eines Emigranten geschrieben habe, nämlich des früheren Kölner Museumsdirektors Julius E. Lips, »der Malinowski ausdrücklich als seinen Freund bezeichnet«. Herr Krickeberg, der aus Spitzelrapporten über die politische Tätigkeit von Professor Lips und anderen ins Ausland geflüchteten Gelehrten informiert ist, verhöhnt Thurnwald, »welcher alle diese Dinge nicht zu kennen scheint«.
Durch den Vorwurf, der »Volksfront, einer von Pater W. Schmidt geleiteten Schule«, angehört zu haben, gerät Herr Krickeberg in panische Angst, denn mit dem Begriff »Volksfront« ist in Nazideutschland nicht zu spaßen. »Ich habe nie einer klerikal-marxistisch-liberalen Volksfront angehört«, schreit Krickeberg, »niemals!«
Wäre Krickeberg ein Mann und Wissenschaftler, dann hätte er antworten müssen, daß Pater Schmidt Herausgeber der Wiener Zeitschrift »Anthropos« war und die von ihm geleitete Missionsschule Sankt Gabriel in Mödling bei Wien eine Reihe von mutigen Forschungsreisenden herangebildet und ausgesandt hat. Statt dessen stammelt Krickeberg, seine Vergangenheit sei ihm von allen, »die unser Verhalten im Leben und Beruf kennen, Partei- und Dienststellen eingeschlossen«, verziehen worden.
Die vorgesetzten Partei- und Dienststellen verzeihen ihm auch diesmal. Begleitet von einem Bonner Professor namens Trim-

born, der die Sprache der peruanischen Inkas mit dem zackigen Jargon der SS vertauscht hat, darf Herr Krickeberg Ende 1939, mitten im Krieg, zum 26. Internationalen Amerikanistenkongreß über See fahren. In Vertretung Deutschlands. In Vertretung Deutschlands nach Mexiko, dessen Bevölkerung von der Naziwissenschaft als Untermenschen doppelter Artgattung bezeichnet wird, a) weil sie braunhäutige Wilde und b) weil sie durch fortgesetzte Blutmischung zu einer Bastardrasse geworden seien.

Die mexikanischen Kongreßmitglieder fragen Krickeberg, woran denn ihr Freund, der gelehrte Freund ihres Landes, woran denn Konrad Theodor Preuß gestorben sei.

Krickeberg setzt eine Miene tiefer Trauer auf und antwortet: »Herzschlag.«

Verwirrungen einer Kaiserin

Im Zusammenhang mit der geistigen Erkrankung von Carlota, geborene Prinzessin von Belgien und vereheliche Erzherzogin von Österreich, sind eine Reihe von Giften beschuldigt worden, den Irrsinn herbeigeführt zu haben.
Der Motive für ein Attentat gab es so viele, daß die Tat geradezu als übermotiviert bezeichnet werden muß. Carlota bereitete ihre Abreise aus Mexiko im Sommer 1866 vor, zu einem Zeitpunkt demnach, da das Kaisertum ihres Gatten Maximilian hoffnungslos geworden, der Abzug seiner französischen Hilfstruppen beschlossene Sache und nahezu das ganze Land auf die Seite von Benito Juárez getreten war. Schon vorher war die Ausschaltung der Ausländerin, die ihren schwächlichen Gemahl zum Ausharren aufstachelte und den Bürgerkrieg verlängerte, für die Mexikaner ein Ziel gewesen, aufs innigste zu wünschen. Wie wünschenswert erst mußte ihre Ausschaltung sein, als sie sich zur Fahrt über den Ozean rüstete, um fremde Heereskräfte für eine neue blutige Intervention gegen das mexikanische Volk zu werben!
Die Verabreichung des Giftes dürfte kurz vor der Einschiffung erfolgt sein. Jedenfalls wird das erste Symptom in Puebla konstatiert, wo Carlota auf der Fahrt in den Hafen Veracruz übernachtet. In Puebla weckt sie mitternachts ihre Dienerschaft und begibt sich in deren Begleitung zum Haus des ehemaligen kaiserlichen Präfekten, der jetzt dieses Amt in Veracruz bekleidet. Carlota läßt sich das leerstehende Haus aufsperren, läuft durch alle Räume und kehrt in ihr Logis zurück, ohne eine Aufklärung über diesen merkwürdigen Besuch zu geben. Drei Tage später, am 13. Juni 1866, schon auf der Landungsbrücke des Schiffes »Impératrice Eugénie«, bemerkt sie die französische Flagge auf dem Mast. Carlota eilt zur Hafenleitung und verlangt im Ton höchster Erregung die Einziehung dieser Fahne und die Hissung der mexikanischen. Nachdem diesem Wunsch entsprochen wird, fährt sie aus Mexiko ab. Für immer.
Heftigere Wirkungen zeigen sich zwei Tage nach Carlotas Lan-

dung auf europäischem Boden. Während ihrer Zusammenkunft mit Napoleon III. hören Besucher des Parks von Saint Cloud ihr gellendes Schreien und verstehen die Worte: »Sire, Sie haben mich vergiften lassen.« Als sie am 27. September vom Papst in Audienz empfangen wird, wiederholt sie die Beschuldigung gegen Napoleon. Tags darauf fährt sie abends im Vatikan vor, schickt den Kutscher weg, stürmt die Treppe hinauf, wirft sich Pius IX. zu Füßen und fleht ihn an, sie im Vatikan schlafen zu lassen, da sie nur hier vor den von Napoleon gedungenen Mördern sicher sei. Alle Versuche, Carlota mit Güte oder Gewalt zu entfernen, scheitern an ihrem Widerstand, und schließlich wird ihr ein Bett in den Bibliothekssaal gestellt. Die Akten über diesen Vorfall melden, Carlota sei die einzige Frau, die jemals im Vatikan genächtigt habe. Bei der ärztlichen Untersuchung ihres Zustandes ergibt sich, daß Carlota schwanger ist.
Schwangerschaftspsychose? Sie wird zuerst nach Miramare und dann in ihr Schloß Bouchoute bei Brüssel gebracht. Der streng moralische Hof ihres mätressengesegneten Bruders Leopold II. von Belgien billigt Carlotas anderen Umständen den mildernden Umstand zu, daß sie in Mexiko mit einem Rauschmittel vergiftet und im Zustand der Umnachtung vergewaltigt worden sei. Man hofft, ihre Psychose werde gleichzeitig mit der Schwangerschaft enden.

Die Geburt des Kindes erfolgt am 12. Januar 1867. In dem zehn Jahre vorher geschlossenen Ehevertrag war die Erbfolge von dem Gesichtspunkt aus geregelt worden, daß Maximilian unheilbar zeugungsunfähig sei. Dennoch berät man jetzt, ob man das Neugeborene als legitimen Sohn Maximilians ausgeben soll, der in Mexiko sitzt und von der Entbindung nicht benachrichtigt wird. Schließlich wird entschieden, das Kind nicht Maximilian, aber auch nicht *nicht* Maximilian zu nennen. Man tauft es »Maxim«. Es wird einem Notar Weygand an der belgisch-französischen Grenze zur Adoption übergeben und nachher in ein französisches Militärinstitut gebracht; der Brüsseler Hof zahlt Schulgeld und Apanage. Ein halbes Jahrhundert nach seiner Geburt, im ersten Weltkrieg, wird Maxim Weygand Chef des französischen Generalstabs. Zu dieser Zeit lebt seine Mutter noch und noch immer im Irrsinn. Es ist also keine Schwangerschaftspsychose gewesen.

Anklagen und Beschuldigungen. Das Schicksal des kaiserlichen Körpers, der sechzig Jahre lang in den Hauptstädten und Badeorten Europas umhergeht, beschäftigt diesen aus Höfen und Hofgeschichten bestehenden Erdteil intensiv, und um das Kaiserpaar entsteht eine Literatur, die fast durchwegs Aristokraten zu Verfassern hat. Außerdem beeilt sich jeder, der einmal in Mexiko war oder etwas von Mexiko gehört hat, Antwort auf die Frage zu geben, welcher geheimnisvollen Droge das gekrönte Haupt zum Opfer gefallen sein mochte.

Am häufigsten wird Marihuana beschuldigt. Marihuana hat weit zurückreichende Vorakten. Ihren Namen aber führt sie erst seit der Cortezianischen Ära, wie daraus hervorgeht, daß er sich aus zwei christlichen Taufnamen zusammensetzt: aus María und Juana. Sie ist die Vergifterin Mexikos, sie wird trotz aller polizeilichen Maßnahmen verkauft, insbesondere auf dem Markt im Barrio Juan Polainas (nahe der Schießschule an der Straße nach Puebla). Sie ruft neun Prozent der Autounfälle hervor und fast dreißig Prozent aller Verbrechen. Sie begnügt sich nicht damit, die »Crujía de los viciosos«, die Sektion der Toximanen, zur besetztesten Abteilung des Zentralgefängnisses zu machen, sondern dringt auch auf raffinierte Arten in die Kerkerzellen. Andere Stimulantia, wie Morphium, arabischer Haschisch, Äther, Kokain oder Heroin, gehen auf reiche Kundschaft aus, Marie-Hannchen aber gibt sich billig her und an jedermann.

Sie ist ein Kind des Hanfs, dessen Anbau in Mexiko verboten ist, damit er der Hennequénfaser keine Konkurrenz mache. Dennoch wird der Hanf angebaut, macht der Hennequénfaser keine Konkurrenz und würde sich sehr wundern, daß man ihn zur Gattung der Textilpflanzen zählt. In Mexiko ist er eine Genußpflanze.

Meist wächst er hinter Wänden von Maisstauden illegal heran. Die weiblichen Blüten werden zerrieben und geraucht; sie bewirken sozusagen eine Betäubung bei Bewußtsein. Kein Berauschter glaubt, daß seine Halluzinationen Wirklichkeit seien, aber er erfreut sich ihrer, weil er sich sonst nicht einmal ein so bescheidenes Ausmaß von Glück vorzugaukeln vermöchte. In seiner Leichtbeschwingtheit kann er sich nicht vorstellen, daß selbst eine Küchenschabe ohne Marihuana von der Stelle käme, und singt deshalb:

»La cucaracha, la cucaracha,
Ya no puede caminar,
Porque no tiene, porque le falta,
Marihuana que fumar.«

Wenn man den Berauschten aus seinen Wachträumen weckt, wird er rabiat, imstande, einen Mord zu begehen. Für eine Herrscherin aus Herrschergeschlecht kann jedoch das bescheidene Gaukelspiel von Marihuana keine besondere Gemütserregung bedeuten, geschweige denn sie in unheilbaren Wahnsinn stürzen. Marihuana, Sie sind freigesprochen!

Ein gewisser Camotillo (Beruf: Batate) wurde ebenfalls beschuldigt, die Vergiftung der Kaiserin verübt zu haben. Zuzutrauen wäre ihm das schon, denn er hat gerichtsbekanntermaßen wiederholt, vorsätzlich und mit tauglichen Mitteln Lähmungen des Nervensystems herbeigeführt, insbesondere politische Gegner und Liebesrivalen in unheilbare Geisteskrankheit mit tödlichem Ausgang versetzt. Raffinierterweise scheidet dieser Giftstoff nach vollbrachter Tat aus, so daß er weder während der Krankheit noch nach dem Tode des Opfers festzustellen ist.

Der indianischen Medizin zufolge tritt der Tod so viele Tage nach der Verabreichung von Camotillo ein, als zwischen Ausgrabung des Knollens und seinem Genuß vergangen sind. Das heißt: wer Camotillo frisch aus der Erde ißt, stirbt auf der Stelle, wer ihn aufbewahrt hat, lebt, nachdem er ihn eingenommen, noch so lange, wie die Lagerfrist währte. (Chemische Untersuchungen ergaben, daß sich in der Tat die Giftstoffe allmählich verflüchtigen, sobald der Knollen ausgegraben ist.) Aber es gibt keine Batate, die sich sechzig Jahre lang halten würde, so lange, wie sich Carlota nach der Vergiftung am Leben hielt. Auch ist nichts davon bekannt, daß bei ihr eines der Symptome von Camotillovergiftung zutage getreten wäre, weder Herzschwäche noch Entzündung der Darmschleimhäute. Freispruch für Camotillo!

Gegen Ololiuqui, das »Kraut der rollenden Augen«, spricht seine Vergangenheit. Ololiuqui, eine Abart des Pfeilkrauts, wurde früher als Rachegift oft benutzt, um lebenslänglichen Irrsinn zu verursachen. Die Vergifteten sahen mit ihren rollenden Augen, von denen die Pflanze ihren Namen hat, Begebenheiten der Zukunft voraus, weshalb Ololiuqui zur Salbung der Könige das Seine beitragen mußte. Der Herrscher sollte mit hellseherischen Kräften begabt werden. Das Rezept der aztekischen Krönungssalbe (wie es im Kodex Ramírez steht) enthält alle Ingredienzen einer Hexenküche, so daß man versucht wäre, es ins mystische Versmaß der faustischen Blocksberghexe zu übersetzen. Aber im Rahmen eines kriminalistischen Berichts ist der Prosawortlaut angebracht: »Man mische Tabak mit lebenden Spinnen, Skorpionen, Kröten und Tausendfüßlern zusammen, zerstoße das alles mit einem Mörser und vermenge es vermittels eines Quirls. Dann setze man den gemahlnenen Samen von Ololiuqui bei, den man sonst verwendet, um Verlust des Verstandes herbeizuführen. Diesem Gemengsel füge man schwarze und behaarte Würmer bei, deren Haut allein giftig genug ist, knete es mit Ruß und koche es in Töpfen, stelle es an die Altäre der Götter, wodurch es zur göttlichen Mahlzeit wird, und salbe damit den Fürsten, damit er nunmehr vor Giften geschützt sei und mit Dämonen verkehren könne.«

Eine Phiole aus Fleisch und Blut, Mädchen als Giftwaffe – diese teuflische Idee hat Maupassant einmal gehabt: Eine Französin schenkt im Krieg von 1870 vielen deutschen Offizieren ihre Gunst und ihre Krankheit. Diese Methode hat das indianische Mexiko von Staats wegen angewendet. Schöne Mädchen wurden von frühester Kindheit an mit allmählich steigenden Dosen von Blutgiften infiziert und, wenn sie mannbar waren, in kostbaren Gewändern, mit Schmuck, Geld und Dienerschaft in die Residenz feindlicher Stämme geschickt. Gelang es dem Giftmädchen, einen Häuptling zu verführen, so starb er unter gräßlichen Qualen.

Ein Mittel zur Erzeugung von Scheintod, das Xomilxihuitl, brachte Sir Walter Raleigh am Ende des sechzehnten Jahrhunderts (1595) nach England, wo die in Amerika bereits entdeckten Wunderelexiere die Hoffnung auf Verlängerung des Lebens hervorgerufen hatten. Aber wozu gab es eine Droge zur Erzielung des Scheintods, des unheimlichsten Zustands, in den ein Mensch verfallen kann? Und wenn das Erwachen aus dem freiwilligen Scheintod unterbleibt? Diese Fragen bewegten Shakespeare, als er Romeo zu voreiliger Verzweiflung verdammte. Die Wirkung von Xomilxihuitl ist es, die der Klosterbruder Lorenzo schildert, da er Julia die Droge einhändigt:

Dann rinnt sogleich ein kalter matter Schimmer
Durch deine Adern und bemächtigt sich
Der Lebensgeister. In dem gewohnten Gang
Ist jeder Puls gehemmt und hört zu schlagen auf.
Kein Odem, keine Wärme zeugt von Leben.
Der Lippen und der Wangen Rosen schwinden
Zu bleicher Asche. Deiner Augen Vorhang
Fällt, wie wenn der Tod des Lebens Tag verschließt.
Ein jedes Glied, gelenker Kraft beraubt,
Wird steif und starr, wie tot erscheinen.
Als solch ein Ebenbild des dürren Todes
Sollst du verharren zweiundvierzig Stunden
Und dann erwachen . . .

Oder auch nicht. Die Odds für das Wiedererwachen stehen fünfzig zu fünfzig.

Auf der Pazifikseite wurden am Abend des Ostersonntags 1932 in der Bai von Topolobampo, der »Tränke des Tigers«, einige Kisten mit Schnapsflaschen angeschwemmt. Der Alkohol war mit Xomilxihuitl versetzt – vielleicht zum Schutz gegen Diebstahl durch die Schiffsmannschaft oder vielleicht, um die Küstenbevölkerung zu betäuben und solcherart eine geheime Landung von ostasiatischen Einwanderern, Schmugglern oder Spionen zu ermöglichen. Yaqui-Indianer, die sich dort vom Fischfang mehr schlecht als recht ernähren, liefen aus der Umgebung herbei und tranken das Strandgut bis zur Neige leer. Am Ostermontag starben zwölf an Tetanus, und dreißig lagen wochenlang im Hospital, fast ohne Atmung und Herztätigkeit. Die Mehrheit aber, über hundert Personen, die sicherlich dem Inhalt der Flaschen nicht minder eifrig zugesprochen hatten, erhob sich nach Ablauf der shakespeareschen zweiundvierzig Stunden, am Aschermittwoch, aus ihrem Tode und wandelten kerngesund weiter durchs Dasein. Dieses widerspruchsvolle Resultat des Saufgelages am Meeresufer konnte die Yaqui-Indianer nicht überraschen. Sie wissen seit eh und je, daß die gleiche Dosis von Xomilxihuitl den einen umbringt und dem anderen wohl bekommt, und rufen es deshalb als Gottesurteil an. – Kaiserin Carlota

wurde aber nicht getötet, kein Symptom von Starrkrampf ist an ihr beobachtet worden, und so sei hiermit auch die Untersuchung gegen Xomilxihuitl eingestellt.
Gewisse Liebestränke kommen für die Täterschaft in Betracht, da sie sowohl Verrücktheit wie jenen Zustand verursachen, in welchem eine Verführung Carlotas erfolgt sein könnte. Aus der kriminologischen Untersuchung muß man aber, um sich nicht im Unendlichen zu verlieren, jene Liebesmittel ausscheiden, die sozusagen zum Hausgebrauch gehören. Vor allem die auf den Märkten feilgehaltenen Kräuter »para hacerse querer« – »um geliebt zu werden«. Diese aphrodisiakischen Mittel werden in den unteren Volksschichten genausoviel verwendet wie in den gehobenen. Nebenbuhlerinnen teilen sich, wenn sie miteinander befreundet sind, ihre Bezugsquellen unfehlbarer Liebespillen mit, nicht aber die Adresse der Modistin.
In den Dörfern werden gefährlichere Aphrodisiaka nach Rezepten zusammengebraut, die der Curandera von ihren Urahnen mündlich überliefert sein sollen. Wehe der Käuferin, wenn das stimmen würde. Denn gegen die Elixiere der mexikanischen Vorzeit müssen, wie aus den Berichten der Missionare hervorgeht, alle Pastilles galantes, alles Kantharidin und alles Yohimbin geradezu pure Muttermilch gewesen sein.
Besonders reizend, in jedem Sinn des Wortes, scheinen die Colorines aufzutreten, die Korallenbohnen. Allerdings schlägt ihre Wirkung oftmals ins Gegenteil um; bei allzu starker Dosis wird der Mann für die Frau und die Frau für den Mann überflüssig. Dieses Faktum brachten die Beichtväter des achtzehnten Jahrhunderts ihrem bischöflichen Vorgesetzten mit einer kanonischen Frage zur Kenntnis: Ist für die reichliche Anwendung dieser roten Bohnen (im Hinblick auf die dadurch hervorgerufene Unterlassung des außerehelichen Geschlechtsverkehrs) die Absolution zu erteilen, dagegen jenen, welche geringere Dosen eingenommen haben, die Absolution zu verweigern? Ist es nicht schlimmer, wenn Frauen und Mädchen von diesem Samen des Teufels nur ein kleines Quantum einnehmen? Denn dann laufen sotane Frauenzimmer, von Nymphomanie befallen, umher, nach Männern suchend, egal ob Knabe oder Greis, und sterben in Sünde und Tollwut. Nach starker Dosis hingegen erfolgt nur Selbstbefriedigung.

Das Gift der Erkenntnis können wir ein Liebes- und Wahnsinnsmittel nennen, das verdächtig ist, den Sündenfall im Paradies veranlaßt zu haben. Die Hornschlange Mazacónatl lieferte das Gift, das in der Bibel fälschlich dem Apfelbaum der Erkenntnis zugeschrieben wird. Bei den Indios wurde dieses Schlangengift unaufgeklärten Kindern vor ihrer Brautnacht in die Mahlzeit gemischt, aber nur in kleinen Dosen. Wer größere nahm, endete in Satyriasis und Wahnsinn.

Eine Razzia durch ganz Mexiko ist nötig, um nach dem Gift zu fahnden, das Carlotas Geisteskrankheit auf dem Gewissen hat. Dabei muß man taktisch zu Werke gehen, die Kräuterkundigen zuerst nach Gegengiften fragen und dann erst das Gespräch auf die Gifte lenken, gegen die diese Gegengifte helfen.

Die anerkannteste Kräuterkundige von Mexiko ist Doña Carmelita, ihr Puesto auf dem Markt von Oaxaca ein Wallfahrtsziel. Käufer umlagern den Stand, die Augen auf Verkäuferin und Regale geheftet, als läge dort das Zaubermittel, das im nächsten Augenblick ihr Leiden bannen werde. (Dieses Leiden kann auch eine erfolglos Geliebte sein, ein gefährlicher Nebenbuhler oder eine ungetreue Ehefrau.) Im Innern der Bude tummeln sich mehr Kinder, als darin Platz haben. Doña Carmelitas Enkel und Kinder, welche letzteren die jüngsten sind – Beweisstücke dafür, daß sich die Alte in der Tat geheimer Naturkräfte zu bedienen weiß.

Das Vertrauen Doña Carmelitas erwirbt man, indem man von jedem Nervenheilmittel ein Spezimen kauft und bar bezahlt. Nach und nach rückt sie mit einigen ihrer Wißtümer heraus, zum Beispiel damit, daß sie ein psychiatrisches Allheilmittel namens Lachinole besitze. Diese Pflanze, als Tee gekocht, wird dem Patienten zwanzig Tage lang eingeflößt, und er, der noch am neunzehnten Tag vollkommen verrückt gewesen, sei am zwanzigsten vollkommen normal. Nur gegen eine einzige Art von Geisteskrankheit helfe der Lachinoletee nichts, nämlich gegen jene, die von Vergiftung mit Toloachi herrührt.

Mit dem europäischen Tollkraut hat Toloachi mehr als die erste Silbe gemeinsam. Tollkraut wird nicht auf Märkten verkauft, und auch der Handel mit Toloachi ist verboten. Deshalb versichert uns Doña Carmelita, daß sie es nicht auf Lager habe, das heißt: eigentlich habe sie es doch auf Lager, aber nur die Blätter, und selbst die gebe Doña Carmelita in sehr geringen Mengen ab, ausschließlich für hygienische Waschungen. Bei innerem Gebrauch sei Toloachi, insbesondere seine Samenkörner, so gefährlich, daß eben keines von den Anti-Irrsinnsmitteln dagegen helfe.

War es vielleicht Toloachi, was die Emperatriz Carlota eingenommen hat?

»Nein«, sagt Doña Carmelita, »von Toloachi wird man nur vorübergehend verrückt. Erst wenn man sich den Genuß angewöhnt, wird man für immer loco. Dann tanzt man auf den Straßen wie ein Affe, und alle Leute bleiben stehen und lachen. Die Emperatriz ist auf einmal vergiftet worden, durch eine einzige Dosis von Gift.«

Welches Gift mag das wohl gewesen sein?

So harmlos die Frage auch gestellt ist, Doña Carmelita erschrickt. Ob wir gekommen seien, sie darüber auszufragen? Ob wir vielleicht gehört haben, daß sie darüber etwas wisse?

Nein, wir beschäftigen uns mit Naturheilkunde, mit Arzneipflanzen.

Allmählich erfahren wir, was sie weiß. Carlota sei zu einer Kräuterfrau in der Hauptstadt gegangen und habe nach einem Mittel gefragt, um ein Kind zu bekommen. Sie war verkleidet und tief verschleiert. Aber die Kräuterfrau erkannte sie, und weil sie eine Patriotin war, eine Anhängerin von Benito Juárez und Todfeindin der ausländischen »Emperadores« (so, »die Kaisers«, nannte man Maximilian und Carlota), gab sie ihr Gift.

Welches Gift?

Doña Carmelita schweigt.

War es ein Samen?

Doña Carmelita schüttelt den Kopf.

War es eine Batate? Eine Rinde? Eine Blume?

Doña Carmelita schüttelt den Kopf.

War es ein Schlangengift?

»Nein«, sagt Doña Carmelita, »es war Teyhuinti, ein Pilz.«

»Ein Pilz? Haben Sie den, Doña Carmelita?«

»Es gibt keine Teyhuinti in Oaxaca.« Ein Mehr an Auskunft liefert Doña Carmelita nicht.

An anderen Stellen erfahren wir, daß Teyhuinti, »das Fleisch der Götter«, in verdünntem Zustand ein Tonikum sei und in unverdünntem dauernden Irrsinn hervorrufe... Es läßt den Körper unbeschädigt, im Gegenteil, der Vergiftete wird oft hundert Jahre alt bei voller physischer Gesundheit. Zu Beginn des Rausches gerät der Vergiftete »fuera de casa«, was wörtlich und sinngemäß »aus dem Häuschen« bedeutet. Er fühlt seine Kräfte erhöht, wird streitsüchtig, gebärdet sich kraftmeierisch, »dem werd ich's schon zeigen«, »noch heute geh ich direkt zum Bischof...« Wenn man eine Kaiserin ist, kann man sich wohl nur entschließen, es dem Kaiser von Frankreich zu zeigen oder zum Papst zu gehn.

Nach dem Abklingen des Rausches bleibt ein halbes Jahr lang die Erregung mitsamt dem ungehemmten Drang, die Kräfte mit Höhergestellten zu messen. Der Vergiftete fängt Händel an, indem er sich wirklicher Anlässe bedient und sogar logischer Argumente. Nachher tritt harmlose Verblödung ein, mens insana in corpore sano. (»Teyhuinti son los hongos que producen enajenación mental definitiva sin causar la muerte«, sagt Fernando Ocaranza in seiner »Historia de la medicina en México«.)

Die geistesstörende Wirkung gewisser Pilze scheint früher einmal nicht nur der Medizin in Mexiko bekannt gewesen zu sein, sondern auch in Europa, worauf die Wiener Redensart hindeutet: »Der hat narrische Schwammerln gegessen.«

Carlota, die in normalem Zustand von den Geschehnissen in Mexiko vielleicht physisch gebrochen worden wäre, überlebte die Erschießung ihres Gatten um mehr als sechzig Jahre. Doch konnte sie über die historischen Begebenheiten in dem exotischen Land, in dem sie eine verhängnisvolle Rolle gespielt, ebensowenig etwas aussagen wie über das meuchlerische Verbrechen, dem ihr Geist zum Opfer fiel.

Zum Geburtstag des feuerspeienden Bergs

Heut ist der 20. Februar 1944, und ich bin wieder am Vulkan, an dessen Wiege ich vor einem Jahr stand. Daß ich heute hier Geburtstagsvisite mache, ist der Laune einer lieben Freundin zuzuschreiben, honni soit qui mal y pense. Was mich anbelangt, so hasse ich Geburtstage und ähnliche Sentimentalitäten, insbesondere datumsmäßig festlegte, und mir schwant, daß ich durch das Wiedersehen meinen ersten, einen überwältigenden Eindruck zerstören werde.

Eigentlich berechtigt mich nichts zu solcher Vorahnung. Die Zeitungen berichten nur Günstiges über die Entwicklung des vulkanischen Kindes. Es gedeihe geradezu prächtig, betonen sie um so eindringlicher, je einträglicher es sich für den Fremdenverkehr erweist, nun speie es nicht mehr bloß aus einem einzigen Krater, sondern aus fünfen, es schreie mit weit, weit kräftigerer Lunge, und der Unrat, den es um sich her gemacht, sei ins Ungemessene gewachsen, bravo.

Schon die Stadt Uruapán finde ich ziemlich verändert vor, manche neue Industrie ist entstanden, deren Schornstein raucht: der Vulkan. Zuallererst fällt dem Wiederkehrer eine Art organisierter Kinderarbeit auf. Jungens, die vor einem Jahr noch unverdorben waren und keine andere Zukunft für sich erwarteten als die ihrer Väter, haben seither entdeckt, daß sich auf leichtere Weise mehr Geld verdienen läßt. Sie versuchen die Autos aufzuhalten, die in die Stadt einfahren, und selbst wenn ihnen das nicht gelingt, schwingen sie sich auf den Wagen.

Vom Trittbrett des meinigen bietet mir ein solcher Aufgeschwungener an, was er anzubieten hat: sich selbst als Führer, ein robustes Taxi, das mich billiger als alle anderen zum Vulkan bringen wird, einen besonderen Sombrero mit herabfallender Krempe, der das Gesicht vor dem Lavastraubregen schützt, und einen hochgeschlossenen Overall, der das gleiche für den Körper besorgt. Ferner empfiehlt er mir ein mit Sprungfedermatratzen versehenes Hotel, wo ich mit meiner Dame, honni soit qui mal y pense, warm duschen könne, wenn wir nachts vom Vulkan heimkommen, trotz des besonderen Sombreros und trotz des hochgeschlossenen Overalls bedeckt mit Lavastaub. Auch für die Beschaffung von Vulkanphotos steht mein ungebetener Fahrgast zu Diensten sowie für den Einkauf von Kodakfilmen und für die Entwicklung eigener Aufnahmen.

Aber das alles ist, wie ich bald erfahre, nichts Besonderes mehr. Seit Jahresfrist haben sich alle Einkehrhäuser in moderne Hotels verwandelt; aus den Nachbarstädten übersiedelten Taxis nach Uruapán; neue Werkstätten mit Schaufenster für die einheimischen Lackarbeiten sind entstanden; Souvenirs gibt's allerorten; und die Preise haben ein Verhältnis mit dem Dollar angefangen.

Bei Anbruch der Nacht kommt das bestellte Taxi vor das Hotel. Der Weg zum Vulkan ist weit besser als damals, da Lastautos im nächtlichen Terpentinwald einander die Kotflügel wegmassierten, die Räder im Sand oft nicht eingreifen konnten und in der Luft zappelten wie gestrandete Fische.

Nur der geisterhafte Eindruck, den der Wald im Staub der Lava und im Licht der Reflektoren machte, ist der gleiche geblieben. Das Licht und der Staub ergeben ein irreales bläuliches Weiß. Man glaubt über Schnee zu fahren. Bäume und Sträucher stekken in diesem Schnee und verrenken ihre Gliedmaßen. Denn es wächst sich schlecht im Lavastaub, und es atmet sich schlecht in vulkanischer Glut, und in der Nacht, da auch Strauch und Baum Ruhe und Dunkelheit brauchen, macht der Bergeindringling Krach und Stunk und feuerspeit dazu. Einige Bäume sind bereits tot, und ihre Stämme liegen hingestreckt auf dem Boden, andere stehen noch auf ihren Wurzeln, sehen jedoch aus, als ob auch sie es nicht mehr lange treiben werden. Von den Näpfen, die einst an den Baumstämmen befestigt waren und das herabtröpfelnde Harz auffingen, ist keiner mehr da. Wer nicht mehr Saft und Kraft hat, hat auch kein Harz, geschweige denn genug, um davon abgeben zu können.

Bereits im Tageslicht, als wir in Uruapán einfuhren, wollte meine Freundin es sich nicht ausreden lassen, daß am nächsten Kilometerstein ein Wolkenbruch auf uns lauere, so finster runzelte sich das Firmament. Jetzt, zu sonnenlichtloser Stunde, blinzeln die Sterne nur fahl und klein durch den Staubvorhang. Die Feu-

ersäule, die ich voriges Jahr an jeder Biegung der Strecke aufspringen sah, zeigt sich heute an keiner Biegung mehr.
Das Auto geht durch das Dorf San Juan Parangaricútiro, die Häuser haben keine Fenster und keine Tür nach der Straße hinaus. Nur in den Hof, der oft gar nicht umzäunt ist, führt eine Holztüre, eine sozusagen symbolische, denn sie besteht aus zerbrochenen Latten mit mehr Zwischenräumen als Latten. Aber sie ist mit einem breiten Dachstuhl gedeckt, dessen raison d'être so unklar ist wie die der Tür selbst. Vielleicht dient dieses Dach als Hühnersteige, vielleicht pflegen die Hausbewohner bei Regenwetter darunter zu stehen, um mit den Nachbarn zu sprechen, was man in Orten, in denen es Fenster gibt, vom Fenster aus tut.
Fernsterlosen Häusern sieht man nicht an, ob in den Stuben Licht ist, und da wir keinem Menschen begegnen, könnte die Behauptung von der Evakuierung des Dorfes stimmen. Sie stimmt nicht, wir finden die Bewohnerschaft, und zwar schier vollzählig, am Dorfrand, der mit dem Lavarand zusammenfällt. Hier haben sich Handel und Wandel vergrößert, hier herrscht jetzt das Verkehrsleben eines Knotenpunkts.
Für die Autos ist hier Endstation, für die Reittiere Kopfstation und für die Passagiere Umsteigestation vom Auto in den Sattel. Alles ist genau geregelt. Einer nach dem anderen kommen die Pferdebesitzer an die Reihe, ihre Koppel zu vermieten, meist Maulesel. Soweit Pferde da sind, waren sie nie zum Reiten bestimmt gewesen, sondern dazu, mit Eseln Maultiere zu zeugen. Alles Nähere über den Zeugungsprozeß erklärt mir der zehnjährige Indioknabe Sebastiano, dieweil er meinen Maulesel begleitet, erklärt es mit dem Zynismus eines nazistischen Rassenwarts und im Ton eines Pariser Schwanks.
Mein Reittier sei hier im Ort geboren, wo es eine Maultierzucht gibt, weltberühmt in der ganzen Umgebung. Ein Maultiergestüt mit Hengsten und Stuten, darunter einem Pferdehengst, genannt »El Hermoso« – »Der Fesche«, und einer Pferdestute »La Hermosa«, deren beider Hauptfunktion es ist, als Lockspitzel der Libido zu dienen. Pferd und Esel hegen nämlich solchen Abscheu gegeneinander, daß sie sich nicht miteinander paaren.
So etwas hat man – den Nürnberger Gesetzen zum Trotz – bei

Menschenrassen noch niemals beobachten können, woraus eben hervorgeht, daß alle Menschen – den Nürnberger Gesetzen zum Trotz – ab ovo der gleichen Art sind. Aber die Nürnberger Gesetze kennen den wissenschaftlichen Unterschied zwischen Arten und Rassen nicht und verfügen, daß sich die Menschen wie Esel und Rösser oder gar wie Nazis benehmen sollen.

Wenn eine Pferdestute von einem Eselhengst beschlagen werden soll, so führt man ihr nicht gleich den Bräutigam vor, sondern läßt zunächst den Pferdehengst Hermoso vor und hinter ihr auf und ab spazieren. Nachdem er ihr Gefallen und sie seines sichtlich erregt hat, verbindet man ihr die Augen, und sie gibt sich dem Feschen hin; der aber ward inzwischen gegen einen Eselhengst ausgetauscht, und auch der tut es nur mit verbundenen Augen.

Mich dergestalt aufklärend, trottet Sebastiano barfüßig neben mir her. Erst als ihm der Boden allzusehr unter den Füßen brennt, schwingt sich Sebastiano hinter mir in den Sattel. So hoch bedeckt ist die Erde mit herangewehtem heißem Sand, daß mein Maultier bis zu den Knien einsinkt, bis zu meinen Knien nämlich.

Ich kann die Silhouette meiner Freundin nicht erkennen, die knapp neben mir einherreitet. Sie sitzt trotz ihres engen Kleides im Herrensattel auf einem richtigen Pferd, aber ich sehe nichts von ihr, so dunkel ist es, und die Feuersäule des Vulkans reicht nicht bis zu unserer Kavalkade.

Das Maultier sucht im vulkanischen Nebel seinen Weg und findet ihn, muß es ihn doch allnächtlich mehrere Male tappen, einsinkend in den Staub und stolpernd über Baumwurzeln. Es kann sich nicht darum kümmern, was sich oberhalb seines Kopfes an Hindernissen in den Weg stellt, so zum Beispiel querwachsende Bäume, schräg gestürzte Stämme; mit denen würde der Kopf des Reiters im Dunkel unfehlbar zusammenprallen, wenn es nicht die Warnung des Reitburschen gäbe. »Neige den Kopf, Señor«, ruft Sebastiano und berichtet mir, während ich tief gebeugt unter dem horizontalen Balken durchreite, daß gerade vor vierzehn Tagen ein Amerikaner mit zerschlagenem Schädel vom Pferd gefallen sei. »Wir mußten ihn hinuntertragen«, sagt Sebastiano, »er liegt in Uruapán, und zwei Medicos aus Nordamerika sind bei ihm.«

Ich frage Sebastiano, ob unser Weg noch mehr solcher Hindernisse bringen werde.
»Si, como no – ja, wie denn nicht«, ruft Sebastiano in einem Ton, als hätte er mir etwas höchst Erfreuliches zu verkünden, »noch viele, viele!«
Demütig beugen wir unser Haupt vor dem Schicksal und kommen mit unzerbrochenen Schädeln auf der Höhe des vorgelagerten Berges aus Lavastaub an, dem Endpunkt des Rittes. Von hier erst sehen wir den Vulkan. Er ist in Tätigkeit, er brennt und raucht, und meine Freundin schaut erregt und schweigend empor.
Ich schweige gleichfalls, ich verrate nicht, welcher Art mein Staunen ist, denn ich will das Schweigen und Staunen meiner Freundin nicht stören.
Hier aber, wo es niemand hört, kann ich es sagen, daß ich maßlos enttäuscht bin. Vom alten und von den neuen Kratern, angeblich fünfen, sehe ich keinen – sie liegen wahrscheinlich auf dem jenseitigen Abhang. Der Berg selbst ist schwarz wie jeder andere Berg zu nächtlicher Stunde, das sich bewegende Gold, aus dem er im Vorjahr zu bestehen und immer wieder neu zu erstehen schien, ist jetzt erkaltet und entfärbt. Nur auf dem Gipfel brennt eine Stadt, die aussieht wie Toledo.
Rotglühende Trambahnen fahren aus dem Zentrum. Aber in einer Felsengipfelstadt laufen Straßenbahnen nur kurze Strecken und in gemessenen Abständen. Gleich sind sie an der Peripherie, entgleisen dort und stürzen den Hang hinab, dessen Abschüssigkeit nur erkennbar ist, solange die Waggons brennen. Oben jedoch wütet weiter die Feuersbrunst, verursacht von einem Fliegerangriff. Brandbombem werden herabgeworfen, Flugabwehr schießt hinauf, und kraft der Flammensäule erblickt man Qualmsäulen.
Die lodernde Stadt ist – so denke ich – der Grund für meiner Freundin sprachloses Staunen. Mich aber vermag sie (die lodernde Stadt) nicht in Erregung zu versetzen. Was ist das im Vergleich mit den Phantasien aus Licht und Flamme, die mir im vorigen Jahr hier in nächster Nähe geleuchtet haben.
Nun ist selbst die Nähe beseitigt. Der Berg ist nicht nur in die Höhe gewachsen, sondern auch in die Breite, und rings um ihn

streckt sich immer mehr und mehr der See der Lava, an dessen Ufer für den Besucher das Weitergehen aufhört. Voriges Jahr war dieses Ufer ein senkrechtsteiler Felsenrand, und die Blöcke glühten noch von der Tiefe des Geheimnisses, aus der sie kamen. Seither wurden sie immer weiter fortgedrängt, und heute liegen sie, abgekühlt, sehr weit vom heißen Schoß der Mutter Erde.

Kilometerfern ist die Spitze des Vulkans. Die mit Staub geladene Luft täuscht nicht nur optisch, sie ist auch schuld daran, daß die Bomben über Toledo so matten Tones bersten, wenigstens im Vergleich zu den Donnerschlägen, die mich vor einem Jahr durch ihren Schall zersprengen wollten.

Ich taste mich zu meiner Freundin. »Nun?«

Sie schrickt zusammen. »Sehen Sie, wie er sich wehrt?« Und zitternd fügt sie hinzu: »Es nützt ihm nichts. Da rollt er hinab.«

»Wer?«

Sie versteht nicht, daß ich nicht verstehe. Was sie vor sich erschaut, ist eine Pyramide, von der Natur zu ihrer alten Bestimmung erweckt. Meine Freundin sieht dort oben die Fackeln und Brennholzbündel der Tempeldiener huschen, sieht aus den Weihrauchkesseln die Schwaden hochsteigen, sieht rotröckige Hohepriester die Obsidianmesser gegen die Brust des Opfers zücken, ihm das Herz herausreißen und den fieberglühenden Körper die Treppe hinabstoßen ... Dazu dumpfer Klang von Trommeln und rauchendes Blut, und der unersättlich gierige Moloch verspritzt Eiter, Geifer und Schleim.

»Entsetzlich«, murmelt meine Freundin, »daß es das noch gibt!«

Nein, das gibt es nicht mehr. Aber vielleicht war das einstmals so – die Pyramide eine künstliche Nachbildung des Vulkans, die Zeremonien auf dem Gipfel eine Darstellung der Vorgänge bei der Eruption.

Freilich, vor einem Jahr, im ohrenbetäubenden Donnern und Toben, hätte kein Beschauer den Vergleich ziehen können mit irgendeiner noch so unmenschlich menschlichen Handlung. Das vulkanische Kind hat sich nicht, wie es bei seiner Geburt versprach, ins Unermeßliche entwickelt, sondern zu etwas, das mit anderem vergleichbar ist.

Ich wecke meine Freundin aus ihrer Vision von Blut und Tod. Wir schwingen uns in den Sattel. Zu dem meine Steigbügel haltenden Sebastiano äußere ich meine Enttäuschung über die Entwicklung des Vulkans. Sebastiano ist weder überrascht noch betrübt. »Ja, wie denn nicht«, ruft er abermals, und abermals in dem frohen Ton, in dem er mir auf dem Hinweg lebensgefährliche Hindernisse zugesagt hat, »die amerikanischen Professoren meinen, er wird nicht alt werden. Und was nachher aus unserem Dorf werden wird, quién sabe – wer weiß das?«

So wird denn der Feuerberg, der heut vor einem Jahr wie ein Meteor aufgetaucht war, dereinst wie ein Meteor verlöschen. Wann, Sebastiano? Ich sehe den Gefragten nicht, die Feuersäule beleuchtet nicht den Hang aus Staub, den wir emporgeklommen sind und nun wieder hinabklimmen, auf dem Abweg geht es schneller, und ich muß noch mehr aufpassen vor den in meiner Kopfhöhe querliegenden Balken.

Wahrscheinlich zuckt Sebastiano die Schultern auf meine Frage, wie lange es der Vulkan noch machen wird. »Vielleicht tausend Jahre«, sagt er, »vielleicht noch weniger. Wer weiß das?«

Jetzt bin ich's, der unsichtbar die Schultern zuckt und auf die hierzulande ewige Frage des »Quién sabe« die hierzulande ewige Antwort gibt: »Vamos a ver« – »Werden ja sehen.«

Meiner Freundin sage ich nichts von der trüben Diagnose über die vulkanische Opferpyramide. Bedeckt und gefüllt mit Lavastaub, reiten wir zum Auto und fahren, dieweil sie dankbar meine Hand hält, ins Hotel, béni soit qui mal y pense.

Bonanza oder die Prinzen der glücklichen Strähne

Ihr werdet abgerollt längs eines Films, der steht. Zuerst ist alles dunkel, nur monotone Schläge sind hörbar. Indios hacken sich tiefer und tiefer in den Felsengrund. Dann klaffen Eingänge zu Stockwerken hell auf. Es sind abgebaute Stollen, der Film zeigt sie in Betrieb. Aus den Felsen wird Material losgebrochen für den Schmuck der Fürsten: Silber, Iztac, Teocuitla, »der weiße Dreck der Götter«. Ihr seht, wie die weißen Götter des Drecks ins Land eindringen und mehr Indios in die Mine jagen. Zur Schnelligkeit gezwungen durch Knuten, zur Ausdauer gezwungen durch Ketten, müssen sie unvorstellbare Erzmengen fördern. Dennoch arbeiten Arm und Hacke den weißen Herren zu langsam. Don José de Sardaneta y Legaspi benutzt Pulver, um die Wände zu zersprengen, und Bartolomé de Medina lockt mit quecksilbernem Köder das Silber aus den Erzen hervor. Nun geht's schneller. Aus dem pazifischen Hafen Guaymas wird keine andere Ware verschifft als Silber, und aus dem atlantischen Veracruz segelt die Silberflotte nach Europa. Immer größer und zahlreicher werden ihre Einheiten, immer stärker sind ihre Konvois mit Mörsern und Kanonen bestückt, denn im Karibischen Meer lauern Bukaniere, die wildesten der Seeräuber. Die Silberflotte landet in Spanien. Spaniens Glanz steigt, und sein Gewerbefleiß sinkt, sinkt in den Verfall. Wozu arbeiten? Zahlen doch Neu-Spaniens silberglitzernde Berge die Herrschaft über die silberglitzernden Meere. Aus den Gruben der Kolonie fließt das Geld für die Armada wie Wasser durch ein Rohr.

Neidisch schauen Europas Potentaten auf Hispaniens Segen. Der Große Kurfürst läßt seine Orlogflotte von der Havel nach Veracruz navigieren, um Silber zu kapern. Für die Könige von England denken Isaac Newton, sonst mit kosmischen Dingen befaßt, und Disraeli, noch nicht Prime-Minister, darüber nach, wie man mit dem Silber Mexikos die Navy und die Currency England decken könnte. Napoleon I. will England mit Hilfe von Silberbarren im Wert von 350 Millionen Francs besiegen, die in Mexiko für ihn greifbar sind. Wäre bloß nicht die englische Flotte, die die Häfen blockiert! Napoleon schickt seinen Finanzberater Ouvrard an den Londoner Hof und bietet dem Feind eine Beteiligung an, wenn er den Transport durchlasse. Aber Albion ist doch nicht Krämer genug, um seine Existenz gegen Prozente zu verkaufen.

Die spanische Krone zahlt nicht einmal für die Fracht. Der Besitzer des Erzgangs Viscaina schickt ein Segelschiff voll schieren Silbers nach Madrid und erhält dafür einen ebenso königlichen wie billigen Preis: der bürgerliche Glücksritter wird königlicher Graf, und für die nächste Sendung wird er gar Marqués. Da ihm ein Erbprinz geboren wird, läßt er den Weg von seinem Haus zum Taufbecken mit Silberquadern pflastern, in einem Jahr, in dem zu Mexiko dreimalhunderttausend Menschen Hungers sterben.

Ihr seht, wie der Bergherr, besorgt um das markgräfliche Geschlecht, als dessen Ahnherr er sich fühlt, seine Bergleute tiefer in die Tiefe treibt, auf daß sie dort für ihn und seinen neugeborenen Erben eine neue Glücksader aufschließen, eine »Bonanza«.

Obertags seht ihr die Beneficias, wo das Erz bearbeitet, und die Casas de Moneda, wo das Produkt geprägt wird zu Peseten oder zu Krönungsmedaillen für den jeweiligen neuen König von Spanien. Ein königlicher Kontrolleur kontrolliert Zahl und Gewicht der Münzen, wer aber kontrolliert den Kontrolleur?

Wohin auch immer ihr wandert, ihr rollt an dem Silberband vorbei. Fast jeder der Palazzi in der Hauptstadt ist einst das Pied-à-terre eines Bonanzaprinzen gewesen. Das Barockgebäude des Grafen San Mateo de Valparaiso erkor sich Iturbide nach seiner Kaiserkrönung zur Residenz, nach ihm wohnten berühmte Gäste dort: der Thronprätendent Don Carlos de Bourbon, um den die Karlistenkriege entbrannten; der sagenumwobene Stierkämpfer Mazzantini; und auch Lord Cowdray, der erste Bonanzaprinz eines neuen Edelprodukts, des mexikanischen Petroleums.

So kurz der Séjour eines Bonanzaprinzen in der Residenzstadt der Vizekönige ist, rauschend muß es zugehen und fürstlich. Dazu bedarf sein Palast eines Portals, weit genug, die breitspurigsten Karossen einzulassen, es muß Prunksäle und Prunktreppen geben, Gärten mit Liebeslauben und viele Doppelhimmelbetten mit silbernem Baldachin.

Gegenüber dem Nationalpalast und ihm an Lage, Pracht und Größe ebenbürtig, steht das Leihamt »Monte de Piedad«, errichtet vom Silbergrafen de Regla und nachmaligen Silbermarkgrafen de San Cristóbal.

Den massiven Bau und den Betrieb der montanistischen Schule »Mineria«, drei Millionen Peseten, zahlt das Korps der Silberfürsten mit der linken Hand. Sie brauchen geschulte Fachleute, weil sich die zwecks Entdeckung neuer Bonanzas herbeigeholten Wünschelrutengänger und Geisterseher nicht bewähren. Zwei Mitglieder der jüdischen Familie Carbajal sind unter den mystischen Hilfskräften; Alonso Carbajal de Mendoza und Moisés de Solariel sollen mit Hilfe der Kabbala das Silber des Distrikts Guanajuato in Gold verwandeln.

»Vor Ort« prunken die Magnaten der Unterwelt nicht immer so ungehemmt mit ihrem Reichtum. Allzu nahe klingt das bedrohliche Klirren der Sklavenketten, die aus teurem Eisen sind und nicht aus Silber.

In Taxco zeigt euch der Film das erste Wohnhaus des Grubenherrn de la Borda. Wahrlich, kein Tuskulum, vielmehr eine Burg von der Art, die man »bärbeißig« nennt und »angstschlotternd« nennen sollte. Schmucklos, fast fensterlos blickt die Fassade auf den Stadtplatz, die andere Front des Hauses fällt, um zwei Stockwerke bereichert, den Bergabhang hinab; Notausgänge gehen nach allen vier Seiten. Ringsum helle Kolonialhäuser mit hängenden Gärten und von Strauch und Blüte umwucherten Terrassen.

Wie das dumpfe, von der idyllischen Stadt umgebene Mauerwerk den Bergherrn vor irdischen Feinden, sollte die Kirche ihn, vor der Ungunst des Himmels bewahren. Gold, Silber und Edelgestein blitzten vom Altar, tönten aus der Orgel, leuchteten von der Kuppel und aus den Barockrahmen der Heiligenbilder. Silberne Klöppel in silbernen Glocken läuteten schmeichelnd dem Himmel zu.

José de la Borda ist kein Franzose, wie die Historiker meinen, sondern ein Bergmann aus Alt-Spanien, dem in Neu-Spanien der Silberblick lächelt. Im achtzehnten Jahrhundert gilt er als der »reichste Mann unter der Erdoberfläche«. Unzweifelhaft ist er es unter und auf der Oberfläche seiner Stadt und ihrer Umgebung. Aber er fühlt sich hier weder sicher noch glücklich. Deshalb baut er sein Lustschloß unten im Tal, in dem viele Meilen entfernten Cuernavaca. Dort demütigt er die Natur noch mehr, als es Louis XIV. in Versailles getan, er verbannt aus seinem Park die Blumen, pflastert die Gartenwege und sogar die Beete. Ein Wunder, daß er die Bäume stehenläßt.

Der Film zeigt euch nun José de la Borda gealtert und verarmt. Beim Erzbischof in der Hauptstadt bettelt er um einen der Pokale, die er einst der Kathedrale von Mexiko geschenkt. Statt des Pokals erhält er den Rat, von der Kirche in Taxco die ihr gestiftete Monstranz zurückzufordern und dem Erzbischof zu bringen, der sie gut zu bezahlen verspricht.

Dabei ist der Erzbischof keineswegs monstranzlos. Hatten ihm doch die Bonanzaprinzen, und an erster Stelle der damals noch reiche de la Borda, ein Allerheiligstes gespendet, das den Größenrekord unter allen Allerheiligsten der Katholität hielt. Die goldene Sonnenscheibe, anderthalb Meter im Durchmesser, war mit 4587 Diamanten, 2794 Smaragden und 523 Rubinen besetzt. Später, die Bordas sind schon ausgestorben, geht der himmlische Schmuck den Weg alles Irdischen, und zwar innerhalb einer Woche des Jahres 1861, als eine Eskadron der französischen Interventionsarmee mit ihren Pferden in der Kathedrale einquartiert ist. Seit jener Woche wird die Monstranz vermißt, vermißt die »Zypresse«, ein riesenhaftes Altarstück aus getriebenem Silber, vermißt die Meßgeräte im Wert von einer halben Million Pesos. Wiedergefunden wurde nur ein Gemälde von Murillo.

Das Altargitter hatte schon der Präsident Santa Ana eingeschmolzen, ebenso wie die Wandbekleidung der Wallfahrtskirche Los Remedios; diese Tapezierung war im Auftrag von Cortez gebosselt worden, vom Rest des Silbers, aus dem er eine Haubitze für den Weihnachtstisch des spanischen Königs gießen ließ.

Anderes ging in den Bürgerkriegen verloren, überall im Lande verschwand, was golden und silbern war, und so bildet heutzutage das Interieur der Kirchen einen kahlen Gegensatz zur üppigen Architektur. Nur wenn es wahr ist, daß zum Bau der Bergwerkskirche San Cayetano in Guanajuato die Ziegel und der Mörtel mit Silberstaub angemacht wurden, ließe sich aus der Kirche noch Silber holen.

Bei einer Kunstauktion in Mexiko findet ihr die Fortsetzung des Films. Versteigert wird »eine Klistierspritze aus reinem Silber, ein Kilogramm schwer, mit Elfenbeinspitze und dem geprägten Wappen des Grafen M., sowie eine Kohlenschaufel und ein Nachttopf, ebenfalls aus Silber und mit dem gleichen Emblem. Ausrufpreis fünfhundert Pesos«.

In der Silberstadt Parral, im Haus des letzten Bonanzaprinzen, seht ihr seinen Jugendtraum, ein Klavier zu besitzen, maßlos verwirklicht: sechzig Klaviere. Die riesigen Teppiche seines Palastes weisen Schnitte auf und blutige Flecken. Der Bonanzaprinz veranstaltete nämlich zu Hause Hahnenkämpfe, seine Hähne kämpften und verbluteten auf Perserteppichen.

Der Film führt euch mitten in eine Jagdszene mit 1540 Treibern, denn man schreibt das Jahr 1540. Jagdherr ist der Besitzer der Grube »La Valenciana«, Ehrengast der Vizekönig Mendoza. Auf der unbewohnten und unbenannten Ebene werden Pavillons aufgerichtet, wo die Gäste zechen und tafeln können. Nach dem Halali von Jagd und Schmaus fahren sie in Kaleschen nach Hause. Aber die 1540 Indios haben keine Kaleschen, und ihre heimatlichen Jagdgründe sind unendlich fern und kärglich. So bleiben sie bei den Getränke- und Speiseresten in den Jagdhütten. Bis auf den heutigen Tag besteht die Siedlung, die die Indios vor vierhundert Jahren bezogen. Sie heißt Cazadero (Jagdgehege) und ist eine Eisenbahnstation im Staat Hidalgo.

Ihr seht und hört die Glocken einer Bergwerkskirche schwingen. Sie läuten nicht vergebens. Die Gemahlin des Bonanzaprinzen tritt aus ihrem Palast, um zur Sonntagsmesse zu gehen. Sie trägt den hohen Kamm und den Spitzenschleier spanischer Edelfrauen und einen Schmuck, dessen sich keine Königin zu schämen hätte. Vierundzwanzig Ehrendamen, auch sie in Glanz und Gala, bilden an ihrer Seite bewegliches Spalier, hinter ihr schreitet das weibliche Hofgesinde, einige hundert Frauen.

Der Grubenherr reitet an der Spitze seiner Leibgarde. Die ist aus einer Wache gegen Silberschmuggel entstanden. Zwar arbeiten die Bergleute nackt, aber in Tuben, die dem Darm angepaßt sind, geht so viel Konterbande aus der Mine ans Tageslicht, daß der Marktpreis des Silbers gedrückt wird.

Den Arbeitern in den After zu schauen war nicht die einzige Funktion der Bergwerkspolizei. Vor allem sollte sie Transporte vor Überfällen schützen und wurde so immer mehr zu einer militärischen Truppe. Ihre aus Gemsleder geschnittene Uniform strotzt von Aufputz; Knöpfe, Sporen, Epauletten, Sattelbeschlag, Sturmband- und Gürtelschnallen sind silbern.

Solch stolze Wehr reizt die Wegelagerer erst recht. Wo sie können, greifen sie die Gecken an, liefern ihnen regelrechte Schlachten, bei denen die Garde-du-Corps zumeist den kürzeren ziehen.

Eine Episode von 1832 bildet einen Film im Film, romantisch und charakteristisch. Auch dann noch charakteristisch, wenn einige Szenen des Drehbuchs der Volksphantasie und andere dem klassischen Kolportageroman »Los Bandidos de Río Frío« von Manuel Payno entlehnt sein sollten.

Ihr seht erregten Betrieb vor dem Theater, hinter den Kulissen, auf der Bühne und im Zuschauerraum. Eine italienische Stagione gastiert in Mexiko. Ihre Sängerinnen werden von der jeunesse dorée oder, besser gesagt, der jeunesse argentée lärmend umschwärmt. Unter den Anhängern der Sopranistin Marietta Albini steht der Silbergraf de Regla an erster Stelle, die Verehrer der Altistin Adela Cesari haben den Grafen de la Cortina zum ideologischen Führer, und beide Parteien bekämpfen einander mit Theaterskandalen, Zeitungsartikeln und Provokationen.

Abschiedsvorstellung. Der Vorhang fällt nach der Schlußarie der Oper »Fra Diavolo«, Beifall und Pfiffe für und gegen die Cesari und die Albini, Prügelszenen. Schließlich einigen sich die Parteien in dem stürmischen Wunsch, die beiden Divas mögen schwören, bald wiederzukommen. Die Grafen tragen ein Bild der Madonna von Guadalupe auf die Bühne, die Sängerinnen knien nieder und leisten den Eid. Plötzlich der Ruf: »Die Räuber von Río Frío werden euch ermorden!« Tränen, Bitten. Der Graf de Regla tritt an die Rampe; im Hinblick auf die Umtriebe der Wegelagerer werde sein Bergwerksmilitär die göttliche Marietta begleiten, nicht nur bis zum gefährlichen Río Frío, sondern bis zum Schiff in Veracruz. Jubel bei den Albinisten, Protest bei den Cesaristen. Der Graf de la Cortina erhebt sich in seiner Loge und erklärt, er habe seine Truppe beordert, an der Seite der Cesari nach Veracruz zu reiten.

Solchermaßen doppelt gesichert, rollen die Wagen des Ensembles davon, rechter Hand und linker Hand von geschniegelter, bis an die Zähne bewaffneter Gardekavallerie begleitet. Bis Río Frío ...

In Río Frío werden sie von maskierten Banditen überfallen, die nach kurzem Gefecht die Begleitmannschaften in die Flucht schlagen. Nun tritt der Räuberhauptmann Everisto recte Agustín Lorenza an den Wagenschlag, lüftet höflich die Maske und lädt die Theatergesellschaft ein, ihm und den Seinen im Wald eine Oper aufzuspielen. Das Ensemble entschließt sich zu »Fra Diavolo«, weil die Requisiten noch beisammen sind. Die reiche Natur des Waldes wird mit der billigen Unnatur von Dekorationen drapiert, und die Räuberoper geht vor dem Räuberpublikum in Szene. Zwar legen sich die Darsteller des komischen Banditenpaars Beppo und Giacomo Reserve auf, um die Sympathie der Hörer nicht zu verlieren, zwar tut – aus entgegengesetzten Gründen – die Darstellerin der Zerline in der Entkleidungsszene das gleiche, aber die Bandidos de Río Frío sind so entzückt, daß sie vor lauter Begeisterung ihre ganze Munition in die Luft verschießen. Die Vorstellung zieht sich lange hin, und so nächtigen Ensemble und Publikum im Walde.

Am Morgen geben die befriedigten Räuber ihren Gästen das Geleit zu den Kutschen. Die fahren ab und finden knapp vor der Stadt Puebla die Belgeitmannschaft wieder, die sich gesammelt hat und ihre Schützlinge mit unvermindert martialischem Gehaben nach Veracruz bringt. Mit Silberbarren statt mit Silberstimmen in den Wagen wäre die Reisegesellschaft nicht so unberaubt davongekommen.

Man muß kein Berufsbandit sein, um silbernen Lockungen zu unterliegen. Ihr seht den königlich spanischen General Agustin Iturbide hoch zu Roß. Er reitet den Insurgenten entgegen, er hat den Auftrag, die mexikanische Unabhängigkeitsbewegung niederzuwerfen. Unterwegs soll er einen Transport von einer halben Million neugeprägter Peseten beschützen und tut das, indem er ihn für sich beschlagnahmt. Dann schließt er in Iguala mit den Revolutionären einen Vertrag, durch den Mexiko unabhängig wird, macht sich zum Kaiser und entfaltet mit dem geraubten Silber den notwendigen höfischen Prunk.

Auch wer sich keinen Beschützern in die Hand gibt und seine Schätze selbst hütet, ist nicht vor Raub gefeit. Doña María de Rodríguez, Besitzerin des Bergwerks. Doña María im Gebiet von Huacal, erscheint im Film. Seit Jahren hat sie alle Barren ihres Silbers zu sich nach Hause schaffen lassen. Ihr Palast, so groß er auch ist, hat kaum noch Platz für den Schreibtisch, von dem aus sie den Betrieb dirigiert, kaum noch Platz für das Bett, in dem sie schläft. Nie verläßt sie ihr Haus, das mit einer Doppeltüre aus schwerem Eisen verschlossen ist. Die Fenster sind mit eisernen Queren gesichert.

Doña María will mit ihren Schätzen nach Kastilien zurückkehren. Eines Tages übergibt sie die Bergwerksanlage ihrem Bruder, läßt bei Nacht und Nebel alles Silber in Kisten verpacken und auf vierzig Maulesel laden, je zweihundert Pfund auf jeden, zusammen vier Tonnen. Ihre ältesten Vertrauensmänner aus dem Werk nimmt sie zum Schutz mit, sie selbst läßt die Kolonne nicht aus den Augen, und wirklich kommt alles unversehrt in der Hauptstadt Mexiko im Palast des Vizekönigs an. Der übernimmt und quittiert die Schätze und lagert sie im Beisein der Besitzerin im Staatstresor ein. Befreit amtet sie auf. Zum erstenmal seit Jahren kann sie ruhig schlafen. Aus ihrem ruhigen Schlaf erwacht sie nicht mehr. Ist sie ermordet worden? Wer dürfte es wagen, den Vizekönig eines Mordes zu beschuldigen! Nicht einmal die Erben wagen es, und der Film zeigt nur, wie man sie morgens als Leiche findet. Ihr seht weder die Tat noch den Täter.

Ja, nicht immer bringen die Glückssträhnen aus Silber und Gold ihren Eigentümern das Glück. 1847 fährt der Schweizer Suter, mit mexikanischen Vollmachten und dem Titel eines mexikanischen Commandante versehen, nach dem Pazifik, in den Umkreis von Caliente Fornalla, dem »Heißen Ofen«, und läßt sich dort, im Urwald California, als Farmer nieder. Ein Jahr später gehört dieses mexikanische Land den Vereinigten Staaten von Nordamerika, fast gleichzeitig findet sich dort Gold und fast gleichzeitig eine Armee von Goldsuchern aus aller Welt. Die verjagen den wackeren Schweizer, töten seine Kinder, betrachten sein Vieh als jagdbares Wild und verwüsten seine Felder und Betriebe. Suter verhungert auf den Stufen des Kapitols von Washington, wo er – o Irrer! – jahrelang und hartnäckig eine Entschädigung für ganz Kalifornien verlangte.

Der Film zeigt vierzehn Straßenräuber, die durch Schluchten und über Höhen vor den Gendarmen fliehen. In einer Grotte am Wendekreis des Krebses sind sie endlich geborgen. Es ist eine Grotte mit silbernen Wänden. Der Operateur blendet über auf das moderne Bergwerk von heute, das zu Ehren der vierzehn Banditen noch immer »Real Catorce« heißt.

Der Mauleseltreiber Juan Rayas findet die Grube »La Valenciana«. Ihr dürft euch nicht wundern, wenn ihr seht, wie ihm das Diplom mit seiner Ernennung zum Granden von Spanien überreicht wird, denn die »Valenciana« lieferte binnen fünf Jahren mehr Silber, als es bisher in der ganzen Welt gab. Juan Rayas ist ein findiger und geschäftstüchtiger Mann. Den Bau der Kirche neben seinem Bergwerk zahlt er nicht mit seinem Silber, sondern mit dem, was ihm von seinem Silber fehlt. Ihr seht ihn mit dem Pfarrer verhandeln und wie tags darauf der Pfarrer seine Beichtkinder aufklärt, daß ihnen die glückliche Rückkehr aus den Gefahren des Schachts nur dann gewährleistet sei, wenn sie allwöchentlich ein Stück Silbererz zum Kirchenbau spenden. Solche Stücke sind in der Gegend leicht zu finden, allenfalls auch in der Grube, von wo sie illegal zum Pfarrer getragen werden. Das eben ist dem Granden recht, braucht er doch für die aus der Mine geschmuggelten Klumpen keinen Akkordlohn zu zahlen und kann sie nachher dem Pfarrer zum Gestehungspreis abkaufen.

Durch Barrancas im Staat Chihuahua klettert ein Indio, sich argwöhnisch umsehend, ob ihn niemand beobachte. Er schleicht hinab nach der Stadt Parral, zur Bauhütte auf dem Platz, wo eine Kirche gebaut wird. Dort reicht er dem Bauführer ein faustgroßes Stück Gold. »Willst du noch immer nicht sagen, wer du bist?« fragt ihn der Kaplan, der in der Hütte steht. – »Niemals werde ich das sagen«, erwidert der Indio und verschwindet unter noch größeren Vorsichtsmaßregeln. So erscheint und verschwindet er an jedem Sonnabend von 1590 bis 1610, zahlt mit seinem Gold alle Löhne für die Bauarbeiter. Da die Kirche vollendet ist, läßt ihn die spanische Obrigkeit verhaften und martern, um herauszukriegen, wo die geheime Goldgrube stecke. »Ich will den Weißhäutigen nicht noch mehr Reichtum und den Dunkelhäutigen nicht noch mehr Elend bringen«, antwortet er auf alle Fragen, und mit diesem Satz stirbt er in der Folterkammer.

Was die Indios aus den Stollen zutage förderten, gehörte den Bonanzaprinzen, was sie als Lohn bekamen, war der Kirche. Wurden Lasten und Qualen unerträglich, dann flüchteten die Sklaven in die Berge oder lehnten sich gegen ihre Peiniger auf, und dann waren es diese, die flüchten mußten. Die Grubenherren von Baroyeca, einem schwer zugänglichen Bergwerksdistrikt an der Westküste, wurden einmal vier Wochen lang in der Kirchen und Klöster, erklärt sich das Bollwerk des Herrn de la Borda in Taxco, erklärt sich, weshalb die Alhóndiga in der Silberstadt Guanajuato zur Bastille Mexikos wurde.

Anfang des neunzehnten Jahrhunderts: Ihr seht einen jungen Mann in Radmantel und hohen Schuhen vor einem gewaltigen Haus in Guanajuato vom Pferd springen. Ihn empfängt der Hausbesitzer, der zugleich der Grubenbesitzer ist, der Graf von Rul. Der Gast heißt Alexander von Humboldt, war in Deutschland Bergwerksassessor und Geologe und erbittet vom Gastgeber, in die Gruben einfahren zu dürfen. Das darf er. Er lobt, daß die Arbeit eine freie ist, das heißt, die Knappen freizügig sind, was er sonst nicht überall gefunden hat. Aber wie sind die Arbeitsbedingungen!

Zusammengepfercht in engen Stollen, arbeiten die Indios in einer Glut von vierunddreißig Grad, während draußen das Thermometer im Winter tief unter Null steht. Humboldt fragt sich, wie ein Mensch solche Temperaturunterschiede aushalten kann. Wie sind Kinder mit einer Last von fünfzig Kilogramm auf dem Rücken und Erwachsene mit hundertfünfundzwanzig Kilogramm imstande, sechs Stunden lang in dieser Hitze 1800 Stufen auf- und abzusteigen? Entsetzt hört Humboldt, daß die Arbeiter, welche die Sprengungen machen, selten über ein Alter von fünfunddreißig Jahren hinauskommen.

Zwanzigstes Jahrhundert: Ein Mann – der könnte ich sein – wandert durchs Land, vorbei an Fördertürmen, Schmelzwerken, Zyanidanlagen, und fragt überall, wem der Betrieb gehört. Zumeist bekommt er ein Achselzucken der Unwissenheit zur Antwort. Wo er eine akustische Antwort bekommt, klingt sie wie »Asarco«, und wie »Kannitverstan« klingt, was der Wanderer brummt.

Sicherlich ist Asarco kein Familienname. Es gibt keine Bonanzaprinzen mehr, so tief und zusammenhängend auch die Spuren ihres Wirkens noch heute in Mexiko erkennbar sind.

Von der Konquista an, der technischen Erschließung der ersten Gold- oder Silbergrube, war es keine Staatsbürgertugend, zu arbeiten. Die Arbeit war Zuchthauszwang und Tod. Dagegen war Glück eine Staatsbürgertugend, und zwar die belohnteste, das Glück, eine ergiebige Ader zu finden. Vermochte der Finder seine Bonanza mit mörderischen Methoden aufzuschließen, so nannte er alle erdenkliche Privatmacht sein eigen und dazu mehr gesellschaftliche Macht als die höchste Beamtenschaft und der höchste Klerus. Die waren ja nur deshalb nach Neu-Spanien entsandt, um dem König Silbergeld, beziehungsweise dem Papst Peterspfennige zu schicken; zur Erfüllung dieses Auftrags konnte nur der verhelfen, der aus den Lotterielosen im Erdenschoß den Haupttreffer gezogen. Der Bonanzaprinz war Staatsoberhaupt de facto, denn er konnte den Beamten mehr Silber bieten als die Staatskasse.

Der Mann im Film fragt nach der Bedeutung des Wortes Asarco und findet schließlich heraus, daß es die Anfangsbuchstaben von American Smelting and Refining Company sind. Diese Kompanie wiederum ist der Deckname für den Guggenheim-Konzern, welcher die Silberförderung in Mexiko innehat und alles Silber nach USA transportiert.

Dort wird das Silber, Hunderttausende von Tonnen, aus finanzpolitischen Gründen in den Kellerverliesen von Fort Westpoint, N.Y., eingelagert, tief in der Erde, der es entrissen wurde mit Mühe und Not. Dort endet der Film, einer von denen, die man im Kino nicht zu sehen bekommt.

Wirtschaftliches Feuilleton über Torreón

Es steht noch nicht im Meyer,
Es steht im Brockhaus nicht,
Es tritt aus meiner Leier
Zum erstenmal ins Licht.

Christian Morgenstern

Das Baumwollzentrum Torreón steht nicht im Meyer, während der Meyer (Ausgabe 1908) in Torreón steht, wodurch ich erfahren habe, daß Torreón nicht im Meyer steht. Über Coahuila, den Bundesstaat, dessen wichtigste und größte Stadt Torreón bei weitem ist, wird in Meyers Konversationslexikon sehr viel ausgesagt, andere Städte dieses Staates werden lobend erwähnt. Torreón jedoch mit keiner Silbe.

Alles in Torreón dreht sich um Algodón. Es ist wie in Alexandria. Nur verwenden in Alexandria die Araber nicht das arabische Wort »al goton«, sie sagen englisch »cotton«, die Anglisierung von »goton«.

Das deutsche Wort geht auf den bis ins achtzehnte Jahrhundert verbreiteten Irrtum zurück, Baumwolle sei die Wolle des skythischen Lamms, das auf Bäumen wachse. In Rußland reisende Europäer hatten es mit eigenen Augen gesehen. Was sie gesehen hatten, waren aber Embryos von Widdern. Die Bauern, die sich schämten, ungeborene Tiere aus dem Mutterleib zu schneiden, logen den Fremden vor, der kleine Widder (Baranetz) sei bei ihnen zulande eine Baumfrucht. In Wahrheit war das Lockenfell nicht zum Verspinnen oder Verweben ausersehen, sondern dazu, ein Pelzmützchen zu werden oder Teil eines Persianermantels.

Jedenfalls wächst im Gebiet um Torreón die Baumwolle nicht als Tier auf den Bäumen, sie wächst als Pflanze auf Erden, und das Saatgut kommt aus Memphis. Dadurch scheint mein Gefühl, in Alexandria zu sein, noch mehr gerechtfertigt. Leider erfahre ich, daß es sich nicht um das ägyptische Memphis, vielmehr um Memphis im Staat Tennessee, USA, handelt, welches unägyptische Memphis ein Monopol hat auf die Samen der bei Torreón angebauten Baumwollsorten.

Selbstverständlich wird der Leser die Frage stellen, die ich stelle: Warum verwendet man denn nicht die eigenen Kerne als Saatgut?

Ich erfahre, daß das nicht geht. Die Pflanzen würden sich miteinander kreuzen, und diese Inzucht ergäbe Degeneration. Deshalb wird die Saat aus den Samenzüchtereien von USA bezogen, wo die besten Stauden für die Zucht ausgesucht werden, »true to type« kultiviert, die Blüten in Musselin oder Zellophan eingepackt und die Befruchtung unter Kontrolle durchgeführt.

Beziehen nur die mexikanischen Felder die Saat aus der Züchterei?

»Nein, alle Baumwollfelder der Welt. Sogar die amerikanischen.«

Aber in der Sowjetunion sah ich vor fünfzehn Jahren, wie Baumwollfelder angelegt wurden. Und die Russen hatten damals sicherlich keine Samenzüchtereien.

»Die haben wahrscheinlich jahrelang experimentiert. Die müssen sich nicht beeilen, weil sie keine Konkurrenz und keinen Export haben. Die verbrauchen ja alle Baumwolle für ihr eigenes Volk.«

Viele der hiesigen Firmentafeln habe ich schon in Alexandria gesehen. Die Baumwollexporteure »Anderson, Clayton & Co.«, »McFadden« und »William Woodworth« beherrschen im nördlichen Mexiko wie im nördlichen Afrika und außerdem in südlichen Nordamerika die lokalen Märkte, die zusammengenommen identisch sind mit dem Weltmarkt. Auch die Verkaufsstellen für Pflückmaschinen und Entkernungsmaschinen, für Mittel zur Schädlingsvertilgung und für Kunstdünger tragen hier wie dort die gleichen Firmennamen.

Überdies gibt es, damit ich's nicht vergesse, das Heer der Menschen, welche die Baumwolle pflanzen, pflegen und pflücken. Das spielt sich außerhalb des Weichbildes von Torreón ab, in der Laguna. Dort fließt der Nil namens Río Nazas. Dort bewegen sich die Pumpen, die den arabischen Namen »noria« führen, während die Araber sie schon längst »wells« nennen. Und dort arbeiten die hiesigen Fellachen, die Ejidatarios.

Der Name Laguna scheint darauf hinzuweisen, daß dort Wasser

ist. Aber so etwas von Nichtwasser, so etwas von Dürre und Trockenheit! Wasser gibt es nur, wenn – einmal im Jahr – der Río Nazas außer Rand und Damm gerät und alles überschwemmt, manchmal, wie 1917 und kurz nach meinem Besuch in der Laguna, 1944, in katastrophalem Ausmaß, Menschen und Vieh ertränkend, Felder, Straßen und Speicher vernichtend. Nachher kehrt der Fluß, als wäre nichts geschehen, in sein Bett zurück. Auf dem Weg dorthin läßt er seinen Unrat hinter sich, und darauf wächst die Baumwolle im Schweiße des Angesichts von hunderttausend Laguneros.

Der Bahnhof Torreón ist dem Hafen von Alexandria ähnlicher als einem Bahnhof. In Lagerhäusern, vor hydraulischen Pressen und an Baumwollballen schallt der Lärm von Geschäftskonflikten und neuen Abschlüssen. Obwohl der Krieg den europäischen und den japanischen Markt abgeschnitten hat, herrscht Konjunktur. Denn einerseits braucht der Krieg Schießbaumwolle und andererseits Watte in unvorstellbaren Mengen, von Uniformen ganz zu schweigen.

Erstaunlich ist es, an Ort und Stelle zu sehen, welche Industrien (außer dem Textilwesen) der kleine Baumwollstrauch schafft und welchen Einfluß er auf Weltwirtschaft und Weltpolitik ausübt.

Als eine der ersten erschien die Seifenindustrie. Ein Amerikaner namens John Brittingham aus San Louis, Missouri, erbaute auf dem Boden der Laguna und eines langfristigen Kontrakts eine riesige Seifenfabrik.

Bis dahin hatten die Egrenieranstalten die Baumwollfaser nur deshalb entkernt, weil die Kerne den Verspinnungsprozeß hinderten. Die Kerne selbst, Tausende von Tonnen, wurden verbrannt oder tief in die Erde versenkt. Nicht einmal als Dünger durften sie verwendet werden, denn sie galten als Gift für Mensch und Tier.

Nun kam Mr. Brittingham und bot fünfzehn Pesos per Tonne für das wertlose und gefährliche Abfallprodukt. Wie vorteilhaft für die Baumwollherren von Torreón, und wie vorteilhaft erst für Mr. Brittingham. In Amerika hätte ihn das zur Herstellung benötigte Baumwollsamenöl zwölfmal soviel gekostet, wie in Mexiko die ganze Seife kostete. Mr. John Brittingham war nicht

mehr Mr. John Brittingham, sondern Señor Juan Brittingham, er verkaufte seine Seife in Mexiko und schlug den amerikanischen Seifenimport aus dem Felde.
Um die Jahrhundertwende wollte der mexikanische Finanzminister Limantour die äußere Schuld Mexikos konsolidieren. Eine Pariser Bankengruppe war dazu bereit, und dafür erhielt die französische Konkurrenz des schwedischen Nobeltrusts das Dynamitmonopol für Mexiko. Die Société Centrale de Dynamite, deren Präsident Paul Clemenceau war, Bruder des Oppositionsführers Georges, errichte ihre Dynamitfabrik bei Torreón.
Warum bei Torreón?
Bei Torreón war erstens die Baumwolle und zweitens die Seifenindustrie. Das Öl der Baumwollkerne ergibt nicht nur Fettsäure für die Seife, sondern auch Glyzerin für das Nitroglyzerin. Um sich in transportables Dynamit zu verwandeln, bedarf das Nitroglyzerin eines Beiprodukts, und dieses ist wiederum Baumwolle, eine kurzstaplige, die mit Salpeter und Schwefelsäure zu Schießbaumwolle wird.
Die Fabrikanlagen außerhalb der Stadt sind selbst eine Stadt, die Stadt Dinamita. Heute gehört sie nicht mehr den Franzosen. Die haben in die innermexikanischen Zwistigkeiten Dynamit hineingetragen und gingen um 1913 mit den reaktionären Staatsstreichplänen in die Luft.
Jetzt wird die Stadt Dinamita von den Dupont de Nemours beherrscht, die außer ihrem französischen Adelsnamen das amerikanische Bürgerrecht besitzen und die Hoheitsrechte über die Chemie von USA. In urheberrechtlichem Sinn ist die Dinamita nicht das Werk der Dupont de Nemours, womit die Familientradition fortgesetzt wird. Auch der Stammvater der Dynastie war nicht der Urheber seiner chemischen Entdeckungen in urheberrechtlichem Sinn. Während der Französischen Revolution war er mit den chemischen Formeln seines Freundes Lavoisier nach Amerika gesegelt und hatte auf Grund dieser Formeln Schießpulver gemacht und auf Grund dieses Schießpulvers Dollarmillionen. Als Amerika in den ersten Weltkrieg eintrat und unter dem Alien Property Act auch die Patente der deutschen IG-Farbenindustrie beschlagnahmte, wurde Dupont der größte chemische Konzern der Welt. Unter anderem übernahm er das Sprengstoffgeschäft der amerikanischen Länder.

Von Torreón aus wird das Dynamit den Bergwerken ganz Mexikos zugeleitet. In einem der Dörfer der Laguna ist die Schule nicht nach Emilio Zapata, Pancho Villa oder einem anderen der bekannten Bauernrevolutionäre benannt, sondern nach dem »Héroe de Nacozari«. Ich frage, wer das war, und höre:

Es war einmal eine Zugsgarnitur, bestehend aus Lokomotive und drei mit Dynamit beladenen Waggons. Sie hielt auf dem Bahnhof von Nacozari, einer Bauern-und-Arbeiter-Siedlung im Staat Sonora, und ein Eisenbahner, Jesús García, stand daneben. Die Achsen waren so heiß gelaufen, daß, wie Jesús García plötzlich bemerkte, das Schmieröl brannte. In der nächsten Minute mußte die Ladung explodieren und die Ortschaft vernichten. Anstatt zu fliehen, schwang sich Jesús auf die Lokomotive, gab Volldampf und sauste mit dem Zug los. Eine Minute später fuhr er mitsamt der Fracht in den Himmel, aber die Bewohner Nacozaris waren gerettet. Jesús García ist der Héroe von Nacozari.

Damit, daß die Baumwollkerne aus dem Abfalleimer geholt und zu einer in Silberpapier eingewickelten Seife wurden, ist das Aschenbrödelmärchen noch nicht zu Ende.

Seit den Tagen Mr. Brittinghams hatte sich der Baumwollanbau überall so erhöht, daß die Seifenfabriken nur einen Bruchteil der Kerne verdauen konnten. Der Rest häufte sich zu Halden. Da kamen die Italiener auf die Idee, ihrem Olivenöl unauffällig das Öl aus den Baumwollkernen beizusetzen. Nach den ersten Versuchen nahm Italien immer mehr und mehr Kerne ab, ganze Schiffsladungen, jahrelang.

Bis eines Tages die Amerikaner erfuhren, daß das aus Italien nach Amerika importierte Olivenöl fast zur Gänze aus dem Öl amerikanischer Baumwollkerne bestehe.

Wie war das möglich? Hat denn das Baumwollsamenöl nicht einen Beigeschmack, der es ungenießbar macht? Kaum war diese Frage gestellt, fuhren schon Industriespione nach Italien und insbesondere nach Triest, wo die größten Ölfabriken waren.

Sie erkundeten das Verfahren. Wenn man Baumwollöl mit kaustischer Soda und nachher im Vakuum mit Dampf behandelt, verliert es seinen Geruch und kann mit Olivenöl verschnitten werden, ohne daß es von diesem zu unterscheiden ist.

Sehr gut, Baumwollöl konnte also zum Kochen und Braten verwendet werden. Aber zum Backen? Nein, dazu taugte es nicht. Zum Backen brauchte man Fette von höherem Schmelzpunkt. Schnell erfanden die Chemiker die Hydrogenisierung: Sie setzten den ungesättigten Glyzerinverbindungen der Fettsäure Nikkelstaub zu und nachher Wasserstoff. Dadurch wurde ein höherer Schmelzpunkt erreicht – die Revolution des Backofens. Alsbald ließ sich mit Pflanzenbutter, vegetabilischem Schmalz und Margarine backen, was es zu backen gab.

In Amerika entstanden grandiose Ölmühlen, gegen die sich die italienischen verstecken können, und während in Krisenzeiten die Baumwollfaser verbrannt wurde, blieben die Baumwollkerne wertbeständig.

Wären bloß nicht Aschenbrödels Töchter gewesen, die Linters, die winzigen Härchen auf dem Kern. Für die Verspinnung waren sie nicht zu brauchen, und das Öl verdarben sie auch. Mit komplizierten Maschinen mußten diese Flaumhaare sorgsam abgesägt und abgesaugt werden zu dem einzigen Behufe, weggeworfen zu werden.

Jedoch auch Aschenbrödels Töchter blieben nicht unentdeckt, feierlich wurden sie auf den Warenmarkt geholt und spielen heute eine große Rolle. Die Linters sind eine Zellulosequelle mit Verwendungsmöglichkeiten, die voneinander so verschieden sind wie Damenstrümpfe von Explosivstoffen und Matratzenfüllung von Kunstseide.

Auf dem Lintersthron von Torreón, der sozusagen eine explosive Matratzenfüllung und einen kunstseidenen Überzug hat, sitzt seit fünfundzwanzig Jahren Mr. Pegram-Dutton, ein Engländer von überdimensionaler Länge. Als ich sein Büro betrat, welches gleichzeitig das Konsulat des Königs von Großbritannien ist, kam er (selbstverständlich der Konsul) zu mir heraus, deutete mit dem Daumen auf sein Arbeitszimmer und flüsterte: »Gerade sind zwei Herren aus dem Ministerium drin. Ich will mein Bestes tun, daß es nicht lange dauert.«

Es dauerte nicht lange. Wir sitzen nun in seiner Wohnung, und er erzählt mir, die beiden Herren hätten Linters im Ausfuhrregister erwähnt gefunden und wollten erstens wissen, wie hoch man sie im neuen Tarif für Exportzölle einsetzen solle, und zweitens, ob man Linters nicht in Mexiko selbst verwerten könnte.

Mr. Pegram-Dutton hatte vor einem Vierteljahrhundert, als er, ein junger Heimkehrer aus dem ersten Weltkrieg, im Baumwollhafen Liverpool konditionierte, eine Anstellung nach Torreón angenommen. Von Torreón wußte er damals nur, daß es in dem Lande liege, wo ein Berg Popocatépetl heißt.

»Steht Torreón nicht in der British Encyclopaedia?« frage ich.

»Damals? Nein, was denken Sie! Heute steht es selbstverständlich darin.«

Ich fange an, mich für den Meyer zu schämen. Jedoch Mr. Pegram-Dutton besitzt die neueste Ausgabe der Enzyclopaedie, wir schauen unter Torreón nach, und siehe da, es gibt kein Torreón.

»Nun«, sagt Mr. Pegram-Dutton, »eigentlich ist Torreón erst seit 1936, seit der Cárdenasschen Bodenaufteilung an die Baumwollarbeiter zu dem geworden, was es jetzt ist. Innerhalb dieser acht Jahre hat sich die Einwohnerzahl um mehr als ein Drittel erhöht, und es sind in dieser Zeit mehrere tausend Häuser gebaut worden.«

Ich frage, wieso das mit der Bodenaufteilung zusammenhängen soll.

»Die Großgrundbesitzer waren Ausländer, Spanier zumeist, die entweder in Mexiko-Stadt lebten oder gar in Madrid, wo sie ihre Gewinne investierten oder ausgaben. Früher besaß ein Hacendado bis zu 75 000 Hektar, heute sind 150 Hektar das gesetzlich festgelegte Maximum. Allerdings . . . hat er rechtzeitig sein Vermögen auf Frau und Kinder überschrieben, so besitzt er mit seiner Familie drei- oder viermal 150 Hektar. Aber auch das ist nur ein Bruchteil seines ehemaligen Eigentums. Um nun den alten Profit herauszuholen, hat er Intensivbewirtschaftung eingeführt und vor allem seinen Absentismus aufgegeben, das heißt, er lebt nicht mehr ferne von der Scholle, sondern auf ihr, sein eigener Verwalter. Natürlich schimpfen die ehemaligen Hacendados über die Aufteilung, unter vier Augen gestehen sie aber zu, daß sie sich nicht sehr zurücksehnen nach der Unübersehbarkeit ihrer Ländereien und nach dem Ärger mit den Peones und ihren Forderungen, die oft sehr unangenehm waren. Sie verstehen?«

Ich verstehe, obschon ich zum erstenmal das Eingeständnis höre, daß durch die Landaufteilung die »Beraubten« nichts verloren und die Stadt einen ungeahnten Aufschwung erlebte. Ich könnte so etwas niemals aussprechen, ohne mir den Vorwurf plumpester Propaganda zuzuziehen. So frage ich denn: »Darf ich das als Ihre Meinung zitieren, Mr. Pegram?«

»Sie können ruhig schreiben, daß ich das gesagt habe«, sagt der britische Konsul, »aber fügen Sie, bitte, hinzu, daß ich im Prinzip ein Gegner der Bodenpolitik von Cárdenas bin.«

Im Gespräch mit dem Direktor von »Insecticidas y Fertilizantes« wird mir ganz schwindlig von den Ziffern, mit denen er herumwirft, von den Quantitäten der Baumwolle, die durch Kapselwurm, Rotwanze und andere Insekten zugrunde gehen. Noch höher sind die Ausgaben für Gegenmittel. Denn diese Gegenmittel werden zu Dollarpreisen aus USA importiert, wiewohl Mexiko die chemische Gegenwehr selbst bewaffnen könnte. Der Krater des Popocatépetl, welcher schon den Konquistadoren seinen Schwefel für ihre Munition darbot, besitzt sicherlich heute noch genug davon, um alles Ungeziefer auf weiter Flur zu vergasen.

Der schädlichste Schädling ist der »Gusano rosado«, der rosafarbene Wurm, Pectinophora gossypilas. Dem ist im Grunde nur durch einen Wettlauf beizukommen: man muß sich bemühen, die Pflanze zur Blüte zu bringen, bevor sich die Motte entwickelt.

Von einem anderen Schädling, dem Boll-Weevil, spricht der Direktor nicht anders als vom »Mister Boll-Weevil«, womit er andeutet, daß dieser Unglückswurm den Yankees zu verdanken sei. Aber zufällig fällt mir ein Lied ein, das die nordamerikanischen Baumwollarbeiter im Cotton Belt singen und das den Boll-Weevil einen Landfremden nennt, einen Ausländer aus Mexiko.

The Boll-Weevil is a little bug
From Mexico they say,
He came to try the Texas soil
And thought he'd better stay
Just looking for a home,
Just looking for a home.

Um mich in keine Debatte über Rassen- und Fremdenhaß einzulassen, steuere ich mein Gespräch aus dem Fahrwasser der Insecticidas in das der Fertilizantes.

Nun ja, mit den Düngemitteln sei es wie mit der Schädlingsvertilgung. Mexiko ist eben kein Industrieland und muß teuer einführen, was es billig herstellen könnte. Von den Erzeugnissen Mexikos gehen die meisten ins Ausland ab, auch solche, die Mexiko selbst benötigt. Zum Beispiel die Ölkuchen, Rückstände der gepreßten Baumwollsamen. Dieses ölhaltige, leichtverdauliche Viehfutter wird nicht auf den Triften Mexikos, sondern auf denen Skandinaviens verdaut. Für Mexiko bleibt ein Dreck, das heißt, nicht einmal der, obwohl das Land natürlichen Dünger brennend braucht.

Wohl nennt Mexiko ein ganz besonderes Düngemittel sein eigen, und noch dazu eines, für das die USA lockende Preise bieten: Bat Guano, Fledermausexkrement. Seit den Nächten des Diluviums hausen in den Bergeshöhlen von Durango, Coahuila und Chihuahua Generationen von Fledermäusen und machen dort das, was sie gegessen haben. Selbst die phantasiebegabtesten dieser Fledermäuse kamen nie auf den Gedanken, daß das Resultat ihrer Notdurft dereinst von der nordamerikanischen Agrikultur heiß begehrt sein werde.

Ich frage den Direktor von »Insecticidas y Fertilizantes«, ob er auch Dreck am Stecken, das heißt Bat Guano auf Lager habe. Der Direktor wundert sich einerseits, daß ich schon von diesem Artikel wisse, fügt aber andererseits hinzu, daß jetzt auch die Neunmalweisen der Bürokratie davon erfahren haben. Durch ein Bundesgesetz wurde das Bat Guano neben Gold und Petroleum in die Reihe der Bodenschätze eingereiht, welche Eigentum der Nation sind und ohne behördliche Bewilligung nicht ausgebeutet werden dürfen. Aber vorläufig bekämen Privatfirmen kein Schürfrecht auf den Dreck der Fledermäuse.

Im Gebiet von Torreón gibt es Primärindustrien, die nichts mit der Baumwolle zu tun haben, höchstens mit dem wegen der Baumwolle entstandenen Straßen- und Eisenbahnnetz. Guayule zum Beispiel. Sicherlich steht auch Guayule noch nicht im Meyer und auch im Brockhaus nicht und tritt aus meiner Leier zum erstenmal ins Licht, und zwar in Gestalt eines Strauches.

Guayule fängt zu wachsen an, wo die Baumwolle zu wachsen aufhört. Auf diesem Randgebiet der Botanik ist der Boden noch brüchiger und dürrer als auf dem Baumwollfeld, und die Erdfläche schwingt sich zu Hügelwellen auf, zu Bergen. Wild sproß dort der Guayule-Strauch. Die Indios der Vorzeit machten Gummibälle aus dem Pflanzensaft. Manchmal riß ein vorbeireitender Vaquero (die mexikanische Version des Cowboys und wie alle Amerikaner ein Gummi-Kauboy) ein Stück der Pflanze ab und schob es zwischen die Zähne.

Nun zerkaut der Krieg, der allen Gummi der Welt in sein Gebiß schiebt, auch den Guayule. Der ist nicht ganz reiner Gummi, denn er enthält zwanzig Prozent Harz. Aber für viele Gummifabrikate ist er gut genug und besonders dafür, dem synthetischen Gummi beigesetzt zu werden. In Torreón gibt es eine Fabrik zur Bearbeitung von Guayule, sie gehört der »Mexican Rubber Co.«, die, wie schon der Name »Mexican« besagt, nichts mit Mexiko zu tun hat, sondern eine amerikanische Gesellschaft mit holländischem Kapital ist. Nur das Rohmaterial stammt aus Mexiko und wird zu mexikanischen Arbeitslöhnen manipuliert für »Euzkadi«, »General Popo« oder andere Firmen, welche die mexikanischen Pseudonyme nordamerikanischer Gummikonzerne sind.

Torreóner Freunde fragen mich, ob ich das älteste Bauwerk der Stadt sehen will. Gewiß, ich will. Meine Augen sind müde von den Neubauten, sie möchten etwas aus vergangenen Epochen sehen, eine Pyramide oder wenigstens einen massiven Bau aus der Kolonialzeit.

So lasse ich mich zum ältesten Bauwerk führen. Es steht in der Altstadt und ist ein Türmchen, das auch so heißt – Torreón – und dem ganzen Umkreis den Namen gab. Auf Quadratmeilen ist dieses Türmchen mitsamt der Hacienda, die daran lehnte, der einzige menschliche Wohnsitz gewesen. Das Türmchen ist etwa sechzig Jahre alt.

In den achtziger Jahren des vorigen Jahrhunderts waren die Grundstücke dieses Gebietes von den Firmen »Agustín Gutheil« und »Rapp, Sommer & Cia.« erworben worden, deutschen Banken in der mexikanischen Hauptstadt. Sie schickten Andreas Eppen, den Sohn eines Emigranten aus Fürth in Bayern, als Verwalter auf die Parzellen. Dort stellte er sich den festen Turm hin, um den nach und nach die Baumwolle eine große Stadt baute, eine vielsprachige Stadt.

Im Zentrum von Torreón hört man fast ebensoviel Englisch wie Spanisch. Mit dem französischen Sprengstoffwerk kamen merkwürdigerweise zumeist Italiener herüber, weil die »Société Centrale de Dynamite« eine Filiale in Avigliana bei Turin besaß, wo die Arbeiter billiger zu haben waren. Von den Franzosen kehrten viele nach Frankreich zurück, die Italiener blieben. Sie haben sich von Anfang an mit Seidenraupenzucht befaßt und ihren Wein angebaut. Später machten sie teils mit Weinbau, teils mit der Umwandlung von Baumwollöl in Olivenöl ihr Geschäft. Eine geschlossene Kolonie in Torreón bilden die Chinesen, ihnen gehören die Lebensmittelläden. 1911 gab es einen Pogrom, dem dreihundert Chinesen zum Opfer fielen. In der Textilbranche sind die Franzosen führend. Vertreter aller Nationen hatten sich in Torreón zu vorübergehendem Aufenthalt eingerichtet und blieben ständig.

Da ich in den Zug einsteige, um wegzufahren, läuft jemand den Perron entlang und ruft meinen Namen. Herr Utulnik aus Nimburg in Böhmen. Seine Frau war heute in Torreón und hatte in der Botica Europea gehört, ein Tschechoslowake sei hier und reise um elf nach der Hauptstadt zurück. Diese Sensation hatte sie ihrem Mann telefoniert nach seinem Rancho, fern der Stadt und nahe dem Wendekreis des Krebses. Herr Utulnik raste im Auto los, um den Landsmann noch zu erwischen und mit ihm ein paar tschechische Worte zu wechseln. Durchs Waggonfenster erzählt er mir, daß er schon zwanzig Jahre in Torreón ansässig sei. Zuerst habe er hier eine Prager Selcherei betrieben, hernach kaufte sein spanischer Schwiegersohn eine Baumwoll-Hacienda. Die aber wurde aufgeteilt, nur hundertfünfzig Arbeiter könne er noch beschäftigen.

Die Türen werden zugeklappt. »Wie schade, Landsmann«, ruft er herauf, »wie schade, daß Sie schon wegfahren.«

»Nun«, rufe ich hinab, »in Mexiko werden wir mehr miteinander reden können.«

»Ach«, ruft er, »ich war noch nie in der Hauptstadt.«

»Noch nie in der Hauptstadt?« rufe ich. »Wie ist das möglich?«

»Solange ich Fleischer war, hatte ich nicht genug Geld, und jetzt habe ich nicht genug Zeit. Seit dieser Landaufteilung kann ich mich nicht mehr vom Rancho rühren.«

Bei diesen Worten, die aussagen, wie der Absentismus der Grundbesitzer ins Gegenteil umgeschlagen hat, fährt mein Zug aus Torreón ab.

Was immer der Peyote sei

... ob ein Gott oder ein Teufel oder Gott und Teufel zugleich – jedenfalls ist er gut getarnt. Zerrumpelt und verrunzelt steht er auf meinem Fensterbrett. Ganz ohne Stacheln und Grannen und Dornen. Offenkundig will er harmloser scheinen, als seine Nachbarschaft: Seht her, ich bin der einzige Kaktus, der keine Waffen trägt.

Auch durch die Vielfalt seiner Namen tarnt er sich. Botanisch heißt er Lophophora Williamsii oder Ariocarpus, pharmakologisch ist er und sein Extrakt Pellonium oder Anhalonium Lewinii, die Drogenhändler führen ihn als Mescal Buttons (etwa: Schnapsknöpfe), und die Indios, die weder botanisch noch pharmakologisch noch kommerziell verstehen, nennen ihn Peyotl oder Peyote, so wie er von ihren Vätern genannt wurde und von ihren Vorvätern. Denn der Gebrauch und die Verehrung dieses Kaktus reicht, dem gelehrten Missionar Bernardino Sahagún zufolge, mehr als zweitausend Jahre zurück.

Vor zweitausend Jahren ahnten die Ur-Indios noch nicht, daß sie, wenn sie Peyote genossen, eine Todsünde begingen. Sie erfuhren es erst, als die Missionare ins Land kamen und sich nicht genug empören konnten über den Aberglauben, eine Pflanze für einen Gott zu halten, welche doch offensichtlich ein Teufel war. »Und selbst wenn sie Gott wäre«, sagte der Priester zu den Indios, denen er die Hostie verweigerte, »kann man denn den Leib Gottes essen?«

Daß der Peyote magische Kräfte besitze, glaubten auch die Spanier. Doktor Francisco Hernández meldet 1570 dem König Philipp II., dessen Leibarzt er ist, der Peyote sei imstande, strategische Enthüllungen zu machen. Er verrate denen, die ihn essen, wann, wo und wie der Feind angreifen werde und welches Wetter in der Schlacht bevorstehe.

Anno Domini 1626 hält Fray Jacinto de la Serna den Genuß von Peyote für die heidnische Art der Kommunion. »Es steht fest, daß die Indianer, indem sie Peyote einnehmen, einen Pakt mit dem Satan schließen.« Deshalb wird jedem Missionar auf die

Reise nach Neu-Spanien das »Manual para administrar los Santos Sacramentos« mitgegeben, das Bartholomé García verfaßt hat. Bevor einem Indio das Sakrament der Taufe, der Beichte, der Ehe oder der Letzten Ölung erteilt wird, müssen ihm die Fragen gestellt werden: »Hast du Peyote gegessen?« – »Hast du anderen Peyote gegeben, um Geheimnisse zu erfahren, Gestohlenes oder Verlorenes wiederzufinden?«

Der Indio kalkuliert: Es gibt keinen Gott außer dem christlichen Gott, das ist richtig. Aber richtig ist auch, daß der Peyote ein Gott ist, ein, wie wir am eigenen Leib erfahren haben, sehr mächtiger Gott. Also ist Peyote der christliche Gott.

Gegen diese Logik war nichts auszurichten, und es kam zu dem üblichen Kompromiß zwischen Heidentum und Christentum. Im achtzehnten und neunzehnten Jahrhundert war selbst der kollektive, mit Zeremonien verbundene Genuß von Peyote keine Sünde mehr. In den Vereinigten Staaten ist der Peyotekult als christlicher Gebrauch anerkannt, und die Peyotegemeinden sind eine »chartered sect« im Sinn der Federalgesetze unter dem Namen »The Native American Church«. Die Indianerkirchen von Nebraska, Iowa und Kansas erklären allerdings den Peyote als »vegetal incarnation of the Holy Ghost«, eine wahrhaft mystische Formulierung, denn eine pflanzliche Fleischwerdung ist nicht leicht vorstellbar.

Ein alter Missionsort im mexikanischen Staat Coahuila heißt »El Santo Nombre de Jesús Peyote«, und einige Indianerkirchen sind der »Mutter Gottes von Peyote« geweiht. Auf den Altären liegen Kruzifix und Bibel neben einem großen Peyote, dem Allerheiligsten. Die zwölf Teile eines Fächers aus Adlerfedern, mit dem das heilige Feuer geschürt wird, sind Sinnbilder der zwölf Apostel. Ein Erdwall um die Kirche bedeutet den Kalvarienberg. Ein Topf mit Peyotesaft ersetzt das Taufbecken. Mit dem Ritus, den die Eucharistie für die Verabreichung von Brot und Wein vorschreibt, werden Peyote und Wasser genossen. Die christlichen Festtage feiern die Indianer mit den Gebräuchen ihrer Ahnen.

In mondblauen Nächten, die ein längst abgeschaffter, aber nicht vergessener Kalender bestimmt, ziehen Indios trommelwirbelnd aus ihren Dörfern, um den Gott Peyote zu suchen, ihn aus der

Gefangenschaft zu erlösen, in der ihn ein Hirschgott hält. Wenn sie den Hirschgott mit Pfeil und Bogen erlegt haben, befreien sie den Peyote aus dem Kerker des Erdbodens und führen ihn heim in rituellem Triumph.

Einst war der Peyotesaft ein Kriegsmittel gewesen, ein gütiges Kriegsmittel selbst für den Feind, denn die in Peyote getränkten Pfeile betäubten ihn nur. Wurde der Gefangene die Opferpyramide aufwärts geführt, dann spürte er keinerlei Todesangst, und die Extraktion seines Herzens vollzog sich sozusagen in Narkose.

Für den Freund aber war die Gottheit noch mehr, sie vertrieb ihm Hunger und Durst während des Feldzugs, verlieh ihm Kampfesfreude, schenkte ihm Ausdauer in der Schlacht und nahm ihm bei einer Verwundung jeden Schmerz, oh, gutes Gift.

Vorbei sind die Stammeskriege mit dem Pfeil, dem Bogen, durch Gebirg und Tal, vorbei die Menschenopfer, vorbei der Aberglaube, daß es gegen Hunger und Durst eine andere Remedur gäbe als Essen und Trinken. Aber noch immer wird nördlich vom Wendekreis des Krebses in heiligen Nächten der Peyote geerntet. Er gilt den Indios als Arznei der Arzneien, bei ihnen ist das Wort »Medizin« mit dem Wort Peyote identisch.

Diese Droge ist allmächtig, sie heilt gegensätzliche Krankheiten. Einerseits vertreibt sie Mannesschwäche, andererseits wirkt sie gegen Sexualgelüste. Sie fördert Kindersegen und hilft gegen unerwünschte Liebesfolgen. Sie beseitigt Erregungszustände ebenso wie Apathie. Dies und andere Wunder beeiden die Indios.

Bei den mitternächtlichen Zeremonien wird den Sterbenden ein Scheibchen der gedörrten Peyotekrone in den Mund gelegt und mit dem zwölfgliedrigen Adlerfächer der Rauch der sakralen Flamme entgegengewedelt, auf daß der Tod entweiche.

Für die Peyotegläubigen in den dürren Hochsteppen von Nordmexiko ist dieses Mittel gegen Schmerz und Tod leicht erhältlich. Sie wissen, wo und wann man es aufsuchen darf. Schwerer haben es die Glaubensgenossen der Nachbarstämme, die müssen Einkäufer ins peyotegesegnete Gebiet senden und zwanzig bis fünfundzwanzig Centavos für ein Pfund der Kaktusköpfe

Aber nicht nur an den Konsumenten wird die Gottheit verkauft, sondern auch an den Zwischenhandel, der in Nuevo León sitzt und seinerseits den Großhandel in der Grenzstadt Laredo (USA) beliefert. Die Peyotefirmen versorgen nicht weniger als vierunddreißig nordamerikanische Indianerstämme bis hinauf nach Kanada. Sechs Dollar werden für tausend Köpfe der Pflanze bezahlt. Sowohl der Peyotekaktus wie die vier Alkaloide, die er enthält (Anhalonin, Meskalin, Anhalodin und das besonders giftige Lophophorin), sind in den Bundesgesetzen Nordamerikas als erlaubte Narkotika angeführt.

Und da nun mal weiße Hände im Peyotegeschäft drinnen sind, so liefern sie auch fürs weiße Geschäft, und der Gott oder Teufel Peyote wird nach Europa geschickt, um dort die Segnungen des Schmerzvergessens einschließlich verzückter Räusche zu spenden.

So pur jedoch, wie die Indianer die Panazee schlucken, so pur kann sie der Europäer nicht vertragen, er würde in Starrkrampf verfallen, wahrscheinlich in einen, aus dem es kein Erwachen gibt. Nur mit Antidoten gemischt und in winzigen Dosen dürfen Mescal Buttons eingenommen werden, wenn sie als zeitweiliges und nicht als endgültiges Schlaf- und Beruhigungsmittel ihre Wirkung tun sollen.

Ich habe mit zwei abenteuerlustigen Freunden einen Aufguß von Peyote getrunken, um aus eigener Erfahrung die Wirkung schildern zu können. Aber alles, was ich aus eigener Erfahrung schildern kann, ist, daß wir alldritt das große Kotzen bekamen.

Ein paar Tage später hörte ich, ein österreichischer Psychiater, dessen Untersuchungen über Rauschgifte in der Peyoteliteratur zitiert sind, mache in Mexiko Peyoteexperimente an sich selbst. Ich war neugierig, was der Fachmann der Pflanze entlocken werde. Aber er, durch jahrelange Selbstversuche mit Giften geschwächt, starb kurz darauf ganz plötzlich.

An Europas Universitäten wurden Versuche teils mit synthetischen Peyotepräparaten, teils, wie in den Vorworten zu den Büchern »Der Mescalinrausch« von Kurt Beringer und »Le Peyotl« von A. Rouhier erwähnt ist, mit der Pflanze selbst gemacht; die Exemplare stammten vom tschechoslowakischen zahlen.

Konsul in Mexiko, dem gleichen, der mir die Pflanze zu meinem kläglich mißglückten Experiment stiftete. In den psychiatrischen Kliniken von Paris und Heidelberg sind die Experimente besser gelungen. Die Versuchspersonen erfuhren die seltsamsten Veränderungen ihrer Sinnesfunktionen: Die Gesamtpersönlichkeit spaltete sich, und die fünf Sinne verschmolzen miteinander, so daß der Trunkene Farben hörte, Geräusche sah, Empfindungen roch und Gerüche greifen konnte.

Wer dieses Gottes voll ist (oder dieses Teufels), schwelgt in szenenreichen Märchenwelten, erlebt das Aufleuchten vielfarbiger Fluiden und ihre Vermählung in einem Brautbett vibrierender Lichtfülle. Stilisierte Feuerbrände umzingeln seinen Körper, ohne ihm wehe zu tun.

Alle künstlichen Paradiese aus Opium und Haschisch, die uns Thomas de Quincey, Baudelaire und Gautier dichterisch rekonstruierten, müssen vor denen des Mescalinrausches verblassen. Wenn man die Protokolle über die klinischen Experimente und die Selbstschilderungen der Versuchspatienten liest, so versteht man, daß die Indios den Peyote für einen Gott und die Missionare ihn für den leibhaftigen Gottseibeiuns hielten, versteht man, warum sich die Kranken in ihrem Schmerz und die von ihrer Gesundheit gelangweilten Gesunden dem Peyote verschreiben. Beiden hilft er, dieweil er nicht nur Gott und nicht nur Teufel ist, sondern Gott und Teufel zugleich.

Der Hafen der Seeräuber

Auf meinen Reisen begegnete ich oftmals Bekannten, die an der eben von mir passierten Stelle steckengeblieben waren. Einen Mitschüler traf ich als Sträfling in Sing-Sing an, einen Regimentskameraden als Fischer in Tadschikistan, einen Fußballkollegen als Toilettenmann des Kasinos von Monte Carlo, und so und überall.

Auch mit indirekten Bekannten kam ich so zusammen, mit Verwandten und Freunden von Freunden, mit Menschen, die ich aus Büchern kannte oder vom Hörensagen. Manchmal lebten sie, manchmal fand ich ihren Namen auf dem Ortsfriedhof. In dem Garnisonstädtchen Gyula tauchte mir Albrecht Dürer der Ältere und sein Geburtshaus auf, ganz unvermutet, denn ich hatte nicht gehört, daß der Vater des deutschen Meisters ein Ungar gewesen.

Eine Herberge im Kaukasus.. Dort erzählte mir der Portier, ein Alkoholkopf und ehemaliger Kommissar der Ochrana, er habe einmal, in den achtziger Jahren, den kleinen Bruder des Zarenmörders Uljanow freigelassen, den künftigen Lenin. »Ich habe geglaubt«, lallte er, »der Junge wird uns nicht gefährlich werden ...«

Auf meiner Fahrt nach dem Hafen Campeche im Südostwinkel des Golfs von Mexiko denke ich, daß ich dort gewiß keinen Lebenden und keinen Toten treffen werde, den ich kenne. Ich werde also, durch nichts abgelenkt, in diesem geschichtslosen, bekanntenlosen Campeche den Chicle studieren, um dessentwillen ich hinfahre.

Da ich aber durch die Stadt gehe, finde ich sie auf Seeseite und Landseite eingeschnürt in bärbeißige Wälle mit Zinnen, Schießscharten, Bastionen und Wachtürmen; sie spähen nach allen Graden der Windrose. Demnach hat dieser Ort sein Leben doch nicht so friedlich und sorglos verbracht, wie ich gedacht hatte. Von welcher Großmacht, frage ich mich, drohte diesem weltenfernen Wasserwinkel so viel Gefahr?

Nun, das ist leicht zu erfahren: Piraten sind es gewesen, denen

diese Festungswerke Angst und Schrecken einjagen sollten.
Piraten! Als Junge waren sie meine Lieblingshelden. In meinen Mannesjahren kaperten sie mich von neuem, ich wollte ein Buch schreiben über sie und die Zeitgebundenheit ihrer Taten.
Die Zeit, an die sie gebunden waren, war die Zeit der neuen Kolonialwaren. Spanien betrachtete diese Produkte, einschließlich der Arzneien, als sein gottgegebenes Monopol und wollte nichts davon ans Ausland verkaufen. Jedoch gerade im Ausland war ein mächtiges Manufakturwesen entstanden. Flandern, Frankreich, England wollten die Textilfasern und Färbemittel Westindiens, vor allem Bauholz (Campeche-Holz), Cochenille und Indigo mit Gewalt haben, erstens, weil sie sie brauchten, und zweitens, um das habgierige Imperium Spanien zu schwächen. Dies war die Außenpolitik des aufstrebenden Bürgertums in Europa.
Seine Innenpolitik war der Kampf gegen den Feudaladel, dessen Vorrechte und Willkür. Immer deutlicher wurde ersichtlich, daß das Geld Sieger bleiben werde über die Wappen und Schwerter. Mancher Junker verließ das väterliche Schloß und ging, sofern ihn Tatendrang beseelte, über die See, auf die See.
Mein Buch über die Serräuber blieb ungeschrieben, weil es keinen Ort und keine Stelle gab, wo ich recherchieren konnte. Ihr Tatort war das Meer. Die Vorbereitung zur Schlacht, die Aktion der Enterhaken und Enterbrücken, die Brandgranaten, das Gemetzel an Bord, das Versenken der Schiffe – all das war, kaum vollbracht, zu Wasser geworden. Wie sollte ich auf der Meeresfläche feststellen, welchen shakespeareschen Szenen sie einst als Bühne gedient?
Daß das Festland mitwirkte an den blutigen Wasserpantomimen, hatte ich in meiner Knabenzeit nicht beachtet, und später fand ich die Nebenschauplätze auf dem Land unwichtig und zu entlegen. Ich vergaß sie und fuhr deshalb in Campeche mit dem Gedanken ein, dort keinen bekannten Namen anzutreffen.
Und nun begegne ich hier den schwimmenden Räubern abermals. Diesmal werden sie mir nicht entrinnen, und sollte dabei auch meine Chicle-Reportage in die Binsen gehen!
Ich fange im Museum an. Hier gibt es eine eigene Abteilung

»Pirateria« mit Schiffsgeschützen und ihrer steinernen Munition, mit Resten und Modellen von Galeonen, mit Stahlstichen von Schlachten und Schiffsexplosionen. Auf einem kolorierten Seestück sieht man, wie die Flottille des Flibustiers Lorenzillo die Stadt Campeche angreift. Ein anderes ist ein Genrebild: der Korsar Rock Brasiliano befehligt eine sadistische Auspeitschung. Mehr als ein Dutzend Porträts aus der Heldengalerie der Wasserwegelagerer hängen an der Wand, und ich feiere ein Wiedersehen mit vertrauten Gestalten.

Glanzstück der Ausstellung ist ein Steuerruder. Man könnte es als einen meisterhaften Bronzeguß bezeichnen, wenn sich nicht bei näherer Betrachtung herausstellte, daß es aus Edelholz geschnitzt ist. Es stellt einen Windhund in gestrecktem Galopp dar. Eine Schlange umschlingt ihn, ringelt sich seinem Kopf zu. Vor Angst hat sich der vierbeinige Laokoon in eine drei Meter lange Horizontale verwandelt, er hofft, durch die Entfaltung rasender Geschwindigkeit der Schlange entlaufen, aus seiner eigenen Haut schlüpfen zu können ...

Das Korsarenschiff, von dieser Skulptur gesteuert, wurde in der Nähe von Campeche auf See gerammt und vermochte sich, seinem dahinjagenden Windspiel zum Trotz, nur langsam bis zur Mündung des Rio Viejo zu schleppen. Dort, beim Dorfe Palizada, sank es auf den Flußgrund.

Vor einer Vitrine mit gefälschten Maya-Skulpturen erfahre ich, daß die Falsifikate von einem ortsansässigen Antiquitätenhändler stammen. Ich suche ihn auf, und Don Agostino bietet mir Raritäten an, die nach seiner Versicherung samt und sonders persönlicher Besitz der Bukaniere gewesen waren. »Sehen Sie, Señor, dieses preiswerte Terzerol trägt das Monogramm H. M.; der Seeräuber Henry Morgan hat damit mehr Spanier erschossen als je ein Mensch Spanier erschoß.«

Mit der erwarteten Ehrfurcht umspanne ich Morgans Mordwaffe, aber ich weiß, daß seine Hinterlassenschaft kostbarere Stükke enthält. Vor siebzehn Jahren fuhr ich als Leichtmatrose durch die Karibische See, an Cocos Island vorbei. Die Mannschaft stand auf Deck und schaute sehnsuchtsvoll auf die Insel. Dort liegt der Schatz Henry Morgans vergraben und wurde nie gefunden, die Prisen seiner Prisenfahrten, Edelsteine, Perlen,

Goldbarren. Und ich sollte mich mit einem Terzerol begnügen?

Don Agostino hat noch allerhand anderes aus der Piratenzeit. Diese zierlichen Brandbomben zum Beispiel, aus Eisen gegossen. Oder diese Spitze eines Enterhakens. Oder dieser spanische Säbel da, in den Griff ist eine Madonna graviert. »Wie Sie sehen, wurde sie wegzukratzen versucht. Der Erbeuter, ein englischer oder holländischer Lutheraner, mochte jedenfalls die Heilige Jungfrau nicht. – Sehen Sie dieses rostige Dolchmesser mit den bogenförmigen Scharten auf beiden Seiten der Klinge?« Ja, ich sehe es. Ich weiß aus meiner Jugendzeit, daß der Freibeuter, wie er im Buche steht, mit der linken Hand das Pistol abschießen, in der Rechten den Krummsäbel schwingen und den Dolch im Munde halten muß, dieweil er ja »bis auf die Zähne bewaffnet« ist. Aber niemals hatte ich bedacht, wie er den Dolch im Munde festhält. Nun weiß ich es: Für die Zähne waren eben die Scharten da, eine sehr praktische Idee der Seeräuber oder – des Antiquitätenhändlers.

Authentischeres Monument aus den seeräuberischen Zeitläufen ist der Festungsgürtel, gebaut von 1636 an, ein Jahrhundert lang und mehr. Ganz Campeche ward zur Zitadelle, selbst der Fischgeruch konnte nicht hinaus und ist noch heute da.

Um zu atmen, spazierten die Bürger, sofern kein Angriff zu gewärtigen war, auf die Alameda hinaus. Diese ist eines der typischen Glacis, wie sie zur Zeit des Rokokos auch in den befestigten Residenzstädten Europas entstanden, halb Baumgarten und halb Steinmetzarbeit, halb Korso und halb Reiterschau.

Wenige Schritte von der Alameda, im Falle eines Alarms also gleich zu erreichen, erhob sich die Umwallung der Stadt, ein Sechseck, kilometerlang und neun Meter hoch. Ich gehe das Sechseck entlang auf dem Parapett, auf dem einst Schildwachen patrouillierten. Ich erklimme die Türme, aus deren Luken Fernrohre kreisten. Ich steige die Rampen empor, auf denen einst Kanonen und Lafetten hinauffuhren zu den Bastionen.

Wo die Kasematten waren und die Besatzung gewohnt hatte, wohnen heute Soldaderas, Soldatenfrauen und Geliebte mit zahllosen Kindern. Durch ein paar Palmenzweige ist jede Kasematte symbolisch in Wohnungen geteilt.

Vom Dach der Türme spähe ich über Meer und Stadt. Die See geht hoch und nieder und tut, als hätte sie nichts gesehen. In der Stadt unter mir sind die Tatorte aus der Seeräuberzeit geblieben.

Dort an der Hafenstraße, aus der eine Mole ins Wasser vorstößt, pflegten die Freibeuter lautlos in lautloser Nacht zu landen und schwärmten aus in den Schlaf der Bürger. Dort drüben auf dem großen Platz zwischen Kirche und Regierungshaus schlossen sie ein Karree und verkündeten unter Trommelwirbel: Jeder Bürger habe zuerst, bei Todesstrafe, seine Waffen abzuliefern, nachher, bei Todesstrafe, seine Juwelen, und dann, bei Todesstrafe, sein übriges Hab und Gut. Am gründlichsten hauste der englische Kapitän William Parker, dessen die Campecher Chroniken als »Guillermo Parque« gedenken. Er ließ im Jahre des Heils 1597 Haus für Haus ausrauben, alle Spirituosen austrinken und beorderte schließlich, bei Todesstrafe, sämtliche Frauenspersonen von dreizehn bis zwanzig Jahren auf den Marktplatz. (Um sich von ihnen Essen kochen zu lassen, dachte ich als Knabe.)

Vor dem Bollwerk San Carlos, in dem ich den Soldatenkindern Taschenspielertricks zeige, wurde einmal ein Galgen gezimmert. Die höchsten Bäume der Gegend waren dafür geopfert worden. Am Morgen sollte einer auf ihnen hängen, der einen weithin gefürchteten Namen trug, wiewohl er seinen richtigen Namen nie verriet; die Schiffer und Küstenbewohner kannten ihn nur als Bartholomäus den Portugiesen.

Bartolomé Portugués war 1663 während einer Brandschatzung Campeches von einer herankommenden spanischen Flottille geschlagen und gefangengenommen worden. Nun lag er im Bunker einer Fregatte, gebunden an Händen und Füßen mit unzerreißbaren Stricken aus Henequén. Vom Strand her, just von der Stelle, wo ich eben bin, drangen Axtschläge an sein Ohr, und er wußte, man zimmere seinen Galgen. Wütenden Auges sah er sich in seinem Gefängnisloch um.

Da lagen nur leere Tongefäße für Wein und Bündel von Werg. Bartolomé schob sich an dieses Zeug heran und stopfte das Werg in die bauchigen Töpfe. Dann zwängte er sich und sie aus dem Bullauge, hielt sich im Wasser an ihnen, den schwimmenden Gefäßen, mit seinen gefesselten Händen fest und steuerte, mit gefesselten Füßen, ans Ufer. Hier rieb er sechs Stunden lang seine Handfessel an der Kante eines Felsens. Als endlich die unzerreißbaren Seile aus Henequén rissen, konnte er ostwärts wandern, wo er in versteckter Bucht eine Gruppe seiner Berufskollegen wußte. Er bewog sie zu einem Überfall auf Campeche, aus dem die spanische Flottille wieder abgesegelt war. Gestern hatte die Stadt geweint, weil Bartolomé entwichen war, heute weint sie, weil er wiederkam.

Nächster Punkt meines Rundgangs ist das Regierungsgebäude, darin die Ratsherren gar häufig mit Seeräuberabwehr befaßt waren. Wohl die seltsamste Tagung fand dort statt, als man das Jahr 1708 schrieb. Im Innern des Landes Campeche und auch in der Stadt lagen sich weltliche und kirchliche Obrigkeiten in den Haaren, die Situation glich einem Bürgerkrieg. Von außen aber drohte noch schwerere Gefahr. Der tollkühne Seeräuber Barbillas kreuzte vor der Reede und hatte bereits, gleichsam im Gesichtskreis der Festungsartillerie, eine gewaltige Brigantine erbeutet.

Da entstiegen plötzlich am hellichten Tage zwei Männer einem Ruderboot. Des einen Körper war ein Prisma und sein Kopf ein Würfel, den ein riesenhafter Schnurrbart in zwei Hälften teilte. »Barbillas«, flüsterten die Fischer im Hafen und glaubten sich selbst das Wort nicht, das sie flüsterten. Der andere sah wie ein Grande aus, und in der Tat, es war Seine Exzellenz Don Fernando Meneses Bravo de Saravea, vom spanischen König mit diktatorischen Vollmachten entsandt, um sowohl den Streit der Behörden zu beenden als auch dem Piratenwesen für immer und ewig den Garaus zu machen.

Knapp vor dem Ziel war die Fregatte, auf welcher der neue Gouverneur mit seinem Stabe und seiner Familie gen Campeche fuhr, von Barbillas gekapert worden, und der Seeräuberhäuptling verlangte ein Lösegeld von 14 000 Goldpeseten. Aber der Gefangene hatte so viel Geld nicht bei sich. So beschlossen Räuber und Gouverneur, gemeinsam in die Stadt Campeche zu rudern, nachdem sie einander je einen Eid geleistet. Schwur des Gouverneurs: Ich will das Geld ohne Hintergedanken auftreiben. Schwur des Barbillas: Falls ich zur vereinbarten Stunde nicht an Bord zurückkehre, werden die Angehörigen des Gouverneurs mit Teer begossen und langsam verbrannt; außerdem wird Campeche zu Wasser und zu Lande angegriffen und eingeäschert werden. Dann ruderten sie los.

Aufregung herrscht in der eilig einberufenen Ratsversammlung. Der Alkalde und die Regidores, Bürgermeister und Ratsherren, wollen sich einerseits bei dem künftigen Diktator in gute Gnade setzen, andererseits finden sie die Summe unerschwinglich; sie weisen auf die Ebbe in der Staatskasse hin und auf die besonders günstigen Chancen für einen Widerstand.

Aber da wohnen, wider alles Recht und Gesetz, der Sitzung zwei Männer bei, die nicht ernannte Stadtväter sind, und mischen sich in die Debatte. Der Rechteckige mit dem Riesenschnurrbart begründet die Höhe des Lösegelds mit den Kosten und Risiken seines Unternehmens. Der neue Gobernador vertritt den Standpunkt, daß die Höhe des Lösegelds seinem Rang entspreche.

Die beiden siegen über das Ratskollegium, das Lösegeld wird bar bezahlt, Barbillas rudert zurück und sendet am nächsten Tag die Angehörigen des Gouverneurs nach Campeche.

Hinter dem Regierungsgebäude führt der Festungswall weiter und wird nach einigen Schritten zur Rückwand einer langgestreckten Markthalle. Lebende Riesenschildkröten, Guacamos, liegen einzeln oder übereinandergeschichtet auf dem Boden, einige sind an die Wand gelehnt. Alle strecken dem Marktbesucher ihre fetten nackten Bäuche entgegen. Wie zwergisch verkrüppelte Arme und Beine hängen die Flossen an beiden Seiten des Körpers und zeigen durch krampfhaftes Flattern an, daß sie einem lebendigen Wesen zugehören.

Eine Schildkröte nach der anderen wird aus dem Stapel gezerrt, der Schlächter versetzt ihr mit dem Messerknauf einen betäubenden Schlag auf den Kopf, durchschneidet die Gurgel, trennt Arm- und Beinflossen vom Leib und hämmert den Brustpanzer los. Nun ist die Anatomie klargelegt, blau, hellrot und violett verzweigen und kreuzen sich Därme, Muskeln und Adern innerhalb der metergroßen Rückenschale.

Der abgeschnittene Kopf wird in eine Ecke geworfen und das Herz auf einen Tisch gelegt. Es schlägt weiter, und ich warte auf seinen Tod. Aber da sich der Herzschlag nicht einmal verlangsamt, wende ich mich dem Schildkrötenhandel zu. Schildkrötenklein, Flossen, Leber und Gelatina, ein Stück Mark aus dem Brustpanzer werden verkauft oder ein Fläschchen Schildkrötenöl, das den Schwindsüchtigen als vorletzte Ölung dient. Weggeworfen wird der moosbewachsene Rückenpanzer, der eine Austernschale in hundertfacher Vergrößerung ist.

Die Riesenschildkröten sind kein Material für das Schildpattgewerbe, es sind die kleinen, braun und gelb gesprengelten Carey-Schildkröten, die ihren durchscheinenden Panzer den Schnitzern liefern.

Ohne Unterlaß stoßen von den Zinnen der alten Festungsmauer Aasgeier in die dachlose Markthalle herab, gehen mephistophelischen Schrittes auf dem blutigen Fußboden hin und her, picken sich ein Stück aus dem Assortiment der Schildkrötenleiber und jagen im selben Augenblick feige auf ihre Zinnen zurück. Anders die Schmeißfliegen: träge und unbekümmert hocken sie in Mengen auf ihrer Beute.

Ich schaue wieder auf den Tisch – und noch immer, obwohl zwei Stunden vergangen sind, pochen die Schildkrötenherzen. Es scheint, als trenne sich ein Herz, das länger als andere Herzen einem Lebewesen angehörte, auch schwerer vom Leben.

»Wie lange lebt eine Schildkröte?« Mit dieser Frage an die Männer am Verkaufstisch unterbreche ich meine Biophilosophie.

»Wir verkaufen keine, die älter ist als hundert Jahre.«

»Und wie erkennt man, daß sie nicht älter ist?«

»Die älteren zeigen Zeichen von Senilität, können die Gliedmaßen kaum noch bewegen. Die Fischer, die von den Schildkröteninseln bei Venezuela und Jamaica herüberkommen, bringen uns keine so alten Tiere.«

»Wie alt kann eine Schildkröte werden?«

»Zweihundert Jahre«, sagt einer, und der andere: »Dreihundert Jahre«. Ein dritter spricht die häufigste Phrase Mexikos: »Quién sabe, wer kann das wissen?«, aber er spricht sie wahrlich mit mehr Berechtigung aus, als sie allgemein gebraucht wird. Wer kann wissen, wie alt Schildkröten werden?

Jedenfalls sind sie, und das verdoppelt mein Interesse, jedenfalls sind sie Zeitgenossen der Seeräuber. Sie kommen, wie ich eben hörte, von den Inseln bei Jamaica. Dort diente die Isla de las Tortugas den Seeräubern als Flottenbasis, Depot und Verkaufsplatz der Beute, als Rekrutierungsstelle, Ersatzformation und vor allem als Vergnügungspark.

Dorthin kamen die Korsaren siegreich oder verlustreich für kurze Zeit, und dorthin kamen auch die trächtigen Schildkrötenweiber. Auf der Isla de las Tortugas müssen sich Seeräuber und Schildkröten getroffen haben.

Sagt, Schildkröten, was wißt ihr von der Seeräuberzeit? Saht ihr ineinander verdolchte Menschen zu euch hinabstürzen? Saht ihr himmelhoch brennende Schiffe, hörtet ihr, wie sie krachend und zischend in eure Tiefe sanken? Vernahmt ihr sich kreuzende Kanonenschüsse, kamt ihr an Menschen vorbei, die tot und doch noch mit wildem Blick auf dem Meeresgrund saßen?

Erzählt mir von den Piraten, den Freunden aus meiner Jugendzeit, auf deren Spuren ich hier so unvermutet stieß.

Der Kaugummi, erzählt vom Ende bis zum Anfang

Zum erstenmal begegnete mir der Kaugummi als ein Auswuchs auf meiner Hose, irgendein Mitpassagier hatte ein Stück Kaugummi zu Ende gekaut und nachher auf meinem Deckstuhl bestattet, von wo der Leichnam auf meine Hose kam. Das war auf meiner ersten Überfahrt nach New York. Drüben sah ich dann allüberall Gummi-Kau-Boys, und auch die Girls kauten in allen Lebenslagen.
Nächste Station war eine Untergrundbahnstation, wo ich ein Centstück in den Automatenschlitz stopfte, ein Dentyne empfing oder ein Beachnut, ein Spearmint oder ein Double Mint und selbst zu kauen begann und wiederzukauen.
Unvermeidliche Folge war, daß ich eine Exkursion in die Kaugummifabrik von Long Island unternahm, wo ich beschämt sah, wieviel Mühe sich die »Shewing Gum Company« meinetwegen und meinesgleichen wegen machte. Dort war es voll von Trommeln, von so großen Trommeln, daß selbst Tambourmajore aus Gigantengeschlecht auf ihnen keinen Wirbel zu schlagen vermöchten. Deshalb trommelten sich diese Trommeln selbst, wirbelten umeinander und verübten ein Geratter, welches jedes Trommelfell zu sprengen drohte. Ihre Inhalte aus Gummi rieben sich aneinander, nahmen süße und wohlriechende Ingredienzien auf, wurden hydraulisch gepreßt, automatisch zerschnitten, elektrisch verpackt und motorisch davongefahren, dieweil die Trommeln weiterwirbelten.
Viele, viele und ereignisreiche Jahre nach jenen Zusammenkünften mit dem Kaugummi begegnete ich ihm in einem Lande von weit gemächlicherer Art wieder, in Yucatán. Bei einem Spaziergang auf der Mole des Hafens Progreso sah ich, wie große und schwere Ballen in Barkassen geladen wurden. »Henequén?« fragte ich, denn ich hatte gelernt, daß Henequén, der Sisalhanf, das einzige Ausfuhrprodukt Yucatáns sei.
»Nein Herr,« antwortete der Bootsführer, »das ist Chicle. Drüben ankert die ›Georgia‹, die bringt zweimal im Monat Chicle nach New Orleans oder nach Tampa in Florida. Freilich, so viel Chicle

haben wir nicht wie unsere Nachbarstaaten Campeche und Quintana Roo. Bei uns gibt es dafür mehr Henequén.« Das aber wußte ich schon.

Ein paar Tage später geschah es, daß ich in Mérida, der Hauptstadt Yucatáns, mit einigen Freunden durch die 63. Straße ging, als uns vier Männer entgegenkamen, von denen dreien je ein Arm fehlte. Vielleicht wären sie mir weniger aufgefallen, wenn alle vier einarmig gewesen wären, denn in diesem Fall hätten sie Insassen eines Invalidenhauses oder einer chirurgischen Klinik sein können. Aber der vierte, der Zweiarmige, schien zu beweisen, daß es sich nicht um eine Gruppe von obligatorischer Einarmigkeit handle. Ich verabschiedete mich eilig von meiner Gesellschaft und folgte den fünf Armen.

Sie betraten den Flur des Hauses Nummer 455, auf dem eine Firmentafel »Mexican Exploitation C.« sagte. Links war die Tür zu einem großen Büroraum geöffnet. Aber von den Beamten kam keiner heraus, und von meinen Männern ging keiner hinein. Sie setzten sich auf eine Bank, redeten miteinander in Maya-Sprache und in feindseligem Tonfall.

Nach etwa einer halben Stunde trat ein älterer Beamter in die offene Tür, klappte eine Barre hinab, wurde dadurch zu einem Richter, und die vier Leute wurden zu zwei Parteien, je einem Contratista und einem Capataz. Daß dem so war und was diese Worte bedeuten, erfuhr ich erst später. Die eine Partei führte Klage darüber, daß Bäume ihres Gebietes von der anderen Partei bearbeitet worden seien, der Beamte sprach ein Urteil, und zwei der Arme verließen, den Rechtsspruch offensichtlich als Unrechtsspruch empfindend, das Haus.

Nun wandte sich der Richter an den fünften, welcher ich war. Aus der Verhandlung war mir nicht hervorgegangen, was die Mexian Exploitation exploitierte, ob Menschen, Bäume oder sonstwas, aber ich vermutete, daß es sich um Chicle handle, und so sagte ich, ich möchte gerne etwas über Chicle erfahren. Erschrocken antwortete er, er sei nur ein mexikanischer Angestellter einer amerikanischen Firma und dürfte keine Auskünfte erteilen. Außerdem gäbe es in Yucatán überhaupt keinen Chicle oder nur sehr wenig, nur in den äußersten Randgebieten des Landes. Wenn ich etwas erfahren wolle, müsse ich nach Cam-

peche fahren oder nach Quintana Roo. Dort werde mehr Chicle produziert als hier, viel, viel mehr.
Ich wandte ein, in Mérida werde doch Chicle gehandelt und mich interessiere auch der Handelsverkehr.
»Ach Gott«, antwortete der Beamte, »was ist das schon für ein Handelsverkehr bei uns! Wir sind nur da, weil es hier Banken gibt, das ist der einzige Grund. Da müssen Sie mal nach Campeche, da werden Sie sehen, was Chicle-Handel ist! Dort können Sie die allerinteressantesten Sachen erfahren. Jeden Morgen fährt ein Zug ab, und mittags sind Sie dort. Ein sehr bequemer Zug, wirklich. Soll ich Ihnen Abfahrtszeit und Ankunftszeit aufschreiben?«
Meinen Wunsch, den Chicle wenigstens zu sehen, konnte er nicht gut abschlagen, und wir gingen – die beiden von der Gerichtsverhandlung übriggebliebenen Männer schlossen sich an – in den Lagerraum hinüber. Unterwegs fragte ich den einen, wo er seinen Arm verloren habe.
Statt seiner erwiderte der Beamte: »Wissen Sie, im Urwald gibt es sehr viele Gefahren, giftige Moskitos, manchmal stürzt ein Baum, oder ...«
Ich sah unsere beiden Begleiter lächeln und ergänzte: »... oder Konflikte unter den Chicleros, nicht wahr?«
»Ja, Señor, das kommt oft vor«, antwortete der Einarmige und blinzelte.
»Was geschah mit dem, der Sie verletzt hat?«
»Bei Zusammenstößen greift die Polizei ein«, sprang der nicht gefragte Beamte wieder ein, und die beiden anderen grinsten über die Idee eines Kommissariats im Dschungel.
»Wurde er eingesperrt?« fragte ich.
»Er war schon tot, als man mir den Arm abnahm.«
Eifrig lenkte der Beamte meine Aufmerksamkeit auf einen Block, den er von einem Stapel nahm: »Hier haben Sie den Chicle.«
Ich hätte ihn für einen Ziegel aus Lehm gehalten. »Das ist eine Marqueta, fast zehn Kilogramm. Fünf Marquetas sind ein Quintal, genau gesagt, sechsundvierzig Kilogramm. Die Arbeiter im Walde rechnen nur nach Marqueta und Quintal. Unser Handelsgewicht ist ein Fardo oder sieben solcher Blocks. In Campeche könnten Sie weit mehr davon sehen.«

»Was sind das für Pfannen?« fragte ich und wies in die Ecke.
»Darin wird der rohe Chicle gekocht.«
»Hier im Magazin?«
»Nein, natürlich im Urwald.«
»Und wieso sind die Pfannen hier?«
»Wir geben sie den Mannschaften in den Wald mit, vielmehr unseren Contratistas.«
»Sind Contratistas Ihre Angestellten?«
»Sehen Sie, Señor, das alles können Sie wirklich besser in Campeche erfahren. Es gibt eine Eisenbahn, in sechs bis sieben Stunden sind Sie dort . . .«
So war ich eines Tages in Campeche, einer Stadt an der Bucht von Campeche, einem Untergolf des Golfs von Mexiko. Sie hat viel erlebt im Lauf der Zeiten, und das merkt man ihr an, äußerlich und innerlich. Das Korsarentum und mehr noch der Kampf gegen das Korsarentum haben dem Stadtbild den Stempel eingebrannt. Für die Piraten-, Kaper- und Sklavenschiffe der Karibischen See war die Bucht von Campeche, weil sie abseits von den Wegen der Christlichen Seefahrt lag, ein sicheres Gewässer, ihr Hafen ein lockendes Ziel. Reiche Bürger saßen dort. Man konnte sie brandschatzen, ihnen Beute verkaufen oder sie zwingen, prominenten Gefangenen Lösegelder vorzustrecken. Mit Vorliebe fielen die Seeräuber über die Holzlager her und schleppten Campeche-Holz davon, das in Flandern und England als Färbemittel und Möbelmaterial so hoch im Preis stand wie Gold.
Wenn das so weiterging, mußte Spanien um seine Herrschaft über Westindien und die Antillen zittern. Deshalb maß man der Stadt Campeche einen Panzer an aus drei Meter dicken Steinmauern mit Türmen und Festungen und legte eine martialische Garnison hinein. All das ist noch da, und die Garnison bläst unentwegt Signale, wenn ich schlafen will.
In den alten Bastionen und Kasematten stehen Hütten, erbaut aus Palmenzweigen und bewohnt von »Soldaderas«, zu denen die Gatten nach getanem Kasernendienst zwecks Familienlebens kommen. Ein Teil der Festungsmauer dient als Wand für den Fischmarkt; von den Zinnen und Schießscharten halten Aasgeier Auslug nach den Fischen und Schildkröten, die hier geschlachtet werden.

Gerade als ich in Campeche ankam, sollte, wie alljährlich, die Konjunktur einsetzen. Denn es war die Zeit, da die Chicleros nach achtmonatiger Urwaldarbeit und Abstinenz heimkehren und entbehrte Genüsse nachholen wollen. Diesmal aber brachten sie wenig Geld mit, und so war's nichts mit Branntwein und Weib. Es hatte nicht geregnet, es war nicht genug Chicle abgeflossen.

Im Café Principal fragte ich einen Tischnachbarn, wo das Verbandslokal der Contratistas sei. »Biegen Sie bei der Kathedrale rechts ein«, sagte er, »es ist in der Straße dort.«

»Auf der rechten oder auf der linken Seite?« frage ich.

»Jesús!« rief er so laut, daß ich erschrak. Was hatte denn in meiner Frage gelegen, das ihn veranlaßte, den Heiland anzurufen? Aber es war nicht der Heiland, sondern sein Namensvetter am anderen Ende des Cafés, den mein Nachbar rief und aufforderte, mich zu den Contratistas zu begleiten, ich sei ein Fremder.

Jesús nahm mich in seine Obhut, und ich beschloß, ihm ein Trinkgeld von zwanzig Centavos zu geben.

»Ich gehe ohnehin in das Büro«, sagte Jesús unterwegs, »ich habe dort zu tun.«

Worauf ich überlegte, daß ein Trinkgeld von zwanzig Centavos zuwenig sei. Chicle steht an vierter Stelle der Ausfuhrstatistik Mexikos, und wenn jemand mit einem solchen Produkt zu schaffen hat, kann ich ihm selbst für einen geringen Dienst nicht weniger als fünfzig Centavos anbieten.

»Haben Sie mit Chicle zu tun?« fragte ich zur Sicherheit.

»Ja, mein Herr, ich bin ein Contratista.«

Müßte ich ihm nicht einen Peso geben? Meine Frage wurde zur Antwort, als ich an der Türe des Büros nicht das schlichte Wort »Contratistas«, sondern das pompöse »Productores de Chicle« angeschrieben fand.

Jesús stellte mich dem Bürochef vor, der mir sagte, alle Informationen stünden im »Diario Oficial«, dem Amtsblatt der Republik. Und er reichte mir den letzten Jahrgang.

Alljährlich dekretiert der Präsident der Republik Mexiko, welche Chicle-Gebiete im Lauf des Jahres angezapft werden dürfen. Der Urwald ist Staatseigentum, Territorio Nacional; auf

privaten Besitzungen wächst der Chiclebaum (Chico Zapote, lateinisch: Achras Sapota) nur vereinzelt.
Ich lese die Dekrete und studiere eine enorme Landkarte; sie sieht aus wie das Projekt eines Villenviertels, aber das Gebiet, das sie darstellt, soll niemals besiedelt werden. Vierecke, jedes mit dem Namen eines Contratistas bedruckt, zeigen die Einteilung der Arbeitsgebiete. Die Mannschaft eines Contratistas darf nicht mehr als 50 000 Hektar bearbeiten, das ist das staatlich festgelegte Maximum. Jesús beugt sich mit mir über den Urwald.
»Welches ist Ihr Gebiet?« frage ich ihn.
Er zeigt auf ein großes Quadrat, wo sein Name und die Ziffer 50 000 gedruckt sind.
»Sie haben das Maximum?« Ich überlege, daß bejahendenfalls ein Peso Trinkgeld entschieden zuwenig wäre.
»Ricardo Neveras hat ebensoviel«, spricht Jesús milde, »er beschäftigt fast fünfhundert Chicleros. Aber 50 000 Hektar sind nicht so viel, wie Sie glauben, wir einhundertsechzig Contratistas von Campeche müssen ja innerhalb der Saison vier Millionen Kilogramm einbringen.«
Sache der amerikanischen Einkaufsgesellschaften (wie jener Mexican Exploitation in Mérida, in die ich den drei einarmigen Männern gefolgt war) sei es, die Contratistas zu bevorschussen und ihnen die Ware abzukaufen, 330 Pesos pro Quintal. Davon bezahle der Contratista seinen Arbeitern 126,50 pro Quintal.
»Mehr als hundert Prozent Gewinn«, bemerke ich, »nicht schlecht bei ein paar tausend Quintals.«
Jesús, der Bürochef und ein dritter Anwesender fangen zu seufzen an.
»Bedenken Sie doch unsere Ausgaben, Señor. Fünfundsiebzig Pesos pro Quintal zahlen wir an Steuern. Und der Transport! Noch vor kurzem dauerte es fünf Wochen, ehe zwanzig Mulas zwei Tonnen Chicle aus dem Wald zur Verladestelle brachten. Jetzt geht es per Flugzeug, jedes kann fünfhundert Kilogramm mitnehmen. Wir müssen der TAMSA (Transportes Aereos Mexicanos, SA) und der Chicle Linie Alfredo d'Argence sechzig Centavos pro Kilo zahlen. Zum Glück haben wir unsere eigenen Flugzeuge. Unser Verband hat drei, unser Mitglied Ricardo Neveras vier, und Ihr Freund Jesús hier hat drei.«

»Was machen Sie mit Ihren Aeroplanen, Don Jesús, wenn die Saison vorbei ist?«
Der Mann, dem ich vor einer Weile ein Trinkgeld von zwanzig Centavos anbieten wollte, antwortet, er mache viele Geschäftsreisen. Manchmal fliege er mit Frau und Kindern über den Sonntag nach Miami hinüber.
»Wollen Sie in die Vereinigten Staaten zurück, Señor?« fragt er mich, »ich lasse Sie gerne hinüberbringen.«
Die beiden anderen sind bemüht, mir weiter auseinanderzusetzen, wie groß ihre Risiken und Ausgaben sind. Alles hänge davon ab, ob es in den Vereinigten Staaten genügend Zucker für die Kaugummifabrikation gäbe, und davon, wieviel Chicle die Amerikaner vom Malaiischen Archipel beziehen.
Das Schlimmste aber sei die Gewerkschaft. »Sie hat uns einen Kollektivvertrag mit den Chicleros aufgezwungen. Und nicht nur mit den Chicleros. Auch mit den Frauen, die in den Sammelstellen kochen und waschen, müssen wir einen Vertrag schließen und sogar mit den Maultiertreibern und den Leuten, die an der Waage stehen.«
»Haben die eigene Gewerkschaften?«
»Nein, das ist es eben. Sie gehören zur Gewerkschaft der Chicleros. Sagen Sie selbst, sind Köchinnen oder Maultiertreiber Chicleros? Aber das machen die Gewerkschaftsleute, um mehr Mitgliedsbeiträge zu kriegen, und wir haben nicht einmal bei unseren eigenen Leuten etwas zu sagen.«
Ich möchte ein Exemplar des Kollektivvertrages sehen. Bedauernd schütteln sie den Kopf, der Kollektivvertrag sei streng vertraulich, und es sei verboten, ihn aus der Hand zu geben. Ich verabschiede mich, drücke dem Herrn Jesús besonders dankbar die Hand.
Am nächsten Tag gehe ich ins Gewerkschaftshaus, ohne daran zu denken, daß der 5. Februar ist, nationaler Feiertag. Niemand ist im Büro. Da jedoch ein Teil des Hauses als Sanatorium für Gewerkschaftsmitglieder dient, finde ich einige Kranke und Besucher auf dem Hof. Gleich ist ein Gespräch im Gang.
Ein Alter, in dessen Gesicht der Urwald sproßt, drängt die anderen zur Seite. »Ihr Grünschnäbel, was wißt ihr davon, wie es früher war! Der Patron und der Capataz – das ist der Vorarbei-

ter, Señor – setzten das Gewicht unseres Chicle nach Gutdünken fest und zogen uns vom Lohn ab, was sie wollten. Wem's nicht paßte, wurde weggejagt, vor allem, wenn der Contratista sein Kontingent erfüllt sah. Weggejagt ... Aber kein Mensch kann allein aus dem Urwald heraus.«

»Wie kam ein so Entlassener dann nach Hause?«

»Er mußte den Patron, mit dem er eben den Krach hatte, kniefällig um die Erlaubnis bitten, von der nächsten Fahrgelegenheit mitgenommen zu werden. Oder er mußte tagelang irgendwo an der Brecha lauern.«

»An der Brecha?«

»Die Brecha, Señor ... das kann man gar nicht so leicht erklären ... Wissen Sie, der Urwald ist wie eine Gefängnismauer, von allen Seiten schließt er einen ein. Wenn keine Brecha da wäre, müßte man ersticken vor Angst. Sie ist eine Schneise, ein Pfad zwischen den Bäumen und den Pantanos, den Morästen, sie führt mitten durch die Schlingpflanzen wie ein Tunnel. Die Brecha wird mit Messern geschnitten und muß immer wieder neu geschnitten werden, denn sie wächst schnell zu. Wer die Richtung verliert, ist selbst verloren.«

»Wozu lauerte man an der Brecha, wenn man entlassen war?«

»Ja, richtig. Man wartete Tage und Nächte auf einen Maultiertransport, der den Chicle aus dem Wald brachte. Die Treiber nahmen den Mann mit, wenn er ihnen dafür bei den Maultieren half.«

»Konnte man nicht im Nachbargebiet Arbeit finden?«

»Kein Entlaufener oder Entlassener wurde aufgenommen, das hatten die Contratistas unter sich ausgemacht. Man konnte höchstens über die Grenze gehen, die Landesgrenze meine ich. In Guatemala fand man immer Arbeit. Ich selbst war dreimal drüben.«

Das Wasser im Dschungel ist Regenwasser, und Menschen und Maulesel trinken es zumeist ohne Schaden; aber oft, wenn es keinen Regen gibt, steht es zu lange im Tümpel und wird faulig. Die kleine Mücke, Mosca chiciera, verbeißt sich ins Ohr der Arbeiter. Die Moräste schicken dem Menschen das Schwarze Erbrechen auf den Hals. Von den Schlangen sind die Cuatronarices, die Viernasen, die ärgsten; früher verlor man unfehlbar das

Bein oder den Arm, wenn man gebissen wurde, es dauerte mehrere Tage, bevor man an ärztliche Hilfe herankam. In den Schlingpflanzen verwickeln sich die schwerbepackten Maulesel, stürzen oft und brechen sich die Glieder. Die Bäume sind dem Flugzeug feind. Nirgends kann es eine Notlandung machen.

»Wissen Sie, Señor, was draußen das einzige Ungefährliche ist?« fragt der Alte mit den Urwaldstoppeln im Gesicht und antwortet selbst auf seine Frage: »Ungefährlich sind nur die Raubtiere. Wir hören nachts Tiger brüllen und Jaguare, aber sie kommen nie in die Hutten. Nur einmal ist ein Kamerad abends unter dem Zapota-Baum eingeschlafen und gleich darauf erschreckt aufgefahren: etwas war auf ihn gesprungen, ein Tiger. Aber der hatte es wahrscheinlich unabsichtlich getan und war im gleichen Augenblick weg. Mein Freund hatte beide Hosenbeine zerrissen und blutete ein wenig, das war alles.«

Einige Tage später spreche ich mit Maximiliano Banos Suárez, dem Gründer und Sekretär der Chiclero-Gewerkschaft. Seine Gewerkschaft habe es schwerer als alle anderen, sagt er, weil sie nicht aus Lohnarbeitern besteht, sondern aus Akkordarbeitern mit schwankenden Einnahmen. Sie arbeiten nur in der Saison, ohne begrenzten Arbeitstag und ohne vorgeschriebenes Pensum, und zwischen Arbeiter und Arbeiter gäbe es große Unterschiede. »Normalerweise verdient ein Chiclero in den acht Monaten etwa tausenddreihundert Pesos. Doppelt soviel kann ein ›Buen machete‹ verdienen, der Mann mit dem guten Messer, jedoch auch der Buen machete ist nicht immer ein Buen machete. Es kommt auf die Bäume an, und sein Verdienst hängt auch . . «

». . . hängt wohl davon ab, ob es in den Vereinigten Staaten genügend Zucker gibt und ob die Amerikaner nicht zu viel Chicle vom Malaiischen Archipel beziehen?« frage ich, mein bei den Contratistas erworbenes Wissen verwertend. Aber meine Frage erweist sich als fehl am Ort.

»Das interessiert den Chiclero nicht, nur den Contratista. Wenn die amerikanischen Kompanien weniger bestellen, so engagiert er eben weniger Chicleros. Aber der Chiclero zapft immer, soviel er zu zapfen vermag. Wieviel er zu zapfen vermag, hängt nicht allein von ihm ab, sondern . . .« Diesmal unterbreche ich nicht mehr durch eine vorlaute Bemerkung darüber, wovon es abhänge.

»... sondern vom Regen. Wenn es zuviel regnet, fließt mehr Wasser als Harz in die Recogedora und in den Chivo. Die Recogedora ist ein kleiner Sack, der unten am Baumstamm angelehnt, und der Chivo ist ein großer Sack, in den der Inhalt der Recogedora geschüttet wird. Der Chivo faßt dreiundzwanzig Kilogramm, die muß der Schnitter meilenweit zu den Hatos tragen, den Wohnhütten, und dort stellt sich oft heraus, daß er mehr Wasser geschleppt hat als Chicle. Aber wenn's nicht regnet, bringt der Chiclero überhaupt nichts zu den Hütten, weil das Harz nicht vom Stamm abfließt. Der beste Schnitt ist nach dem Regen. Auf vielen Bäumen verharschen die Schnitte nach ein paar Jahren vollständig. Die Rinde erholt sich, aber manche Bäume sterben nach dem ersten Abzapfen. Deshalb verfügt die Regierung, daß jeder Zapota-Baum acht Jahre lang in Ruhe gelassen werden muß. Das ist schon gut, aber nun muß der Chiclero tagelang suchen, bevor er eine ergiebige Baumgruppe im erlaubten Gebiet findet. Jetzt haben wir durchgesetzt, daß der Chiclero für jeden Tag, den er mit dem Baumsuchen verbringt, sechseinhalb Pesos bekommt.«

Wenn der Baum ausgesucht ist, wirft der Chiclero seinen Lasso über einen Ast und zieht sich empor, zehn Meter, zwanzig Meter oder noch höher. Mit Steigeisen den Stamm zu besteigen ist verboten, damit die Rinde nicht beschädigt wird. Das Seil bleibt oben auf dem Ast hängen und wird an den Stamm gebunden; der Chiclero sitzt in der Schlinge, sein Vorne kehrt er dem Baum zu und stützt sich mit den Füßen gegen den Stamm. Er schneidet den Buchstaben V in die Rinde, ein V unter das andere; aus der Spitze des V tropft das Harz in das nächstuntere und schließlich in den an den Baum gelehnten Sack.

Dieses Harz ist noch lange kein Chicle, obwohl ich seinerzeit in der Kaugummifabrik von Long Island den Chicle für das Rohprodukt hielt. Abends, in den Hatos, beim Licht der Gasolinlampe wird das Harz verkocht in jenen Pfannen, nach deren Sinn ich bei der Mexican Exploitation in Mérida gefragt. Es muß »bueno de punto« gequirlt und gemischt werden, um möglichst feuchtigkeitsfrei zu sein. Gepreßt in hölzerne Mulden, erhärtet es dann zu jenem Ziegel, der mir bei der Mexican Exploitation als »Marqueta« vorgestellt wurde. (In meinem Wörterbuch heißt die Übersetzung von Marqueta »der Klumpen, Jungfernwachs«, aber ich weiß nicht, welche Art von Wachs Jungfern haben.)

»Unsere Gewerkschaft zählt sechstausend Mitglieder«, sagt mir ihr Sekretär, »wenn ein Unternehmer mehr Arbeiter braucht, als er unter unseren Mitgliedern finden kann, darf er andere anwerben, die aber sofort in die Gewerkschaft eintreten müssen. Schon für diese Klausel des Kollektivvertrages allein müßten uns die Unternehmer dankbar sein. Früher engagierten und bevorschußten sie nämlich Leute, die sich oft gar nicht zur Arbeit einfanden oder bei der ersten Gelegenheit davonliefen. Heutzutage weiß jeder Chiclero, daß er mit dem Verlust seiner Zugehörigkeit zur Gewerkschaft auch jede Arbeitsmöglichkeit verliert. Vorarbeiter und Chiclero beziehen den gleichen Akkordlohn. 126 Pesos, 50 Centavos für den Quintal, aber der Vorarbeiter erhält außerdem eine Prämie von drei Pesos für jeden Quintal, den die unter seiner Aufsicht stehenden Arbeiter machen. Mauleseltreiber, Hilfsarbeiter und Frauen haben festen Lohn.«

»Könnte ich den Kollektivvertrag für einen Augenblick einsehen?« frage ich schüchtern, weil mir dieser Wunsch im Unternehmerverband abgelehnt worden ist.

»Selbstverständlich. Ich gebe Ihnen ein Exemplar mit. Auch einige aus alten Zeiten, damit Sie sehen, wieviel sich geändert hat.«

Diese alten Zeiten sind nicht sehr alt, nicht älter als das Gummikauen in Amerika. Von dem, was vorher war, gibt es nur vage Überlieferungen. Einmal habe es unaufhörlich, unaufhörlich geregnet, wochenlang stand der Waldboden unter Wasser, die Gummisammler kletterten auf die Bäume und wohnten da oben gemeinsam mit Wildkatze, Affe und Schlange, so lange, bis sie alle verhungert waren oder verdurstet. Wann das war? Vor hundert Jahren oder vor zweihundert, wer weiß? Der Zapota-Baum war damals schon da.

Ja, der Zapota-Baum war schon da, er war schon in jener grauen Vorzeit da, als die Mayas bauten. In den Palastruinen von Chichen Itzá sind die Pfosten aus Zapota-Holz nicht minder gut erhalten als die Steine. Die Holzfäller schöpften die Gummi-

milch teils zur Herstellung von Bällen, teils als Kaumittel. Wohl staunten die Spanier, als sie die Mayas ihre Kinnbacken immerfort bewegen sahen, aber kein Spanier machte es ihnen nach.
Erst mit General Santa Ana fing es an, dem Manne, der sein Leben damit verbrachte, abwechselnd Präsident oder Präsidentschaftskandidat von Mexiko zu sein. In letzterer Eigenschaft saß er so um 1860 herum in den Vereinigten Staaten, unentwegt Chicle kauend. Dies brachte Santa Anas amerikanischen Sekretär, einen Mr. Adams, auf die Idee: Könnte man nicht mit diesem Zeug die Vorteile von Kautabak und Kandis vereinigen? Mr. Adams holte sich Chicle aus Mexiko und eröffnete eine Werkstatt.
Das war der Anfang, und ich schließe.

Die fetten und die mageren Jahre der Stricke

Es ließe sich – theoretisch – der Fall denken, daß jemand mit einem Fallschirm mitten in Yucatán landet, ohne etwas von Yucatán zu wissen. Er fragt nach dem Weg irgendwohin, zum Beispiel nach der Hauptstadt, und man zeigt ihm die Richtung. Sie führt ihn durch eine Pflanzung.

Unser Jemand fühlt sich beklemmt von der Einförmigkeit und Unendlichkeit der Landschaft vor ihm, hinter ihm und neben ihm. Wohl erspäht er ein schmalspuriges Eisenbahngleis, das parallel mit ihm läuft, jedoch das ist nicht imstande, ihn zu beruhigen. »Gewiß«, sagt er sich, »gewiß, diese Schienen führen irgendwohin. Aber kann dieses Irgendwohin nicht ein unbewohnter Kreuzungspunkt in der grünen Einöde sein? Und wohin soll ich mich von dort wenden? Entlang der Schienen komme ich vielleicht gar nicht zur Endstation, sondern zu einer Anfangsstation! Irgendwohin, wo die Fracht in die Waggonets gegeladen wird oder früher einmal geladen wurde. Hätte ich wenigstens einen Kompaß mitgenommen!«

In dieser Stimmung kann unser Jemand keine Schönheit in der ihn umgebenden Ebene entdecken. Er glaubt sich – wenn anders er wirklich so ahnungslos ist, wie wir ihn hier darstellen – in eine der Magueyplantagen auf dem Zentralplateau Mexikos versetzt. Aber wäre er auch botanisch so ungebildet, die schnapsspendende Agave americana von der faserspendenden Agave rigida nicht unterscheiden zu können, so müßte er dieser enormen Plantage ansehen, daß sie das Rohmaterial für eine weit seriösere und mächtigere Industrie als die des Pulque liefert.

Unvermutet taucht ein Mann auf mit einem zerfransten Strohhut, einem wenig Vertrauen erweckenden Anzug und einer Flinte, die er auf unseren Jemand anlegt und die immerhin losgehen kann. Der Mann ist ein Feldhüter. Nach einem kurzen Verhör, das er anstellt, sagt er unserem Jemand, daß dessen Richtung die richtige Richtung sei, und begleitet ihn sogar ein Stück Weges.

Um die Wahrheit zu sagen (insofern unser Jemand und unser

Feldhüter überhaupt eine Wahrheit darstellen), ist der Begleiter ein wortkarger Mensch. Aber was bedarf unser Jemand jetzt noch eines Gesprächs? Ihm genügt das Vorhandensein einer menschlichen Gestalt in der bisher menschenlos geglaubten Grenzenlosigkeit. Nun schaut sich unser Jemand freier um und bemerkt mehr Spuren unmittelbarer menschlicher Tätigkeit als vorher. In den Strunken klaffen helle Wunden – ein oder das andere Agavenblatt muß hier vor kurzem abgeschnitten worden sein, vielleicht erst heute. Von den noch unversehrten und fröhlich weiterwachsenden Blättern jeder Staude tragen zwei oder drei je ein Kreidezeichen. Der Feldhüter, durch den neugierigen Blick unseres Jemand veranlaßt, bricht das Schweigen und erklärt brummend, die Kreidestriche seien Todesmale. Sieben Jahre lang dürfe sich niemand an der Pflanze vergreifen, möge sie auch noch so ergiebig sein, erst nach . . .

Woran ergiebig? denkt unser Jemand, aber er unterläßt die Frage, weil er sich schämt, den Zweck der Plantage nicht zu kennen.

». . . nach Ablauf von sieben Jahren«, vollendet der Feldhüter fünf Minuten später seinen Satz. »Dann stehen die Blätter stark und fest auf dem Strunk.« (Da er dabei auf eine der Riesenananasse klopft, weiß unser Jemand, daß Ananas und Strunk identisch sind.) »Nun dürfen sie geerntet werden. Aber glauben Sie, Señor, daß jetzt nach Belieben geerntet, alles abgeschnitten werden darf?«

Was soll unser Jemand darauf antworten? Er könnte entrüstet ablehnen, daß er glaube, alles dürfe nun auf einmal ratzekahlradikal abgeschnitten werden. Damit würde er sich als Fachmann auf dem Gebiet aufspielen, auf dem er sich zwar befindet, von dem er aber nicht weiß, was für ein Gebiet es ist; seine Hochstapelei müßte sich bald als solche entpuppen. Er könnte auch antworten, daß er allerdings an eine jähe, blitzartige Ernte glaube. Damit würde er sich als Idiot hinstellen und vielleicht die menschliche Begleitung verlieren. So begnügt er sich damit, zweifelnd die Achseln zu zucken und den Fragenden fragend anzusehen.

»Nein«, verkündet der Feldhüter nach weiteren fünf Minuten und deutet auf die Kreidemarkierungen. »Nur an die Blätter, die der Vorarbeiter bezeichnet, darf die Sichel heran. Zwei Blätter von jeder Staude schneidet man auf einmal, im ganzen sechs bis neun Blätter innerhalb eines Vierteljahrs. Sonst würde die Pflanze eingehen.«

Vorsichtig fragt unser Jemand: »Was geschieht mit den abgeschnittenen Blättern?«

Aber er erfährt den Zweck der Pflanzung noch lange nicht. Was er erfährt, ist nur die Tatsache, daß der Schnitter mit einem zweiten Arbeiter die abgeschnittenen Blätter zu je fünfzig bündelt und auf die Feldbahn verlädt.

»Und wohin fährt die Feldbahn?« fragt unser Jemand geradeheraus, um endlich zu wissen, ob das Ziel eine Spiritusbrennerei, eine Spinnerei, eine Zuckerfabrik oder sonstwas sei.

»In die Finca selbstverständlich«, antwortet der Feldhüter und fügt, um ganz erschöpfend zu sein, hinzu: »Direktenwegs in die Finca.«

»Nun, wohin denn sonst als in die Finca?« sagt unser Jemand.

Finca ist der Gutshof. Dorthin kommt er schließlich, da er dem schmalbrüstigen Geleise folgt. Im offenen Schuppen rattert eine Maschine und nimmt die Ladung der Waggonets auf. Nun glaubt sich unser Jemand am Ziel seiner Neugierde angelangt und fragt und hört den Namen der Maschine: La Desfibradora.

Aha! Desfibradora bedeutet Entfaserin. Also, schließt unser Jemand messerscharf, wird hier das Blatt von der Faser befreit, weil diese überflüssig ist. »Jetzt weiß ich wenigstens, daß es sich nicht um eine Textilpflanze handelt.«

Befriedigt ob dieser, wenn auch negativen Bereicherung seines Wissens, tritt er an die Maschine heran, die – oft und primitiv repariert – in ihrem Schuppen keucht. Unser Jemand, ihr zuschauend, muß erkennen, daß seine Konklusion falsch war: nicht die Faser ist überflüssig, sondern alles andere.

Weder das Blatt noch sonst ein Grün rollt über die Walzen und durch die Kämme, nur das faserige Mark. Auch dieses ist im Nu nicht mehr als solches erkennbar, es schwebt als unendliche Welle von flachsblondem Mädchenhaar davon. Daß es keine Haare sind, merkt unser Jemand wohl, aber er gibt sich einem neuen Irrtum hin, hält die blonden Wellen für das Fertigprodukt. Als er der Maschine seine Hochachtung bezeugt, wird er von den Arbeitern belehrt, daß die Desfibradora im industrielosen Yucatán konstruiert worden und für das industrielose Yucatán ausreichend gewesen sei. Jetzt aber habe ihr letztes Stündlein geschlagen. Maschinen eines neuen Systems, geeignet, die Quantität der Erzeugung um achtzehn Prozent, die Qualität um fünfzehn Prozent zu erhöhen, würden aus England eingeführt.

Rechts und links von der alten Entfaserin fällt eine Art Werg ab, »Sosoc« genannt, und wird, so, wie es ist, in Bündel verpackt und exportiert.

Das Hauptprodukt aber kann keineswegs mir nichts, dir nichts die Finca verlassen. Im Hof findet unser Jemand das Mädchenhaar wieder, vieltausend Schöpfe blaßgoldenen Mädchenhaares. Jeder Schopf flattert und leuchtet von einem der tausend Perückenständer.

Arbeiter und Arbeiterinnen schreiten auf und ab und prüfen, ob die Mädchenhaare schon lufttrocken sind, nehmen sie bejahendenfalls vom Ständer, kämmen sie und ordnen sie nach Länge und Dichte. Zu unserem Jemand, der interessiert zusieht, äußern die Arbeiter, es herrsche gutes Wetter, und gutes Wetter sei gut. In der Zeit des Norte, der Seestürme, dauere das Trocknen ewig, oft müsse die Fiber drei- bis viermal nachgetrocknet werden.

Draußen, vor dem Tor, erheben sich Berge vertrockneter Riesenananasse, die Postamente der vernichteten Agave, nun zu nichts mehr gut, als verheizt zu werden. Diese Berge sind nur ein Bruchteil von dem, was nach der Ernte zurückbleibt und alljährlich im Mai auf den Feldern verbrannt wird. So groß ist die Glut der Brände, daß man sie in der fernen Hauptstadt Mérida verspürt und zu dieser Zeit nicht auf die Straße geht.

Unser Jemand folgt den Karren mit den Mädchenhaaren, die in die Halle der Finca fahren und sich in die hydraulische Presse entleeren. Dort fügen sich die Strähnen knirschend zu einem Würfel, den im Augenblick der Würfelwerdung eine Haut aus Sackleinen umgibt. »Das ist eine Paca, hundertvierundneunzig Kilogramm. So wird der Henequén verschickt.«

Henequén! Endlich, endlich weiß unser Jemand, was er durchwandert und beobachtet hat. »Henequén!« frohlockt er in sich hinein.

Ach, er frohlockt nicht lange in sich hinein, denn er wird darüber aufgeklärt, daß der verpackte und verschiffte Henequén kaum eine Woche lang Henequén heißt. Die amerikanische Schiffsbesatzung, die ihn nach New Orleans bringt, und die Schauerleute, die ihn drüben löschen, kennen das Wort Henequén kaum. Sie und ganz Nordamerika kennen nur »Sisal Hemp« – »Hanf aus Sisal«, denn einstmals ging aller Henequén aus einem yukatekischen, inzwischen längst versandeten Hafen namens Sisal ab.

Ebenso verliert das Bündel mit dem exakten Gewicht von hundertvierundneunzig Kilogramm bei der Überquerung des Golfs von Mexiko die Bezeichnung Paca. Auf amerikanisch heißt es »bale«, wird nach Pfund gewogen und steht nicht mehr mit hundertacht Pesos, sondern mit dem weit höheren Betrag von vierzig Dollar im Preis.

Aus Henequén, der athletischsten der Textilpflanzen, macht man Seile und Taue und Stricke. Vermittels geflochtenen Henequéns hoben die antiken Mayas ihr Baumaterial, Quader auf Quader, in die höchsten Höhen und schufen dergestalt ihre himmelan ragenden Pyramiden. Die moderne Welt, erhaben über solch sinnlosen Luxus, verfertigt zum Beispiel aus Henequén die Trossen, mit welchen man die mühselig versenkten Kriegsschiffe mühselig wieder an die Meeresoberfläche emporzerrt.

Henequén bildet die Monokultur: ein Volk, ein Land, eine Fiber! Unendlich ferne Völker, die ebensowenig von Yucatán gehört haben wie Yucatán von ihnen, werden in Kriegszeiten abhängig von Yucatán und Yucatán von ihnen. Den größten Wohlstand erlebte Yucatán, als Europa den Kriegsjammer von 1914 bis 1918 erlebte. Um so katastrophaler wirkte sich nachher der Weltfrieden aus, das ganze Land war arbeitslos und hungerte.

Da wurde aus Chicago ein lockendes Angebot gemacht. Mister MacCormick von der Harvester Machine Company, dessen Maschinen allen Weizen Amerikas bündeln, wollte die Henequén-Gebiete Yucatáns aufkaufen, das heißt den ganzen Staat. Die Lockung war groß, und noch größer MacCormicks Drohung, von nun anstatt Henequén Manila-Hanf zu verwenden oder die Tampico-Faser Ixtle, die zwar gleichfalls aus Mexiko, jedoch vom fernen Festland herstammt. Aber die Staatsmänner konnten doch unmöglich das ganze Land ans Ausland verkaufen.

Ein sozial gesinnter Mann namens Felipe Puerto Carrillo wurde Gouverneur von Yucatán, und es gelang ihm, die Dinge zum Besseren zu wandeln. Er vereinigte alle Henequén-Unternehmer und Arbeiter zur großen Produktivgenossenschaft und verschaffte ihnen Friedensaufträge. Außerdem organisierte Felipe Puerto Carrillo ein modernes Unterrichtswesen, machte die Provinz zum vorbildlichen Schulstaat innerhalb der mexikanischen Union.

Aber die Konterrevolution de la Huertas griff auf Yucatán über. Felipe Puerto Carrillo wurde gefangengenommen und mit seinen beiden Brüdern bestialisch umgebracht. Nicht umgebracht werden konnte sein Werk, sein Andenken ist gepriesen, ein Denkmal steht ihm vor dem Volkshaus in Mérida, im ganzen Land heißen Straßen und Plätze nach ihm.

1939 trat die Welt abermals in den Krieg. Der Gouverneur Novelo Torres schloß einen Vertrag mit der American Defense Supply Corporation, dem zufolge Yucatán innerhalb von drei Jahren anderthalb Millionen Ballen Stricke im Werte von 37 800 000 Dollar zu liefern hat. Neuerlicher Aufschwung. Jedoch die Zeiten nach 1918 steckten den Yucateken noch in den Gliedern, und um eine Wiederkehr der Not von damals zu verhindern, schuf die Regierung das »Fomento de Yucatán«. Es besteht im Grunde aus den Maßnahmen, die der biblische Josef seinem Herrn empfahl: die Aufspeicherung von Lebensmitteln. Wie einfach liest sich das in der Bibel! In der rauhen Wirklichkeit des kapitalistischen Heute ist die Remedur, die Josef vorschlug, nicht so leicht durchzuführen, denn Demagogen schüren den Widerstand gegen das Fomento. Was? Sollen wir, weil wir endlich wieder etwas verdienen, den Ankauf von Nahrungsmitteln für den ganzen Staat bezahlen, sollen wir uns sieben Centavos von jedem mühsam erarbeiteten Kilogramm Henequén abziehen lassen, damit in Yucatán Ackerbau und Viehzucht geschaffen werden?

Die Millionäre des ersten Weltkrieges eignen das Faserland nicht mehr so unbeschränkt wie in der Prosperität nach 1914, denn im Jahre 1936 wurde das Henequén-Land aufgeteilt. Aber hier war die Umstellung von Privatbetrieb zur Kollektivbearbeitung noch schwieriger als in den Baumwollgebieten der Laguna, weil die Entfaserungsmaschinen, die Feldbahnen, die Verschiffungsanlagen und die Lieferungsverträge mit den nordamerikanischen Beziehern ganz in den Händen der alten Besitzer blieben. Im staatlich kontrollierten Verband sind sowohl die Arbeiter der Kollektivgüter wie die Privateigentümer organisiert.

Dort, im Haus der Henequéneros finden wir unseren Jemand, den wir fast vergessen hatten. Auf der Finca hatte er, um sich nicht abermals in der Unendlichkeit zu verlieren, nach der besten Gelegenheit gefragt, in die Hauptstadt zu kommen, und wurde eingeladen, sich auf ein Lastauto zu setzen. Dieses brachte Fracht und ihn direkt in das Verbandsgebäude, und zwar zu einem amerikanischen Herrn namens Sterling, der dort im Parterre des Hinterhauses an seltsamen Apparaten hantiert.

Mister Sterling ist wohl der einzige, der in diesem mit Henequén befaßten Hause wirklich Henequén in die Hand bekommt. Die anderen arbeiten, wie in einer Bank, mit Geld und Papieren, während Mister Sterling in seinem Laboratorium die Materialprüfung besorgt. Seine Waagen wägen nicht, sondern zeigen nur an, bei welcher Belastung eine Henequén-Faser kaputtgeht, seine Streckmaschinen strecken nicht, sondern zeigen nur an, bei welcher Zugkraft ein Henequén-Strick reißt. Seine Apparate sind inquisitorisch und gewalttätig.

Von den übrigen Räumen aus wird aller Henequén verwaltet und bevorschußt; die Maschinenkäufe, die Arbeit auf den Plantagen, an den Entfaserungsmaschinen, die Transporte zur Finca und zum Lagerhaus, das dasteht wie ein Wolkenkratzer mitten im Meer, am Ende der Mole des Hafens Progreso.

Beladen mit Produktionsziffern und Gewinnziffern, zieht unser Jemand aus dem Hause. Heute morgen im Henequén-Hain hat er noch nichts von Henequén gewußt, und jetzt scheint ihm, als ob er zuviel davon wüßte. Unser Jemand geht durch die Stadt Mérida und glaubt durch das Weberviertel von Lyon zu gehen. Aus den Häusern dringt das Geklapper hölzerner Maschinen auf die Straße, weht der Wind Wölkchen von Abfall hinaus. Aber anders als in Lyon wird in Mérida nicht Seide, das aristokratische Gespinst, verarbeitet, sondern der proletarische Henequén.

Neugierig schaut unser Jemand in die Werkstätten, fühlt sich hineingezogen und steht unversehens inmitten einer mechanischen Seilerei. Da erkennt er die Pacas wieder. Vor wenigen Stunden hat er auf der Finca zugesehen, wie sie brutal zusammengepreßt und mit Sorgfalt geschlossen wurden. Jetzt sieht er, wie sie ohne Sorgfalt aufgerissen, maschinell die Strähnen flachsblonden Mädchenhaars geflochten werden. Schon ist der Zopf zweihundertsechzig Meter lang, und dennoch wird er noch zu strecken versucht. Schließlich schießt er aus der Maschine wie ein Strahl in einen Wagen, der davonrollt, wenn er voll ist. In Reih und Glied ist eine Kompanie von leeren Spulen formiert, bereit, sich einwickeln zu lassen, mit neunzig Meter per Spule.

Alle Arbeiter atmen unter Taschentüchern, denn wie Schneegestöber wirbelt der Abfall durch die Werkstatt; die Maschinen, die Treibriemen und die Rahmen der Webstühle sind voll davon. In der von den Flocken durchwirbelten Hitze erzeugen die vermummten Seiler die Stricke, die nördlich des Golfs, das heißt in Nordamerika, »binder twine« heißen.

Von den Garnen und Stricken bleibt vieles im Lande, um verschiedenartig umgestaltet zu werden. Unser Jemand findet sie als Sandalen, als Teppiche, als Polsterfüllung wieder und als Peitschen, als Springschnüre für Mädchen und Boxer und auch als kunstvoll verzierte Damenhandtaschen und Untersätze.

Vor allem aber als Hängematten. Von deren Vielfalt ist unser Jemand am meister überrascht. Die echte Hängematte, jene, in der sich der indische Sahib schaukeln läßt, jene, die auf dem Promenadendeck des Dampfers zum Takt der Meereswellen tänzelt (die Hängematten, die der Matrose in der Mannschaftskajüte purrt, sind zumeist nur aus Segeltuch) oder jene, die der Forscher im Dschungel aufhängt, um nachts vor dem Schlangengezücht geschützt zu sein, die echte Hängematte ist aus Henequén von Yucatán. »Hamaca« hieß die Hängematte schon bei den Mayas, daraus entstand das englische »hammock«, und das deutsche »Hängematte« ist nur eine sinngemäße Umgestaltung von Hamaca.

Ganze Dörfer knüpfen Hängematten. In den Wohnungen gibt es kein Bett, nur Schlafnetze, und für einen Gast, der zu jeder Stunde willkommen ist, sind Haken in die Wand geschlagen, auf daß er dort sein geknotetes Schaukelbett aufhänge.

Unser Jemand kennt Hängematten, er hat oft in welchen geschlafen, aber bevor er sich durch das Marktgetriebe von Mérida drängte, ahnte er nicht, wieviel Varietäten es gibt von diesen Netzen: billige für vier Pesos und teuere, die fünfzig und achtzig Pesos kosten, graue und dreifarbige, ganz kleine mit Spitzenbesatz für begüterte Wickelkinder und ganz große für sechs unbegüterte Erwachsene, grobe und solche, deren Netzwerk zarteste Muster zeigt wie eine Stickerei oder schimmert wie Moirée. Die Hamaca Matrimonial geben die Eltern der Braut als Ausstattung mit, als Brautbett. Wochenbett und Totenbett. Ein rauhes Netz hängt der Henequénero neben seinem Arbeitsplatz auf und findet, nachdem er sein schweres Tagewerk im Henequén getan, auch seine Nachtruhe im Henequén.

Die Vanille-Indianer

Die letzte Autobusstation vor meinem Ziel, wahrhaftig, sie sieht anders aus als mein Ziel. Dieser Ort war noch vor ein paar Jahren keiner, hatte aber, ehe er einer war, das Glück, Fundstelle von Petroleum zu werden, die ergiebigste von Mexiko, eine der ergiebigsten der Welt. »Poza Rica«, die reiche Pfütze.

Der Autobus hält etwa eine halbe Stunde im Campamento Poza Rica. Die Tankstelle ist mit Wagen verrammelt, und die Passagiere können betrachten, wie ein aus dem Schoß gefallener Reichtum aussieht. Da drängen sich aneinander, ineinander und übereinander Holzbuden, die aus zerfallenen Holzbuden von anderswo zusammengenagelt sind. Jeder dieser Bettler des Bauwesens dient tagsüber als Marktbude oder Schenke, nachtsüber als Schlafstelle. Steif spazieren Aasgeier mitten durch die Menschenmenge, Hunderte von Aasgeiern, auch sie Nutznießer des Petrolcumglücks. Gesättigt und faul, bücken sie sich kaum nach einem fetten Speiserest, die noch gesättigteren und fauleren hocken oben auf den Buden, fast hätte ich geschrieben: auf den Dächern. Aber es gibt keine Dächer.

An der Peripherie blitzen silbern Bohrtürme und Reservoire. Wo die Menschen wohnen, blitzen nur Reflexe auf den Pfützen, die das Campamento in eine Überschwemmungslandschaft verwandeln. Klapperdürre Kinder mit vorspringendem Bauch und arme Hunde wälzen sich in diesem flüssigen Schmutz oder machen hinein, was übrigens auch Erwachsene tun.

Indios, Mestizen, Weiße und Neger kamen aus den toten Häfen des Golfs hierher, als die Kunde vom großen Glück sie erreichte, in Poza Rica sei Taglöhnerarbeit zu finden, ja man baue sogar ein Raffinerie.

Rechts und links, vorne und hinten, auf der Erde und aus senkrechten Rohren lodern Flammen, tagaus, tagein. Alles Erdgas wird verbrannt. Mit der Glut der Tropen mischt sich die Glut dieser ewigen Feuersbrünste. Wenn Hydrokarburat seinen Gestank mit dem einer nichtkanalisierten, feuerumzüngelten Siedlung der Tropen verbündet, sind Kloakengase im Vergleich damit purer Levkojenduft.

Niemals, denke ich, niemals wird meine Nasenschleimhat diese Orgie des Gestanks loswerden, niemals denke ich, wird die höllische Häßlichkeit des Campamento von Poza Rica von meiner Netzhaut verschwinden, niemals . . .
Niemals? Kaum zwanzig Minuten nach der Abfahrt kann ich mir nichts mehr davon ins Gedächtnis zurückrufen, Wohlgerüche und Schönheit dringen auf meine Sinne ein. So abrupt und unlogisch wechselt alles in den Tropen.
Tabak und Gummi wachsen durcheinander, Pfeffer und Zuckerrohr, Kokosnüsse und Tamarinde. Zwanzig voneinander ganz verschiedene Arten von Grün. Und die Düfte! Einst habe ich ihr Gegenteil erlebt, das war im Campamento von Poza Rica, du lieber Gott, wie lange ist das her!
Ich fahre ein in Papantla, der Hauptstadt des Vanillelands, sonnenhell, freundlich, auf Hügeln erbaut, von Hügeln umgeben. Stolz zeigt man mir in der Gartenanlage auf dem Stadtplatz eine Vanillepflanze. Sie sieht recht kläglich aus; eine zweite, die im Garten eines Vanille-Exporteurs wächst, soll besser instand sein.
An der Station sitzen Indiomänner aus dem Stamm der Totonaken. Ihre Frauen gehen mit Einkäufen vorbei, alle barfüßig, weiß gekleidet, weißer Musselinrock, weißer Spitzenschal; die Mädchen tragen rosa Blusen und im Haar ein buntes Band und Blumen.
Sie wohnen in »Congregaciónes«, Dörfern im Urwald ringsumher, nicht mehr wie in grauer Vorzeit in glanzvollen Städten. Selbst von der antiken Hauptstadt Zempoala, die das spanische Heer beim Einmarsch für eine Stadt aus getriebenem Silber hielt, gibt es kaum eine Spur mehr. Nur die zaubermärchenhafte Pyramide Tajin träumt im Walde, und von alten Gebräuchen ist noch der Tanz der Flieger erhalten, eine halsbrecherisch-akrobatische Kunst, die alljährlich am Fronleichnamstag vorgeführt wird.
Die Totonaken haben eine Vergangenheit, aber keine Geschichte, nur einmal traten sie weltentscheidend auf den Plan. Das war 1519 im Lager des Cortez, nahe der Stadt Veracruz, die noch nicht gegründet war und auch gar nicht gegründet werden sollte. Im Gegenteil, Cortez war eben dabei, Anker zu lichten, um von seiner aussichtslosen Kampagne nach Kuba zurückzusegeln, ob-

wohl dort der Galgen seiner harrte. Da kam eine Abordnung der Totonaken und bat um Hilfe gegen den Aztekenkönig, der ihr Land unterworfen hatte und Jünglinge und Mädchen für seinen Opferaltar forderte. Sie stellten Cortez fünfzigtausend Mann zur Verfügung, und damit begann die Eroberung Mexikos, bei der mit den besiegten Stämmen auch die siegreichen Totonaken historisch ausgerottet wurden.

Erbittert darüber, daß sie, die durch ihren Feind Moctezuma die halbe Freiheit verloren hatten, nun durch ihren Freund Cortez der ganzen beraubt wurden, gaben die Totonaken ihre Städte und Tempel dem Verfall preis und zogen sich in den undurchdringlichen Urwald zurück. Dort pflanzen, pflegen und pflücken sie die Vanille und verkaufen die Frucht an die Weißen, ohne aber ihren vierhundert Jahre alten Haß gegen die Weißen aufzugeben.

Noch älter als ihr Haß ist die Vanille.

Die Vanille, die Schwarzblume, wuchs im Gebiet der Totonaken und sonst nirgendwo, lange bevor sich die europäischen Potentaten und deren Meisterköche eine so köstliche Spezerei auch nur träumen ließen. Zusammen mit dem Kakao, der gleichfalls ihr Ureigentum war, hatten die Indianer die Vanille geschlürft. Vanille ohne Kakao nahmen sie nur um der aphrodisiakischen Wirkung willen oder als Medizin gegen Frauenkrankheiten.

Damals wuchs die Schwarzblume auf den Jagdgründen der Totonaken wild, damals wie heute eine Liane, die sich wurzellos an fremde Bäume schmiegt. Denn sie ist, nehmt alles nur in allem, ein Luftikus, ein Parasit. Daran ändert die Tatsache nichts, daß sie eine geborene Orchidee ist. Zu der Eigenschaft dieses Parasiten, nützlich zu sein, kommt heute die nicht minder merkwürdigere hinzu, landwirtschaftlich gezüchtet zu werden.

Zu Füßen irgendeines Baumes, auf dem der Pfeffer wächst oder hoch der Lorbeer steht, werden zwei Steckreiser von Epidendrum vanilla eingepflanzt oder einfach an den Stamm gebunden. So, und jetzt schmarotze mal tüchtig!

Der angesteckte Stengel tut, wie ihm geheißen. Er schlängelt sich um den ihm zugewiesenen Baumstamm hoch und höher und beginnt vom vierten Lebensjahr an Blütentrauben zu treiben. Dann greift wieder der Mensch ein, denn er verläßt sich nicht darauf, daß launische Winde oder flatterhafte Insekten die männlichen und weiblichen Organe der Vanille rechzeitig zusammenfügen. Eile ist vonnöten. Die Blüte, die nicht innerhalb von zwanzig Apriltagen den Liebesgruß empfängt, empfängt ihn nie. Auch dann nicht, wenn der potentielle Geschlechtspartner im gleichen Kämmerchen wohnt, wie bei der Vanille, die ein Zwitter, ein Hermaphrodit ist. Die männlichen Spermatozoiden und die weiblichen Eizellen kommen aber nicht zusammen, dieweil ein Häutchen sie voneinander trennt.

So helfen denn Totonakenmadchen nach. Genauer als Schmetterlinge und schneller als die einheimische Wespe namens Avispa negra oder die Biene Melipona lösen Mädchenfinger in den ersten Morgenstunden jener zwanzig Apriltage das Jungfernhäutchen von vier Blüten jeder Traube; sie legen den Samen in vier Samenscheiden, die Vaginula oder Vainila, mit welchem Wort, ihrer Form wegen, auch die Frucht benamt ist und schließlich – welch ein frivoles Pars pro toto – die ganze Pflanze.

Nachdem die Frucht geboren ist, bleibt sie an der Mutterbrust und entwickelt sich zunächst (bis zum August) bloß in die Länge und nachher (bis zum November) in die Breite, wobei sie stramm und fleischig wird. Erst vom Mondwechsel des November an ist die Pflücke erlaubt, und dann mündet alles, was an Schoten in den Wäldern der zehntausend Vanille-Indios entstand, in die Höfe der dreißig Vanille-Industriellen.

Die erste Phase des Vanille-Welthandels steht unter dem Zeichen der Angst vor dem Betrogenwerden. Mißtrauen Nummer eins richtet sich gegen alles, was Mensch ist, einschließlich des Stammesbruders in der Congregación. Infolge dieses Mißtrauens sind die Vainilales, die Pflanzungen, durchwegs Kleinbetriebe geblieben. Keine ist größer als drei Hektar, damit sie vom Auge des Besitzers überblickt und nicht zum Tummelplatz von Dieben werden kann.

Aber Mißtrauen Nummer eins ist nichts gegen Mißtrauen Nummer zwei, dasjenige, das sich gegen jedweden Weißen richtet. In der Jahreszeit, da die kostbare Schote aus dem heimatlichen Wald hinabgeschafft wird in den Dschungel der Geschäfte, verwandelt sich der Frieden der Atmosphäre in Lug und Trug. »Tiempo de vainila – tiempo de mentira.«

Ist unten in Papantla, Gutiérrez Zamora oder San José Acanteno der Preis ausgehandelt und – ich greife dem Verlauf der Ereignisse etwas vor – die Ware abgeliefert, so wird der Erlös unter allerhand Vorsichtsmaßregeln einkassiert. Nie holt der Pflanzer selbst das Geld ab, denn er fürchtet einen Raubüberfall. Zunächst läßt er es beim Händler, nach ein paar Tagen erst schickt er einen Sohn oder Verwandten oder, das ist noch unauffälliger, einen Arriero hinab, der in Betreuung der Maultiere in Ehren ergraut ist. Der soll das Geld abholen – nein, beileibe nicht das ganze Geld, nur einen Teil davon. Von ferne und durchs Dickicht, parallel zum Wege schleichend, beobachtet der Pflanzer seinen Boten, ob diesem Gefahr droht.
Scheck, Bankkonto – das gibt es nicht. Auch Papiergeld wird nicht angenommen, nur klingende Münze. Aber so viel Silbergeld, wie die Vanille-Käufe erfordern, besitzt nicht einmal die Bank. Dieser Tatsache verdanken die Chauffeure der Autobusstrecke Mexiko-Tuxpan einen lukrativen Nebenberuf: in der Hauptstadt Silberpesos aufzutreiben und nach Papantla mitzubringen. Davon bekommen sie ein halbes Prozent, was manchmal bei einer einzigen Fahrt mehrere hundert Pesos ausmacht. (Eine ähnliche Erscheinung fand ich in Yucatán, wo den Pflanzern und Arbeitern des Henequén wöchentlich zwei Millionen Pesos in Silber ausgezahlt werden müssen.)
Die Vanille-Pflanzer vergraben ihr Geld, und manch einer stirbt unversehens, ohne seiner Familie die Schatzstelle gezeigt zu haben – der Waldboden, der die Vanille-Reichtümer aufsprießen läßt, nimmt den Erlös in gemünztem Silber wieder an sich.
In Matten gepackt und auf Maultieren schaukelnd, bewegt sich das Ergebnis der Pflücke der Stadt zu. Was man oben im Wald aufpackte, wurde dort nach Millares, je tausend Stück, gezählt, was man unten ablädt, wird nach Pfunden (zu je vierhundertsechzig Gramm) gewogen; ein Mauleselchen schleppt zwei bis drei Millares, das sind siebzig Kilo, im Wert von etwa tausend Pesos.
Ablieferungspunkt sind die Beneficios, die Veredelungsanstalten. Spiegelglatt und rein gefegt bieten sich ihre Höfe dar und ebenso die Wärmekammern des Hofgebäudes. Drinnen wird die Vanille gleich nach ihrer Ankunft auf Espigueras und Camillas

gebettet, Lagerstätten aus Zedernholz, das zwar teuer, aber auch glatt ist und daher die Schote nicht zerkratzt. (Jener Baum, an dem die Vanille zeit ihres Waldlebens schmarotzt hat, ist nicht gut genug, ihr nun als Unterlage zu dienen; dereinst wird auch er gefällt und zu Kistenbrettern gehobelt werden für den Versand seiner Exuntermieterin.)
Nach der Trockung und Entwässerung (zweiundsiebzig Stunden bei sechzig Grad) folgt ein langwieriger und kontinuierlicher Arbeitsgang, dessen Produktionsmittel die Sonne ist. Mehrere Stunden lang wirkt sie auf die Schoten ein, die zu Tausenden im Hof auf blitzblanke Binsenmatten gebreitet sind. Auf daß sie bei dieser Siesta nicht gestört oder gar gekidnapped werden, schießt das Personal des Benificios Salven von Erstickungsgasen gegen das Geschwader des heranschwirrenden Feindes, die Aasgeier. Denn auch die Aasgeier lieben Spezereien, würden vielleicht gerne auf Kadaver verzichten, wenn man sie an die Vanille heranließe.
Nachdem sie ihr Sonnenbad absolviert hat, werden die Schoten für mindestens vierundzwanzig Stunden in den Schatten gelegt. Fünfzehn- bis achtzehnmal wiederholt sich diese Prozedur, wobei die Vanille ihre Flüssigkeit ausschwitzt.
Im Hauptgebäude der Fabrik sind Fachleute am Werk. Allein in Papantla gibt es dreihundert Spezialarbeiter der Vanille-Veredlung, sie bilden ein Syndikat und beziehen gestaffelte Löhne. Die Tendedores ordnen und trocknen und packen; sie haben fünf Pesos pro Tag. Die »Officiales« tun heikle Arbeit; obwohl sie ihre Hände mit Alkohol waschen, nehmen sie die Schoten nur mit der Pinzette auf, um jede einzeln zu prüfen und zu behandeln; ihr Taglohn beträgt sieben Pesos. Der Meister, nach dem Unternehmer der Höchste im Betrieb, erhält neun Pesos, er muß auch am Sonntag seine Vanille kontrollieren. Sieben Monate lang, von November bis Mai, wird gearbeitet.
Schmerzliche Nebenerscheinung dieser Arbeitsprozesse ist die Gewichtverminderung der Ware. Je sieben Kilo grüner Vanille ergeben nur ein einziges der veredelten. In Madagaskar genügen vier Kilo grüner Pflanzen zur Herstellung eines Fertigkilos, weil die Natur Afrikas der Vanille mehr Konsistenz schenkt. Aber mit dieser Erklärung will sich Mexiko nicht zufriedenge-

ben und grübelt, wie man es auch hier erreichen könnte, für drei Kilo Handelsvanille weniger als einundzwanzig Kilo Rohvanille zu benötigen.

Von Arbeitsgang zu Arbeitsgang werden die Schoten glänzender und trockener und dichter. Für mich Laien sieht ein Stück wie das andere aus; ein Schnürsenkel von schokoladenbrauner Farbe und mit der faltigen Haut von Rosinen. Und da ich schon Schokolade und Rosinen zur Parallele heranziehe, ziehe ich auch Feigen heran: das Innere der Vanille-Schote ähnelt dem der Feige mit ihrem Mus und ihren zahllosen Körnchen.

Trotz dieser scheinbaren Gleichheit gibt es hier fünf Sorten, voneinander durchaus verschieden, sowohl was die Länge und die Farbe als auch den »Tacto« anbelangt, das hießt, ob sich die Vanille trocken oder fleischig anfühlt. Und jede Sorte wiederum wird als Ganze (Entera) oder als Geschnittene (Picadura) gemarktet.

In zinnenen Büchsen, die mit paraffiniertem Papier liebevoll ausgelegt und in Holzkisten verstaut sind, reist die Vanille via Laredo ins New York Warehouse, wo sie ihre afrikanische Schwester La Bourbon treffen und mit ihr zum Preiskampf antreten wird.

Wie auch immer dieser Kampf ausfallen wird, der Preis ist für die Heimat der Vanille unerschwinglich. Das Land Mexiko behält von seiner Vanille fast nichts für den eigenen Haushalt; im Jahre 1941 zum Beispiel, als 261 000 Kilogramm die Bahnfahrt von Papantla nach New York machten, blieben kaum zweitausend Kilo zu Hause. Selbstverständlich liegt ein solches Restchen unter dem Bedarf, und das Vanille-Defizit des Vanille-Exportlandes wird durch Import minderwertiger Vanille aus dem Konkurrenzland Tahiti gedeckt sowie durch synthetische Vanille, der geschworenen Todfeindin der echten.

Weit mehr als die Hälfte der Weltproduktion liefert in Zeiten des Friedens Madagaskar. Dorthin kam die Vanille 1850 auf dem Umweg über die Pariser Jardin des Plantes; die Franzosen hatten sich aus der Gegend von Papantla und Misantla einige Pflanzen geholt, in Paris botanisch untersucht und in ihren afrikanischen Kolonien angepflanzt. Dank diesem Experiment werden auf dem Seychelles-Archipel und auf Madagaskar über vierhundert Tonnen jährlich geerntet, und das französische Imperium steht sowohl an der Spitze der Vanille-Produktion wie des europäischen Vanille-Großhandels. Aber den Terminhandel kann die Vanille nicht leiden. Sie widersetzt sich ihm mit dem starken Mittel des Schwachen, mit ihrer leichten Verderblichkeit. 1924 half sie dem normalen Markt, den Vanille-Corner zum Scheitern zu bringen, den die Firma »Demair frères« in Marseille hervorgerufen hatte; das Fracasso kostete die Brüder fünfzig Millionen Francs.

Im Konsum sind die Nordamerikaner aller Welt voran. Sie beziehen, sofern es der Krieg und der eingeschränkte Schiffsverkehr mit Afrika und sofern es Regengüsse, Dürre oder die Nordwinde im Golf von Mexiko nicht verwehren, fünfundsechzig Prozent der Welternte, wovon sie etwas reexportieren, meist in Form von Vanille-Essenz. Die anderen Länder kaufen nur so viel, daß ihre Schokoladenfabriken nicht stillestehen und die Hausfrauen ihre Puddings machen können.

Für Kaugummi und Eiscreme, die beiden Rekordgenüsse des Yankee, liefern das wichtigste Ingredienz die Totonaken, die in vierhundert Jahren nicht aufgehört haben, die Weißen zu hassen.

Die Petroleumleitung

I

Wer aus dem Golf von Mexiko der Hauptstadt zufährt, wird meilenlang von einem Rohr begleitet. Vor den Städten verkriecht es sich, hinter ihnen taucht es wieder auf; besonders dort, wo Wege oder Kanäle sind, kommt es ans Tageslicht. Auf den Landkarten ist es nicht eingezeichnet.
Bevor das mexikanische Öl in mexikanischen Volksbesitz überging, war es unter vierzehn Tochtergesellschaften der drei Weltkonzerne aufgeteilt, der »Royal Dutch Shell« Deterdings, der »Standard Oil« Rockefellers und der »California Sinclair Pierce Oil Company« Harry Sinclairs. Eine dieser vierzehn Töchter, »El Águila« oder »Mexican Eagle Petroleum Co.«, besaß sechzig Prozent des mexikanischen Erdöls; in ihrem einstigen Palais in der Hauptstadt amtieren jetzt »Petróleos Mexicanos« (PEMEX). In der Halle steht die Büste von Cárdenas, denn er ist es gewesen, der am 18. März 1938 das Öl seinem Lande wiedergegeben hat.
Damit endete ein in der Sozialgeschichte einzigartiger Kampf; auf der einen Seite stand ein Land, auf der anderen die allmächtige Dreifaltigkeit des Petroleum-Weltmonopols.
Als Lohnkonflikt hatte es begonnen. Im Zeitraum von 1934 bis 1937 waren die Haushaltungskosten um 88,96 Prozent gestiegen, während die Lohnsätze nur um 30 bis 40 Prozent erhöht wurden. Ein mexikanischer Ölarbeiter bekam im Durchschnitt 4,86 Pesos pro Tag, kaum ein Viertel von dem, was in Amerika ein Arbeiter der gleichen Gesellschaft verdiente. Dabei war die Förderungsrate des amerikanischen Arbeiters geringer als die des Mexikaners, der allerdings an reicher sprudelnden Ölvorkommen arbeitete.
Die Arbeiter verlangten einen Kollektivvertrag mit vierzigstündiger Arbeitswoche, Lohnerhöhung, Urlaubsrecht und Verbesserung der Arbeitsbedingungen, Forderungen, die abgelehnt wurden. Die Belegschaften stellten die Arbeit ein, die Gesell-

schaften appellierten an den Staatlichen Schlichtungsgerichtshof gegen den Streik, und das Gericht entschied, daß die Streikenden an ihre Arbeitsplätze zurückzukehren und bis zur Urteilsfällung an diesen auszuharren haben. Das geschah. Dann erging das Urteil. Ein Teil der Arbeiterforderungen wurde abgewiesen, jedoch eine Verbesserung der Arbeitsbedingungen vorgeschrieben, die sechsundzwanzig Millionen Pesos jährlich gekostet hätte – einerseits eine hohe Summe, andererseits ein Bruchteil der Dollarprofite.

Wenn man den Einspruch der Gesellschaften gegen diese Entscheidung liest, so glaubt man sich in den Londoner Juristenbezirk versetzt, wo vielhundertjährige Kastanienbäume vor vielhundertjährigen Gebäuden in vielhundertjähriger Ruhe wachsen. Dort könnte ein alter, sehr ehrenwerter Kronjurist mit gründlicher Kenntnis von Paragraphen und Präjudizfällen, der aber noch nie etwas von Soziologie, Arbeitsrecht oder dergleichen Laienwerk gehört, den Rekurs verfaßt haben. Nach formal juristischer Einleitung kommt er auf das zu sprechen, was den Ölmagnaten besonders am Herzen liegt, auf die Freiheit der Arbeit. Wo sei die Freiheit der Arbeit, wenn zum Beispiel der Arbeitgeber gezwungen wird, Inländer als Assistenten ausländischer Fachleute anzustellen? Ist es Gleichheit und Gerechtigkeit, wenn die Höhe des Unternehmergewinns zur Grundlage des Lohntarifs gemacht wird? Gilt nicht gleiches Recht für alle, für arm und reich?

Das Oberste Gericht von Mexiko wies den Rekurs ab, und als die Ölgesellschaften beschlossen, sich dieser Entscheidung nicht zu fügen, kam es zu ihrer Enteignung. Gleichzeitig wurde das mexikanische Volk über die möglichen Folgen dieser Maßnahme aufgeklärt und gegen zukünftige Interventionsversuche mobilisiert. Der erste Appell erging von Vicente Lombardo Toledano. Lombardo Toledano hat in der internationalen Gewerkschaftsbewegung kaum ein Pendant. Ein Arbeiterführer, der Professor der Philosophie, ehemaliger Gouverneur, Goethe-Kenner, Botaniker und Archäologe ist; seine Volksversammlungen sind Universitätskurse, und seine Popularität verdankt er seiner Autorität. In jener Petroleumrede legte er alle Möglichkeiten von Propaganda und Lüge dar, mit denen das Ölkapital

versuchen werde, die öffentliche Meinung Mexikos zu spalten, und entlarvte auf diese Weise Verrat und Bestechung, bevor es zu Verrat und Bestechung kommen konnte.
Den anderen Appell an das Volk richtete Präsident Lázaro Cárdenas selbst. Er beantwortete zunächst den Vorwurf der Undankbarkeit, den die Ölgesellschaften erhoben hatten: Ist das der Dank dafür, daß wir mit unserem Kapital die gigantischste Industrie von Mexiko aufgebaut haben? »Euer Kapital?« rief ihnen Cárdenas durchs Radio zu. »Euer Kapital ist der Reichtum der Ölvorkommen gewesen, die der Nation gehören und euch gesetzwidrigerweise überlassen wurden! Euer Kapital sind die Privilegien, die euch gewährt wurden, die Steuer- und Zollvergünstigungen! Von diesem Kapital habt ihr Milliardeninteressen bezogen und einen kleinen Bruchteil in eure Betriebe investiert. Und dafür sollen wir euch dankbar sein?«
Nicht minder scharf wandte sich Cárdenas gegen die Schuldigen im eigenen Land, die aus Schwäche, Ignoranz oder Eigennutz den Versuchungen der unermeßlich mächtigen Unternehmer nicht zu widerstehen vermochten.
Die Quellen des mexikanischen Reichtums sind zu Quellen des mexikanischen Elends geworden, sagte Cárdenas. In den wenigsten Orten des Ölgebiets gibt es ein Spital, Trinkwasser, eine Schule, ein Kulturzentrum oder einen Sportplatz. Nicht einmal eine Gasanstalt existiert, denn die Gesellschaften erlauben nicht, daß die Millionen von Kubikmeter nutzlos entweichenden Gases verwertet werden. Wem wäre nicht die erregende Zweiteilung aufgefallen, die in den Petroleumbezirken herrscht? Komfort für das ausländische Personal – Jammer und gesundheitswidrige Behausungen für das mexikanische. Kühlanlagen und Schutz gegen tropische Krankheitserreger für die ersteren – Teilnahmslosigkeit und eine meist nur mit Widerwillen gewährte ärztliche Hilfe für die letzteren. Hungerlöhne und vernichtende Arbeitsbedingungen für unser Volk.
Jedes Produktionszentrum besitzt eine Betriebspolizei zum Schutz der privaten, egoistischen und oft ungesetzlichen Interessen. Diese bewaffneten Organisationen, ob sie nun von der Regierung autorisiert sind oder nicht, tragen Schuld an Mißbräuchen, Ausschreitungen und Mordtaten, begangen im Auf-

trag oder im Interesse der Gesellschaft, in deren Dienst sie stehen.

Nur mit wenigen Worten geißelte der Staatspräsident die »hartnäckige und bösartige Einmischung der Ölgesellschaften in innere Angelegenheiten der Nation«. Nur mit wenigen Worten – denn um dieses Thema zu erschöpfen, hätte er die Geschichte Mexikos seit Beginn des zwanzigsten Jahrhunderts erzählen müssen.

Von den Tagen an, da Porfirio Díaz dem englischen Ingenieur der Tehuantepec-Bahn Weetman Pearson, nachmals Lord Cowdray, und dem amerikanischen Ölhändler Edward L. Doheny die Konzessionen auf das mexikanische Erdöl verliehen hatte, war Mexiko die Walstatt eines Krieges zwischen Großbritannien und Nordamerika. Bei jedem Aufstandsversuch gossen entweder die Vereinigten Staaten oder die Vereinigten Königreiche oder beide zusammen ihr Öl ins Feuer. Dollar und Pfund Sterling waren immer zur Stelle.

Gelegentlich, wenn es den Ölmagnaten in den Plan paßte, wurden sogar fortschrittliche Bewegungen gegen reaktionäre unterstützt. So fühlte sich zum Beispiel die Standard Oil (Amerika) durch die an die Pearson Oil Company (England) gewährten Konzessionen in den Ölfeldern von Tehuantepec geschädigt. Deshalb half sie dem freiheitlichen Francisco J. Madero, die vierzigjährige Diktatur von Porfirio Díaz zu stürzen. Was freilich den amerikanischen Botschafter Lane Wilson nicht hinderte, bald darauf in Washington gegen Madero und »his almost confiscatory tax placed on the oil products at Tampico« aufzutreten, den Staatsstreich des Reaktionärs Victoriano Huerta zu unterstützen und zuzulassen, daß der volkstümliche Präsident Madero und der Vizepräsident Pino Suárez im Gefängnis erschossen wurden (23. Februar 1913). Das Verhalten Lane Wilsons an diesem Tag ist in Mexiko nicht vergessen.

Cárdenas schloß das Kapitel der Interventionen, die auf den Wellen des Öls herangeschwommen waren, mit der Enteignung. »Die ausländischen Gesellschaften sind nicht gewillt, das Urteil unseres höchsten Gerichts anzuerkennen. Sie bauen darauf, daß sich ihre Macht als stärker erweisen wird als die Würde und Unabhängigkeit Mexikos, das großzügig seinen Naturreichtum in ihre Hände gelegt hatte. Die Enteignung wurde angeordnet und den Gesellschaften die volle Bezahlung ihres Eigentums von Staats wegen zugesichert.«

Die Großmächte des Öls räumten ihre Gaststätte keineswegs in Ruhe und Frieden. Die Betriebe sollten arbeitsunfähig gemacht werden, damit Mexiko genötigt sei, die Rückkehr der alten Besitzer zu erflehen und sich ihnen bedingungslos zu unterwerfen. Niemand sollte zurückgelassen werden, der sich im Betrieb auskannte. Den mexikanischen Beamten wurden höher bezahlte Stellungen in USA angeboten. Inhaber der »Puestos de Confianza«, die Vertrauensleute der Gesellschaften, blieben mit dem alten Gehalt auf der alten Gehaltsliste der alten Besitzer, wenn sie sich bereit erklärten, unter der neuen Leitung nicht weiterzuarbeiten. Noch heute gibt es in Mexiko solche Exvertrauensleute, die ihr Direktoren- oder Chefingenieursgehalt weiterbeziehen. Verträge, Adressen, Rechnungen, Pläne, chemische Formeln mit den zugehörigen »Know how«, Lohnlisten und Akten wurden verbrannt oder mitgenommen.

Das Furioso der Weltpresse erscholl nicht gegen die Saboteure, sondern gegen jene, welche die Sabotage sabotierten. Die Ablehnung der Arbeiterforderungen durch die Ölgesellschaften wurde als moralische Tat gepriesen. Ein amerikanischer Wirtschaftsführer erklärte: ». . . aber so weit darf die Arbeiterfürsorge denn doch nicht gehen, daß man mexikanischen Arbeitern Harems einrichtet, ihnen Polopferde kauft und Luxusreisen um die Welt bezahlt, wenn sie es wünschen.« Die entrüsteten Zeitungsleser mußten glauben, die Ölarbeiter Mexikos hätten Harems gefordert und Polopferde und Luxusreisen. In Wahrheit hatten sie eine Fahrkarte zum Urlaubsort innerhalb Mexikos verlangt, den Bau von Sportplätzen und Krankenbehandlung für Gattin und Kinder, soweit es sich um dauernde, wenn auch nicht immer legale Ehen handelte.

Schon während des Konflikts hatten die Ölgesellschaften ihre Goldreserven aus den mexikanischen Banken gezogen, und nach der Nationalisierung der Betriebe stieß der internationale Valutamarkt den Peso auf fünfundvierzig Prozent seines Werts hinab.

In einer fast ultimativen Note verlangte der nordamerikanische

Staatssekretär Cordell Hull, daß das mexikanische Ölproblem einem internationalen Schiedsgerichtshof zur Entscheidung vorgelegt werde, widrigenfalls ... Der Senator von North Carolina, Reynolds, forderte im Kongreß von Washington als Entschädigung die Abtretung von Baja California an die Vereinigten Staaten. Einige Persönlichkeiten, die seinerzeit den amerikanischen Staatspräsidenten Harding im mexikanischen Petroleum ertränkt hatten, traten für bewaffnete Repressalien gegen Mexiko ein. Wallstreet gab eine Mexiko-Sondernummer des »Journal of Commerce« heraus, reich an Tabellen, Bildern und national-ökonomischen Artikeln, die allesamt darzutun versuchten, daß Mexiko eine Gefahr für die Landesverteidigung von USA darstelle und unfähig sei, sich selbst zu verwalten.

Im Staat San Luis Potosí bereitete sich eine Bewegung zum Sturz von Cárdenas vor. Ihr Führer, der General Saturnino Cedillo, war aus dem Ausland mit Waffen und Munition versorgt worden, von einigen Waffensorten, Tanks und Schützengrabenkanonen, besaß er mehr als die mexikanische Armee. Sein Generalstabschef war der deutsche Nazi und Oberst Ernst Freiherr von Merck. Aus seiner gutgesicherten Villa in Coyoacán, der Gartenvorstadt Mexikos, genauer gesagt, aus seinem mit dem Hitlerbild und Hakenkreuzornamenten dekorierten Arbeitszimmer leitete er die strategischen Vorbereitungen der Cedillo-Rebellion.

Ein Deutscher anderer Art, mein verstorbener Freund Alfredo Miller-Fortmiller aus Hannover, legte dem Baron das Handwerk. Alfredo erschien in der Merckschen Festung mit einem Emigrationsbeamten und wurde selbst als solcher angenommen. Baron Merck wies sofort das Original jenes Dokuments vor, mit dem er in den fortschrittlichen Kreisen Mexikos als Nichtnazi aufzutreten versuchte: ein Telegramm Gustav Noskes an Leutnant Ernst Freiherrn von Merck, der Dank für die Dienste, »die Euer Hochwohlgeboren bei der Bildung der freiwilligen Formationen geleistet haben«, das heißt jener Freikorps, welche 1918/1919 die deutsche Republik an die Reaktion auslieferten.

»Noske war Sozialdemokrat, Sie wissen?« sagte Baron Merck zu Alfredo Miller. Dieser wußte. Auch sein jetziger Chef, Saturnino Cedillo, erklärte Baron Merck, sei kein Faschist und kein Na-

zi. »Er stimmt bloß mit einigen der Sachen nicht überein, die Cárdenas macht.«
»Zum Beispiel mit der Ölenteignung«, sagte Alfredo.
»Zum Beispiel mit der Ölenteignung«, wiederholte Baron Merck und fügte hinzu: »... glaube ich.«
Alfredo behielt einen Brief, der bewies, daß Baron Merck gemeinsam mit dem deutschen Botschafter für Cedillo arbeitete. Nach der Veröffentlichung des Briefes verließ Baron Merck das Land und war beim Ausbruch des Aufstandes, für den er die Pläne geliefert hatte, nicht mehr in Mexiko. Im Rebellengebiet erschien Cárdenas und leitete die Niederwerfung.
Ein internationaler Boykott gegen mexikanisches Petroleum setzte ein. Mexiko versank fast in der Sintflut seines Öls. Gleichzeitig aber bewarb sich Japan darum. Es war bereit, den Mexikanern eine Rohrleitung quer durchs Land zu legen, von den Bohrlöchern am Atlantik bis auf die japanischen Schiffe im Pazifik. Italien bot den Bau von Tankschiffen an. Nazideutschland, vertreten durch eine Gruppe amerikanischer Spekulanten, wollte die gesamte Ölproduktion Mexikos für vierzehn Millionen Pesos kaufen und dafür Rechenmaschinen, Nähmaschinen und Werkzeugmaschinen liefern. Vielleicht waren es diese Unterhändler aus neutralen Ländern selbst, die – soweit es die Verhandlungen nicht gefährdete – in die Welt lancierten: Seht, das bolschewistische Mexiko verhandelt mit den Nazis!
Das »bolschewistische Mexiko»! »Mexiko, der neue Sitz der Kommunistischen Internationale.« Auf diesen Grundton waren die politischen Angriffe gestimmt. Antifaschistische Flüchtlinge aus den von den Nazis besetzten Gebieten Europas wurden bei Behörden und in der Presse denunziert. Den einen wurde vorgeworfen, sie hätten den Überfall Rußlands auf das arme Finnland gutgeheißen; den anderen (einschließlich des Schreibers dieses Buches), daß sie Agenten der GPU seien. Die Trotzkisten, die so lange nichts zu melden gehabt hatten, hatten jetzt viel zu melden. Täglich eine Enthüllung: »Ein Stalinist in Mexiko eingetroffen!«
Um diese Zeit lief die Amtsperiode des Präsidenten Cárdenas ab, General Almazán, ein Gegner der Ölenteignung, kandidierte mit dem Programm: »Wenn die Lösung des Petroleumkonflikts

nicht durch die gegenwärtige Regierung endgültig erfolgen und ich gezwungen sein sollte, die diesbezüglichen Verhandlungen weiterzuführen, werde ich dafür Sorge tragen, daß diese Verhandlungen zu einer freundschaftlichen und loyalen Vereinbarung gelangen. Diese wird auf der Grundlage des Rechts und der Gleichberechtigung, unter Berücksichtigung der Souveränität Mexikos und der Völkerrechtsnormen erfolgen und den nationalen Interessen sowie den berechtigten Interessen der Petroleumgesellschaften und der Arbeiterschaft dieses Industriezweiges entsprechen.«

Gewählt wurde nicht Almazán, sondern Manuel Avila Camacho.

Inzwischen führten die Ölgesellschaften den Kampf um die Ablösungssumme weiter. Auf Grund der Steuererklärungen war der Wert der Unternehmungen mit fünfzig Millionen Dollar errechnet und diese Summe als Ablösung festgesetzt worden. Gegen diese Einschätzung protestierten die Ölfirmen so heftig, daß sie offen bekannten, Zollbetrug, Bücherfälschung und Steuerhinterziehung begangen zu haben. Sie hätten ihre Einkünfte niedriger angegeben, als sie in Wirklichkeit waren – weil das in Mexiko so üblich sei. Als Abfindung verlangten sie vierhundertfünfzig Millionen in bar, dann hundertzwanzig.

Mitten in die Preisverhandlungen platzte 1939 der Krieg Deutschlands gegen England und 1941 gegen USA. Nun brauchte man das boykottierte Öl und die Bundesgenossenschaft Mexikos, und der Konflikt wurde erledigt, während Mexiko noch mit der Wiederinstandsetzung der Ölanlagen beschäftigt war.

Die »Öl-Presse« hatte es leicht gehabt zu prophezeien, Mexiko werde nicht imstande sein, Produktion und Transport aufrechtzuerhalten. Besaß es doch weder ein Genug an Kapital noch an intakten Maschinen, noch an Verkehrsmitteln. Mexikos einziges Tankschiff »San Ricardo« lag in Alabama, USA, auf Trockendock.

Aber durch große Opfer der Arbeiterschaft wurde die billige Prophezeiung zuschanden. Mexiko fördert sein Öl selbst, wie es vorher die Fremden getan, und schafft Einrichtungen, wie es vorher die Fremden nicht getan, weil die Entwicklung der einheimischen Industrie außerhalb ihrer Interessen lag.

Mexikanisches Rohöl und seine Derivate waren ins Ausland geschickt worden, vor allem nach Balik Papan in Niederländisch-Indien und nach Curaçao, den beiden Petroleumhauptstädten der Welt, und kamen dann zum Teil nach Mexiko zurück. Warum dieser enorme Umweg? In Curaçao und Balik Papan wurden die Ölprodukte so weit veredelt, daß sie der internationalen Spezifikation und damit dem internationalen Preistarif entsprachen, Mexiko selbst besaß keine Anlagen, die sein Öl hinreichend veredeln konnten.

Die einzigen im Lande hergestellten Fertigprodukte waren Asphalt und Gasöl. Und heute? Heute gibt es Gasolin mit höherem Oktan für Autos und sogar für Flugzeuge, weißes Gasolin für Industrien, Kerosin für Öfen, Paraffin für Kerzen, Schmieröle für Maschinen.

Den Binnentransport besorgt der Oleodukt. Er mündet in der Raffinerie von Atzcapotzalco. Dort, am Nordrand der Hauptstadt, war in der präcortezianischen Zeit der Sklavenmarkt gewesen, und dort wohnten die Goldarbeiter, bei denen die spanischen Soldaten ihren Anteil am Schatz des Moctezuma einschmelzen ließen. Später war Atzcapotzalco ein Armenvorort, und heute, nach dem Ausbau der Petroleumleitung und der Raffinerie, wird es mehr und mehr zum neuen Industriezentrum des hauptstädtischen Distrikts.

II

In Begleitung eines Gewerkschaftlers von STPRM, Sindicato de Trabajadores Petróleros de la República Méjicana, fahre ich hin. Unterwegs entschuldigt er sich, daß er nicht Englisch könne, obwohl er aus Tampico stamme.

Was hat Tampico mit der englischen Sprache zu tun?

»In Tampico wurde sehr viel englisch gesprochen. Ins Hotel Imperial, ins Hotel Inglaterra, in die Restaurants Bristol, Palace Grill und die übrigen besseren Lokale verirrte sich selten ein Mexikaner. Als mein Vater vor vierzig Jahren in Tampico zu arbeiten begann, bekam er seinen Tageslohn in Dollarcents, und damit bezahlte die Mutter ihre Einkäufe. Wenn ein Mexikaner, ein Politiker oder ein General oder ein Spekulant, in den Barrio de la Unión sumpfen ging, ins weltbekannte Nachtleben Tampicos, so zahlte er unverhohlen mit den Dollars oder Pfunden, die er eben in der Direktion geerntet hatte.«

Ich frage mit Interesse, ob der Barrio de la Unión noch bestehe.

Er bestehe noch, Tampico sei ja eine Industriestadt mit fast hunderttausend Einwohnern und ein Hafen. »Aber schottischen Whisky und internationale Mädchen gibt's nicht mehr im Barrio de la Unión, und vor allem fehlen die anglo-amerikanischen Gäste, die nicht wußten, wohin mit ihren Pfunden und Dollars.«

Das tägliche Leben Tampicos war primitiv. Erst als die Ölkonflikte begannen, errichteten die Ölkompanien Schulen für Arbeiterkinder. Wiederholt wurden die Aktiengesellschaften gebeten, englischen Sprachunterricht für Erwachsene einzurichten oder technische Fortbildungskurse, es kam aber nie dazu.

»Wir hatten zwar Gewerkschaften«, sagt der Gewerkschaftler, »aber sie waren nicht zu einem Gewerkschaftsverband zusammengeschlossen. Jedes Ölfeld, jede Raffinierie, jede Transportstelle hatte eine Extragewerkschaft. Sie vertrat ihre Mitglieder nur vor ihrer Betriebsleitung. Einunddreißig solcher Arbeiterorganisationen gab es. Ihnen entsprechen heute die einunddreißig Sektionen der zentralen Gewerkschaften. In den ersten Jahren nach der Nationalisierung war die Lage der Arbeiter sehr schwer. Aber jetzt erstehen überall Arbeiterkolonien, Kliniken, insbesondere für die Behandlung von Sumpffieber und Tuberkulose. Wir haben einen Aquädukt, der bringt Trinkwasser von Tancol nach Ciudad Madero, über anderthalb Millionen Pesos hat er gekostet. Trockenlegungen wurden durchgeführt. Deiche gebaut und sehr viele Schulen.«

Der Gewerkschaftler schnuppert und verlöscht seine Zigarette. »Hier riecht es wie in meiner Heimat.«

Es riecht nach Petroleum.

Wir fahren durch ein Tor, auf dem »Petróleos Mexicanos« steht, fahren durch einen Park, dessen Bäume metallische Gestänge sind und dessen Beete runde, birkenfarbene Reservoire. Im Kanzleigebäude fragt man mich, was ich sehen will. Ich möchte den Oleodukt sehen.

Den habe noch niemand zu sehen verlangt. Es sei auch gar nichts zu sehen. Die Mündung eines Rohrs – das sei alles.
Einer der Beamten schlägt sich auf die Stirn. »Wir können Ihnen den Ingenieur vorstellen, der den Oleoducto gebaut hat. Er wird Sie hinführen und Ihnen alles erzählen.«
So kommt denn ein bescheidener Mann heran und beteuert gleich, daß er den Oleoducto nicht gebaut habe. Aber er sei bei den Contratistas angestellt gewesen, bei der ausländischen Firma Martin & Circuit; der war es übertragen, das Rohrnetz von Tuxpan bis Mexiko-Stadt zu erweitern.
»Ich habe nur den Bau der Pumpstationen geleitet«, sagt der Ingenieur, »das Terrain verläuft nämlich nicht horizontal, geschweige denn abwärts. Wenn dem so wäre, würde man keine Pumpwerke brauchen. Das Terrain steigt, und sogar sehr steil. Das Ölfeld von Poza Rica, im Staat Veracruz, wo der Oleoducto beginnt, liegt nahe der Küste, nur dreißig Meter über dem Meeresspiegel. Aber es war schwer, das Rohr zu legen, wegen der Hurrikane des Golfs und der Überschwemmungen. Hinter der Küstenebene hört das Überschwemmungsgebiet auf, aber leider auch die Ebene. Unser Oleodukt muß ein ganzes Gebirge überklettern, die Sierra de Puebla, und um diese Steigung zu überwinden, haben wir sieben Pumpstationen gebaut. Die höchste liegt der Hauptstadt am nächsten. Das ist die Pumpstation Cima de Togo. Dort wird das Rohöl zweihundert Meter hochgehoben, bis auf 2800 Meter Meereshöhe. Die Stadt Mexiko liegt nur 2247 Meter über dem Meeresspiegel, und so braucht das Öl von dort an keine Pumpe mehr. Mit eigener Schwerkraft rinnt es bis zu diesem Punkt.«
Bei diesem Punkt bleibt mein peripatetischer Lehrer stehen und weist mit der Hand auf eine Pfütze. »Das ist die Mündung. Hier endet der große Oleodukt Mexikos. Tagtäglich bringt er dreitausend Kubikmeter Chapopote hierher« (in Mexiko verwendet man für Rohöl noch immer dieses indianische Wort), »19 000 Barrels werden binnen vierundzwanzig Stunden in unserer Raffinerie verarbeitet. Stellen Sie sich vor, wieviel Tankwaggons und Tankautos früher für den Transport nötig waren.«
Ich schaue auf die Mündung. Wäre ich hier allein vorbeigekommen, so hätte ich diesen Sumpf kaum bemerkt, auf dem ein paar

irisierende Reflexe spielen. Zwei, drei dicke Röhren kreuzen sich über der Pfütze, an ihrem Rand steht eine Hütte mit einer Pumpe. In den vier Richtungen der Windrose, zweihundert Schritte entfernt, erhebt sich je ein aluminiumglitzerndes Reservoir. Diese vier Riesen werden von den Röhren oberhalb der kleinen Pfütze mit Rohöl gespeist und geben es an die einzelnen Verarbeitungspunkte der Raffinierie weiter.

Ich mache nun, die Einfahrt des Rohöls in die Raffinerie begleitend, meinen Rückweg. Am Kaspischen Meer habe ich Raffinerien im Bau und anderswo Raffinerien in Betrieb gesehen. Was mir hier neu ist, sind zwei Tanks, die nicht in Silberfarbe leuchten, sondern – ein in Fabriken sonst nicht üblicher Farbensinn – ein knallrotes und ein himmelblaues Dach haben. Daß diese Tanks irgend etwas zu tun haben mit der durch die ganze Raffinierie laufenden Rohrleitung, die einen ebenso knallroten und einen ebenso himmelblauen Hahn hat, habe ich mir schon gedacht. Nun frage ich.

»Das ist die Foamite-Anlage«, antwortet der Ingenieur, »die beiden buntgedeckten Tanks sind für die Foamite-Mischung da, und die beiden Röhren führen zu allen Reservoiren und zu allen Destillationsanlagen, um dort eine Feuersbrunst zu löschen, wenn sie ausbrechen sollte.«

Durch die beiden Röhren fließen zwei verschiedene Flüssigkeiten, erklärt der Ingenieur, die sich an der Brandstelle miteinander zu Schaum vermischen; dieser Schaum bedeckt im Nu den extensivsten Brandherd, entzieht ihm den Sauerstoff und verhindert das Feuer, neuen Sauerstoff aufzunehmen.

Außerdem gibt es Feuerwehrstationen mit Pumpen, Sandkästen, Löschapparaturen, Leitern, Hacken und allen anderen Feuerlöschmitteln mit Ausnahme von Wasser – Wasser ins Ölfeuer würde soviel bedeuten wie Öl ins Feuer zu gießen. In der ganzen Raffinerie herrscht Rauchverbot, wohl das einzige Rauchverbot im Lande, das wirklich befolgt wird.

Tag und Nacht wird das Chapopote aus den Reservoiren elektrisch den Destillationsanlagen zugeführt. Selbst wenn der elektrischen Kraft die Kraft ausgehen sollte, gäbe es keine Erholungspause, denn Dampfmaschinen stehen parat, um einzuspringen.

Erste Station auf meinem Marsch entlang des Rohöls ist die Heizanlage. Dort muß es zunächst in die Feuerkammer und durch ein Labyrinth von Röhren rennen, in denen ihm das Leben heiß gemacht wird.

Erhitzt kommen Chapopote und ich in der Destillationsanlage an, zu Füßen eines metallenen Rundturms. Ich bleibe draußen, das vorgewärmte Rohöl läuft ein und steigt empor. Im Ölturm geht es zu wie im sozialen Leben der Menschen. Gemeinsam strömen die Massen ein, nach und nach aber spaltet sich die Einheit, immer schwieriger wird es, aufwärts zu kommen. Die Stockwerke sind voneinander durch perforierte Platten getrennt, je höher das Stockwerk, desto kleiner die Löcher, desto schwerer der Aufstieg. Fünfzehn Etagen. Auf jeder macht eine andere Fraktion schlapp, sie ist am Ende ihrer Kraft angelangt, wutzischend braust sie noch einmal auf, kühlt sich aber schnell ab.

Die Fraktion, die auf der Strecke bleibt, wird abgeschleppt, zu ihren unterschiedlichen Bestimmungen. Ganz unten sind die Rückstände, gerade gut genug, verheizt oder zur Asphaltierung verwendet zu werden. Nur was den Gipfel des Turms erreicht, kann sich alsbald in noch höhere Höhen und weitere Weiten schwingen – eben schwebt ein Flugzeug über der Raffinerie, als wollte es die Geburtsstätte seiner Treibkraft grüßen.

Das Öl ist nun kein Rohöl mehr, sondern Gasolin und Kerosin. In besonderen Raffinierungsanlagen wird es mit aktiver Erde, mit Schwefel und Chemikalien jener Veredelung ausgesetzt, die früher im Ausland besorgt wurde.

Ich münde mit dem Petroleum in der Distribuidora, einem Hafen auf dem Festland, einem Hafen, in dem alle Arten von Verkehrsmitteln liegen, nur Schiffe nicht. Die Passagiere der Tankautos und Zisternenwaggons sind waagrechte Zylinder. Lokomobilen, Lokomotiven, Schienen. Die Waggons werden an Eisenbahnzüge oder Straßenbahnen gekoppelt, fahren in ferne Fabrikhöfe. Autos bringen das Öl zu den Tankstellen und zu den kleineren Industrien des hauptstädtischen Bezirks. Gasbomben werden zu je vierzig Stück in Autos geladen, um die Haushalte zu beliefern. Ich wende mich an den Gewerkschaftler, den ich innerhalb der Raffinerie vernachlässigt habe, mich mehr der Führung der Rohre und des Ingenieurs anvertrauend.

»Früher gab es kein Gas, nicht wahr?«
»Was, kein Gas?« Er lacht. »In Tampico brannte das Gas nicht nur nachts, sondern den ganzen Tag. Sogar das Meer hatte Gasbeleuchtung, damit die Fische sich nicht verirren.«
Er erklärt, wie das kam: »In den dreißiger Jahren wurde in den Raffinerien der Crackingprozeß eingeführt, und es gab einen Überfluß an Gas. Damals verlangten die Gemeinden, daß ihnen Gas zum Kochen abgegeben werde. Aber die Gesellschaften hatten weder Verteilungsanlagen noch Lust, solche einzurichten. Sie stellten lieber in jeder Raffinerie ein riesiges senkrechtes Rohr auf und verbrannten darin das Gas. Wie eine rote Fackel beleuchtete das Gas den Himmel des Staates Veracruz und das Wasser des Golfs von Mexiko. Die Bevölkerung hatte nichts davon. Seit der Nationalisierung ist das anders. Das Gas von Poza Rica wird nach Tampico geleitet, dort komprimiert und in Tankwagen hierhergebracht. Hier füllt die Gasanlage mit den Schläuchen die Bomben. Vierzig Prozent des Gaskonsums wird von hier aus gedeckt.«
Wir kommen wieder an einem Raffinerieturm vorbei, und da mir gesagt wird, dieser sei der größte, steigt in mir der Wunsch hoch, selber hochzusteigen. Halb zum Spaß trete ich auf die unterste Leitersprosse und klimme dann die nächste hinauf, an der Außenwand des Turms, darin sich das Rohöl in verschiedene Stoffe verwandelt. Von der Tiefe des Rohöls und des Asphalts klettere ich zur Höhe von Kerosin und Gasolin, ohne selbst leichter oder gar gasförmig zu werden und ohne etwas anderes zu sehen als den Aluminiumanstrich des Turms. Schließlich bin ich an der Endstation angelangt, und auf der Höhe kommt mir der tiefe Gedanke, die genialste Erfindung sei doch die normale Treppe, bei deren Besteigung man keine Schwielen auf der Hand fläche bekommt und keine Schmerzen in den Armmuskeln.
Von der Plattform aus sehe ich die Schlangenpyramide von Tenayuca. Ich sehe die wunderverheißende Kirche der Indios, »Virgen de Guadalupe«, an der der Oleodukt vorbeiführt. Ich sehe vizekönigliche und andere Haciendas, die gleichzeitig Festung, Kirche, Kloster, Landwirtschaftsbetrieb und Liebesnest waren. Dann schaue ich auf die Industriestadt zu meinen Füßen, rauchende Fabriken und Fabriken im Bau. Sie scharen sich um die Raffinerie, die ihnen Blut zuleitet.

Ich blicke senkrecht hinab, um die Mündung des Rohrs zu suchen, das das Öl und die Arbeit hierhergeführt hat. Zwischen den vier Reservoiren entdecke ich endlich die Pfütze. Innerhalb des Quadrats, das die vier Tanks um sie bilden, sproßt Unkraut. Wie ein Schindanger sieht der Platz aus, der wie ein Siegespark aussehen sollte.

Der Kaspar Hauser unter den Nationen

Das ist das Verwirrende und Erregende dieser Welt: das Dunkel, aus dem sie kommt.

Nichts von dem, was war, ist mehr, fast alles, was nicht war, ist jetzt.

Man ziehe irgendeine europäische Hauptstadt zum Vergleich und Gegensatz heran. In Rom, in Paris, in Prag standen seit Jahrtausenden die Häuser mit Selbstverständlichkeit auf festem Grund und Boden, wie sie auch heute dort mit Selbstverständlichkeit auf festem Grund und Boden stehen. Immer gab es Straßen, auf denen man ging und fuhr, aber nicht ruderte oder schwamm. Allüberall in den Städten der Alten Welt gab es seit dem frühen Mittelalter im Grunde die gleichen Begriffe, die es heute gibt. Man zählte in Münzen, trug Hose und Schuhe, bearbeitete Hof und Feld, eignete Geflügel und Hund, schlief in Betten, ritt auf Pferden, schrieb mit Buchstaben und Ziffern, rechnete mit Maßen und Gewichten, wie man's heute tut.

In Europa und in Asien lag und liegt der Garten vor dem Haus als Garten da und schwimmt nicht auf dem Wasser. Inseln sind von der Natur und nicht von Menschenhand geschaffen. Ebensowenig von Menschenhand geschaffen sind auf den älteren Kontinenten die Berge; die Schöpfung hat sie ins Tal gesetzt, keineswegs wurde auch nur ein einziger Berg durch Fromme und Sklaven von unten auf in Pyramidenform hinangeschichtet zur größeren Ehre der Gottheit.

Für ewig gilt in Europa der Kalender, zum Unterschied von Alt-Mexiko, das an die Ewigkeit des Irdischen nicht geglaubt hatte. Und alles galt ihnen als irdisch, sogar die mächtigen Götter. Die lebten früher als Schlangen und Ameisen und Kakteen auf Erden, wenn ihnen nicht zugedacht war, sich als Gestirne auf dem Himmel herumzutreiben. Auch litten sie Durst, und nur das Blut geopferter Menschen stillte ihn. All das bis zu dem Tage, da die Götter selbst geopfert wurden, ohne sich zu wehren. Da hörten ihre Gläubigen auf, ihre Gläubigen zu sein, und wandten sich dem Glauben der Göttermörder zu, so gute oder schlechte Christen werdend, wie es jene und ihre Ahnen seit Tausenden von Jahren waren.

Von einem Tag auf den anderen wurden Tradition, Geschichte und Dynastie zerbrochen, weggeworfen, verbrannt, von einem Tag auf den andern wechselte alles, Sprache und Glaube, Staat und Familie, Hautfarbe und Sitte, Namen und Gebärde, Waffe und Erwerb, Gebrauch und Gesetz, das Menschenreich und das Tierreich.

Wie der Jüngling Kaspar Hauser aus kerkerhafter Finsternis plötzlich ins Leben trat, welches er bisher noch niemals erblickt hatte, so staunte Mexiko, als es sich der weißen Menschheit gegenübersah. Wie Europa den aus dem Geheimnis ins Leben getretenen Jüngling anstaunte, so staunte dieses Europa, als es sich der »Neuen Welt« gegenübersah.

So eingebildet wie die Weißen waren die Roten nicht, sie hielten sich keineswegs für die seit ewig erbeingesessene, für die einzige lebensberechtigte und herrschaftsberufene Menschenart. Sie sahen die Bärtigen und Blaßhäutigen nicht als minderwertig an.

Auch Kaspar Hauser glaubte nicht, als er mit Menschen zusammenkam, er habe sie gefunden, sie seien seine Findlinge. Obwohl er bislang ohne sie ausgekommen war, glaubte er nicht, mehr zu sein als sie. Er trat ihnen mit scheuem Respekt entgegen.

Die Indianer traten dem Cortez gleichfalls mit scheuem Respekt entgegen, leider. Ihnen schien er der gute Gott Quetzalcoatl zu sein, der einst dem Lande entschwunden war, aber versprochen hatte, wiederzukehren. Nun war er also wiedergekehrt, und siehe da, die steinernen Bildnisse, die man allerorten dem Quetzalcoatl gestellt hatte, erwiesen sich als verblüffend ähnliche Porträts von Cortez. (Im Basler Museum für Völkerkunde steht eine Quetzalcoatl-Statue, zu der der Konquistador Modell gesessen haben könnte, wenn sie nicht lange vor ihm geschaffen worden wäre.)

Ohne dieses Äußere hätte Cortez dort Widerstand erweckt, wo er dank dieses Äußern Waffenhilfe und Gehorsam erweckte. Er wurde der umgekehrte Don Quijote, der Ritter von der glücklichen Gestalt, und seine Don-Quijoterien endeten mit siegreichem Ruhm. Wo er Windmühlen zu berennen glaubte, fand er ein feindliches Heer und besiegte es, wo er eine Kuhmagd umarmte, erwies sie sich als das geborene Ritterfräulein, und sie verhalf ihm zu Triumphen.

So rasch auch die Indios erkannten, daß sein Äußeres sie betrogen hatte, daß er alles eher als der Heiland sei – es war zu spät. Man soll eben nicht voreilig Mythen schaffen. Besser als die Indios verstand die Kirche sich aufs Timing. Erst als Cortez sein Werk bereits vollendet hatte, verkündete sie von der Kanzel und auf Flugblättern den Mythos: Ein Fingerzeig Gottes sei es, daß zur gleichen Stunde, da in Deutschland Martin Luther geboren wurde, in Spanien Ferdinand Cortez zur Welt kam, um der Mutter Gottes und dem Papst so viele Seelen zuzuführen, als ihnen jener Erzketzer entrissen.

In ungeheurem Ausmaß ist die Konquista geglückt, die Kolonisierung, die Kapitalisierung, die Pauperisierung, die Bürokratisierung und die Demoralisierung, kurzum, die Europäisierung. Der Heide ward zum Kirchengänger, der Wilde zum Bergmann, der Jäger zum Kaufmann, die Natur zum Rohmaterial, der See zum Festland, die Pyramiden zum Touristenziel, die Götzen zum Handelsobjekt und die Hauskunst zum Ausfuhrartikel. Die Städte besitzen Kathedralen und Paläste altspanischen Stils, und die übrigen Gebäude sind neutral, wie Häuser in Städten der übrigen Welt.

Du kommst im Eisenbahnzug an, nimmst Autobus, Straßenbahn oder Taxi und fährst ins internationale Standardhotel, als wäre hier nicht noch jüngst ein See gewesen mit Lagunen und Dammwegen. Du begegnest Menschen mit Allerweltskleidern und Allerweltsgesichtern und kannst dir überhaupt nicht vorstellen, daß hier ein Moctezuma mit meterhoher Federnpracht auf dem Haupt in goldener Gondel spazierenfuhr. Dennoch würdest du, käme er jetzt des Weges, nicht so sehr über ihn staunen wie er über dich, der Kaspar Hauser mit der Kaiserkrone.

Und gar, wenn du auf einem Pferde säßest! Bevor die Spanier ins Land kamen, kannte man weder Pferd noch den Haushund. Seither ist der Mexikaner fast zum Zentaur geworden, der »Charro« gilt mehr als Chevalier, Caballero und Ritter zusammen und trägt diese Würde auch dann zur Schau, wenn er mal zu Fuß gehn muß; seine Tracht ist die schwarze, prall anliegende Hose mit einer Lampasse aus runden Silberknöpfen, ein silberbesticktes Lederjäckchen und Sporen, so groß wie Zahnräder einer Turmuhr. Wer kennt nicht die Reiterkünste des mexikanischen Charros. Mexiko, das einst die Pferde des Cortez für Hirsche aus der Götterwelt ansah und sich bei ihrem Wiehern in den Staub war, rangiert heute im internationalen Pferdepolo-Turnier unmittelbar hinter England.

Unweit vom Golffeld erstreckt sich der grandios moderne Turfplatz, »El Hipodromo de las Americas«. Dieser Plural von Amerika hat seinen Sinn. In Agua Caliente, an der Grenze von Kalifornien, stehen Turfplatz und Kasino bloß im Dienst eines einzigen Amerika, dem der Yankees. Dorthin kommen sie, um mit ihren Freundinnen das Weekend ehelich zu verbringen, ohne durch heimatliche Gesetze und Presseneugier bedroht zu sein. Besonders in den Jahren der Prohibition wimmelte Agua Caliente von Inkognitogästen aus Hollywood. Gambler und Gangster, denen in USA polizeiliche Schwierigkeiten bei ihren Wetten und Spielen gemacht werden, fühlen sich auf mexikanischem Rennbahnboden behaglicher, und hier war's, wo das australische Wunderpferd Phar Lap ungehindert und ungesühnt ermordet werden konnte. Auf dem Rennplatz von Mexiko-Stadt ist das ganz anders. Hier wetten alle Amerikas mit, Südamerika, Mittelamerika und Nordamerika. Hauptsächlich aber Mexiko selbst, das nicht, wie viele glauben, zu Mittelamerika gehört, sondern zu Nordamerika. Mexikos Minister, Gobernadoren, Generale und gewisse fremde Gäste von der Art König Carols von Rumänien setzen auf die Pferde, die es vor des Cortez Tagen noch nicht gab.

Auch über die Hunde würde König Kaspar Hauser nicht wenig staunen. Vor seiner Entmachtung und seinem Tode gab es nur zwei Arten von Hunden, den kurzbeinigen, schmackhaften Ixcuintle, den man auf der Jagd erlegte, und den stummen Techichi, den man fing, kastrierte und gemästet auf den Markt brachte. So lange dienten Ixcuintle und Techichi dem Indio als jagdbares Wild, bis sie ausgerottet waren. Statt ihrer bürgerten sich Haushunde, Schoßhunde und Jagdhunde aller Arten ein und erlebten schließlich eine unerklärliche Dekadenz. Nachts geht es in den

Straßen der Stadt Mexiko zu wie einst in Konstantinopel, Hunde beherrschen das Nachtleben, in Rudeln sprengen sie durch die Straßen, zu zweit werfen sie die Abfalleimer um, sich des Inhalts leichter bemächtigen zu können, einzeln schließen sie sich dem erstbesten Passanten an, in der Hoffnung, er werde sie nach Hause mitnehmen und dem bisherigen Hundeleben von Hunger und Obdachlosigkeit entreißen. Auf dem Lande durchwühlen sie, ein schauerlicher Anblick, die Friedhöfe.

Alle Rassen sind dabei, bloß der Ixcuintle und Techichi nicht, im Zoologischen Garten von Chapultepec lebt der letzte einheimische Hund. So steht es mit allem mexikanischen Urgetier. Mit dem Quetzal-Vogel zum Beispiel, dessen Gefiederpracht als Hoheitszeichen der Göttlichkeit und Königlichkeit galt; er emigrierte über die Grenze und durchfunkelt jetzt die Lüfte über der Nachbarrepublik Guatemala. Der mexikanische Kaspar Hauser in seiner Federkrone müßte den Zoo aufsuchen, um das Getier zu finden, das er einst gekannt. Der deutsche Moctezuma fände daheim in Nürnberg alles genau so wieder, wie er es bei Lebzeiten gekannt, die Straßen, die Burg, die Häuser, den Lebkuchen, das Bratwurtsglöckle, das Gänsemännchen ...

Der indianische Doppelgänger des deutschen Kaspar Hauser zog ein schlimmeres Los als der deutsche Kaspar Hauser. Der indianische Kaspar Hauser wurde nicht ganz zu Tode ermordet, er lebt noch, aber wie einer, der's nicht vergißt, daß man ihm von einem Tag auf den andern die Freiheit nahm, den Glauben, die Sprache, die Frauen und Töchter und sogar das Tageslicht, indem man ihn an unterirdischen Berwerkswänden anschmiedete. Dreihundert Jahre schmählichster Sklaverei.

Dreihundert Jahre lang gab es für die Sklaven keinen anderen Kontakt mit dem Kontinent, der sie unter solchem Triumphgeheul entdeckt hatte, als den behördlichen. Dreihundert Jahre lang identifizierten die Mexikaner Europa mit Spanien, kopierten spanische Kirchen und hängten Kopien spanischer Bilder hinein, feierten Geburtstage und Jubiläen von spanischen Königen, die sie niemals gesehen, lernten von spanischen Nationalhelden, lasen Cervantes, spielten die Dramen von Tirso de Molina, tanzten spanische Tänze, erhitzten sich an der Tauromachia, girrten mit der Gitarre die Serenade, bauten Garbantos an, die man in Spanien, aber nicht in Mexiko aß, hielten sich an spanisches Hofzeremoniell und schwangen den Fächer wie in Sevilla. Noch in meiner Jugend sang man in Europa ein Lied:

In Mechiko, in Mechiko,
Da macht man mit dem Fächer so ...

Das war so ziemlich alles, was das außerspanische Europa seit der romantischen Epopöe des Cortez vom eroberten Festlande wußte. Aber als dieses hermetische Fabelland dennoch von der Französischen Revolution erfuhr und nun in Aufstand und Volkskrieg seine Unabhängigkeit errang und nun nicht mehr das Königreich Neu-Spanien, sondern die Republik Mexiko war, da regnete es Interventionen aus aller Herren Ländern, von aller Länder Herren. Frankreich, England, Spanien, Nordamerika, wieder Frankreich und ein österreichischer Erzherzog landeten, schlugen Schlachten, verstümmelten das Land und versuchten, ihm ihre Herrschaft aufzuoktroyieren. Wirtschaftlich gelang es ihnen. Die Eisenbahn, die Industrien, die Häuser neuer Villenviertel oder Vororte, die Fischereien, das Telefon, die Straßenbahnen, die Elektrizitätsanlagen, die Pharmazien und ihre Produkte, die Versicherungen und vor allem alle mineralen Erdschätze gehörten dem Ausland oder gehören ihm noch, direkt oder indirekt.

Die Schokolade und der Kakao, die Vanille und der Chicle, der Tabak, all diese und andere Produkte, deren Urheimat Mexiko ist und die hier noch heute in großem Maße erzeugt werden, der Thunfisch, das Obst, der Gummi, die Mica und das Erdöl und das Silber gehen fast zur Gänze ins Ausland – all das als Rohprodukte wie aus einer Kolonie oder als Halbfabrikate aus einer Halbkolonie. Die Endprodukte kommen, mit den Schutzmarken renommierter Fabriken versehen, zurück in Form von Konserven, Autoreifen, Zigaretten, Textilwaren, Konfekt, Kaugummi oder – Dollars.

Als Mexiko noch den Spaniern gehörte, wurden die wirtschaftlichen Restriktionen einfach mit Gesetzen und Polizeimaßnahmen durchgeführt. Alles, was irgendeiner spanischen Industrie, insbesondere einem Kronregal in Neu-Spanien, Konkurrenz machen konnte, wurde brachial vernichtet. Anbauflächen, Zucht von Tierfarben, Weinberge, Spiritusbrennereien und was nicht noch.

Heute ist nicht mehr Spanien der Diktator, sondern der Welthandel. Alles und von allerorts wird geliefert, sogar die Heiligenbilder in häßlichem Buntdruck und die kitschigen Kalender beziehen die Indios, die einst das Unvergänglichste und Kühnste an Götterstatuen und Kalendersteinen besaßen, aus Japan, ausschließlich aus Japan. Der Film über den letzten Volkshelden Mexikos, über Pancho Villa, wurde in Hollywood gedreht. Im Lande, in dem Pferde, Rinder und Hühner unbekannte Wesen waren, verwettet man sein Geld beim Rennen, beim Stierkampf, beim Polo und beim Hahnenkampf. Statt Hüftball zu spielen, wie es alle Ahnen taten, ist man Zuschauer, schaut zu, feuert an und wettet auf kämpfende Gladiatoren des baskischen Peloten, des amerikanischen Baseballs (geschrieben Béisbol), des englischen Boxens, des japanischen Jiu-Jitsu, des montegassischen Rouletts, des spanischen Stierestechens.

Im Essen und Trinken hat sich der Indio freilich seinen früheren Geschmack bewahrt. Sein Brot ist die Tortilla, sein Salz der Pfeffer, sein Getreide der Mais und sein Trank der Pulque. Und auf dem Markt, wo er Kunde ist, wie es sein Ahne war, geht es im Grunde genauso primitiv und pittoresk zu wie zu des Ahnen Zeiten.

Genauso ist's mit manchen Gewerben, ist es mit Sarape, Rebozo und anderen Teilen der Kleidung, so ist es mit Medizinen, Tänzen.

Das kann man sehen. Aber man kann nicht alles sehen, was trotz des durchschlagenden Erfolgs der Konquista unkonqueriert blieb. Denn der indianische Kapsar Hauser hat seine dunkle Vorvergangenheit nicht vergessen.

Versuch einer Beschreibung von Chichen Itzá

Ihr fahrt von Mérida, der Hauptstadt Yucatáns, nach Chichen Itzá. Das sind hundertzwanzig Kilometer. Zur ersten Hälfte braucht das Auto kaum zwei Stunden, zur zweiten mehr als doppelt soviel, denn der Weg ist schlecht.
Aber schließlich kommt ihr doch in Chichen Itzá an, das ihr euch anders gedacht habt, als es ist, denn ihr habt von einer großmächtigen geschlossenen Stadt gelesen, die – inmitten des Urwalds versteckt – vom Urwald bedrängt ist. Und nun sehr ihr nichts von einem Urwald, sofern ihr mit diesem Begriff ein undurchdringliches Dickicht von Baumriesen und knebelnden, fesselnden Schlinggewächsen verbindet, von der Fauna gar nicht zu reden.
Das Mittelfeld der archäologischen Zone, sorgfältig aufgeräumt und eingezäunt, gleicht einem Fußballplatz außerhalb der Saison, in welcher Zeit man das Gras ungeschoren läßt. Jenseits der Planken bietet sich nur niedriges Gestrüpp.
Aus diesem Gestrüpp und aus der Grasnarbe unter uns ragen majestätische Paläste erratisch auf, jeder vom anderen einige hundert Schritte entfernt und miteinander in gar keiner Verbindung. Es ist, als hätte man eine Großstadt sorgsam abgetragen und nur die monumentalsten Bauwerke stehengelassen, als sähet ihr zwar kein Rom, wohl aber hier die Peterskirche und dort das Forum Romanum, hier das Denkmal Victor Emanuels und dort die Engelsburg.
Ihr streift entlang dieser verlassenen und geheimnisvollen Tempelbauten, Palastbauten, Sportbauten, Marktbauten. Ihr erkennt, daß sie einer Bevölkerung von Tausenden entsprochen haben müssen, und fahndet nun nach einem System von Straßen, nach Resten ihres Pflasters und nach einer Spur von Wohnhäusern für jene Tausende.
Ihr möchtet euch den Lageplan rekonstruieren, sucht und zeichnet so lange, bis ihr darauf kommt, daß ihr ein Opfer eures Stadtbegriffs geworden seid und daß es keinen Grundriß, nur einen Aufriß gab. Die Prunkgebäude waren nicht Höhepunkte

zwischen den Qartieren von Patriziern und jenen der Proles. Sondern das, was sich in Europas Großstädten aus dem Niveau des Häusermeers auf das des Himmelsmeers zu erheben strebte, war hier die Großstadt selbst.

Die Bauten waren, nicht minder zweckhaft als die Wolkenkratzer von Manhattan, senkrecht aufgeführt, statt ihre Größe im Horizontalen zu suchen. Freilich gaben nicht die Bodenpreise zur Ausnutzung des unentgeltlichen Höhenraumes Anlaß, sondern in erster Linie die Angst des Naturmenschen vor der Natur.

Rings um den Tempel auf bloßer Erde zu nächtigen erwies sich als gefährlich, denn ungehindert nahten feindliches Getier und Gemensch. Mauern aber kamen dem Maya-Volk häßlich und feig vor und vor allem unpraktisch. Konnten sie doch, eine Kalksteinwand, den Mauerbrechern aus den heimischen Edelhölzern nicht standhalten; sie bot auch gegen Raubvögel, Vampire und bösartige Affen keinen Schutz, und es gab Luchse und Wildkatzen, welche eine Mauer genauso zu erklimmen vermocht hätten, wie sie Bäume und Felsen erklommen.

Jedenfalls zogen es die Mayas vor, ihre Schlafstätte aufzuschütten, sie durch Erde und Stein zu erhöhen, und wohnten solchermaßen auf einer Bastion. Und ihren wirksamsten Schutz stellten sie zu ihren Häupten auf: den Altar.

Bot die Plattform keinen Platz mehr für Schlafgelegenheiten, so stülpte man ihr eine neue auf, nachher ein drittes Stockwerk und so fort. Mit jedem hob sich der Salon der Götter, die Wohnung der Priester und Feldherrn höher, wurden die Treppen schöner, die Reliefs reicher und der Radius größer, den – im Falle von Gefahr – das Signalfeuer auf dem Gipfel warf.

Weit fern von hier, in Ägypten, konnte Pharao einfach die Errichtung eines viereckigen spitzigen Berges befehlen, der sein Grabmal sein sollte und sonst gar nichts; darunter, am Rand der Sahara, in Dörfern und Städten hausten die Fellachen, welche die Arbeit taten, Sklaven. Hier aber, in Chichen Itzá, lebten die freien Mayas auf der von ihnen geschaffenen Pyramide und in ihrem Schutz.

Je mehr die Bevölkerung anwuchs, desto mehr verlor ihr Wohnsitz den Charakter der »gewordenen« Stadt und gewann den einer gebauten. Die Tempel entstanden nicht mehr durch allmähliche Aufstockung, sondern nach dem strengen Plan des Architekten. Die Leute wohnten teils in den Pyramiden (die Hallen innerhalb des Kriegertempels boten Tausenden Unterkunft), teils befestigten sie ihre Hängematten im Busch, teils flochten sie sich zylindrische Hütten mit Kegeldach.

Unversehrt erhielten sich bis auf den heutigen Tag die beiden Pole des Magnets, welche die Stadt hierhergezogen hatten, die Cenotes. Das sind kreisrunde Karstteiche, die in dem flußlosen Land Yucatán eine gleichermaßen sakrale wie profane Rolle spielen mußten. Der Mayastamm der Itzá hatte auf seiner Wanderung aus Peten, dem heutigen Guatemala, die beiden Brunnen entdeckt und blieb mehrere Jahrhunderte lang bei ihnen. Chichen Itzá bedeutet: Brunnen der Itzá.

So ums sechste Jahrhundert wanderten sie wieder dorthin, woher sie gekommen waren. Und von dort kehrten sie im späten Mittelalter auf die Halbinsel Yucatán zurück, schufen ihre Städtestaaten, schlossen sich zum Städtebund zusammen, entzweiten sich und erlitten schließlich das mexikanische Schicksal: Sie holten Waffenhilfe gegen Feinde herbei, die sich später der Waffenhilfe der Weißen bedienten beziehungsweise von diesen zur Waffenhilfe mißbraucht wurden. So wurden sie allesamt, Freund und Feind, zu Sklaven der Weißen. Die Mayas verließen ihre Städte, ohne aber auch das Land zu verlassen. Yucatán ist auch heute von Mayas bewohnt, die auf dem Lande nur Maya-Sprache sprechen, Maya-Gewänder tragen, Maya-Tänze tanzen und – wer weiß? – an Maya-Götter glauben.

Vieles, vieles kannten und konnten die alten Mayas. Sie tranken Kakao, den später die katholischen Priester als Ketzertrank verfluchten. Sie rauchten, was die ersten Weißen, des Tabakgenusses noch nicht kundig, dazu veranlaßte, sich zu bekreuzigen. Ja, um das Maß der Teufelei vollzumachen, spülten sie sich nach der Mahlzeit den Mund aus! Im Stadion spielten sie mit dem Gummiball, aber Gott sei Dank nur so lange, als sie nicht von den Europäern mit Stier- und Hahnenkampf, Kartenspiel und Würfeln bekannt gemacht wurden. Bevor ihnen das Christentum nahte, verehrten sie das Kreuz, beteten eine Art Vaterunser, unterhielten Nonnenklöster, deren Insassen zu Frömmigkeit und Keuschheit verpflichtet waren, und verehrten eine heilige Dreifaltigkeit mit einem Gottvater, einem unsichtbaren Geist und einem Gottessohn, der mit Kaktusdornen »gekrönt« und nachher gehängt wurde, aber wieder auferstand.

Auch biblische Bücher nannten die Mayas ihr eigen, wenn man will: ein Altes und ein Neues Testament, den »Popol Vuh« und den Chilam Balam«. Der Wissenschaft und der Kunst waren sie ergeben, verehrten eine eigene Muse für Tanz und eine andere für Musik, besaßen lange vor den Europäern einen astronomisch richtigen Kalender und lange vor den Indern die Null und mit dieser das Dezimalsystem.

Von dem Fresko auf einer der Tempelwände ist nur so viel erhalten, daß man erkennt, wie minutiös und realistisch es gemalt war. Auch Schiffe sieht man auf dem Gemälderest, Landung und Seeschlacht. Also hätten die Mayas übers Meer fahren und Europa entdecken können oder gar es erobern, vielleicht verschmähten sie einen solchen Versuch, weil sie wußten, daß die Welt außerhalb Yucatáns nicht besser war als die Welt Yucatáns. Nach einer Hypothese sollen sie es gewesen sein, die den Babyloniern und den Ägyptern und den Bewohnern der Insel Atlantis die Kunst gebracht.

Kaum hundertfünfzig Schritt vom Ballspielplatz hält sich jene Pyramide, die, bevor ihr einfuhrt, mitten im Wege zu stehen schien. Welch eine Majestät! Luginsland und Kalender, Vatikan und Festung, Glyptothek und Schatzkammer, Ausgangsstelle der Jungfrauenopfer und eindrucksvollste Treppe des Erdballs. Die Spanier nannten sie »El Castillo«, denn wie eine Burg dominierte sie das Gebiet. Sie war als Sitz der höchsten Gottheit hierhergebaut, jenes guten, alten Quetzalcoatl aus Innermexiko, dessen Kult die Tolteken mitgebracht hatten und den die Mayas Kukulcan nannten. Sein Sinnbild, die gefiederte Schlange, Hauptschmuck der Pyramidenflächen, ist allgegenwärtig wie der Versinnbildlichte selbst. Unten stützt sich das steinerne Schlangenhaupt auf den Erdboden, um im weit aufgerissenen Rachen einen Menschenschädel zu knacken. Inzwischen ringelt sich der Körper hoch in die Höhe, eine Balustrade bildend für den Pilger, der im Winkel von fünfundvierzig Grad hinansteigt auf nicht weniger als hundertunddrei Treppenstufen und zu einer Höhe von dreißig Metern.

Rastete der Wallfahrer auf jeder Stufe drei Tage, um seine Seele zum Betreten des Gipfeltempels vorzubereiten, so kam er oben genau nach einem Jahr an. Dort traf er einen anderen, der zwar gleichzeitig mit ihm, aber nach einem anderen Zeremonial seinen Aufstieg angetreten hatte: Er betete je eine Woche lang vor jedem der Schilder, die auf den neuen Terrassen symmetrisch angeordnet sind. Denn die Pyramide war neben vielem anderen auch ein Kalender, die Schilder verzeichneten die zweiundfünfzig Wochen und die Stufen der 364 Tage des Jahres.

Wenn ihr, den vergangenen Pilgern folgend, hinansteigt, dorthin, wo die Pyramidenseiten und Treppen enden, so seid ihr noch keineswegs im Allerheiligsten. Zuerst betretet ihr die Galerie, die es umgibt, ihr atmet tief, teils von den Mühen des steigenden Weges, teils aus frommem Schauder, teils wegen des Blicks über die irdische Welt. Niedrig sind, von hier aus überblickt, die anderen Bauten, klein der Riesenplatz für die Hüftballspiele. Unsichtbar liegen die benedeiten Brunnen im Gestrüpp.

Im Innern der Pyramide entdeckten die Archäologen eine zweite, konzentrische. Auf Leitern klettert ihr über ihre Seitenflächen, die einst jahrhundertelang der Sonne und dem Wind preisgegeben waren und nun ebensolang dem Dunkel und dumpflagernder Hitze preisgegeben sind. Ihr zwängt euch in ihren Leib. Hier lagen Schmuckstücke aus Jade und Türkis in granitnen Schatullen, aber die äußerste Schatulle war die Pyramide selbst – ganze Bergmassive wurden abgetragen, um diesen pyramidalen Kassenschrank hinzustellen. Knapp bevor ihr ankamt, machte man einen neuen Fund: die Statue eines lebensgroßen Tigers. Im grellroten Pelzwerk, dessen Flecken Halbedelsteine sind, mit furchtbar funkelnden Augen aus Jade, duckt sich die Bestie zum Sprung gegen den, der eindringt in ihre rabenschwarze Höhle.

Jeder topographische Punkt von Chichen Itzá ist voll von entdeckten und unentdeckten Geheimnissen, von seltsamen Reliefs auf mattmarmornem Kalkstein, schnörkelhaften plastischen Barockfriesen, Mosaiken und Säulen und Phallen und Stelen. Eine lebensgroße Skulptur, der Chac-Mool, kehrt immer wieder, hingestreckt, aber mit halb aufgerichtetem Oberkörper, den Nabel zu einer Schale geweitet; die Statue ist aus einem Stein gehauen, der aussieht wie andere Steine auch, aber wenn man ihn anstößt, so klingt er wie eine Glocke.

Es ist heiß in Yucatán und noch heißer im Innern der Ruinen; selbst in Uxmal, dessen schneeweiße, tausendfach ornamentierte Monumentalbauten in der Tat abseits aller heutigen Behausungen und in unbeschnittenem Gestrüpp liegen, selbst dort müßt ihr ohne Schatten über halsbrecherisches Geröll klettern. Wie sollte da in dem abgeholzten Chichen Itzá ein Kühle spendender Erdenfleck zu finden sein. Nur im heiligen Brunnen, in dessen Wasser man die Opfermädchen hinabstieß, findet sich Labe.

Sportbetrieb bei den alten Mayas

Man fährt in Chichen Itzá ein, der Stadt, die einstmals aus majestätischen Tempeln und Palästen bestand und nunmehr aus ebenso majestätischen Tempelresten und Palastruinen besteht. Architektonische Wunderwerke und zugleich Orgien der Bildhauerkunst waren die Bauten der Mayas, und die noch heute erhaltenen Reliefs und Skulpturen zählen nach Tausenden.

Jene Anlage, die man – aus Mérida kommend – zuerst passiert, ist der Ballspielplatz gewesen. Die beiden Längsseiten, je hundert Meter lang, sind steinerne, fast senkrechte Tribünen, über die zwei Kronentempel ragen. An den Querseiten des Sportplatzes ist auch je ein Tempel, wahrscheinlich als Zuschauerloge für die Götter gedacht oder zumindest für deren priesterliche Vertreter auf Erden. Daß die Götter sportliebend und sportausübend waren, wissen wir aus den heiligen Schriften der Mayas; einmal traten sie sogar gegen eine Mannschaft von Menschen zu einer Partie »Pok-ta-Pok« an, dem mayaschen Ballspiel.

Dieses Stadion war auch Konzertgebäude; die Musik war sakral, den Schutzgöttern des Sports gewidmet, und begann zur Mitternachtsstunde. Auch die Musikinstrumente und Kompositionen tönten ganz anders als die der Alten Welt. In die Welt unserer Töne würde das Echo von Chichen Itzá störend hineinplatzen. Aber die Mayaflöte ließ nach jedem ihrer acht Töne ein Intervall für die vierzehn gestuften Kadenzen, mit denen das im Dikkicht placierte Orchester der Götter auf die Töne der Menschen antwortete.

Man kann die Macht dieses Nachklangs noch heute erproben, und auch Spuren des Sportbetriebs lassen sich noch heute wahrnehmen. Man kann auf den Tribünen sitzen oder über die Grasnarbe des Spielfelds gehen und sieht, sich zu Häupten, das Ziel des Balls. In der Bibel der Mayas, in ihren Kodizes und auf den steinernen Reliefs ist das Spiel dargestellt, und in den Aufzeichnungen der ersten christlichen Priester finden sich die Spielregeln.

Aus einem Wettspielbericht, den Padre Diego Duran hinterließ, geht hervor, daß er selbst fasziniert, ja fanatisiert war von dem heidnischen Sport, an dessen Ausrottung er wie die anderen christlichen Priester teilnahm. Statt des Ballspiels brachten sie den Mayas Stierkämpfe, Hahnenkämpfe und blutige Späße.

Staunend liest man, daß das Ballspiel der Mayas weder mit dem Fuß noch mit der Hand gespielt wurde, sondern mit dem Gesäß. Man staunt noch mehr, je länger und fachmännischer man das Goal beschaut, das Ziel des Balles. Mehr als vier Meter hoch schwebt es uns zu Häupten über dem Spielfeld, an der Seitenmauer, in ihr und rechtwinklig zu ihr eingerammt, ein Reifen aus skulptiertem Stein, Rahmen für ein kleines Loch. Der Ball war nicht viel kleiner, er mußte durch dieses kleine Loch haargenau einfallen, und zwar mit solcher Wucht, daß er durchstieß, selbst wenn er den Steinrahmen streifte.

Wie, so fragen wir nachgeborenen Sportler, wie konnte der Ball, eine Kugel aus Hartgummi, wie konnte er mit dem augenlosen Hintern so zielgerecht geschossen werden? Wie konnte es dieser ungelenke Körperteil dem Queue des Billardspiels gleichtun, den Ball indirekt anzuspielen, mit »effet«, »über die Hand« oder »von der Bande«, das heißt von der Wand? Wie konnte ein Spieler mit abgewandtem Gesicht so zielen, wie konnte er es inmitten des scrummage um den Ball?

Dieses scrummage wogte lebensgefährlich, wahrhaft mörderisch. Die Mannschaft war gepanzert mit Bandagen über dem Knie, dem Geschlechtsteil und dem Schienbein und mit Plastrons auf der Brust. Aber dieser Schutz aus Raubtierfellen oder Hirschhäuten war kein wirksamer Schutz. So rasant flog der Ball, daß die von ihm getroffenen Spieler Bruch oder Bluterguß erlitten. Oft kam es noch tragischer, es gab Tote.

Über diese Gefahren berichtet Pater Duran unter anderem: »Einige wurden tot weggetragen. Der Grund war, daß sie trotz Erschöpfung ohne Unterlaß hinter der Kugel von einem Ende des Spielplatzes zum anderen hergerannt waren, um sie nicht zu Boden fallen zu lassen. Im Taumel des Ehrgeizes, den Ball als erster zu erreichen, konnten ihm die Erschöpften nicht mehr ausweichen, so daß er ihnen gegen die Wirbelsäule oder das ›Ende des Magens‹ sauste ... Vor allem will ich von einer merkwürdigen Balltechnik dieser Indios erzählen, die ich oft angewendet sah: »In dem Moment, in dem der Ball schon den Boden berührte, brachten sie ihr Gesäß oder ihr Knie so geschickt heran, daß es den Ball mit einer wunderbaren Schnelligkeit wieder in die Höhe schleuderte. Mitunter erlitten die Spieler dabei schwere Quetschungen an den Hüftknochen oder einen Bruch der Kniescheibe und mußten sich nun mit einem kleinen Messer zur Ader lassen und das Blutgerinnsel ausdrücken.«

Nicht nur Sportbegeisterung und Fanatismus für diesen oder jenen Champion und nicht nur der Einsatz der Wetten (jedermann wettete) stand auf dem Spiel, das mehr als ein Spiel war. Es war ein symbolischer Kampf, eine Hilfeleistung zugunsten der Astronomie. Nicht um einen Gummiball ging es, es ging um den Sonnenball. Seht ihn! Er will hinab, will durchstoßen zu uns, er will uns Licht bringen, seht, die Götter des Tageslichts wollen ihm helfen, seht, die Dämonen des Nachthimmels wollen es verhindern. Seht, seht, nun saust die Sonne gegen die Seitenwand, ach, chancenlos fern vom Ziel. Das nächste Mal scheint es ihr besser zu glücken, seht, seht, ihre Flugbahn führt diesmal geradewegs dem Ziel zu, aber sie klatscht gegen den Innenrand des steinernen Reifens und prallt – so nahe vom Sieg – wirkungslos zurück. Verzweifelt brechen ihre Freunde zusammen, arme Sonne, keine Hoffnung für dich, keine Hoffnung für uns, im Dunkel müssen wir verenden, wehe, wehe!

Aber die Sonne – ungetrübt vom Trübsinn der Spieler und der Zuschauer, schießt sie vor und . . . Sie ist durch! Goal!

Alles jauchzt, jubelt, tobt. Niemand sitzt mehr, alle sind besessen. Die Frauen reißen sich den Schmuck aus dem Haar und werfen ihn dem Torschützen zu. Die Männer zerren ihre Kleider vom Leib, spenden sie dem Sonnenretter, verlassen das Match splitternackt, allerdings »die Hand auf ihrem Schamteil haltend«, wie der Padre zur Beruhigung seiner Leser bemerkt. Mancher Maya-Mann hat seine Hütte, sein Vermögen, seine Frau und seine Kinder verwettet, hat sich selbst der Sklaverei preisgegeben und seine Töchter dem Opfertod im Cenote, dem heiligen Brunnen.

Droben auf den Tempeln sind die Männer der hohen priesterlichen Würde und Weihe ganz außer Rand und Band geraten, draußen in der verstrüppten Natur die Gottheiten und Dämonen sind es nicht minder. Sie, der profanen Menge unsichtbar, betätigen sich um so hörbarer. Vierzehnmal öfter als das Johlen des Publikums ertönte das Johlen und Schreien und Brüllen der Gottheiten im Busch.

Auf den die Tribüne krönenden Tempelwänden, auf ihren Säulen und Statuen, Reliefs und Fresken, auf den Prunktreppen und Karyatiden ruhte, bevor das Wettspiel begann, der erwartende, scheue und flehende Blick der Sportbeflissenen, und nun, da der Kampf siegreich zu Ende ist, wendet er sich – nun aber dankbar – wieder den Kunstwerken zu. Das wäre heutzutage nicht mehr sportgemäß.

Teoberto Maler, ein Mann in verzauberter Stadt

1939, knapp bevor die Deutschen in Paris einrückten, traf ich im Café »Deux Magots« den alten Graf Harry Kessler, der schon ein Menschenalter vorher hier gesessen hatte, obwohl er gleichzeitig auch im Berliner Café des Westens saß. Noch bekümmerter als sonst schaute er drein. Denn draußen war nun nicht mehr bloß Krieg, den er noch mehr als alle anderen Kriege haßte – der Krieg zwischen Deutschland und Frankreich –, sondern es zuckten auch die Vorboten der französischen Katastrophe über Firmament und Boulevard.

»Sie fahren nach Mexiko?« sagte er zu mir. »Schade, daß ich Ihnen mein Mexikobuch nicht auf die Reise mitgeben kann, es liegt in Berlin – also unerreichbar. Auch Empfehlungen kann ich Ihnen nicht mitgeben. Sind alle schon tot, meine mexikanischen Freunde. Aber wenn Sie irgendwo in Yucatán am Grab des Maya-Forschers Teoberto Maler vorbeikommen, grüßen Sie ihn von mir. Er war ein edler Mann.«

Maya! Yucatán! Das kam mir noch unwahrscheinlicher vor, als daß ich wirklich bis Mexiko kommen werde.

In New York las ich, daß Graf Harry Kessler gestorben sei, ein Exilierter.

Ein paar Jahre später, Yucatán durchstreifend, erinnerte ich mich, daß ich hier einen Auftrag auszuführen habe: eines Toten Gruß an einen Toten zu überbringen.

In Chichen Itzá, im Gespräch mit den bei den Ausgrabungen beschäftigten einheimischen Arbeitern, fragte ich nach Maler. »Don Teoberto? Das war der einzige«, sagte ein Alter.

»Der einzige?« fragte ich, »wovon der einzige?«

Nun hörte ich die Klage gegen die Weißen, die in den Stätten der Götter gehaust hatten, barbarisch rücksichtslose Archäologen und Geschäftswissenschaftler, welche auf der Suche nach Funden die für alle Ewigkeit geschaffenen Fassaden für alle Ewigkeit vernichteten. Mein Gewährsmann wiederholte seinen ersten Satz, den ich nunmehr verstand: »Don Teoberto, das war der einzige.«

Es war später Spätabend, und der alte Arbeiter war sicherlich ebenso müde wie ich. Dennoch zwang er mich, mit ihm zum Templo de las Monjas zu gehen. Ich war schon dort gewesen, gerade heute morgen, aber jetzt sah alles anders aus, bewegter. Die im Mondschein dahinziehenden Wolken kommandierten die steinernen Friese – nun gut, scheltet mich einen Romantiker! – zu einer ebenso verrückten wie gravitätischen Polonaise; Ornamente, Figuren, Säulen und Embleme schlossen sich mit zum Reigen.

Mein Begleiter ließ sich dadurch nicht aufhalten, er trieb mich die Treppe hinauf und oben über eine, insbesondere im wolkengetrübten Mondlicht, gefährlich schmale Brüstung bis zur Querseite des Tempels.

Dort öffnete sich eine kleine Tür ins Schwarze, in das wir, während ein Vampir hinausschoß, eintraten. »Hier hat Don Teoberto die ganzen Jahre gewohnt.«

Mit Streichhölzern leuchteten wir die Schwärze der spitzgewölbten Kammer ab. Zwei Nischen in der Wand waren dem Gelehrten Schrank, Bibliothek und Nachttisch gewesen. Vielleicht stand dort auch das imposanteste und modernste seiner Forschungsinstrumente: eine Kamera. Sie zu bedienen war eine komplizierte Kunst, und jede Aufnahme dauerte mehr als zehn Minuten.

Kein Schreibtisch. Mein Begleiter erzählt: »Wenn wir morgens hier mit Schaufeln und Hacken ankamen, saß Don Teoberto auf der Treppe und schrieb. Er hatte schon gefrühstückt, ein Ei, ein paar Tortillas und eine Orange.«

Sein Bett war der steinerne Fußboden, auf den er sich, in einen Sarape gewickelt, allabendlich hinstreckte. Einen Stein als Kissen unter den Kopf geschoben, schlief er mit dankbaren Gedanken an die längst entschwundenen Bauherren ein, die Könige aus dem Geschlecht der Cocomen, und an die bärtigen Zwerge, die ihre Bauleute waren. „Es schien«, schreibt Maler, »als hätten sie Mitleid mit dem Manne, der aus so fernen Ländern gekommen war, um sie aus ihrem jahrhundertelangen Schlaf zu wecken, und sie beschützten mich gut.«

Beim Heraustreten aus dieser Gelehrtenstube schauen wir eine Bühne, auf der hinter durchsichtig blauem Vorhang die Vergangenheit sich selber spielt. Ein Ausstattungsstück. Über die gegliederten Treppen der Pyramide klimmt ein Chor von Pilgern himmelan. Um den schneckenartig gewundenen Rundturm im Hintergrund schweben goldseidene und buntsamtene Fasanenvögel. Links, zwischen Versatzstücken aus Gestrüpp, geleitet der Klerus die geweihten, in weiße Brautgewänder gehüllten Mädchen zum Felsenrand des heiligen Brunnens und stößt sie dort hinab, auf daß sich ihrer Jungfräulichkeit die Götter dort erfreuen mögen. Auf dem Ballspielplatz brüllt das Volk der Mayas, während die Orgel der Dämonen, das Echo, jeden Schrei vierzehnmal nachäfft.

Und alles ist still und leer.

Mein Begleiter begleitete mich bis zum Hotel. Er nahm keine Vergütung an. »Sie waren ein Freund von Don Teoberto Maler«, sagte er nur und, wie es im Gedicht steht, schlug sich seitwärts in die Büsche.

Ich komme mir wie ein Hochstapler vor. Niemals habe ich Teoberto Maler gesehen, wir hatten nur einen gemeinsamen Bekannten, und auch der ist tot. Und der wackere Maya lehnt seinen Führerlohn ab, weil er sich von einem Freund Don Teobertos nicht bezahlen lassen will.

Teoberto Maler war von Nationalität – ja, was war er denn von Nationalität? In Italien (Rom, 1842) geboren, von deutschen Eltern stammend, trat er in österreichische Militärdienste und ging dann mit dem zum Kaiser von Mexiko »gewählten« Erzherzog Maximilian als Ingenieuroffizier über See. Als sein Kriegsherr auf dem Glockenhügel von Querétaro erschossen wurde und solcherart der Kaiserzug nach Mexiko beendet war, zog der junge Hauptmann Teoberto Maler von dannen. Aber er kehrte weder nach seinem Geburtsland Italien heim noch nach seines Vaters Vaterland Deutschland, noch nach seinem Garnisonsland Österreich, das er als sein Heimatland betrachtete. (Er nannte sich »Arqueólogo austraco«.) An den heißen Odem exotischer Landschaft gewöhnt, ging er in die Türkei, in den Kaukasus, nach Armenien. Dort, bei den Muselmännern und Tscherkessen will er gelernt haben, Fatalist zu sein.

Nun, er wurde bei den Muselmännern und den Tscherkessen keineswegs Fatalist genug, um nicht alles für die Rückkehr nach dem unendlich fernen Mexiko aufzubieten. Zwanzig Jahre nachdem er es verlassen hat, gelingt es ihm, Mexiko wieder zu erreichen, nun ein vierundvierzigjähriger Mann. Seine zweite Lebenshälfte verbringt er auf der Maya-Halbinsel Yucatán und erforscht sie, gründlicher als jemand je zuvor.

In Mérida, der Hauptstadt der Provinz Yucatán, leben Leute, die ihn gekannt haben. Manchmal, nach jahrelangem Verharren in der Einöde, ritt er hierher, um einen Abend mit dem holländischen Konsul Johann Clasing zu verbringen. Als Teoberto Maler starb, veranlaßte Clasing die Herausgabe der yukatekischen Memoiren seines Freundes. Aber sie wurden, wie man mir sagte, nur in beschränkter Auflage gedruckt, und längst sei kein Exemplar mehr erhältlich. Man werde danach trachten, eines aufzutreiben, für mich, »den Freund Teoberto Malers«.

Wirklich erhielt ich nach einigen Tagen ein Exemplar zum Geschenk, das Widmungsexemplar an Konsul Clasing. Dieser hat einige Zeitungsausschnitte über den Autor eingeklebt, darunter einen, dem zufolge Malers Manuskripte bei seinem Tod auf rätselhafte Weise verschwanden.

Das kleine Buch führt den Titel »Impresiones de Viaja a las Ruinas de Cobá y Chichen Itzá«, behandelt in populärem Stil die Expedition, die Maler im Anfang der neunziger Jahre im östlichen Yucatán unternahm. Insbesondere für Leser, welche Yucatán nicht kennen, besitzt das Büchlein manchen Reiz. Gleichzeitig mit dem Autor, ahnungslos wie er, treten sie in die Märchenwelten ein und nehmen an den Überraschungen des Entdeckens teil. Sozusagen aus dem Stegreif, nur vom Gefühl geleitet, beginnt Maler die Erschließung der Trümmerstätte Cobá. Er kann nicht von einem Quartier, einer Basis ausgehen, sondern zieht aus dem Freien los, wo es finster ist wie im Astloch und wo nasses, klebriges Erdreich jedes Vorwärtsdringen vereitelt. Ein Wolkenbruch, an Gefäll dem Niagara kaum nachstehend, überschüttet den stehend Nächtigenden. So arg sind Regen und Dreck, daß selbst eine große gefährliche Schlange nicht auf den menschlichen Ruhestörer vorstößt, sondern ihn die Attacke beginnen läßt.

Am nächsten Morgen, so hell die Sonne auch scheint, wehrt sich die wieder zur Jungfräulichkeit zugewachsene Menschensiedlung gegen jede Annäherung. Beim Besteigen einer Pyramide stolpert und stürzt Teoberto Maler auf Schritt und Tritt. Er muß auch Angriffe von feindseligen Indios fürchten, die einige Meilen entfernt im Urwald isoliert leben. Eines Tages dringt er in einen unbewohnten Tempel ein, als zu seinem Schreck im Raum nebenan ein Geschrei von hundert Stimmen losbricht. Glücklicherweise stellt sich heraus, daß es nicht Menschen, sondern eine über den Eindringling zornige Herde Affen war. Der hat sich inzwischen gefaßt und stellt sich ihnen als Darwinist vor, der in ihnen seine Stammväter verehrt. Aber die Affen benehmen sich keineswegs so reputierlich, wie man es von Ahnherren erwarten dürfte; sie nehmen seine Erklärung nur mit gequietschten und gefauchten Mißfallensäußerungen zur Kenntnis und verlassen unter Protest das Lokal.

Teoberto Maler ist der einzige menschliche Bewohner von Chichen Itzá, dieser Stadt voll von Palästen, Kathedralen, Marktplätzen, Kasernen und Bädern, ein Robinson Crusoe dieser Großstadt. In seinen Memoiren schildert er die Zufälle und Berechnungen, denen er seine Entdeckungen verdankt, gibt die Gesichtspunkte an, von denen er bei Benennung der Gebäude und Plätze ausgeht, und zeichnet den Stadtplan nur nach den Angaben von Logik und Phantasie – keine alten Bürger gibt's, ihm Material zu liefern. Die Menschen, die er zu Gesicht bekommt, hat er selbst unter großen Mühen angeworben, und sie treten äußerst unregelmäßig zur täglichen Arbeit an. Das hindert ihn nicht, sie mit milder Philosophie zu schildern. Aber in Philippiken ergeht er sich, wenn er vom Vandalismus spricht, dessen sich die nun auftauchenden Pseudoarchäologen, die Kuriositätenhändler und andenkensüchtigen Touristen schuldig machen. Ferner wettert er gegen die Fledermäuse, weil sie überall hinmachen, auch auf die feinsten Skulpturen, und ihr steter Tropfen den Stein höhlt.

In der »Biblioteca Crescencio Carillo y Anonca« von Mérida sind zwei Werke Teoberto Malers vorhanden, herausgegeben 1901 und 1911 vom Peabody-Museum der Harvard-Universität, das dem Forscher einerseits die Publikation seiner Entdeckungen und die Entlohnung seiner Erdarbeiten ermöglichte, ihn andererseits aber erniedrigte und empörte. Das eine der beiden

Werke behandelt das Utzumatzintla-Tal, das andere Entdeckungen im Bezirk von Peten (Guatemala).
Einer der beiden Bände ist unaufgeschnitten, jedoch auf dem Schmutzblatt fand ich eine mit roter Tinte und in spanischer Sprache geschriebene Absage Malers an die Direktoren des Peabody-Museums. Sie zeigt die Schwierigkeiten, die dem entbehrungsreichen Forscherleben Malers von seiten der Wissenschaftler gemacht wurden. Und zeigt vor allem seine Ohnmacht. Denn die öffentliche Anklage, die er in der stillen Bibliothek von Mérida mit roter Tinte und großen Buchstaben erhob, hat den Weg in die Öffentlichkeit niemals gefunden. Sein Aufschrei lautet:
»Allzu beschäftigt mit den schamlosen Ausplünderungen von Chichen Itzá, lehnten es Bowditch und Putnam unverschämterweise ab, meine Arbeiten zu bezahlen. Ihr niederträchtiges Verhalten verurteilend, brach ich mit ihnen und verlange nichts mehr von ihnen. Mit meinem Texte können nur *meine* Pläne herausgegeben werden. Meine Generalkarte von Tikal ist eine großartige (magnífico) Arbeit, welche zehn große Blätter umfaßt. Jedoch die Karikatur eines Plans, welche von Tozzer und Merwin gemacht wurde, ist für meinen Text ungeeignet und zeigt nichts anderes als den Gipfel der Albernheit und Niedertracht (la suprema estupidez y perfidia) der erbärmlichen Redakteure des Peabody-Museums.

Teoberto Maler«

Nur die Landsleute seiner Wahl, die Yukateken, haben ihm Gerechtigkeit widerfahren lassen. Vor dem Museum von Mérida erhebt sich auf hohem Sockel eine überlebensgroße Marmorbüste Teoberto Malers – das einzige Monument, das ein mexikanischer Staat aus eigener Initiative und aus eigenen Mitteln einem Mitbürger aus dem Auslande errichtet hat. Denn Teoberto Maler war der Ausländer in Mexiko, der uneigennützig wirkte.
Ich überbringe stumm dem marmornen Manne den Gruß meines Freundes Harry Kessler. Und füge meinen Dank hinzu, weil mir die Nennung des Namens Teoberto Maler bei meiner bescheidenen Laienarbeit geholfen hat.

Marktnotierungen

Der erste Marktbericht, erstattet aus der Neuen Welt an die Alte, war an Karl V. adressiert und hatte Hernán Cortez zum Verfasser. Der war unter anderem ausgezogen, um der spanischen Krone und der katholischen Kirche auf der anderen Seite des Ozeans neue Märkte zu erschließen, und war fasziniert über die alten, die er dort fand. Daß es keine überseeischen, also keine mit Spanien konkurrierenden, sondern nur lokale Märkte des kleinsten Kleinhandels waren, vergrößerte seine Freude, und so konzentrierte er sich auf die Schilderung der Waren. Sein Bericht über den Handel in der Stadt Tenochtitlán klang, statt im Ton eines Marktberichts gehalten zu sein, wie Stimmungsmache zu Spekulationszwecken. Um den Adressaten in Madrid gab es Ratgeber, welche gar den Rat gaben, dem Kapitän Cortez und seinen orientalischen Märchen aus dem Okzident vorläufig keinen Glauben zu schenken.
Seither ist fast alles von dem, was Cortez über Mexiko berichtet hatte, zu Märchen aus verschwundenen Zeiten geworden, und nur das Märchen vom mexikanischen Markt ist noch immer Wirklichkeit. Oder: wenn ihr wollt, ist es ein Märchen, denn bunter, bizarrer als alles, was man uns von den Basaren aus Tausendundeiner Nacht erzählt. Wenn auch Käufer und Verkäufer nicht mehr im Lendenschurz dastehen und nicht mehr mit Kakaobohnen und Läusen zahlen, wenn auch schon Fabrikwaren, zumeist Textilien, ganze Budenstraßen füllen und wenn auch Touristen mit Dollars und Kameras eingedrungen sind, so nimmt dennoch hier alles seinen Lauf wie damals, als Mexiko noch nicht von Europa erobert war, insbesondere am Lebensmittelmarkt, von dem hier die Rede sein soll.
Schon bevor sich die Europäer bei den Fleischtöpfen des vermeintlichen Indien einfanden, gab es Fleischwaren, zubereitet wie heute. Aus dem gleichen Fleisch können sie allerdings nicht gewesen sein, denn Schlachtvieh und Haustiere brachten sich erst die ungebetenen Gäste mit. Aber schon vorher war das mit dem Pfeil und Bogen, durch Gebirg und Tal gejagte Wild (zu

dem eine Rasse kleiner Hunde gehörte) genauso gekocht auf den Markt gebracht worden wie heute das geschlachtete Haustier. Das gilt vor allem für die

Cecina, den Handelsartikel Numero eins, eine dürre und dünne Schnitte von Fleisch, gesalzen und an der Sonne gedörrt. Im Süden ist es Rindfleisch, im kargen Norden (wo es »tasajo« heißt) ist es Eselfleisch, im bergigen Osten Ziegenfleisch, in den Vororten der Städte Hundefleisch und in den Küstenmärkten am Golf Fleisch von Haifischen und Krokodilen. Die Hausse in Cecina ist permanent, Hunderte von Ständen gibt's, und jeder frequentiert von Landsleuten, die auf den Markt kamen, um ihr Erzeugnis zu verkaufen, und nun den Erlös für ein Stück Trokkenfleisch eintauschen. Denn im weiten Umkreis ihrer Hütte ist Fleisch für sie nicht erhältlich – das Haustier, das die Spanier zugleich mit der christlichen Zeitrechnung einführten, hat die Cecina-Käufer bis dato noch nicht erreicht.

Der Chicharron ist wie die Cecina eine Fleischspeise, aber er ist vielleicht auch keine Fleischspeise und auch kein Lebensmittel im engeren Sinne des Worts, er ist eher eine Näscherei, ist – wie mir mein Arzt täglich schwört und vergeblich – ein Laster, mein Verhängnis, der Grund meiner Verfettung und meines baldigen Todes. Ihr müßt euch, wenn ihr meinen Selbstmord um des Selbstmordmittels willen begreifen wollt, zunächst Grieben vorstellen, Schweinegrammeln, die knusprigen Reste des ausgebratenen Specks. Dann müßt ihr eine solche Griebe von größerem Ausmaß mit hundert multiplizieren. Habt ihr? Nun steht eine Platte vor euch, ein Quadratmeter groß, mit blasenartigen Ausbuchtungen, goldgelb und resch, von der euch der Fleischer so viel abbricht, als ihr bezahlt. Kein Nebenprodukt also, wie es die Grieben sind, sondern ein Hauptprodukt ist der Chicharron, und zu seiner Erzeugung werden ganze Schweineschwarten geopfert. Das kann geschehen, weil der Absatz des Chicharron unter den Mexikanern aller Klassen ein enormer ist. Bei Festtafeln wird er als Horsd'œuvre serviert, oftmals bestreitet er allein das kalte Buffet. Kenner in den Städten wissen, welcher Fleischer an welchem Tag frische Ware bekommt. Am Lande ist er im allgemeinen besser als in der Stadt, wo man dem Chicharron, so scheint es, ein Stärkemittel beisetzt. Aber nahe der Hauptstadt gibt es zwei Ortschaften, Wallfahrtsorte für Chicharron. Die eine liegt östlich, die andere südlich, die eine auf halbem Wege nach Puebla, die andere auf halbem Wege nach Cuernavaca. Beide Orte sind ein paar verfallene Buden, hinter welchen die zukünftigen Chicharrones grunzen und vor denen die jetzigen Chicharrones brutzeln. Das Auto nimmt Benzin, der Passagier nimmt Chicharrones, dann geht die Fahrt weiter, und keine Spur bleibt mehr von den beiden Orten, sie erstehen erst wieder, wenn der nächste Autobus hält. So war es seit jeher mit Río Frío und Tres Marías, schon in der Zeit der Postkutsche und der Frachtwagen, denn die beiden Orte lagen auf dem *Handelswege aus Ostasien* nach Europa. Über Tres Marías kam Cortez, wenn er aus der eroberten Hauptstadt nach seinem fortifizierten Tuskulum Cuernavaca fuhr und nahm eine Platte Chicharron aus dem brodelnden Fett; aus dieser Richtung kam auch der Schillersche Don Carlos gefahren, der nicht erschossen worden sein soll, sondern unter dem Namen Gregorio Lopez als Priester lebte und nachher von der Kirche seliggesprochen wurde; aus der entgegengesetzten Richtung, vom Pazifik, kam Humboldt über Tres Marías und kostete, neugierig selbst auf die Speisen, ein Stück Chicharron, was ihm nicht gut bekam; über Tres Marías fuhren die Carbajals, die erste Judenfamilie Mexikos, auf ihre kleine Silbermine nach Taxco, aber sosehr der Duft des Chicharron sie an Gänsegrieben erinnerte, sie aßen nicht, weil es nicht koscher war; über Tres Marías kutschierten Kaiser Maximilian und Carlota in ihr mexikanisches Schönbrunn; über Tres Marías fuhr mit dem gleichen Ziel der amerikanische Gesandte Dwight Morrow, ein leidenschaftlicher Chicharronesser, chauffiert von seinem Schwiegersohn Charles Lindbergh, und kaufte ihm ein Stück, worauf der Ozeanflieger luftkrank geworden sein soll. Über Río Frío aber wurde eine kleine, den Seeräubern entrissene chinesische Sklavin in der Richtung nach Puebla gebracht, traurig war sie und weigerte sich zu essen; erst als man ihr Chicharron anbot, das sie an die knusprige Pekinger Ente erinnerte, nahm sie davon, wurde fröhlich und nachher als La China Poblana der Liebling des mexikanischen Volkes; in Río Frío waren die ebenso unvergessenen

Postkutschenräuber zu Hause, und als sie in die Berge flüchteten, nahmen sie Schweine mit, um in der Wildnis des Chicharron nicht zu entbehren; durch Río Frío ritt Marschall Bazaine an der Spitze der französischen Invasionsarmee und erklärte, Chicharron könne nur dann als Horsd'œuvre verwendet werden, wenn Kognak bei der Hand sei. Durch Tres Marías oder Rio Frío kam jeder Mexikofahrer, gab den Pferden Heu beziehungsweise dem Auto Benzin und kostete den ersten Chicharron oder den letzten. Wie gut und warm ist der Chicharron von Tres Marías, von Rio Frío.

Was haben Bernsteinketten auf einem Nahrungsmittelmarkt zu tun, fragen wir, von der Abschweifung nach Tres Marías und Río Frío wieder auf den Boden unseres Themas zurückkehrend, und beantworten unsere Frage auch selbst: Nichts haben Bernsteinketten auf einem Lebensmittelmarkt zu tun, und deshalb sind sie auch nicht da. Das, was wir dafür halten müssen, sind Würste, so klein und so gelbschimmernd wie Bernsteinperlen und aufgereiht auf Schnüren wie Halsketten. Größer sollen sie wohl nicht sein, weil sie so gepfeffert sind, daß sie dem Esser die Zunge versengen würden, selbst die gebeizte Zunge des Indios, der an

Chilepfeffer, genannt Chile, wahrlich gewöhnt ist. Den Chile, von dem es übrigens dreißig Sorten gibt, kann man nicht essen, ohne einige Generationen lang daran gewöhnt zu sein, aber nach einigen Generationen ist man allerdings daran so gewöhnt, daß man keinen ungepfefferten Bissen anrühren kann. Im aztekischen Kalender gab es eine Fastenzeit, in der man sich des Genusses von Wein und Chile enthalten mußte, welch letzteres, wie ein Missionar vermerkt, den Indios schwerer fiel als ersteres. Der Pfeffer dient als Salz und Pfeffer zugleich, und es ist von den Kariben, den Kannibalen, von denen im übrigen keine Kochbücher oder Kochrezepte auf uns gekommen sind, bekannt, daß man zwei bis drei volle Schüsseln Chile jedem älteren Menschen zusetzte, bevor man ihn aß. Übrigens soll sich auch die Papaya (die Melonenart Carica Papaya) wegen ihres Pepsingehalts vortrefflich zum Kochen von Menschenfleisch eignen. »Man nehme ...«

Zur Kenntnis der Verkaufsmethoden ist zu bemerken, daß die

Händlerin auf dem Markt meist nur Häufchen von vier bis fünf Pfefferfrüchten oder von Jitomate (so heißt die getreue Tomate in ihrer Heimat) vor sich hat und dem Käufer nur ein einziges Häufchen abgibt. Sein ganzes Lager würde er einem einzelnen, selbst wenn der noch soviel dafür bieten würde, nicht verkaufen, auf die Gefahr hin, am Abend mit der nicht abgesetzten Ware und ohne Geld kilometerweit nach Hause abziehn zu müssen. Das wäre schlimm, aber noch lange nicht so schlimm, als das ganze Lager schon am Morgen verkauft zu haben und dann tagsüber auf dem Markt überflüssig zu sein, auf den man doch eigens von kilometerweit gekommen ist.

Als weiteren Beitrag zur Kenntnis der Verkaufsmethoden möchte ich eine Begebenheit hier weitergeben, die mir die Inhaberin eines städtischen Ladens erzählt hat. An jedem Dienstag kam ein Indio zu ihr und verkaufte ihr eine der aus Stroh oder Schilf geflochtenen Puppen, die man »Monos de Tula« nennt. Er bekam einen Peso dafür. Da die Strohskulptur regelmäßig ihre Kunden fand, fragte die Inhaberin den Indio, ob er ihr nicht mehr davon liefern könne, zum Beispiel fünf oder zehn Stück wöchentlich, Ja, das könne er, antwortete der Indio, glücklich darüber, einen so großen Absatz zu erzielen und auch Arbeit für Frau und Kinder. Die Kaufmannsfrau erkundigte sich nun nach dem Engrospreis. »Zwei Pesos per Stück.« – »Zwei Pesos? Der doppelte Preis? Wieso?« – »Sehen Sie, Señora, das Material für eine Puppe brauche ich nicht zu bezahlen, das bißchen Schilf zupfe ich mir aus einem der Wagen, der es vom See bringt, oder aus dem Bündel einer der Frauen – die sagt nichts wegen ein paar Halmen. Aber wenn ich zehn Monos machen soll, kann ich doch das Material nicht unentgeltlich bekommen. Und wenn ich bares Geld hineinstecke, so muß doch der Preis höher sein – es verdad?«

So winzige Häufchen, wie wir sie beim Pfefferhändler sehen, sehen wir fast an jedem Stand. Drei winzige Zitronen, drei Tunas (Kaktusfeigen, die auf dem Wege wachsen), zwei Bananen, eine Handvoll Garbanzas, für zwei Centavos Cacahuete (Burennüsse), eine Spanne Zuckerrohr, ein paar Tortillas – das alles stellt schon Posten dar, die gehandelt werden. Und selbst die größten Bedarfsartikel des Magens von Mexiko, wie Mais, kommen auf dem Detailmarkt zumeist in kleinen Quanten, als eine Handvoll Körner oder als einzelner Kolben, zum Verkauf. Ähnlich ist's mit den

Bohnen. Sie sind hier noch nicht die Schüssel, die wie Kastanienpüree aussieht, aber dem Mexikaner offensichtlich noch besser schmeckt, als ihnen Kastanienpüree schmecken würde. Warum würden sie sonst Frijoles (id est Bohnen) zum Frühstück, zu Mittag und zu Abend essen, auch die Wohlhabenden – letztere natürlich nicht Frijoles allein. Die Bohne muß sozusagen ein geheimes Glockenspiel in sich haben, das einerseits dazu heranläutet, sie zu genießen, andererseits die Religion veranlaßt, für bestimmte Epochen ihren Genuß zu verbieten. Schon Pythagoras verbot seinen Schülern ganz und gar, Bohnen zu essen, wahrscheinlich weil die durch sie hervorgerufenen Blähungen als Wollust angesehen wurden. Hierzulande und heute gibt's kein Verbot, wovon man sich überall überzeugt.

Springende Bohnen, »Brincadores« genannt, seien hier nur erwähnt, weil sie erstens Bohnen sind und zweitens, weil sie eine Spezialität Mexikos sind. Sie sprangen aus der Stadt Alamos im Staat Sonora, die dank ihrer Goldminen und ihrer Münzprägerei viele Beziehungen zu Europa unterhielt, im Jahre 1871 zum erstenmal aufs andere Ufer des Weltmeers und machten hier auf den Jahrmärkten den menschlichen Kunstspringern Konkurrenz, die Ausrufer priesen die Wunder der »Akrobatin aus dem Reich der Hülsenfrüchte«, und die Gelehrten sprachen von vegetabilischer Elektrizität. Wahr ist, daß die Bohne besser springt als der Mensch, denn sie springt, wenn sie in guter Trainingsform ist, das Sechsfache ihrer Körpergröße. Aber es ist mit ihr wie mit dem Schachautomaten, der auch nicht von selber spielte, sondern ein organisches Wesen in sich verbarg. Was im Schachautomaten der Zwerg war, ist in der Springenden Bohne die Larve des darin wohnenden Käfers namens Nanodes Tamarisci, der sie zunächst aushöhlt, in sie hineinkriecht und dann zu wackeln oder zu springen beginnt. Wie Papageien und andere sprechende Tiere werden die Springenden Bohnen nicht gegessen, und man findet sie auch nicht auf dem Markt, sondern in den Geschäften mit Curios auf der Avenida Juárez. Zum Ärger der Verkäufer sind sie gerade dann nicht zum Springen aufgelegt, wenn man sie vorführen will, und das Mittel, sie zu zwingen, ist noch nicht erfunden.

Die Preise auf dem Nahrungsmittelmarkt sind keine fiz, es muß geschachert werden, die Käuferin muß jedem Verkaufspreis einen niedrigeren Kaufpreis entgegensetzen, und damit beginnt der Kampf der Ziffern, der, auf der mittleren Linie endend, dem Markthändler Profit und der Hausfrau das Gefühl ihrer Tüchtigkeit gibt. Trotz dieser Fluktuation der Preise erfolgen Erhöhungen der Grundpreise schlagartig auf dem ganzen Markt und auf allen Märkten. Das ist um so erstaunlicher, als weder ein Gremium noch eine Kursliste Regulationen ausgeben und die meisten Händler als Erzeuger der von ihnen feilgehaltenen Ware von Zwischenhandel und Spekulation unabhängig sind. Auf welchem Wege sie ihre Preisvorschriften beziehen, hat die Nationalökonomie noch nicht ergründet.

Der Truthahn wird in zwei Formen gemarktet. Tot, gekocht in roter Pfeffersauce namens Mole, kann er fertig gegessen werden von dem, der schon so viel Geld gelöst hat, sich diesen Imbiß zu leisten. Lebendig teilt der Truthahn auf den Geflügelständen seine Herrschaft mit gewöhnlichen Hühnern und mit Enten. (Hähne sind hier selten, da sie zu Hahnenkämpfen gebraucht werden, Gänse gibt es in Mexiko überhaupt nicht.) Aber selbst wenn es Hähne und Gänse gäbe, der Truthahn brauchte ihre Konkurrenz nicht zu fürchten. Er ist ein Einheimischer. Schon lange bevor das europäische Geflügel die Konquista Mexikos vollzog, stolzierte er im Lande umher und eroberte nachher Europa. Welche Genugtuung muß es doch für einen Indio-Hahn sein, auf dem Schloß Saint-Germain von Henri Quatre als Lieblingsbraten aufgezehrt zu werden, und gar daß der Zehnerrat der Sankt-Markus-Republik eine Liste jener Bürger herausgab, die sich die Verschwendung leisten durften, das »indische Huhn« auf ihrer Tafel erscheinen zu lassen. In seiner Heimat hieß der Truthahn »Guajalote« – das alte Gespenst, und gespenstisch häßlich ist es in der Tat, solange es lebt. Aber es ist sich seiner Miesität keine Minute lang bewußt, kein Pfau kann stolzer auf seine strahlende Pracht aus Blau und Gold sein, als die dümmste Pute aus Truthennengeschlecht stolz ist auf ihren Kahlkopf, ihren wabbelnden Klunker aus rotem Fleisch, die schlaffe Haut am Halse, die Borsten an ihrer Brust und das fadenscheinige Gefieder.

Wie Couleurstudenten ziehen Herden von Truthühnern auf dem Bürgersteig dahin. Ein Erstchargierter und ein Fuchsmajor aus menschlichem Geschlecht begleiten diesen Renommierbummel, jeder mit einer Peitsche in der Hand, und bieten ihre Aktivitas zum Kaufe aus. »Pipolotea«, rufen sie, was nichts anderes als das Wort »Piepmatz« mit spanischer Endung ist und in der Sprache des Bierkomments »Krasser Fuchs« heißen würde. Aber von denen, die da provozierend, stänkernd und dreifarbig die Stadt durchbummeln, sind die meisten keine krassen Füchse, sondern bemooste Häupter und werden heute oder morgen »abgestochen« werden.

Im Gegensatz zum internationalen Großhandel bietet der mexikanische Obstmarkt meist Früchte dar, die exotisch sind – von unserem Standpunkt. Vom mexikanischen Standpunkt heißt alles Europäische: exotisch. Es scheint, daß sich das mexikanische Obst dem internationalen Großhandel entzieht. Weder die nordamerikanische Gesellschaft »United Fruit« noch die »Standard Fruit«, die in Mexiko den Bananenexport dirigiert, haben eine dominierende Stellung im Innenhandel des mexikanischen Obstes (in Gemeinschaft mit der kalifornischen Obst-Großindustrie), den Export. Fast im ganzen übrigen lateinamerikanischen Weltteil ist die United Fruit der bestimmende Faktor (und mehr als das) des Wirtschaftslebens (und mehr als das). In Kuba besitzt sie das Rohrzuckermonopol – Plantagen im Ausmaß von hunderttausend Hektar, die gemeinsam mit den Verwertungsfabriken einen Nominalwert von sechsundvierzig Millionen Dollars haben, und trägt die Schuld an der Monokultur des Landes, am Unterbleiben des Anbaus von Getreide und Nahrungspflanzen, an Streik und Hunger der gesegneten Insel. Im ganzen nennt die United Fruit in den Antillen und in Zentralamerika ein Weltreich von anderthalb Millionen Hektar ihr eigen mit einem Eisenbahnnetz von zweieinhalbtausend Kilometern, einem Schiffspark, welcher die Flotten der meisten lateinamerikanischen Staaten übertrifft, und übt die Alleinherrschaft über eine Reihe mittelamerikanischer Staaten aus. In den Bananenrepubliken zwischen Mexiko und dem Panamakanal gehören ihr alle Waldungen mit Palisander- und anderen Edelhölzern, alle Palmenhaine mit Kokosnüssen, alle Plantagen mit Faserpflanzen, Reis, Kakao, Ölpflanzen und Nahrungsmittelpflanzen, die Bananen allen voran.

Wie zum Trotz gegen die Degradierung von Obst zur Massenware schlägt der Markt von Mexiko den Rekord an Kleinheit der Quanten. Drei Limonen sind zu einem Dreieck angeordnet, die vierte, die draufgelegt ist, macht das Häufchen zu einer Pyramide, die, so winzig sie ist, schon ein Verkaufsobjekt darstellt. Ein solches sind auch sechs Erdnüsse. (Ihr aztekischer Name „tlacacahuatl" bestimmt die internationale Warenbezeichnung Cocahuate.) Kleine Glieder von Zuckerrohr sind zu einem Türmchen mit quadratischer Basis übereinandergelegt wie die Türmchen, die wir kindheitsweise aus Streichhölzern aufrichteten. Um ähnliche Mengen und Anordnungen von Gurken, Pfefferschoten, Früchten oder Kartoffeln feilschen Käufer und Verkäufer, als handelte es sich um Aktienpakete.

Apropos: Kartoffel: auch sie besitzt die mexikanische Staatsbürgerschaft. Nicht Francis Drake hat sie (obwohl zumindest die Badenser das glauben, die ihm in Offenburg ein Monument gesetzt haben) nach Europa verpflanzt, was an der mexikanischen Herkunft der Kartoffel nichts ändern würde. Der Mann, der die Kartoffel aus dem mexikanischen Meerbusen nach Irland importierte, hieß John Hawkins und war ein Wohltäter der Menschheit, der auf jener Küste Sklavenhandel betrieb, Kauffahrteischiffe kaperte, Häfen brandschatzte und Mädchen und junge Frauen jagte. Wurden ihm Schiffe zusammengeschossen, so setzte er die überzählige Mannschaft unbekümmert aus, unbekümmert darum, daß die Inquisition sie als Protestanten und Komplizen des Teufels Hawkins unnachsichtlich verbrannte. Übrigens wird der Name John Hawkins in spanischer Orthographie »Juan Aquines« geschrieben, in England hieß er »Sir John«, denn er bekam den Adel – nicht weil er die Kartoffel brachte, sondern wegen seiner Seeräubertaten.

Was die Batate anlangt, der Kartoffel süße Schwester Ipimoea, wird sie seit den Jugendtagen des alten Markts von Mexiko als frische Pflanze verkauft oder als kandierte. Viele Bezirke des Landes sind berühmt durch Näschereien, deren Grundstoff die mit Zuckerrohrsaft und Fruchtsaft noch mehr versüßte süße Kartoffel ist. (Kauft euch in Puebla, im Stadtviertel Santa Clara, ein Paket Ate!) Die Vanille, auch sie eine Mexikanerin, wird zwar in ihrer Heimat angepflanzt, aber vom kleinen Markt ist sie zurückgetreten, wie die Kartoffel, die Batate, die Kakaobohne und andere Früchte, die von der großen Welt angenommen worden sind.

Der Protest gegen den internationalen Großbetrieb drückt sich im Obsthandel nicht bloß in der Kleinheit der Quantitäten aus, sondern auch in den Sorten. Diese Sorten sind von allen Ländern abgelehnt oder vielleicht gar nicht gekostet worden. Der Zapota Chico sieht von außen wie ein Breiapfel, von innen wie eine Mispel aus, wenn auch wie eine, deren Fleisch mit schwarzen Kernen durchsetzt ist. Den gleichen Schönheitsfehler haben die Guayavas, die Kaktusfeigen Tuna und viele andere Früchte in diesem Lande, das keine Obstverbesserer vom Range des Russen Mitschurin oder des Kaliforniers Luther Burbanks besitzt.

Daß die Chirimoya nicht in den Welthandel abgewandert ist, scheint mir verwunderlich. Ihr Fleisch ißt man mit dem Löffel, denn es ist kein Fleisch, sondern eine Art Butter, obwohl man freilich Butter ebensowenig mit dem Löffel zu essen pflegt. Aber Gefrorenes ißt man mit dem Löffel, und so schmeckt in der Tat die Füllung der Chirimoya, wenn sie kalt aufbewahrt worden ist. Wo immer die Chirimoya (Anona) außerhalb Mexikos kultiviert wird, geschieht es nicht, weil man sie als Obst schätzt, sondern weil man sie zu Schnaps verbrennen oder eine Art Wein erpressen will.

Vom Mamey, dem Mammeg-Apfel, ist zu sagen, daß er von außen wie eine Kokosnuß oder ein Lederball aussieht, aber innen ist er butterweich und süß.

Den Mango kennt man, er ist so saftig, daß er in feiner Gesellschaft kaum genießbar ist, alles wird beschmiert, Nase, Wangen und die Servietten, aus denen die Obstflecke nie mehr herausgehen. Außerdem ärgert man sich darüber, daß der Kern größer ist als die Frucht – ein hartes Ei, aber ein wie hartes!

Die Banane ist die einzige von allen Obstsorten des Welthandels, die auch im Obstkleinhandel eine dominierende Rolle spielt. Aber ist sie ein Obst? Sie, hierzulande Platana geheißen, ist ein Gang der mexikanischen Mahlzeit, oft der einzige Gang, stillt Hunger und Durst, liefert Mehl, Stärkemehl, Hanf, Näscherei, Branntwein, Schatten und die paradiesische Schönheit des Landschaftsbildes. Außerdem – das weiß ich aus den Hollywoodfilmen ganz genau – tragen die Mädchen der westindischen Inseln Kleidchen aus Bananen unter dem Nabel. Die Banane hängt dem Faulenzer in Griffweite und ist dadurch schuld, daß er ein Faulenzer ist. Warum sollte er sich im Schweiß des Angesichts sein Brot verdienen, wenn ihm dieser Schweiß auch ohnehin von der Tropensonne und dazu das süße Brot in den Mund geliefert wird? Warum hätte er schuften sollen für den Herrn, der nur die Knute zu schwingen und nur kärglich zu entlohnen wußte? Der Herr mit der Knute versuchte diese Widersetzlichkeit zu brechen, indem er die Platana-Bäume der Dörfer zu Hunderten mit Stumpf und Stiel niederbrannte. Aber das half nichts, denn auch anderswo gibt es Bananenbäume, unter die man sich legen kann, um zu schlafen und zu essen.

Über Gemüse wäre ein Band zu schreiben. Ich begnüge mich, die Aguacata zu erwähnen, die man auch Avogate nennt und die auf deutsch Alligatorbirne heißen soll. Ihr Inhalt sieht wie passierter Roquefort aus und kann bei etwas Phantasie als solcher gegessen werden. Der, die oder das Chayote könnte sich ganz gut als Seeigel ausgeben, wenn er (sie oder es) wollte. Schmecken tut Chayote wie eine milde Gurke.

Von den Getränken zu schweigen, wenn man von den Eßsachen spricht, wäre nicht fair. Flüssige Pflanzensäfte fehlen auf keinem Markt, und in den tropischen Gegenden spielen sie die Hauptrolle. Kühle Pflanzensäfte von Corchate, Chia oder Jamaica werden in der Refresquería ausgeschenkt. Das Warenlager, das zugleich Schaufenster ist, besteht aus ein paar großen, vier Liter fassenden Einmachfässern oder gläsernen Fässern, jedes mit einem andersartigen oder andersfarbigen Inhalt. Die Farbenorgel spielt lockende Melodien, bernsteinfarbene, opalweiße, smaragdgrüne, korallenrote, und in diesen flüssigen Halbedelsteinen kreisen große Diamanten, die freilich nur Stücke von Eis sind. Obenauf und mittendrin schwimmen Blüten, teils um zu schmücken, teils um zu färben. Wie Pfeffer brennt die Sonne, wie Sonne brennt der Pfeffer, und jedermann hat Durst. Das wissen die Händler. Die Türe der Pulquería steht offen, aus dem Bierausschank schreit das Grammophon, rotmetallen blitzend wirbt ein Blechschrank für Coca-Cola und andere Kunstwässer aus USA. Aber trotz solcher Konkurrenz halten sich auf dem Markt die Pflanzenlösungen, mit denen der indianische Urahne seinen Durst stillte vor Hunderten von Jahren.

Erlebnisse beim Erdbeben

Wahrscheinlich habe ich schon oft die Redensart verwendet: Er fühlte den Boden unter sich wanken.
Aber was es für ein Gefühl ist, auf wankendem Boden zu stehen, erfuhr ich erst hier. Eigentlich stand ich gar nicht auf dem wankenden Boden, als ich es erfuhr, sondern ich saß. Auch die Tintenflasche stand, aber sie fiel sofort. Bevor ich auch nur daran denken konnte, die Tintenflut auf meinem Schreibtisch einzudämmen, rollten Flut und Flasche zu Boden, ein schwarzer Niagarafall. Gleichzeitig rutschte der Aschenbecher an die Tischkante, aber bevor er über den Rand fiel, kroch er, als habe er sich's anders überlegt, an seinen alten Standort zurück.
Es krachte und knackte in meinen vier Wänden. Die Gemälde, die mir ihre vier- bis sechsjährigen Schöpfer an die Wand gehängt hatten, erwachten zu schwingendem Leben, und meine vier Wände schwangen mit – warum sagt man eigentlich: »meine vier Wände«? Wenn es nur vier Wände gewesen wären! Aber es waren sechs, und die beiden horizontalen, die über mir und die unter mir, waren die schlimmsten. Nein, es ist ein arges Gefühl, den Boden unter sich wanken zu fühlen.
Ich ging zum Fenster, will sagen, ich schwankte hin. Ein Schritt vorwärts, ein halber zurück. Ähnlich wie auf Deck eines schlingernden Schiffes, nur waren die Stöße kürzer. Breitspurig kam ich am Fenster an. Auf der Straße sah ich Teppiche gebreitet. Diese bestanden aus Indios, die auf die Knie gefallen waren und den Oberkörper mitsamt der Manteldecke auf das taumelnde Pflaster gedrückt hatten. Sie beteten. Sie beteten nach unten. Sicherlich beteten sie zum Vater unser, der da ist im Himmel ..., aber sie schauten nicht zum Himmel auf. Sie schauten unter sich, wo ein Gott ihrer Ahnen wohnt, die große Schildkröte, die manchmal aus dem Schlaf erwacht und sich zu bewegen beginnt, wobei ihre Schildpattschale wackelt, die Erdoberfläche. Ich hörte nicht, was die Indios beteten. Vielleicht beteten sie: Heilige Schildkröte, bitt für uns arme Sünder und erlöse uns von dem Übel ...

Nach vier Minuten ist das Gebet erhört, die Schildkröte hat sich wieder zum Schlaf gebettet. Senkrecht ist nicht mehr schief, waagerecht wieder waagerecht. Scheinheilig, als hätten sie nie getanzt, stehen Wände und Möbel auf ihrem Platz, hängen die Kindermalereien da, und das Ganze scheint nichts als eine Sinnestäuschung gewesen zu sein, nicht eine, die mir meinen starken Kopfschmerz verursacht hat, sondern eine, die von meinem starken Kopfschmerz verursacht wurde. Nur Sinnestäuschung – wäre nicht die Tintenpfütze auf dem Schreibtisch und die zerschellte Tintenflasche auf dem Boden und schaukelte nicht noch mein Kronleuchter, der aus einem Draht mit Glühbirne besteht.

Draußen heulen Sirenen vorbei, Rettungswagen und Feuerwagen, und Hunde bellen verzweifelt, angstgepeitscht. Die Hunde haben schon vorher verzweifelt, angstgepeitscht gebellt, aber ich hatte nicht darauf geachtet. Alle Gesetze der Physik, von der ich, aber doch nicht die Hunde, in der Schule gelernt habe, hatten geschwankt, die Gesetze der Perspektive, »Senkrechte bleiben unter allen Umständen senkrecht«, waren aufgehoben, aufgehoben die Gesetze der Beharrung und des Gleichgewichts. Aber ich habe nicht gebellt!

Ich schicke mich an, den schwarzen Fleck vom Parkett zu wischen, da klingelt das Telefon. Ein Freund ruft an, um den Neuankömmling ein wenig zu verspotten: »Haben Sie's überstanden? Wie fühlen Sie sich?« – »Danke, man bebt.«

Auf der Straße stehen Gruppen von blassen Frauen, die einander erzählen, was sie alles erlebt haben. Manchmal wenden sie sich wie auf Kommando um und schauen zum Popocatépetl hinüber. Aber da sie doch alles gemeinsam erlebt haben und in unserem Bezirk scheinbar nichts passiert ist, was haben sie einander denn zu erzählen und warum glotzen sie auf den alten »Popo«, der so bieder wie immer neben seiner Nachbarin schläft? Zum Glück kann unsere Hausbesorgerin meine Neugierde befriedigen. Der Tortilla-Bäckerin von drüben ist die Kaffeeschale ihres Kindes hinuntergefallen und zerbrochen, das vor einem Jahr gestorben ist. Eine andere hat gestern geträumt, der Popocatépetl werde drei Tage Feuer speien und die ganze Stadt vernichten. Ob ich das auch glaube? Nein, ich glaube das nicht, aber ich glaube, daß alle Ereignisse das gleiche Geschwätz zur Folge haben, in Ländern, in stabilen wie in solchen, wo Erdbeben auf der Tagesordnung stehen.

Noch immer sausen Rettungs-, Feuerwehr- und Polizeisirenen durch unsere Straße. Auch Passanten kommen mit Nachrichten. Der Neubau des ersten Wolkenkratzers von Mexiko ist zusammengestürzt. Recht geschieht ihm. Das ist die Strafe dafür, daß Mexikaner die Yankees nachahmen. Wenn die Insulaner von Manhattan zuwenig Platz haben, braucht deshalb Mexiko die Wolken zu kratzen?

Sonst ist in der Stadt, auch außerhalb unserer Nachbarschaft, nicht viel geschehen und geschieht auch sonst erdbebenfalls nicht viel. Das alte verschwundene Mexiko schützt das neue. Einst war das ganze Talbecken, in dem wir leben, ein Krater, bis er sich selbst zu Tode gespien hat, und heute stehen von ihm nur noch seine Hänge. Aus ihnen wird das Baumaterial der Häuser, das Tezonite und das Tepetate gebrochen, die auch weiterhin allen Exzessen der Vulkane und der Erdbebenherde trotzen. Stehen nicht noch heute die Palacios der Konquistadoren ungeborsten inmitten der Stadt? Allerdings hätten die vulkanischen Bausteine kaum standgehalten, wenn sich das Fundament allzu hoch aufgebäumt oder gar geklafft hätte. Solches tat es jedoch nicht, denn dieses Fundament ist niemand anderer als der alte Texcoco-See, eine Wassermatratze, auf der die Gebäude springen und tanzen können, ohne sich die Beine zu brechen. Im Gegenteil, wenn sie zu lange ruhig stehen, drücken sie schließlich die Sprungfedern ein und sinken ein, wie zum Beispiel das Theater- und Konzertgebäude, der Palacio de Bellas Artes, der schon eine ziemliche Schlagseite hat.

In welcher Beziehung der unterirdische See mit der unterirdischen Schildkröte steht oder ob sie gar identisch sind, kann ich nicht sagen.

Bei Nacht sieht ein Erdbeben ganz anders aus als bei Tag. Ich erwache. Jemand im Zimmer? Keine Antwort, aber es geräuscht weiter. Meine Folgerung: ein Einbrecher ist es nicht, denn der würde verstummen. Es ist also, Folgerung Nummer zwei: eine Maus oder – dritte Folgerung – mehrere Mäuse. Aber wie können Mäuse auf den Plafond und in die halbe Höhe der

Wand, und wieso beginnt mein Bett zu bocken und versucht mich abzuwerfen und reitet mit mir mitten ins Zimmer hinein?

Durchs Fenster dringt Tageslicht, als ob es schon vormittags wäre. Aber auf meiner Uhr ist drei Uhr sechzehn. Es ist also heller Mond, »Plenilunio« heißt das auf spanisch, wie ich aus den Kreuzworträtseln weiß, »Terramoto« oder »Temblor« oder »Sismo« heißt Erdbeben, wie ich aus den Zeitungsüberschriften weiß. Draußen wetterleuchtet es wie ein Beleuchtertrick zur Erhöhung der Aufregung.

Die Mäuse rascheln, die Hähne krähn, Mörtel fällt vom Plafond, die Hunde bellen, eine Frauenstimme kreischt, durch die Dachrinne strömt's, oben ist der Wassertank, und ich glaube, daß er wankt, was eventuell ein Schüttelreim ist, jedenfalls schüttelt er sich, daß er Wasser läßt, welches klappernd durch die Rinne läuft. Ein furchtbarer Krach, ich denke, daß sich die Erde spaltet, aber merke, daß nur der Klosettdeckel zugeklappt ist. Vom Hof höre ich Stoßgebete – ob wohl das Wort »Stoßgebet« ursprünglich ein Gebet beim Stoß der Erde bedeutet hat? Blödsinn.

Mein Fenster führt in den Hof hinab, nicht auf die Straße, auf die ich seinerzeit beim Tagerdbeben hinabschaute. Man schließe aber nicht daraus, daß ich je ein Arbeitszimmer für Tagerdbeben und ein Schlafzimmer für Nachterdbeben habe. Ich bin bloß übersiedelt.

Im Hof knien wieder Leute wie damals auf der Straße. Aber sie haben keinen Sarape an, nur Nachthemden, die junge Nachbarin von vis-à-vis und der würdige Licenciado von nebenan. Sie beten nicht zur Kröte, sie beten nach oben.

Ich fühle Schwindel und weiß, daß ich keinesfalls wieder einschlafen könnte, selbst wenn nicht Sirenen vorüberflitzen würden. So will ich Don Patiño besuchen, es ist seines Amtes, jetzt im Amt zu sein, dem Instituto Geologico.

Straßenbahn und Autobus fahren noch nicht zu dieser Stunde, aber ich kann zu Fuß gehen, just gegenüber meinem Haus fängt Tacubaya an. Tacubaya war einmal eine Sommerresidenz fern von Mexiko. Ummauerte Riesenparks mit dazugehörigen Palästen bildeten die Straßen, Olivenpflanzungen entzückten Humboldt, mit Karossen fuhren die Kirchenfürsten auf der staubigen Landstraße nach Mexiko, um in der Kathedrale die Messe zu lesen, ritten die adligen Herren und Damen des Vizekönigs in die Amtsräume der Regierung.

Zu nachtschlafender Stunde gehe ich durch dieses Tacubaya, welches längst kein selbständiges Ortswesen mehr ist. Die Stadt Mexiko hat sich herangedrängt, hat die Armen, die an der Grenze lebten, hinausgedrängt und sie nach Tacubaya hineingedrängt. Zwar gehe ich an den alten Gartenmauern und Palästen vorbei, und die Straße ist immer noch staubig und ungepflastert, aber ich komme auch an Pulquerías vorbei, und vor denen stehen frostklappernd und im Hemd jene Gäste, die Schuhe und Hosen vertrunken haben, dieweil die Erde bebte.

Der herrlichste Palast von Tacubaya war der erzbischöfliche. Dort, in den barocken spiegelnden Sälen und in den runden Gartenpavillons, wo Seine Eminenz sich sicher nur mit den Dingen des Himmels droben und mit den Gefahren der Hölle drunten befaßte, geschieht heute das gleiche. Der Erzbischofssitz dient teils dem astronomischen Observatorium, teils dem Erdbebeninstitut. Aber die neuen Mieter benehmen sich der alten nicht würdig. Sozusagen aus den Gemächern des Erzbischofs haben die Astronomen einen Planetoid entdeckt und haben ihm den Namen »Hidalgo« gegeben – wirklich eine Gemeinheit gegen den erzbischöflichen Genius loci, denn Hidalgo war zwar auch ein Priester, aber ein revolutionärer, und deshalb waren die Kirchenfürsten gegen ihn, und die Inquisition hat ihn hingerichtet. Und so was soll jetzt ein Star sein!

Noch feindseliger als die Mieter der oberen Stockwerke treiben es die ebenerdigen und souterrainen. Während die Klerikalen und ihre Partei, die Sinarquistas, es geradezu als einzigen Beweis für die Gottgefälligkeit ihrer Lehre anführen können, daß Gott jede sozialere Maßnahme der Regierung prompt und sichtbarlich mit den biblischen Strafen beantwortete, die Erde erbeben und die Berge Feuer speien zu lassen, während also die frommen Anhänger der Kirche dieses beweisen, sitzen im beschlagnahmten Herrensitz der Kirche Teufelsknechte und geben für diese Zeichen des göttlichen Zorns nur irdische Ursachen an.

Don Patiños Büro steht offen, Don Patiño gibt mir ein Zeichen, hereinzukommen, mich zu setzen, aber Don Patiño hat keine Zeit für mich. Er steht am Telefon und sagt nur: »Jawohl, 7 ... jawohl, Nummer 115 ... jawohl, 3 Uhr 21 Minuten 35 Sekunden bis 3 Uhr 27 Minuten 19 Sekunden ... jawohl, das Estileto hängte sich aus ...« Manchmal schreit er: »No, Señor, das hat gar nichts miteinander zu tun ...«, oder noch unwilliger: »Machen Sie, was Sie wollen.«

Wenn er sich auf eine halbe Minute zu mir setzt, schimpft er ebenso unverständlich und unzusammenhängend auf etwas, was Serviphon heißt und seine Telefonnummer jedem Esel verrät, und auf die Fluggesellschaft, die es längst wissen sollte, und die Periodistas, die von nichts eine Ahnung haben und von allem in die Zeitung schmieren ...

... »Señor Ingeniero, die Jesuiten rufen.« Er geht zum Telefon. Die Jesuiten? Glauben die etwa auch an irdische Ursachen der himmlischen Zeichen? ... »Señor Ingeniero, Washington ruft, Department of Commerce.« ... Was hat der amerikanische Handel mit Erdbeben zu tun? ... »Veracruz ruft.«

Die Jesuiten sind die Jesuit Seismological Association in Saint Louis. Das Department of Commerce in Washington hat eine Geological Surway, die besonders im Kriege an Erdbeben auf dem Meeresgrund interessiert ist, vielleicht wegen der Unterseeboote.

»Warum, Don Patiño, antworten Sie immer ›sieben‹, und was bedeutet ›Nummer 115‹?«

»115 ist die Nummer des Epifoco, der uns das Erdbeben schickte, ein alter Erdbebenherd im Pazifischen Ozean, uns längst bekannt, 16 Grad 40 Minuten nördlicher Breite. 101 Grad 31 Minuten östlich von Greenwich, er liegt 402 Kilometer südöstlich von hier. Der nächstliegende Punkt des mexikanischen Festlands ist der Hafen Coynquilla im Staat Guerrero, nur 90 Kilometer von dem unterirdischen Herd entfernt.«

»Und warum sagen Sie immer ›Nummer sieben‹, Don Patiño?«

»Das Beben entsprach Nummer sieben der Mercallischen Skala. Hier lesen Sie ..«

Telefon: Station Michoacán. Ich lese den Mercallischen Katalog. Die Phasen eins bis sieben sind noch einigermaßen idyllisch, obwohl mir die Folgen des heutigen Numero sieben noch

Kopfschmerzen bereiten. Mit Recht heißt Numero sieben Temblor muy fuerte. Aber Numero acht wäre noch schlimmer, das ist ein Temblor ruinoso. Die Grade neun und zehn heißen nicht mehr Temblor, sondern »Sismo«. Sismo destructor und Sismo muy destructor, bei diesen Graden stürzen Mauern zusammen, und die Glocken beginnen von selbst Sturm zu läuten. Und auch das ist noch nicht das ärgste, das ärgste ist Numero elf, graduiert als »Catastrofe«, und das allerärgste und allerletzte der Skala heißt »Gran Catastrofe« und liest sich wie eine Vision des Weltuntergangs: »Kein Gebäude, kein Werk von Menschenhand bleibt stehen, Todesschreie von Mensch und Tier, Bäume und Felsen stürzen zusammen, das Erdreich bäumt sich meterhoch in die Höhe und klafft auseinander, die Gewässer treten aus ihren Ufern, und die Flüsse verändern ihren Lauf ...«

Don Patiño kommt vom Telefon zurück und geht zur Karte. Eine Ortschaft im Staate Oaxaca soll ganz zusammengestürzt sein.

Ich schau ihm über die Schulter, wobei ich bemerke, daß bei Tacubaya auch ein Erdbebenherd eingezeichnet ist, Nummer 107, das Erdbebeninstitut also auf gefährlichem Boden steht. Aber ich fürchte mich nicht, denn es ist besser, hier zu sein als im Staat Oaxaca. Denn der Staat Oaxaca wimmelt, wie ich sehe, von diesen mit Nummern versehenen Kreisen, Mexiko ist der erdbebenreichste Staat des Erdballs und Oaxaca sein erdbebenreichster Bezirk. Auch der angrenzende Bundesstaat Guerrero ist dicht mit Kreisen und Ziffern besät und der Staat Michoacán. Don Patiño geht wieder zum Telefon. Es sind Redaktionen, die anklingeln.

»Nein«, höre ich ihn sagen, »auch mit der Mondekliptik und dem Wetterleuchten hat das Erdbeben gar nichts zu tun ... Prophezeien können wir gar nichts, es gibt keinen Fall, wo ein Erdbeben im voraus festgestellt werden konnte.«

Mittags bringen die Zeitungen schon Berichte. Panikszenen im Irrenhaus, Panik zwölften Grades in den Hotels, die hoch sind und daher weiter ausschwingen und wo die amerikanischen Gäste es nicht gewohnt sind, daß der Erdboden so zu tanzen beginnt, wie sie es zu tun pflegen. Die Damen rannten in tiefstem Negligé und mit höchstem Gellen auf dem wankenden Korridor und im zitternden Treppenhaus umher, und schwindlige Doktoren gaben Medikamente gegen Schwindel ein.

Unter großen Überschriften wird daran erinnert, daß heute der zwanzigste Todestag Francisco Maderos ist, des Revolutionärs, der die staatserhaltende Selbstherrschaft von Don Porfirio Díaz frevelhaft stürzte und gegen den Klerus war. Als dieser Atheist in die Stadt Mexiko einzog, bäumte sich das Straßenpflaster meterhoch, und einstürzende Häuser begruben Menschen. Und heute, da große Gedenkfeiern für Francisco Madero angesetzt sind, protestiert die Erdkruste mit aufgeregten Sprüngen.

In den westlichen Provinzen schaukeln die Ortschaften nicht auf einer Wassermatratze, und die Erdbeben werden keineswegs von einer Schildkröte verursacht, sondern vom Gott Zipacua, der die Erde auf seinen Schultern trägt und die Last manchmal von einer Schulter auf die andere schubst. Aus diesen Gegenden kommen Nachrichten von katastrophalen Einstürzen, Panik und Flucht von Mensch und Tier. Hilfsexpeditionen gehen dorthin ab, während ich nach Hause gehe, um mich in meinen vier beziehungsweise sechs etwas gesprungenen Wänden niederzulegen.